改訂版

【弓具の雑学事典】

日本武道学会・弓道専門分科会＝編
森 俊男／佐藤 明／黒須 憲／松尾牧則／山田奨治＝著

日本文芸社

弓具の歴史

出土品や宝物から、日本弓の歴史を探る

古墳時代

3世紀の『魏志倭人伝』に、倭人は短下長上の木弓を使うという記述があり、銅鐸の絵画からもそのさまが見て取れる。

詳細は24ページ

袈裟襷文堂銅鐸《けさだすきもんどうどうたく》　背面中段区画部分／伝香川県出土（国宝）
（東京国立博物館所蔵 Image：TNM Image Archives）

平安時代

武士たちによって弽が使われはじめたのは鎌倉初期だと考えられている。平安時代後期の陸奥・出羽における戦役を描いた『後三年合戦絵巻』には、右手だけ色を染めた図がたくさんあり、これは手袋をはめた表現だと思われる。

詳細は66ページ

『後三年合戦絵巻《ごさんねんかっせんえまき》__上巻』飛騨守惟久／重要文化財
（東京国立博物館所蔵 / Image：TNM Image Archives）

国宝 蒔絵弓（沃懸地牡丹文《いかけじぼたんもん》）
（春日大社蔵）

国宝 蒔絵弓《まきえのゆみ》（松喰鶴千鳥《まつくいづるちどり》）
（春日大社蔵）

奈良の春日大社に伝存する、平安時代の二張の槻弓には、松、鶴、千鳥、牡丹などの蒔絵が施されていて、たいへん美しい姿をしている。

詳細は26ページ

弓具の歴史

出土品や宝物から、日本弓の歴史を探る

重要文化財
弓九張（大山祇《おおやまづみ》神社蔵）

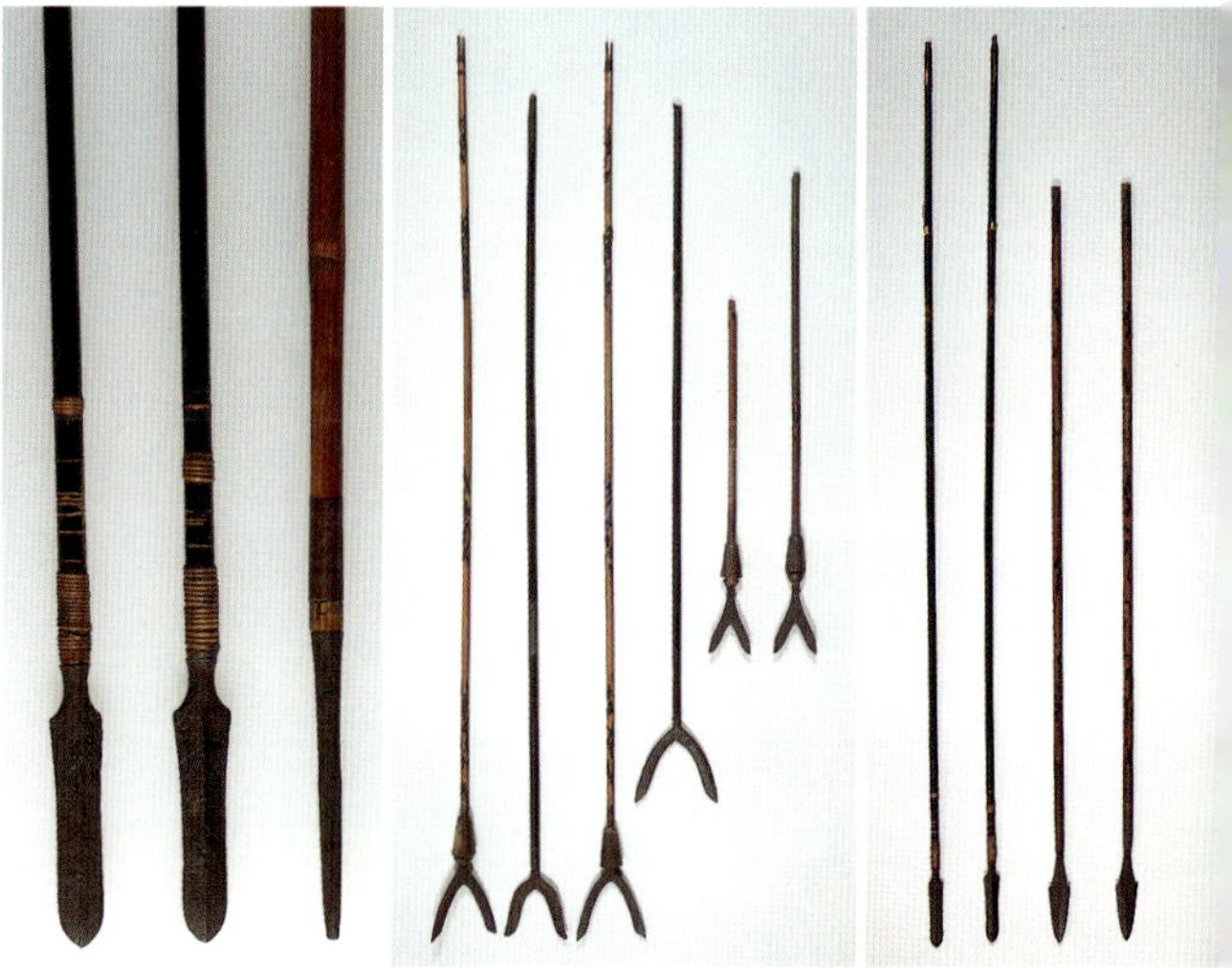

右／重要文化財 中差《なかざし》箭《や》四隻《せき》
（内二隻に国益の銘）
中／重要文化財 雁股《かりまた》箭《や》六隻
左／重要文化財 征《そ》箭《や》の鏃《やじり》
（内一隻に国益の銘）
（すべて大山祇神社蔵）

鎌倉〜戦国時代

重要文化財 革《かわ》箙《えびら》
（和田小太郎義盛奉納）
（大山祇神社蔵）

愛媛県・大三島にある大山祇神社には、
鎌倉から南北朝時代の作とされる弓や矢などが伝存している。
いずれも武器としての実用性の高さをうかがわせるものばかりである。

詳細は28ページ

「浮絵和国景跡京都三拾三軒堂之図」歌川豊春（1735 ～ 1814）画

江戸時代

鎌倉時代にはじまり
江戸時代には競技として盛んに行なわれた通し矢は
長さ六十六間（約120メートル）
幅七尺三寸（約2.2メートル）
高さ二間四尺（約5メートル）の軒下空間を
上下左右どこにもさわらないように
矢を射通す競技である。
通し矢競技の隆盛により
弓、矢、弽も改良が加えられた。

詳細は48ページ

弓具の管理と修理

弓・矢・弽、各部の名称を知ろう

弓

■成りの名称　■弦の名称

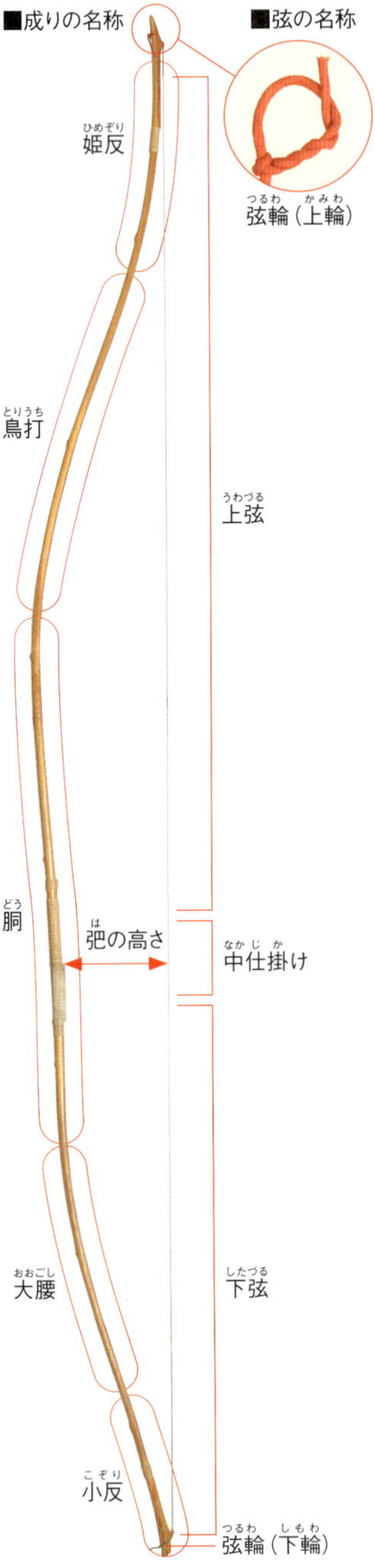

■竹弓の節と各部位の名称

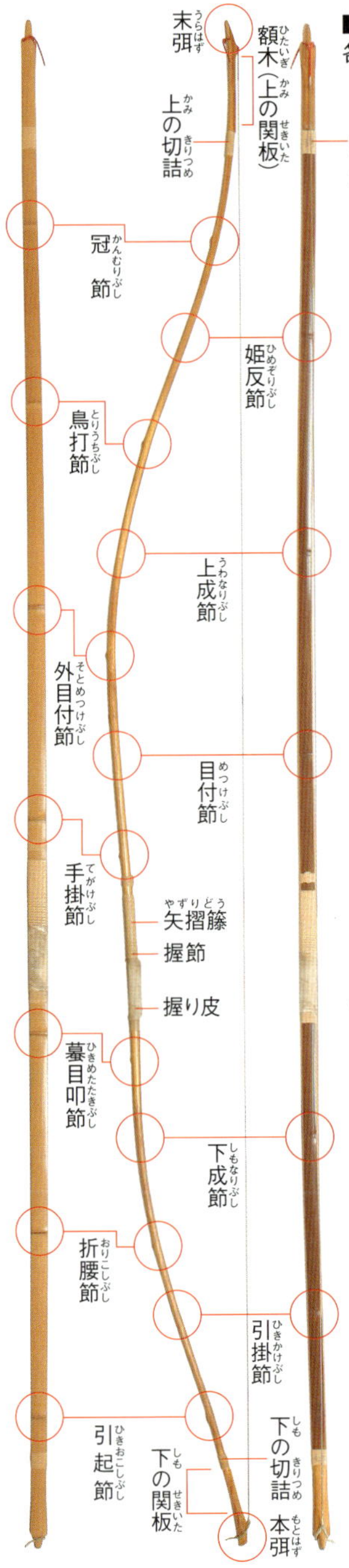

＊各流派などにより、さまざまな名称、呼び名がある。ここではその一部を紹介する

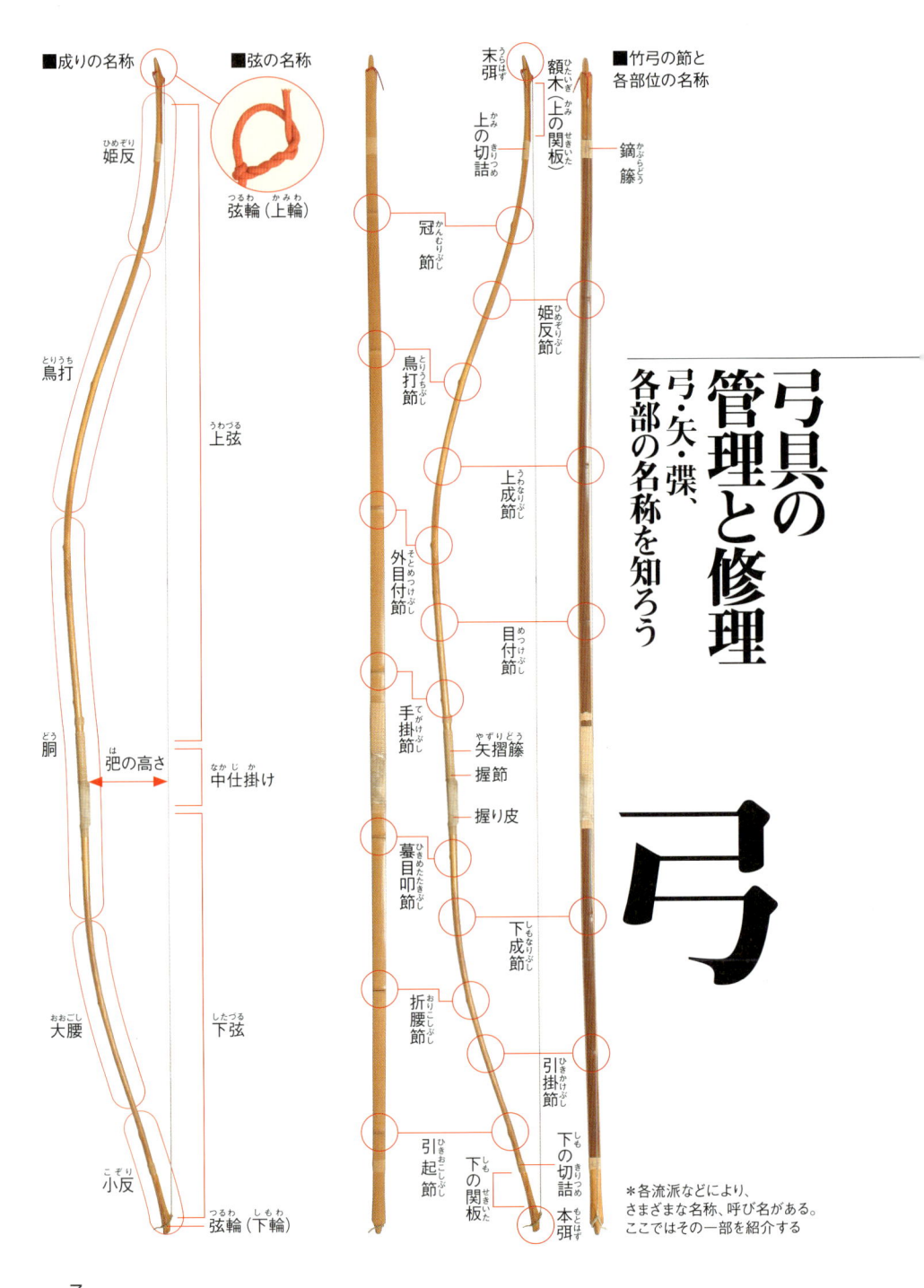

弓具の管理と修理

弓・矢・弽、各部の名称を知ろう

矢

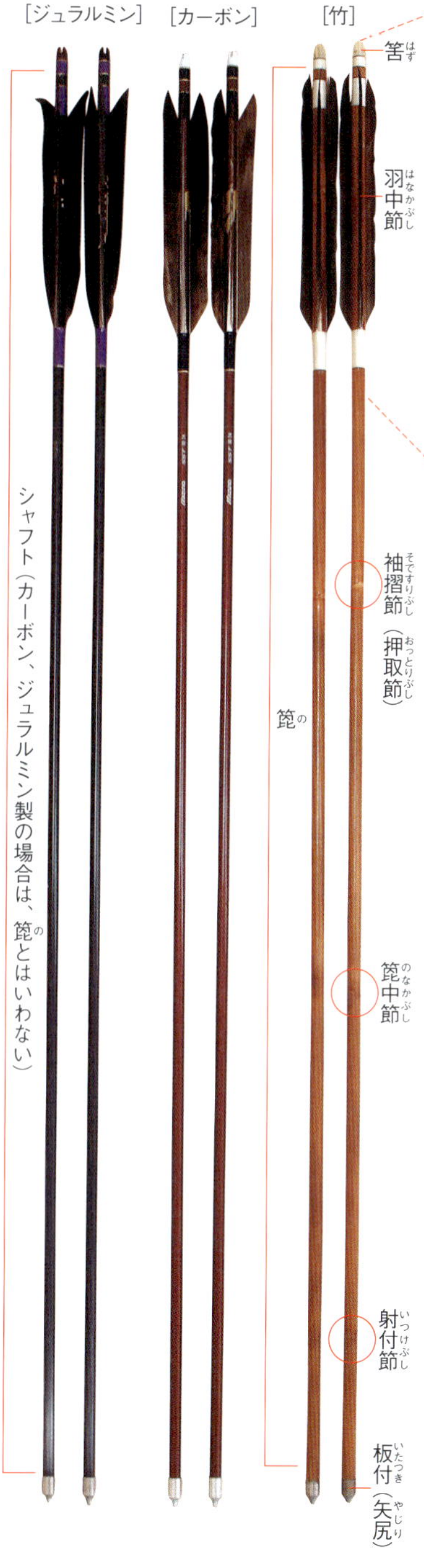

弽

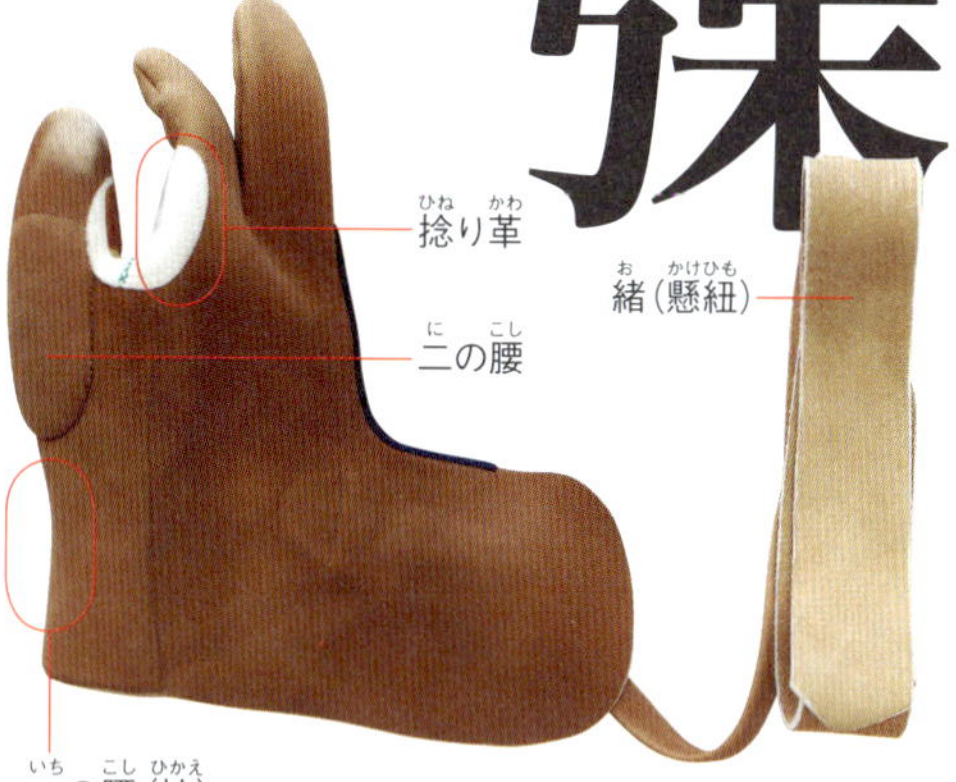

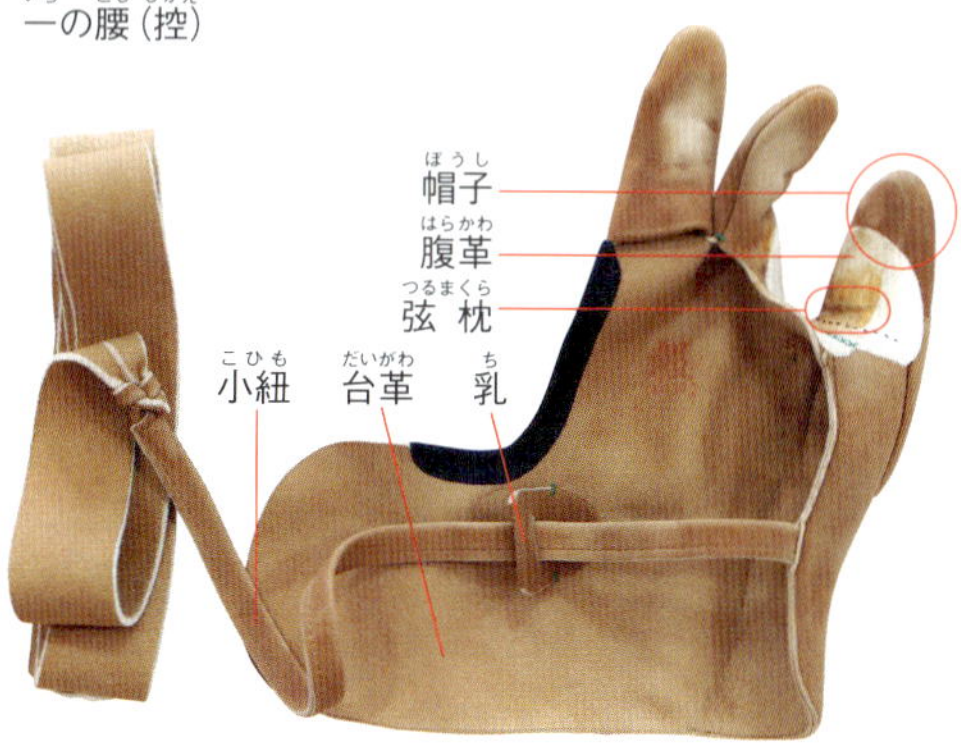

はじめに

現在、弓道は多くの方に愛好され、国内はもとより海外にも愛好者が増えています。弓矢の文化は世界中にみられますが、弓道はわが国の風土と時代の変遷《へんせん》を経て育まれてきた、日本の伝統的運動文化として今日まで継承され発展してきました。弓道の射術と弓具には深い関係があり、目的に応じた射術・弓具について知り実践することが、弓道を修練するうえで大切なことであることは、愛好者であれば誰でも実感することであろうと思います。

本書は、射術とも大いに関わりのある「弓具」に焦点を絞って、歴史をはじめ、管理・修理の方法、取り扱いのマナー、さまざまな裏技、雑学的なものまで幅広く紹介をしています。今回、執筆を担当いたしました私たちは、日本武道学会「弓道専門分科会」に所属する弓道研究者であり、また弓道愛好者でもあります。「弓具」といっても、弓具職人の立場ではなく、研究者・愛好者、双方の立場と視点から各項目について論じてみました。同じ愛好者の視点として共感いただけるものも多くあるのではないかと自負しております。

章と項目の配置は工夫してありますが、各項目のほとんどは見開きで完結いたします。したがって、順序通りではなくとも、興味のある項目から読んでいただくこともできることが本書の大きな特徴ともなっています。

高校生・大学生をはじめ一般の方々にも、本書をきっかけに、日本の弓矢の歴史と文化にますます興味を持っていただいたり、弓具について考える機会としていただけましたら幸いです。伝統文化として、競技として、健康維持の手段として、レクレーションとしてなど、「現代」という時代を背景に、弓道にはいろいろな関わり方があってよいのではないかと思います。本書が少しでもその手助けになりましたら、私たち編者としてはこの上ない喜びでございます。

最後に、本書を編集出版するにあたっては、飯田真由美氏には丁寧なご助言をたまわり、関係者の皆様には多大なご協力をたまわりましたことを編者一同、心より感謝を申し上げます。

平成31年1月吉日

筑波大学体育系准教授
日本武道学会・弓道専門分科会会員　松尾 牧則

目次◉Contents

第1章◉歴史

第2章◉管理と修理

【矢】

【弽】

【弓】

第3章◉取り扱いのマナー

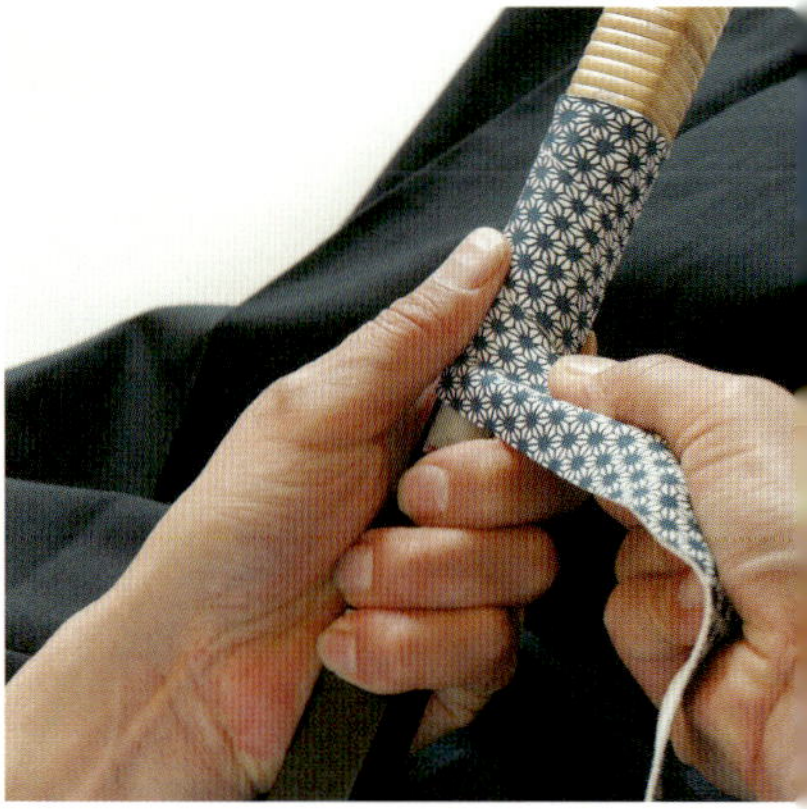

第4章◉雑学

【矢】

【弓】

第1章

歴史

独自の文化を背景に発展した弓具、その歴史をひもとく

日本の弓はいつ頃生まれ、どのように進化したのか？
各時代の弓射文化をとらえながら、その概要に迫る。
現代につながる弓具の変遷を知れば、
日々の稽古がいっそう楽しくなるはずだ。

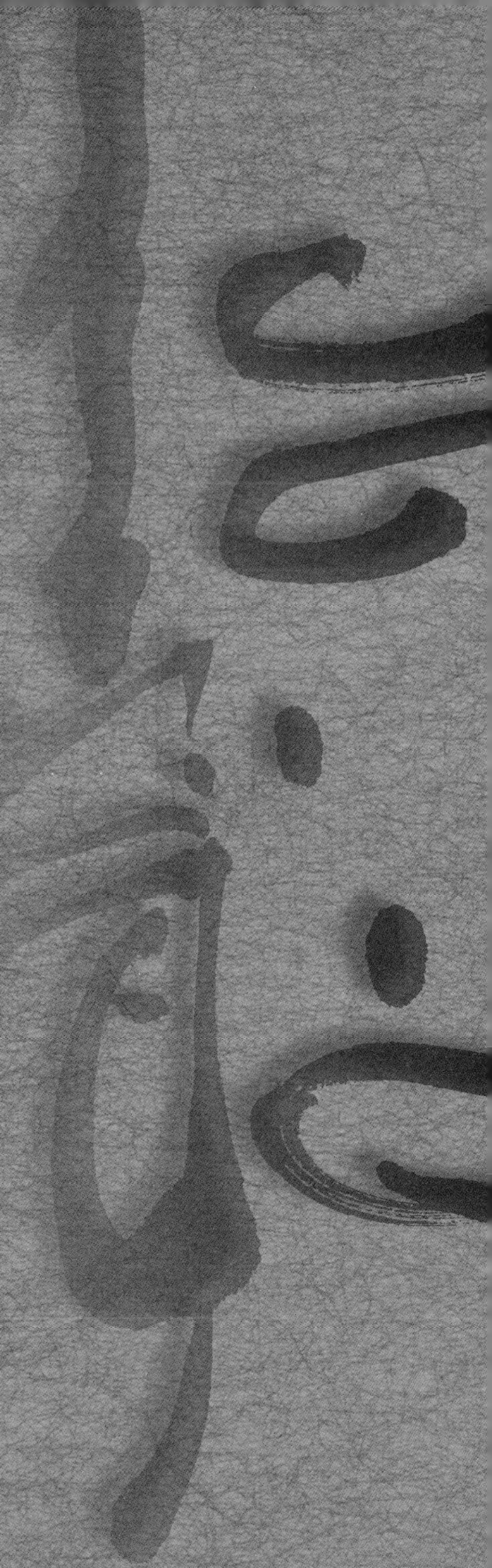

日本最古の弓具とは？

最古級の弓はグラスファイバーをしのぐ性能を持っていた

執筆＝山田奨治

この質問は「日本」をどう定義するのかによって答え方がちがう。縄文時代以前の日本には「クニ」はなかったとされているし、住んでいた人々の遺伝的な形質も、現代日本人とはちがっていたからだ。ここでは仮に、現在の日本の領土の範囲内を「日本」として、考古出土品を紹介しておこう。

日本最古級の弓は約6千年前のもの

木製品は腐食《ふしょく》するので、土中には残りにくい。それに対して石製品はよく残っている。およそ4万年前から2万5千年間続いた後期旧石器時代の遺跡から、先の尖《とが》った10センチ以下の石器が見つかっている。狩猟に使われた刃物とみられているが、これらが鏃《やじり》であったのか、槍の穂先であったのかは断定できない。

出土したものが弓であれば、まちがいなくその時代に弓具があったといえる。日本で最古級の完全な弓の例としては、福井県の鳥浜《とりはま》貝塚から出土した、約6千年前の長さ120センチ、太さ2センチの丸《まる》木弓《きゆみ》がある（**図1**）。弓体《きゅうたい》は湾曲《わんきょく》し、弓弭《ゆはず》部分は細くなっていて、弦輪《つるわ》をかぶせるようにして弦をかけたものとみられる。材質はニシキギ属で、マユミではないかと推定されている。弓の復元実験をした結果、この弓はエネルギー変換効率（弓のエネルギーを矢の運動エネルギーに変える効率）の面で、現代のグラスファイバー弓をもしのいでいたことがわかっている。

同じ鳥浜貝塚からは、弦をかける溝が加工され、漆《うるし》が施された弓の一部や、弓弭があり樹皮が巻かれた弓の一部も出土している（**図2**）。

石鏃《せきぞく》は、縄文時代のものが全国の遺跡から大量にみつかっている。材質は、鋭利で加工しやすい黒曜《こくよう》石《せき》やサヌカイトで、初期は2センチにも満たない無《む》茎式《けいしき》のものが多いが、次第に有茎式《ゆうけいしき》のものが増えていき、時代が下がるにしたがって大きさも重量も増加する傾向がみられる（**図3**）。

興味深い出土品としては、砥石《といし》に溝を彫り込んだ矢柄研磨器《やがらけんまき》もいくつかの遺跡からみつかっている（**図4**）。これはふたつの砥石の溝の間に矢柄を挟んで磨くためのもので、現代の矢師もこれとほとんど同じ道具を使っている。

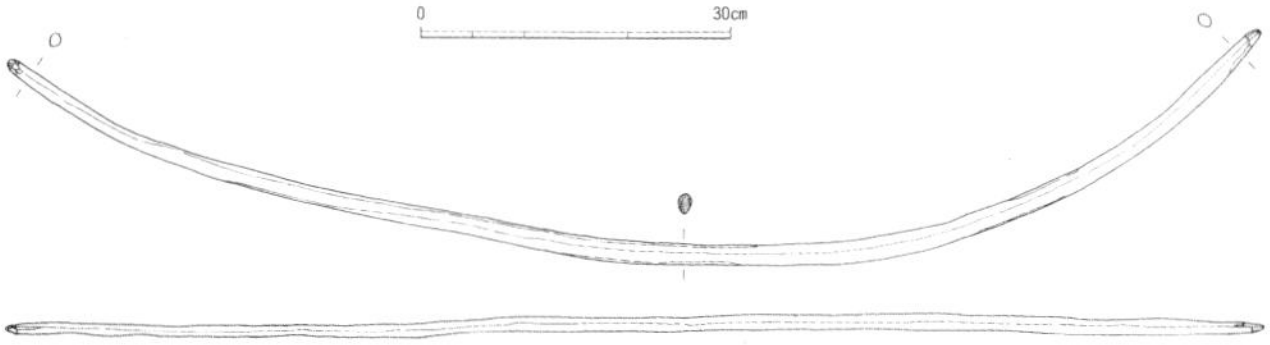

■図1＿福井県・鳥浜貝塚出土の丸木弓
（出典／『鳥浜貝塚研究1』福井県立若狭歴史民俗資料館 1996年）

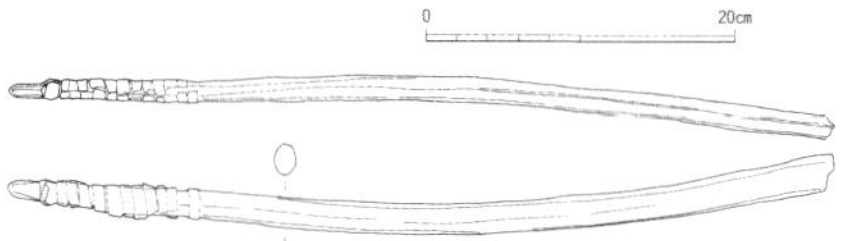

■図2＿福井県・鳥浜貝塚出土の樹皮巻弓
（出典／『鳥浜貝塚研究1』福井県立若狭歴史民俗資料館 1996年）

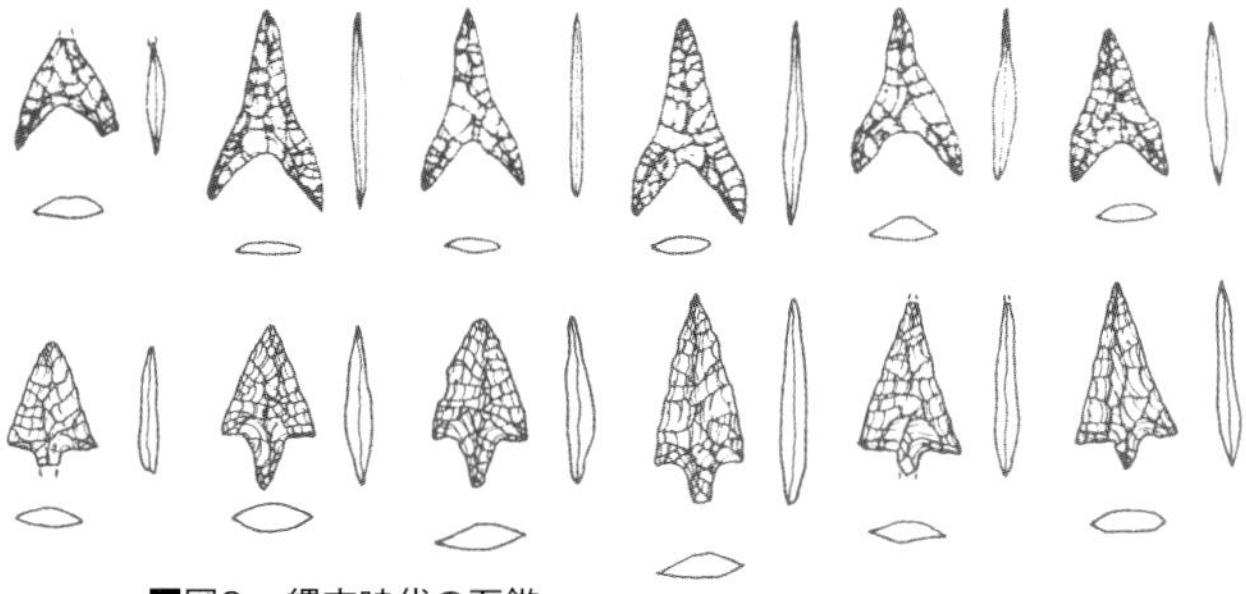
■図3＿縄文時代の石鏃
（出典／『岩手県稗貫郡大迫町立石遺跡－昭和52年･53年度発掘調査報告書－』大迫町教育委員会 1979年）

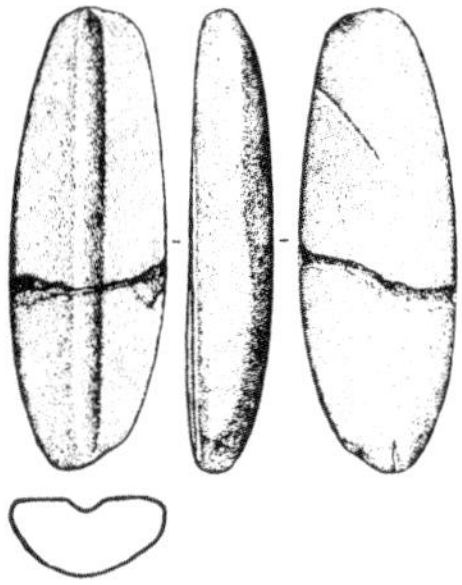
■図4＿縄文時代の矢柄研磨器
（出典／『椛の湖遺跡－岐阜県恵那郡坂下町椛の湖遺跡調査報告書－』坂下町教育委員会 1974年）

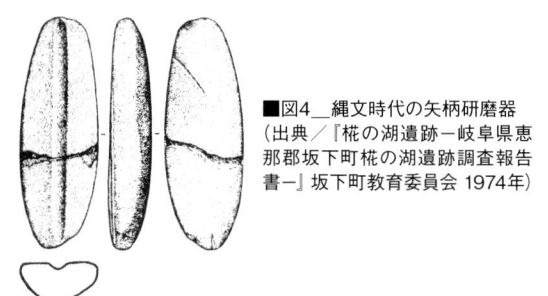

丸木弓《まるきゆみ》ってどんな弓？

執筆＝山田奨治

縄文から平安時代に使われた原初的な弓

考古出土品にみるさまざまな弓弭の形

丸木弓とは、樹木の幹や枝を削って、そのまま弓にしたものをいう。縄文時代から平安時代頃までの弓や、アイヌの弓に丸木弓がみられる。

木製品は地中に残りにくい。考古出土品の多くは棒状の破片なので、弓なのか「尖り棒《とがりぼう》（＊）」の類なのか、判定することがむずかしい。

「尖り棒」ではなく弓だと考える基準としては、弦をかけるために弓弭《ゆはず》が彫り込んであるか、あるいは両端を細く加工してあるか、全体に湾曲《わんきょく》があるかといったことが判断材料になる。

弓弭のつけ方は、大きく分けると、A先細りにしたもの、B溝を刻んだもの、C先端をコブ状にしコブの部分に溝を刻んだもの、D先端をコブ状にしたもの、E切り込みを施したもの、F先端に突起をつくり出したものがある（**図1**）。

Aは、細くなった部分に弦輪《つるわ》をかけて使うか、弭《はず》型《がた》の角《つの》製品をかぶせてそこに弦をかける。

BとCは、溝に弦を縛りつけるのだが、この種の弓弭では、発射時の衝撃で弦が溝から外れやすいので、実用性は乏しいように思える。

DとEは、溝を刻んだものと同様、使用時に弓をたわめて弦を縛りつける必要がある。アイヌの弓にこの種の用法がみられるが、弦輪をつくっておいて引っかける方法と比べると、後者のほうが簡便である。

Fは弦の着脱が容易で、発射時の衝撃に対しても弦輪の位置が安定しているので実用性が高く、それが弓弭の形として和弓《わきゅう》に定着した理由だろう。

縄文時代には装飾も施されていた

縄文時代の丸木弓には、白木《しらき》のままではなく赤漆《あかうるし》を施した形跡のあるものも出土している。考古学者の中には漆を塗ることによって弓の威力が増すと考えたり、赤漆には呪術的《じゅじゅつてき》な力が込められていると考えたりする人がいる。しかし、漆で弓力《きゅうりょく》が増すという説には根拠がなく、むしろ装飾のためや、乾燥で弓が割れることを防ぐためであったと思われる。赤漆の呪術的な効果も否定はできないが、推測の域を出ない。

丸木弓に樹皮を巻きつけたものも出土している。樹皮巻きによって弓力が増すという説も考古学にはあるが、これも根拠はない。樹皮を巻くことは、漆と同様、装飾のためや弓が割れることを防止する効果をねらったものと考えるほうが合理的である。

＊尖り棒……武器として用いる堅木《かたぎ》の棒など。

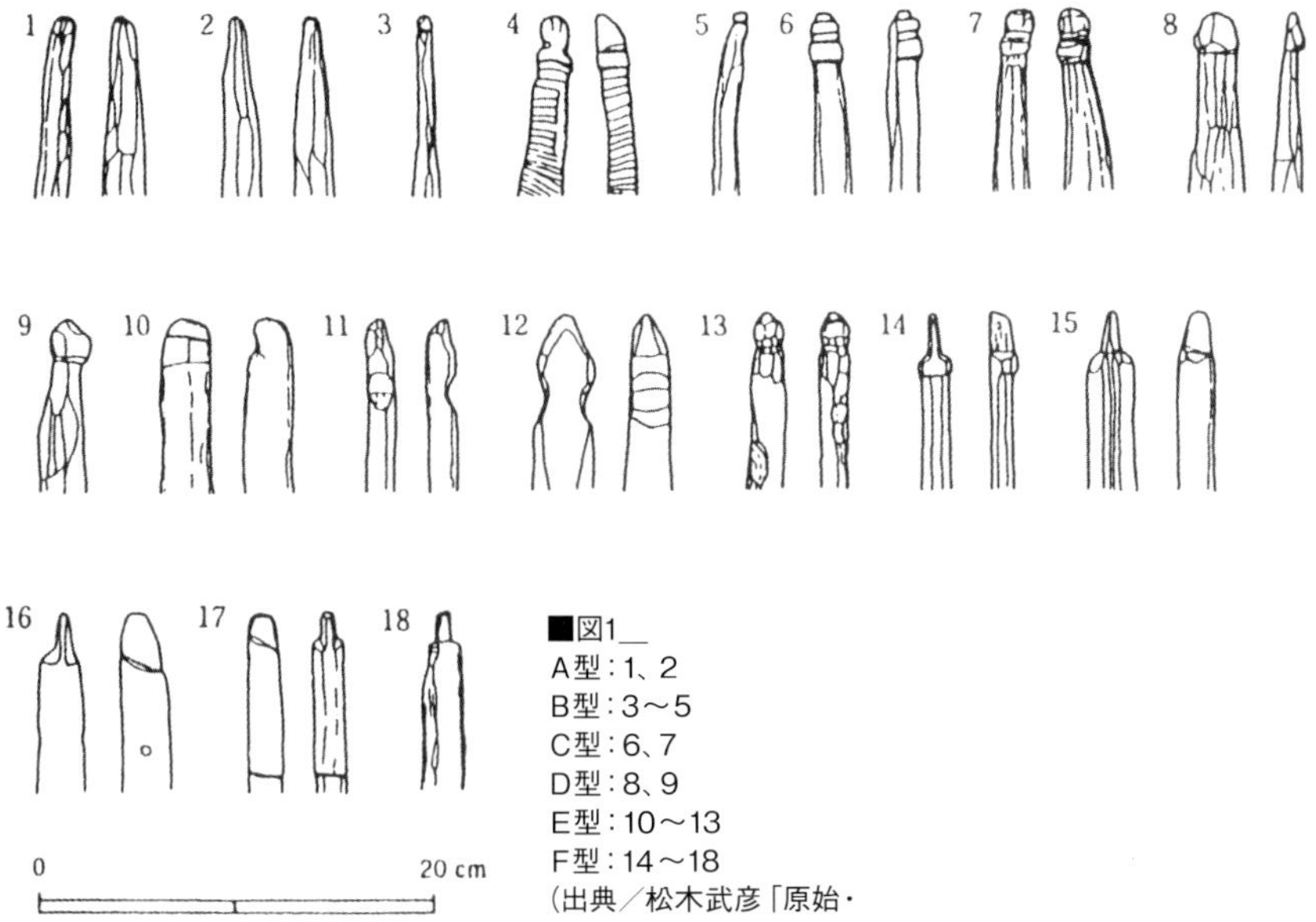

■図1
A型：1、2
B型：3～5
C型：6、7
D型：8、9
E型：10～13
F型：14～18
(出典／松木武彦「原始・古代における弓の発達ーとくに弭の形態を中心にー」『待兼山論叢』第18号史学篇　1984年)

狩猟から武器へ——弓矢の変遷《へんせん》

弓道人の目線で、弓の歴史を考えてみよう

執筆＝山田奨治

弥生時代の弓矢は戦闘専用だったのか?

考古学によると、縄文時代までの弓矢はおもに狩猟用だったが、弥生時代になると武器として使われるようになったという。縄文時代には争いはなかったが、弥生時代に定住農耕がはじまるとともに、土地を奪い合う戦争が起こるようになったのだという。

そういう歴史観が生まれた背景には、いくつかの考古学的な発見がある。ある遺跡の縄文時代から弥生時代の石鏃《せきぞく》を調べた研究によると、縄文時代の石鏃は長さ3センチ、重さ2グラム以下のものがほとんどだった。それが弥生時代になると、それよりも長くて重い石鏃が増えていく。石鏃の大型化という現象が起こったのは、矢を深く射込むことの必要性

■1＿15本の石鏃が刺さった弥生時代の人骨
（資料提供／土井ヶ浜遺跡・人類学ミュージアム）

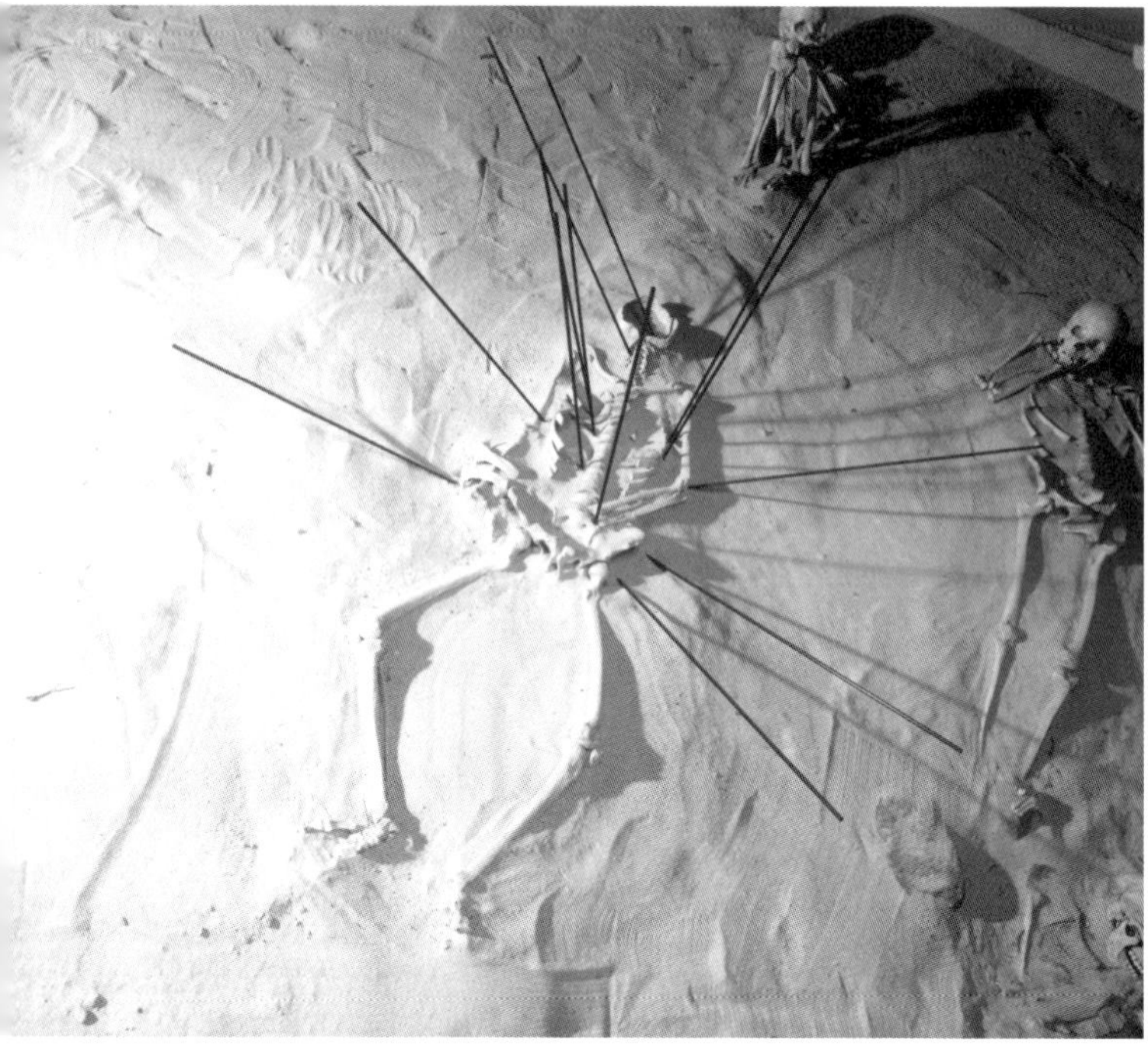

が生じたからで、それは戦争だろうというのである。

弥生時代に弓矢が武器になったというもうひとつの証拠は、矢を射込まれた人骨がいくつか発見されたことにある。たとえば、山口県の土井ヶ浜《どいがはま》遺跡からは、15本の石鏃が刺さった弥生時代前期の人骨がみつかっている（**写真1**）。

弥生時代から古墳時代にかけて、弓も長大化する傾向がみられる。考古学ではその理由について、戦争のため遠距離を射る必要が生じたからだとする説明もある。だが、弓が長くなると発射時の弭《はず》の返りが遅くなるため、長大化を遠距離用だとする直感的な説明は根拠に乏しい。弓力《きゅうりょく》には長さよりもむしろ、太さのわずかな変化のほうが大きく影響することは、弓に親しんだことのある者なら誰でも経験的に知っている。弓を観念的にしかみない考古学者よりも、弓道人のほうが、弓矢のことを正確に理解しているものなのだ。

縄文から弥生へと時代が下がるにしたがって、弓矢にいっそうの威力が求められるようになったのは事実かもしれない。とはいえ、縄文時代には闘いはなかったという牧歌的《ぼっかてき》な歴史観や、弥生時代になると弓矢は狩猟用には使われなくなったかのような説明を疑ってみる姿勢を、弓道人の読者は持ってほしい。

弓道以外にも今につながる弓矢の文化がある

それと同時に、弓道人が自戒《じかい》しなければならないこともある。それは、現代弓道につながる系譜《けいふ》から外れるものを排除して弓矢の文化を考える傾向が、弓道界に根強いことだ。江戸時代の弓術や、それが明治以後に再編されてできた「弓道」以外にも、日本には弓矢の文化がある。明治頃まで、弓矢は狩猟具としても使われていた。1950年代頃までは洋《よう》弓《きゅう》・和弓《わきゅう》の区別なく試合が行なわれていた。また、梓《あずさ》弓《ゆみ》を使った祈祷《きとう》や占いは、昭和まで各地に残っていた。これらも視野におかなければ、日本の弓矢の文化を理解することはできない。

縄文・弥生・古墳時代の弓具

飾り弓、湾弓、弩弓……さまざまな形態の弓があった

執筆＝山田奨治

発掘された弓にみる当時の文化と生活

1990年代後半になって、東京都東村山市にある下宅部《しもやけべ》遺跡から、縄文時代後期の丸木弓《まるきゆみ》30点、飾り弓11点が出土した。それまでに知られていた縄文時代の弓の総数を超える出土品が、ひとつの遺跡から出てくるという、貴重な発見であった。

そのうち、ほぼ完全な形を残している丸木弓は2点ある。いずれも樹種《じゅしゅ》はイヌガヤで、ひとつは長さ約130センチ、太さ2・4センチで、もうひとつは長さ約73センチ、太さ1・2センチである。

飾り弓に完全形の出土品はないが、最大径が3センチ近くあるものが多く、ずっしりとした弓幹《ゆがら》であったことがうかがえる。装飾には赤漆《あかうるし》や黒漆《くろうるし》が施され、糸や樹皮が巻かれてある。樹種はマユミと同じニシキギ属と同定されている（**写真1**）。

縄文・弥生時代を通して、弓幹の長さは120センチ前後のものが多かったと推定されている。アイヌの丸木弓も120センチ程度であることから、この長さには狩猟用としての合理性があったのではないだろうか。

弥生時代の弓の特徴として、現代の和弓《わきゅう》のように弓弭《ゆはず》に「肩」を掘り出したものが多くなる。これによって発射時に弦が外れることが少なくなり、また、使わないときに弦を外して弓を休ませることが容易なので、反発力を長く保つことができたと思われる。

弥生時代前期の弓の特筆すべき出土品に、佐賀県の菜畑《なばたけ》遺跡から発見された湾弓《わんきゅう》（＊）がある（**写真2**）。シイ材でつくられた長さ80センチ、太さ2センチの小弓《こゆみ》だが、このように弦をかけるのと反対方向に湾曲《わんきょく》した弓は、平安時代に木竹合成弓が出現する

まで類例がない。その形状から、大陸や朝鮮半島との関係がうかがえる。

文字資料では、3世紀の『魏志倭人伝《ぎしわじんでん》』に、倭人は短下長上の木弓を使うという記述があり、銅鐸《どうたく》の絵画からもそのさまが見て取れる（**写真3**）。弓幹の中央よりも下を握る方法は、弥生時代に成立したと考えられている。

珍しいところでは、弩弓《どきゅう》（ボウガン）とみられる弥生時代末の木製品が、島根県の姫原西《ひめばらにし》遺跡からみつかっている。また、8世紀後半とみられる青銅製の引き金部分も、宮城県の伊治《いじ》城跡の住居遺跡から発掘されている。これらの発見で、日本にも弩弓があったことがあきらかになった（**写真4**）。

古墳時代になると、弓が長大化していき、長さが2メートル近くあるものも出現する。材質はケヤキが多い。鏃《やじり》は古墳時代初期には青銅製のものがみられるが、多くは鉄鏃《てつぞく》で、形状や重さはまちまちである。

＊湾弓……弦を外した状態で、弦を張る方向とは反対側に反った弓、いわゆる裏反りをもつ弓。

■1＿下宅部遺跡出土の縄文時代の飾り弓（出典／下宅部遺跡調査団編『下宅部遺跡Ⅰ』東村山市遺跡調査会　2006年）

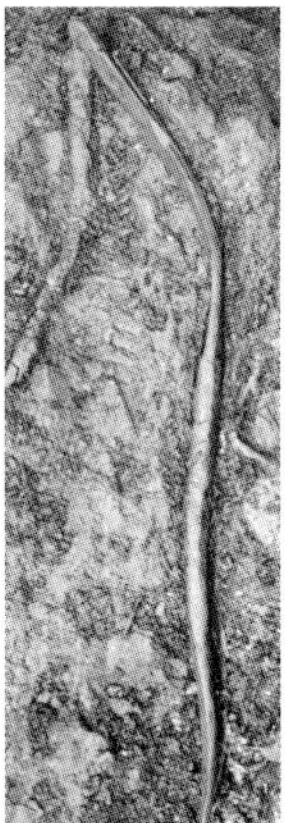

■2＿菜畑遺跡出土の弥生時代の半湾弓（出典／『菜畑遺跡』唐津市教育委員会　1982年）

■3＿袈裟襷文堂銅鐸《けさだすきもんどうどうたく》
背面中段区画部分／
伝香川県出土（国宝）
（東京国立博物館所蔵
Image:TNM Image Archives）
＊P2にカラー写真掲載

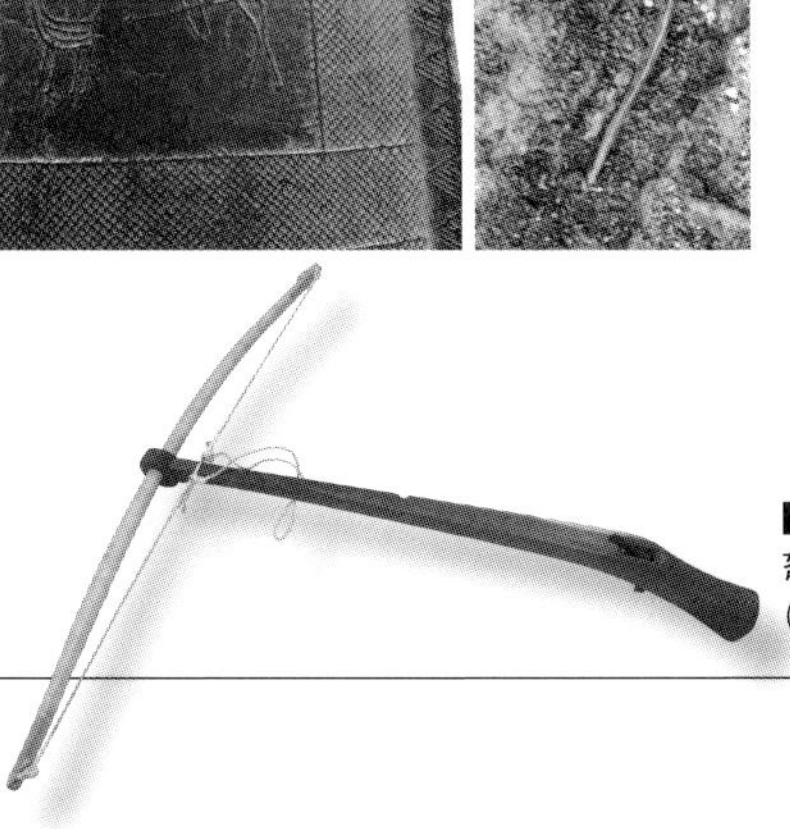

■4＿姫原西遺跡出土の弩弓の推定復元品
（国際日本文化研究センター所蔵）

奈良・平安時代の弓具

装飾や儀礼用の美しい弓具と、戦乱で進化した弓具

執筆＝山田奨治

現在は使われなくなった幻の弓具

平安時代までは、丸木弓《まるきゆみ》の時代だった。奈良時代の弓具では、奈良の正倉院《しょうそういん》の御物《ぎょぶつ》に梓弓《あずさゆみ》、槻弓《つきゆみ》、矢、胡禄《やなぐい》（矢入れ具）などが多数伝存している。東京国立博物館にある法隆寺献納宝物《ほうりゅうじけんのうほうもつ》の中にも、奈良時代の弓・矢・胡禄の伝存品がある。

また奈良時代には、鞆《とも》という今は使われなくなった幻の弓具もあった（**写真1**）。鞆は半円形の革袋で、中に詰め物がしてある。これを左手首に結びつけて、発射時に弦が手首を打つのを防いだ。弦が鞆を打ったときの音を「鞆音《ともね》」といい、魔除《まよ》けの効果があったとされる。鞆形の埴輪《はにわ》があることから、古墳時代にすでにあったことがわかる。

鞆の存在から、当時の射法は弓返《ゆがえ》りさせず、角《つの》見《み》も効かせない打ち切り射法だったことがうかがえる。平安時代には使われなくなったので、その頃射法に変化が起きたとみることもできる。

国宝に指定されている美しい弓具

平安時代の弓具では、奈良の春日大社《かすがたいしゃ》に槻弓や平《ひら》胡禄《やなぐい》、金銅尖矢《こんどうとがりや》、水晶鏑矢《すいしょうかぶらや》が伝存していて、いずれも国宝に指定されている（**写真2〜4**）。

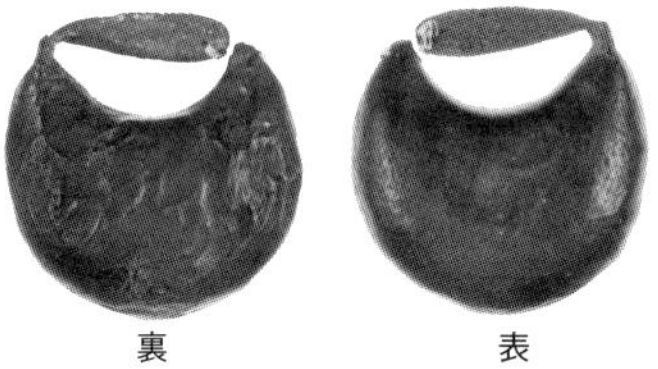

■1＿鞆（正倉院宝物）

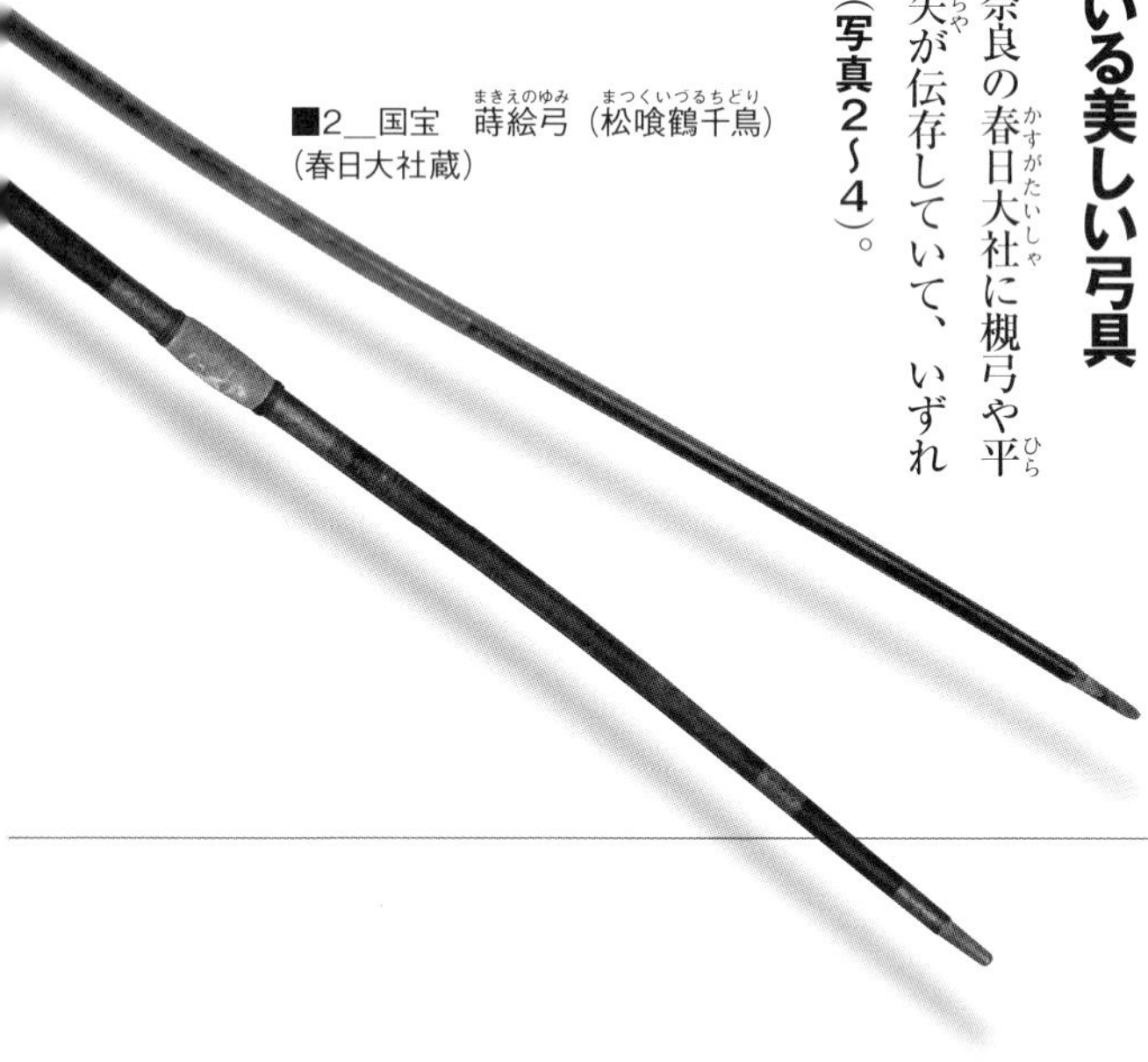
■2＿国宝　蒔絵弓《まきえのゆみ》（松喰鶴千鳥《まつくいづるちどり》）（春日大社蔵）

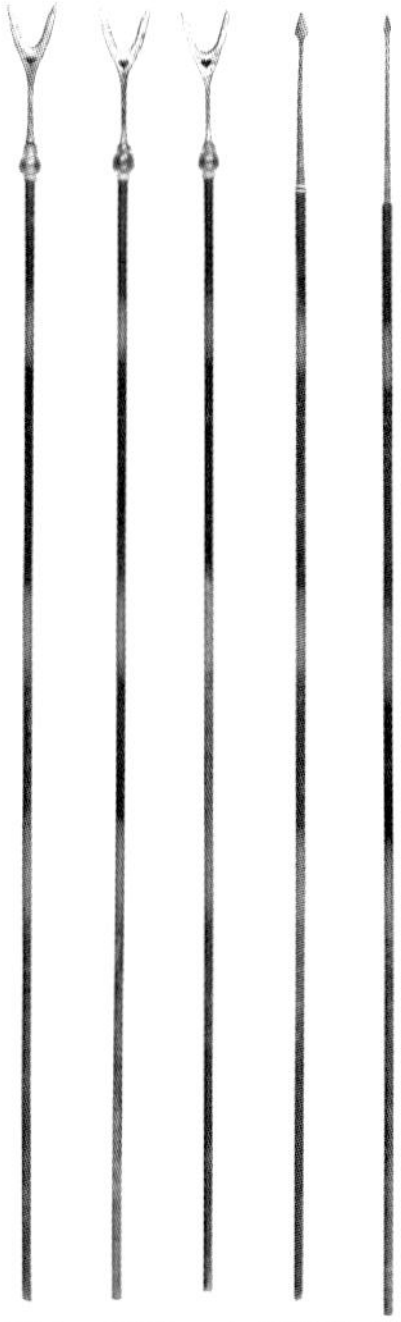

■4＿国宝　水晶鏑矢（左）、金銅尖矢（右）
（春日大社蔵）

本弭

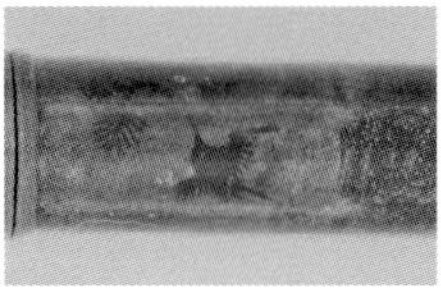

部分

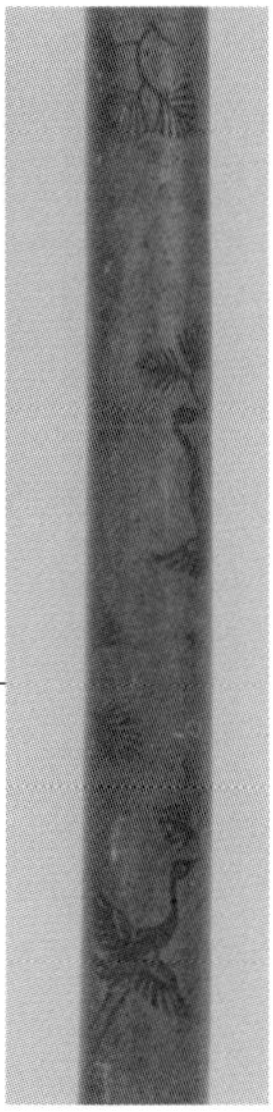

部分
＊P3にカラー写真掲載

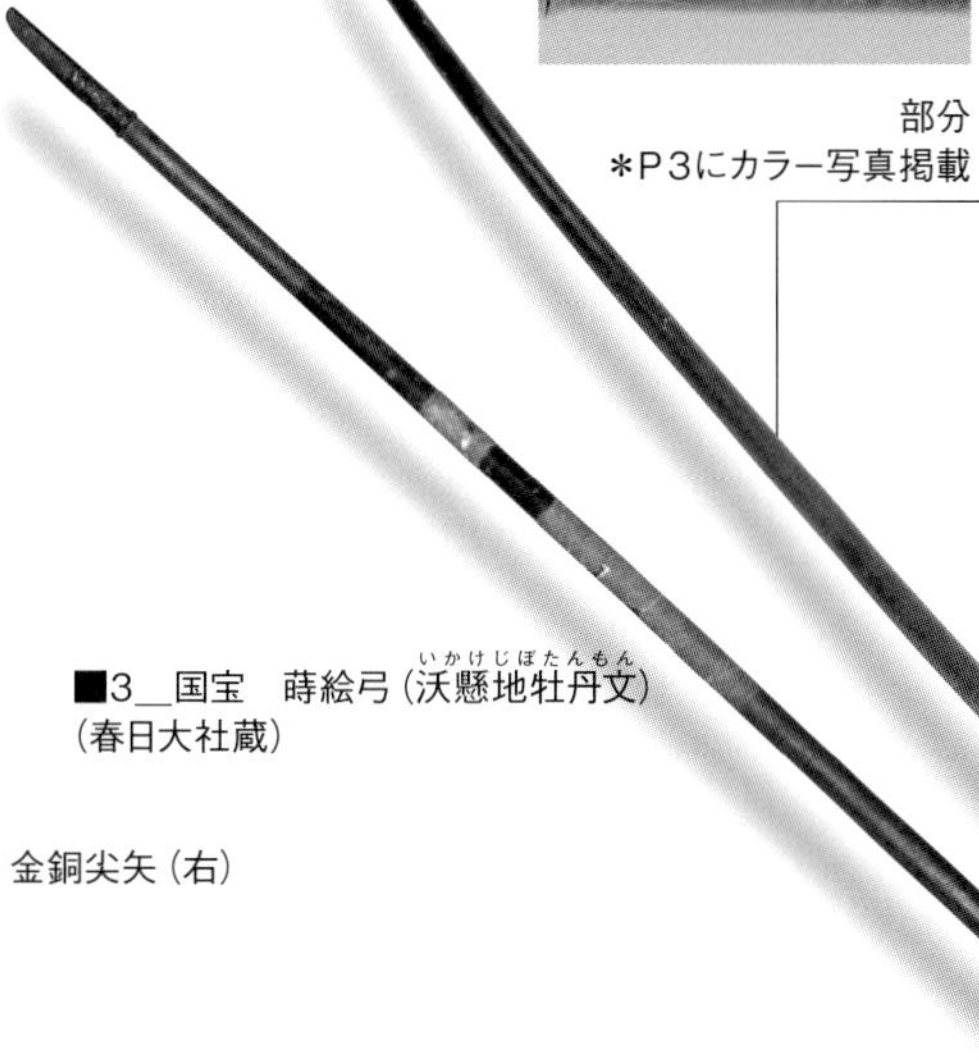

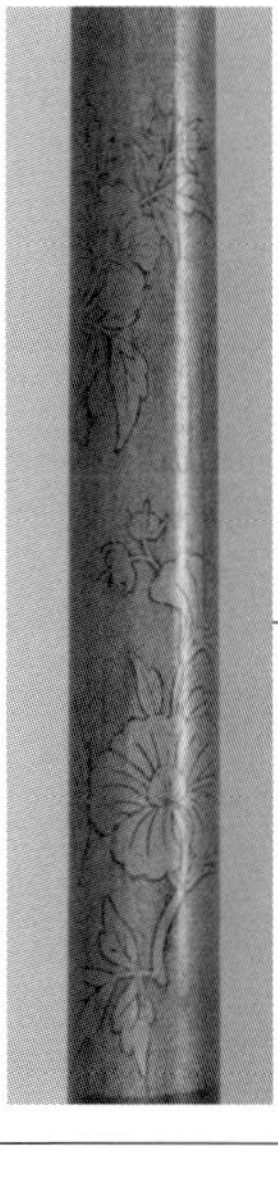

■3＿国宝　蒔絵弓（沃懸地牡丹文《いかけじぼたんもん》）
（春日大社蔵）

部分
＊P3にカラー写真掲載

これらのうち、二張の槻弓には、松、鶴、千鳥、牡丹《ぼたん》などの蒔絵《まきえ》が施されていて、たいへん美しい姿をしている。また水晶鏑矢は、ぼかしの入った黒漆《くろうるし》の篦《の》に金銅製《こんどうせい》の雁股《かりまた》、そして水晶の珠《たま》が取り付けられている。

槻弓は直径2センチ程度と細く華奢《きゃしゃ》なもので、鏃《やじり》は軟らかい素材であるため、いずれも武器としての実用性は乏しく、装飾用か儀礼用だったと思われる。

平安時代中期になると、丸木弓に竹を貼って強化した「真巻弓《まきゆみ》」「伏竹弓《ふせだけゆみ》」が登場し、木竹合成弓の時代がはじまった。戦乱が弓の進化をもたらしたものと推測される。

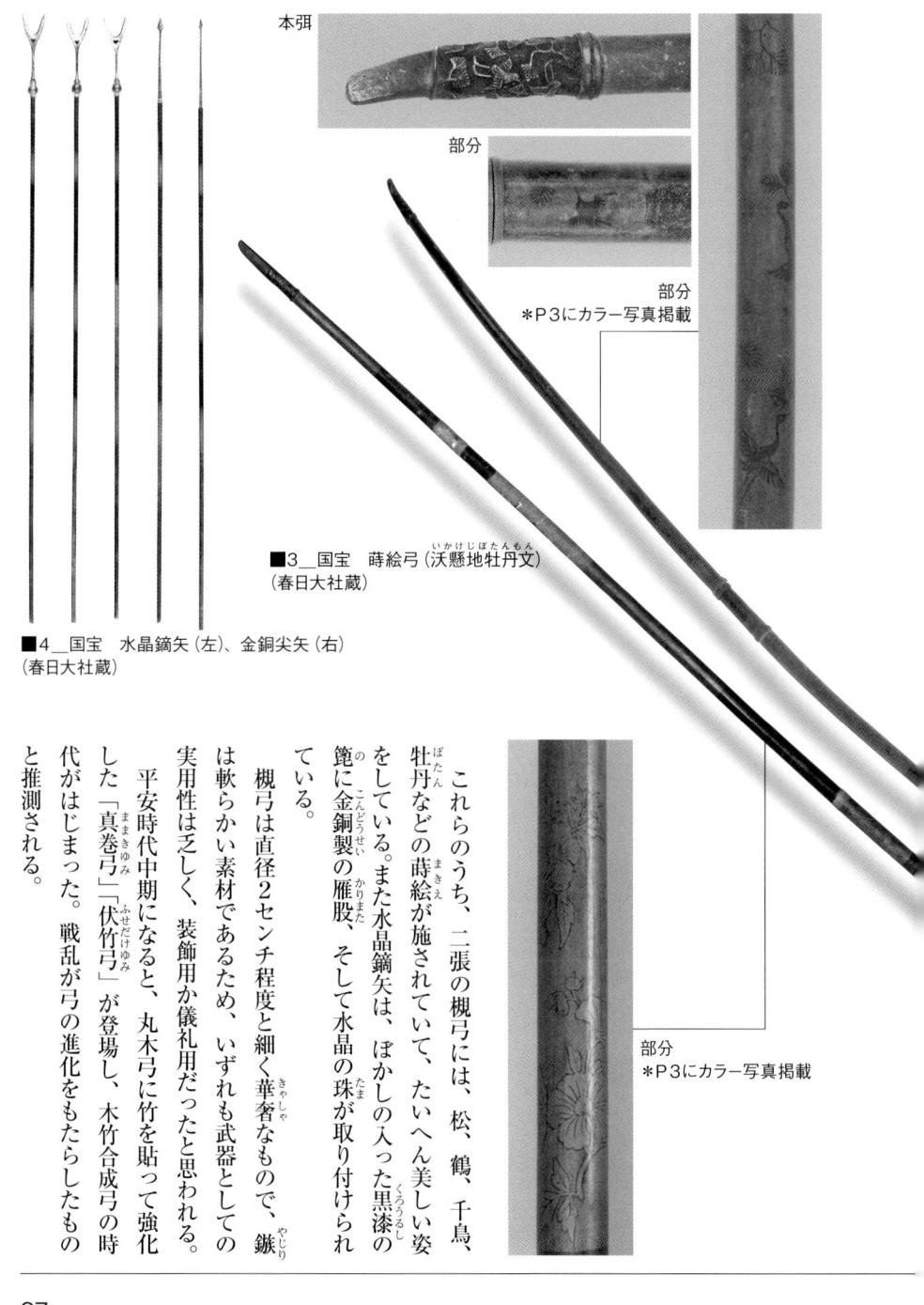

鎌倉〜戦国時代の弓具

武器としての威力が求められた時代

執筆＝山田奨治

実用性の高さをうかがわせる弓具

鎌倉時代から戦国時代末までは、武器としての弓具とそれを操る射手が、歴史の表舞台で重要な役割を果たした時代である。

弓にはいっそうの威力が求められ、それが構造の変化をもたらした。木竹合成弓は、3本から4本の竹ひごを中心に通すものが現われ、構造が複雑になっていった。弓に糸や籐《とう》を巻き、さらに漆《うるし》をかけるなどの技法も生まれた。

糸や籐を巻いた理由については、それによって弓力が増すのだという説があるが、確かな根拠はない。むしろ湿気によって、接着剤の膠《にかわ》がはがれるのを防止するためと考えたほうがよい。

この時代の弓具としては、瀬戸内海に浮かぶ大三《おおみ》島《しま》（愛媛県）にある大山祇《おおやまづみ》神社に伝存品がある。**写真1**は、鎌倉から南北朝時代の作とされている弓九張で、いずれも重要文化財に指定されている。右端の黒漆重藤弓《くろうるししげとうゆみ》には、正中《しょうちゅう》二年（1325）の年号が刻まれている。また、右から三張目の弓には、糸巻部分に朱塗《しゅぬり》が施されてあり、貞治《じょうじ》二年（1363）の墨書《すみがき》がある。いずれも年代があきらかな弓として、大変貴重なものである。

■1__重要文化財
弓九張（大山祇神社蔵）
＊P4にカラー写真掲載

大山祇神社には、弓のほかにも、いずれも鎌倉〜南北朝時代の征箭《そや》四五隻《せき》、中差箭《なかざしや》四隻、雁股箭《かりまたや》六隻がある（**写真2**）。鏃《やじり》の材質・形状や、矢柄《やがら》を籐で強化しているさまなど、武器としての実用性の高さをうかがわせるものばかりである。

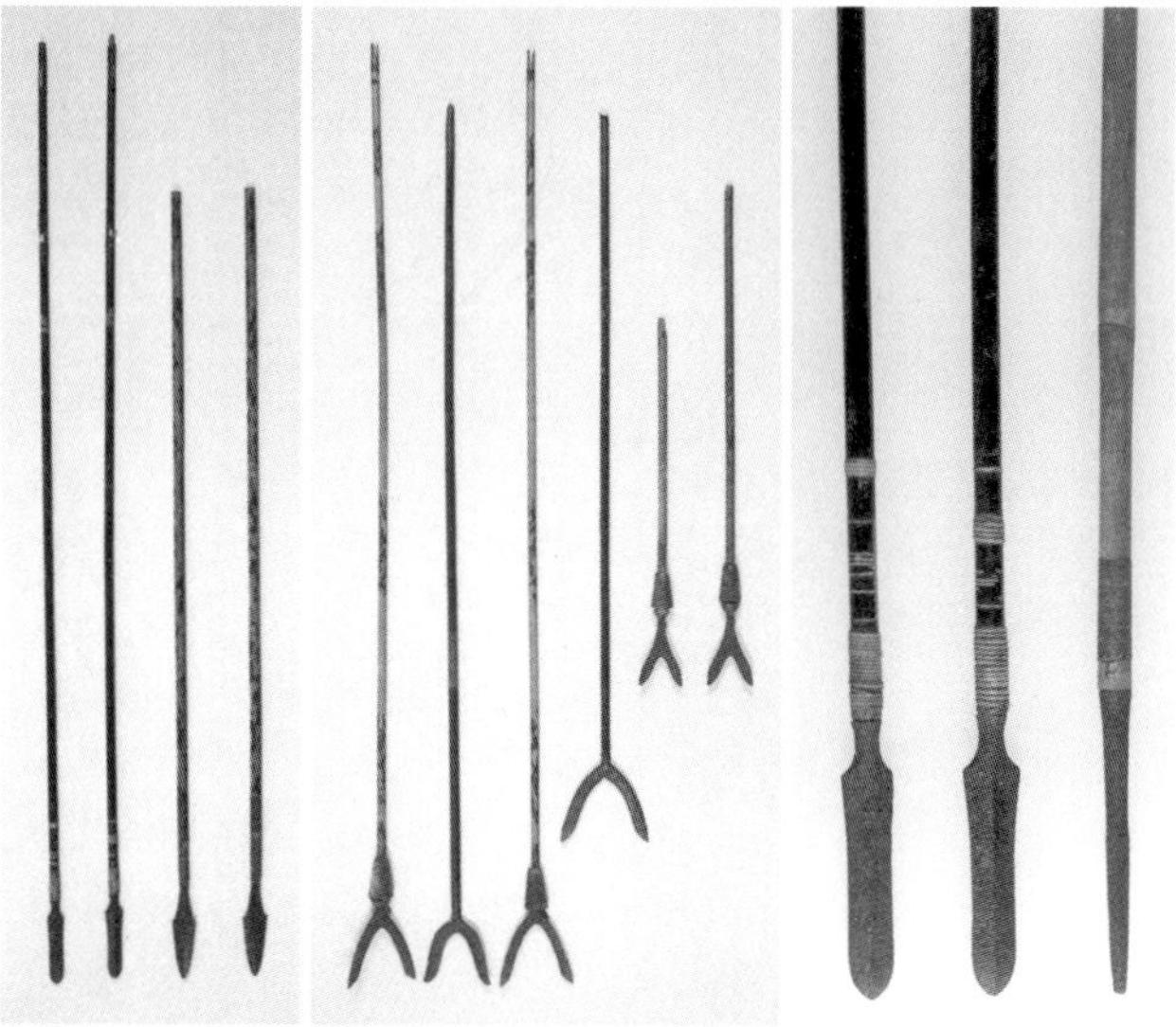

■2＿
左／重要文化財 中差箭四隻（内二隻に国益の銘）
中／重要文化財 雁股箭六隻
右／重要文化財 征箭の鏃（内一隻に国益の銘）
（すべて大山祇神社蔵）
＊P5にカラー写真掲載

また、同社には和田小太郎義盛《わだこたろうよしもり》（1147〜1213）が奉納した革箙《かわえびら》（＊）もあり、往事の姿をよく留めている（**写真3**）。

＊箙……矢を入れて背負う武具。

■3＿重要文化財　革箙
（和田小太郎義盛奉納）
（大山祇神社蔵）
＊P5にカラー写真掲載

第1章【歴史】

江戸時代の弓具

弓術流派が各藩に普及し、通し矢競技が盛んになった時代

執筆＝山田奨治

流派独自の弓勢が現われ革新的な弽が誕生した

現代の竹弓のように、竹ひごを木で挟み、さらに内竹《うちだけ》と外竹《とだけ》で貼り合わせる構造の弓は、江戸時代初期にはすでにあった。それから1960年代に新素材を使った弓具が開発されるまで、弓具はほとんど変化することなくつくり続けられてきた。

江戸時代、弓矢製造の中心地は京都で、そこには全国の諸藩から注文が集まった。各藩に普及した弓術流派により、理想とする弓の形（勢《なり》）はさまざまだったので、京の弓師は各藩の注文に応じて弓をつくり分けた。弓勢《ゆみなり》は、次第に地域や流派の名前で呼ばれるようになった。

図1は、江戸初期の京都の弓師・広瀬彌一《ひろせやいち》が記した弓勢の図である。右から順に「古勢」「大蔵勢」「江

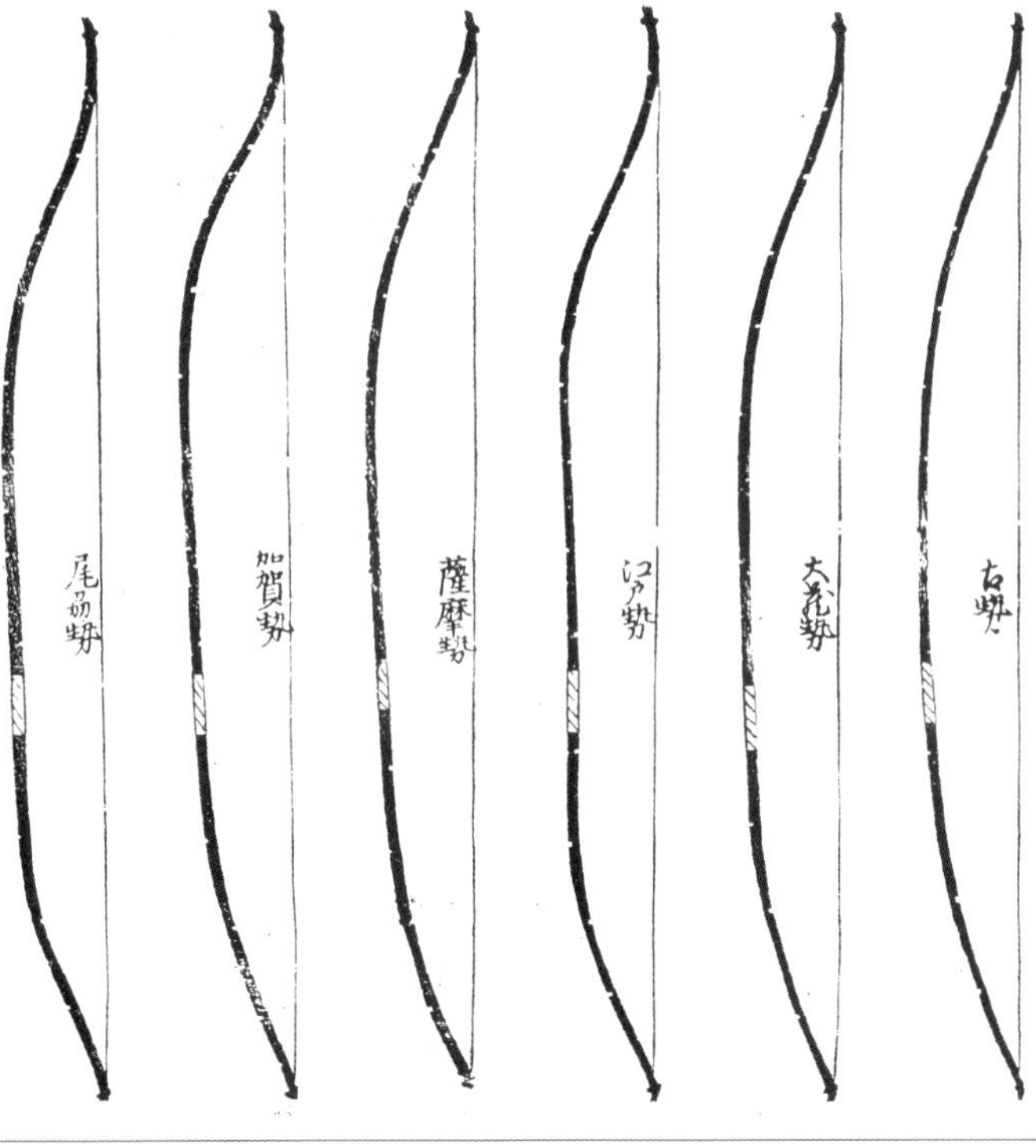

戸勢」「薩摩勢」「加賀勢」「尾州勢」「越前勢」「いせ津勢」「山科勢」「京勢」と読む。この図は実際の弓の形と少しちがうように見えるが、その理由は、当時の図法の特徴にある。これらは、近代絵画のように写実的に描いたものではなく、形が持つ勢いのようなものを、線で表現したものとみるべきだろう。

この時代に弓具に起きた大きな変化といえば、四《よ》つ弽《がけ》や角《つの》入りが生まれたことくらいだろう。これは、江戸時代に盛んになった通し矢競技（P48参照）のために工夫された弽《ゆがけ》である。長時間に大量の矢数《やかず》をかけることができるように3本の指を親指にかける形になり、親指を保護するために弽の帽子の内側に、木製の角を入れたのである（**写真1**）。角入りの弽は的前《まとまえ》にも移入され、旧来の「柔帽子《やわらかぼうし》」を押しのけて普及していった。

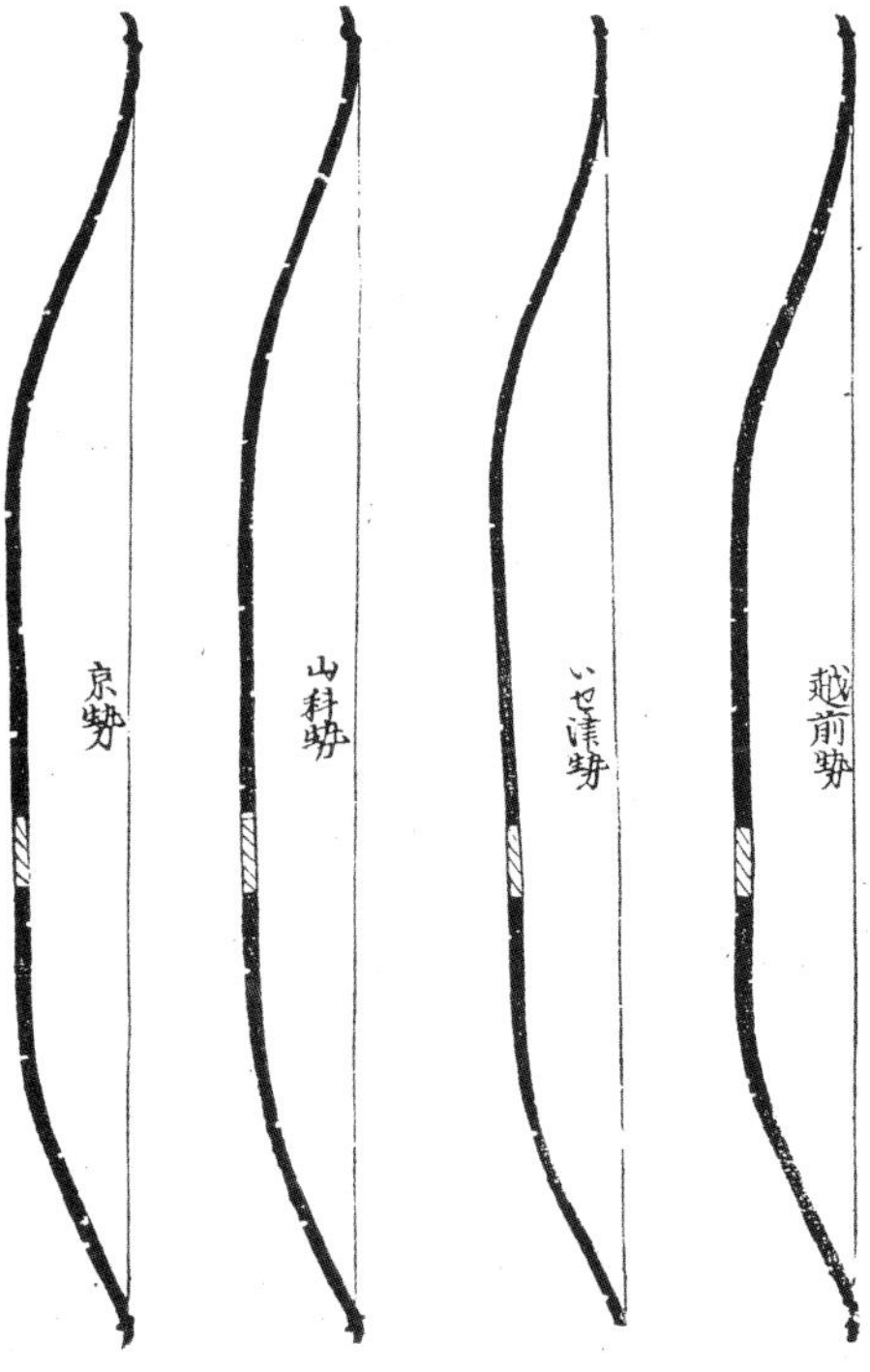

■図1＿広瀬彌一『用射録《ようしゃろく》』（1615年）に記載された江戸時代初期の弓勢の図（出典／入江康平編『弓道資料集第三巻　広瀬弥一弓道論集』いなほ書房　1988年）

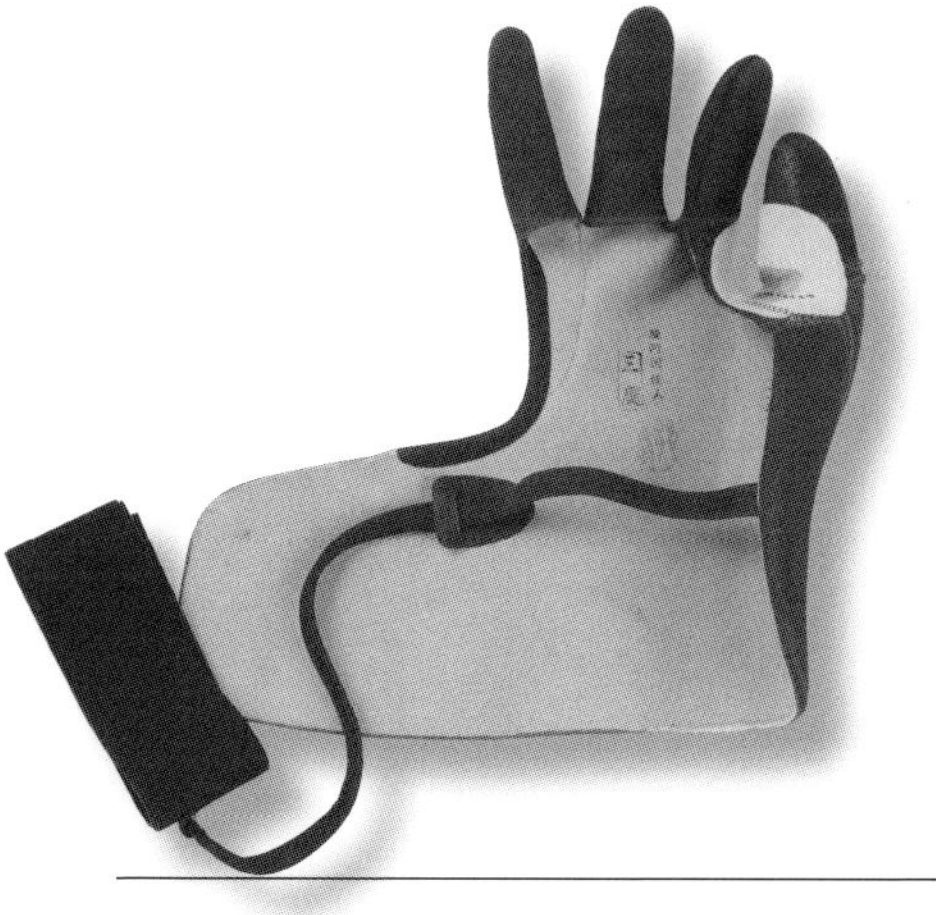

■1＿角入り四つ弽（撮影協力／小山弓具）

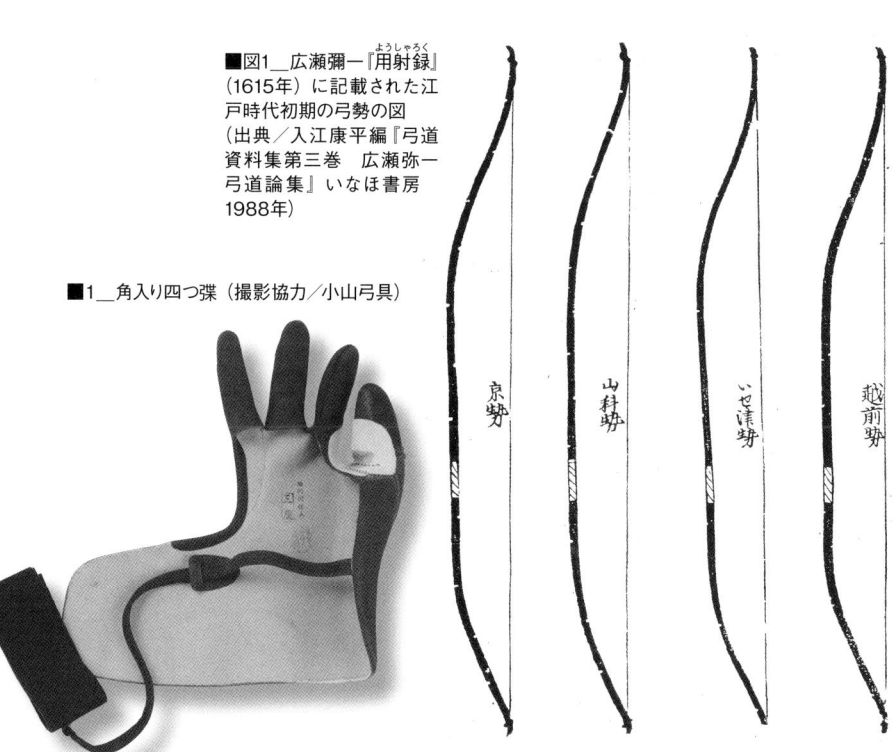

近代の弓具はどう進化した？

新素材による弓具の開発が、弓道普及の一助に

執筆＝山田奨治

安価で扱いやすく初中級者に最適の弓具

明治以後、1960年代までは、弓具に大きな変化はなかった。伝統的な竹弓・竹矢・麻弦《あさづる》に加えて、新素材を使った弓具が、60年代以後、次々と開発されていった。

安価で手入れの簡単なグラスファイバー製の弓が生まれ、学校弓道の普及に貢献した。さらに、カーボンファイバーのシートを、グラス弓や竹弓に挟み込んだものもつくられるようになり、和弓《わきゅう》の多様化が進んだ（**写真1・2**）。

ジュラルミン矢はもともとアーチェリー用につくられたシャフトを使用したもので、初級〜中級者用の矢として、竹矢と比べて安価で均質である。初級〜中級者用の矢として、広く普及している。また、軽くて篦張《のば》りの強いカーボン矢も開発された（**写真3**）。

かつては矢羽根に大鷹《おおたか》や犬鷲《いぬわし》が使われていたが、どちらも絶滅の恐れがある種として国際条約で保護されているので、羽根を入手することは困難になっている。現在では、七面鳥や水鳥などの羽根が主流だ。

弦は、麻に代わってケブラー製の合成弦が広く普及した。使用感も麻弦に近いものが開発されていて、高価な麻弦と比べてコスト・パフォーマンスの面でたいへん優れている。

弓・矢・弦が新素材に変わっていく中で、弽《ゆがけ》だけは伝統的な鹿革製がま

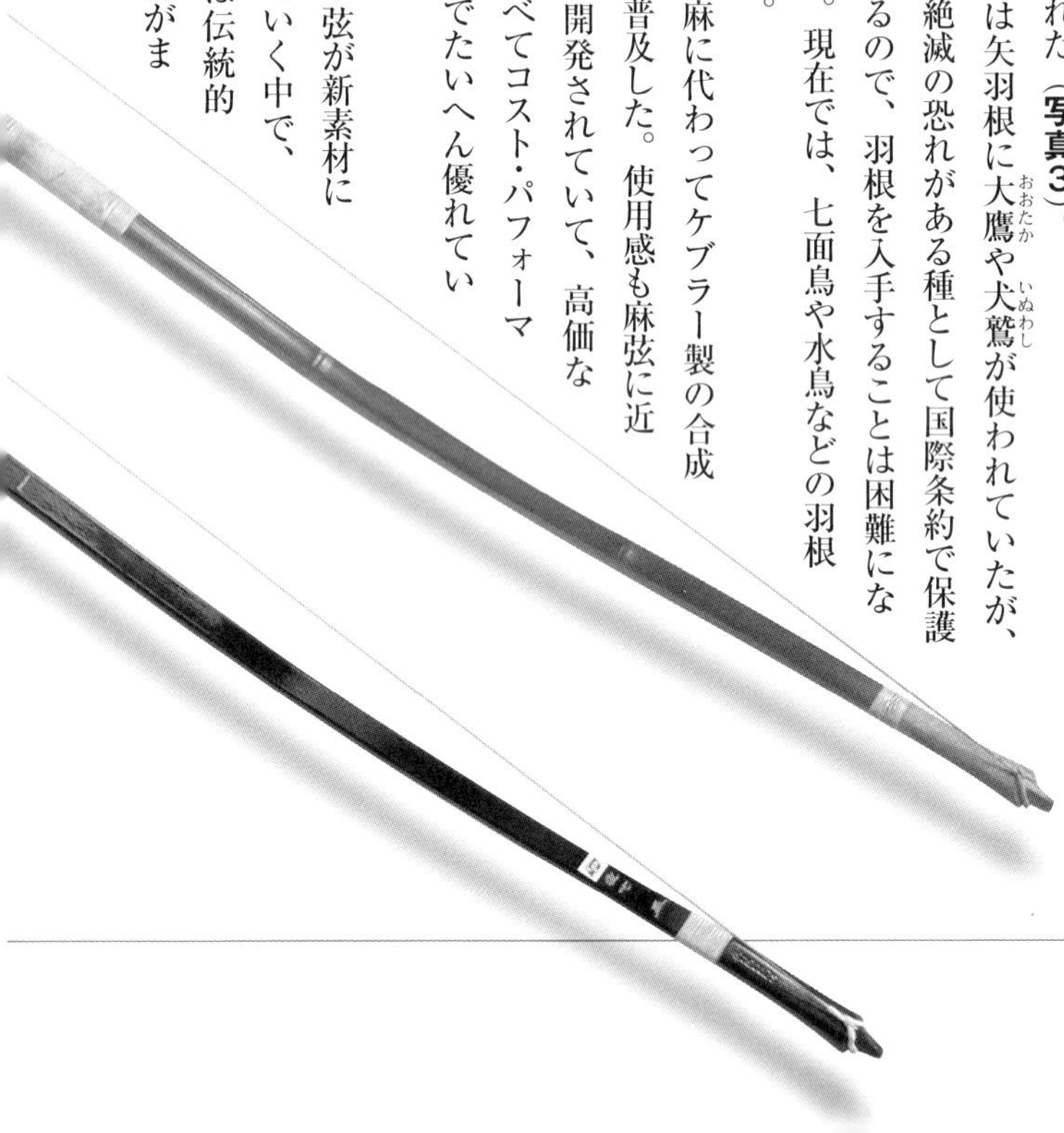

だ主流を占めている。だが、材料となる革は中国からの輸入に頼っているのが現状だ。

新素材の弓具はいろいろあるが、竹弓・竹矢・麻弦が持つ味わいには及ばない。材料の供給や製作技術を守るために、多少は高価であっても伝統的な素材の道具を使う努力を、弓道愛好家はしていきたいものだ。

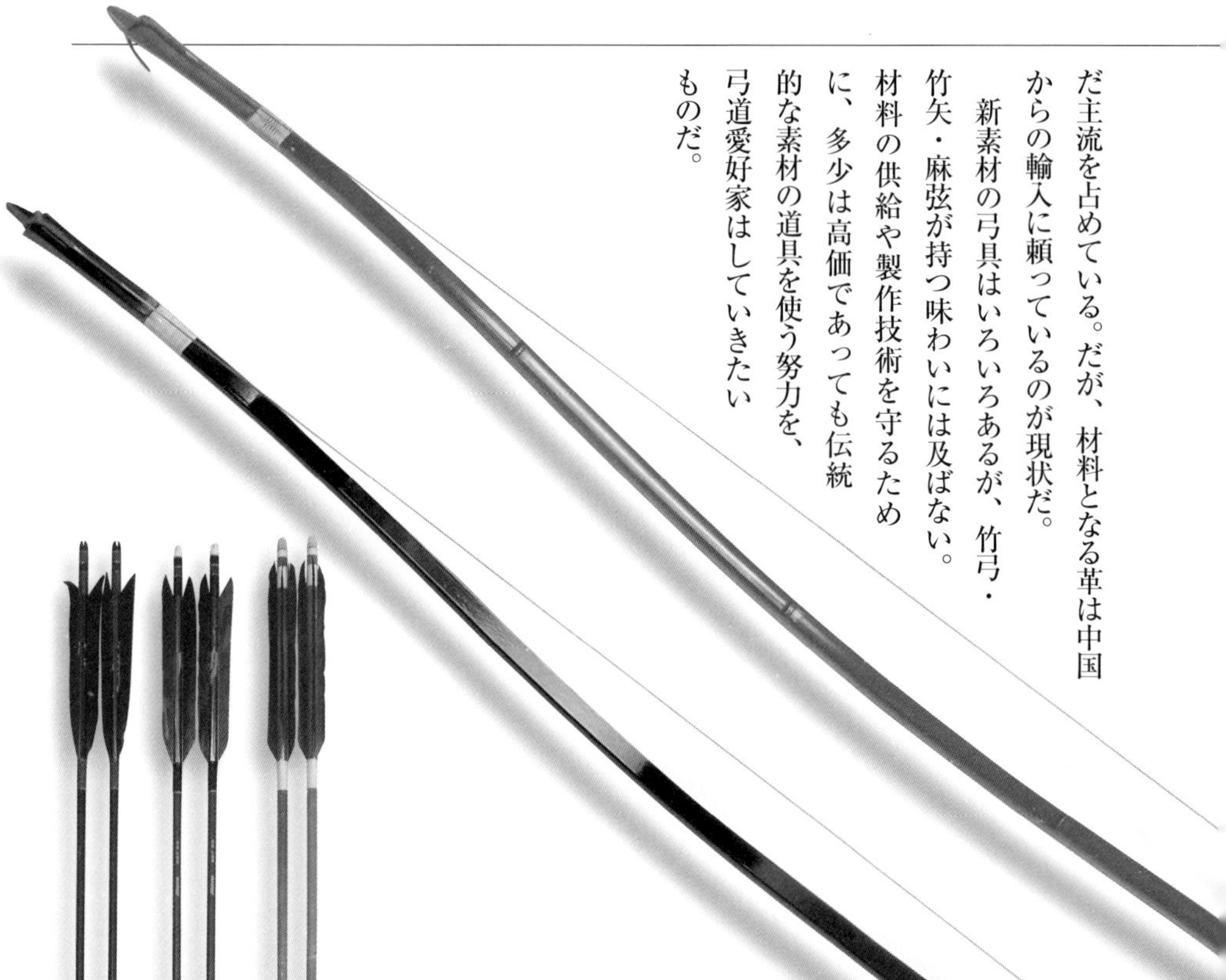

■1__現在の弓道稽古や競技に使用される弓には以下のものがある。
1 竹弓
2 竹・カーボン合成弓
3 グラスファイバー合成弓
4 カーボン合成弓
写真は、竹弓（上）とグラスファイバー合成弓（下）。上記の1と2、3と4の見た目はほとんど変わらない

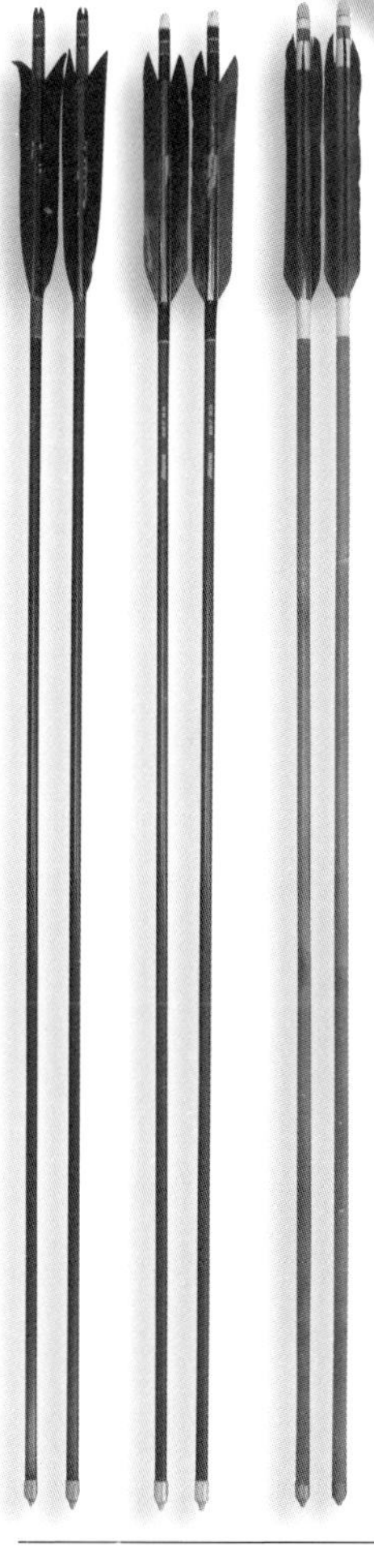

■3__
右／竹製の矢
中央／カーボンファイバー製の矢
左／ジュラルミン製の矢

■2__カーボン合成弓やグラスファイバー合成弓の断面。同じメーカーでも、二層構造や三層構造など、あらゆるタイプがある

梓弓《あずさゆみ》ってどんな弓？

材質によるもの、神事に使われるもの、ふたつの意味がある

執筆＝山田奨治

枕詞としても使われた古来からの弓

アズサという木でつくった丸木弓《まるきゆみ》のことをいう場合と、巫女《みこ》が神や死者の霊を呼び寄せるときに使う弓をいう場合とがある。前者でいうアズサは特定の樹種《じゅしゅ》を指すが、後者では樹種にはこだわらない。

アズサという木の正体については、ミズメ説とキササゲ説があり、前者のほうが有力である。ミズメはヨグソミネバリ（夜糞峰榛）という木の異名である。樹皮に臭いがあるのでこのような名前がついている。

奈良の正倉院《しょうそういん》に、奈良時代の作と推定されている長さ167センチの梓弓が保存されている。黒漆《くろうるし》が塗られているが、装飾のためのハート形の塗り残しもみられる。また、弓体下部《きゅうたい》の内側が削り込まれている。この梓弓に付随《ふずい》する弦の残欠《ざんけつ》もある（**写真1**）。

和歌では「梓弓」という語は、「いる」「ひく」「もと」「すえ」などにかかる枕詞《まくらことば》として使われてきた。たとえば、平安時代の『伊勢物語《いせものがたり》』には「梓弓　引けど引かねど　むかしより　心は君に　よりにしものを」という歌がみられる。「あなたがわたしの心を引こうが引くまいが、むかしからわたしの心はあなたに寄り添っていました」という意味で「引けど引かねど」を導く詞《ことば》として「梓弓」が冒頭におかれている。

梓弓を使った占いは江戸時代まで続いた

神や霊を呼び寄せるときの梓弓については、『源氏《げんじ》物語《ものがたり》』の「葵上《あおいのうえ》」に書かれている。葵上に取り憑《つ》いた者の正体を調べるために、照日《てるひ》の巫女《みこ》が梓弓を使った口寄せ（＊）をする。すると六条御息所《ろくじょうのみやすんどころ》の霊が梓弓の末弭《うらはず》に降りてきて、葵上への恨みを語りはじ

める。

同種の梓占いは、江戸時代まで全国で行なわれていたが、明治六年の政府通達（教部省達第二号）で「人民を眩惑《げんわく》」するとして禁止された。しかし、中国地方や四国地方では、20世紀後半まで残存していた。絵画資料や映像記録をみると、多くの場合、中が空洞になった共鳴箱《きょうめいばこ》に弦を上にして弓を取り付け、弦を棒で叩き鳴らしながら口寄せが行なわれていたことがわかる（**写真2**）。

＊口寄せ……霊を迎え、その言葉を人に伝え聞かせること。また、それを行なう人。

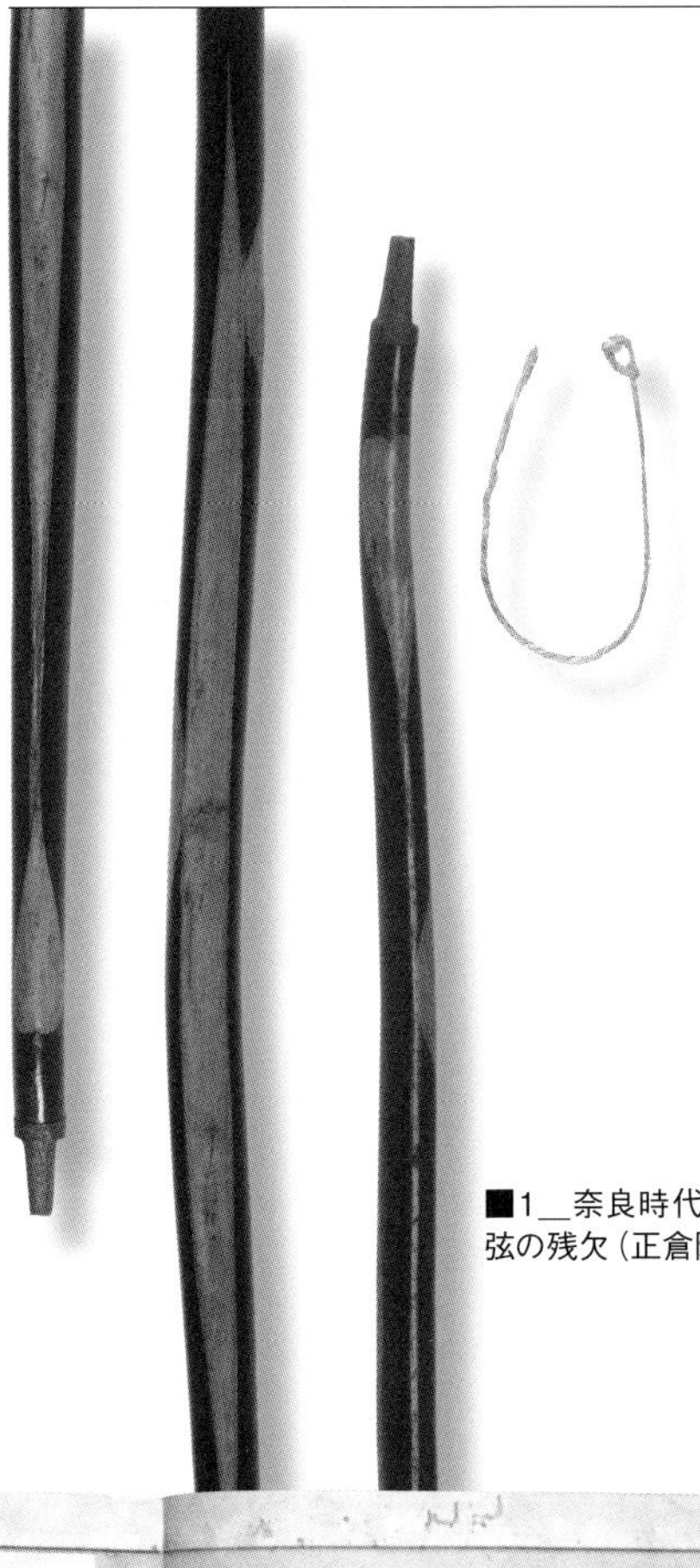

■1＿奈良時代の梓弓と弦の残欠（正倉院宝物）

■2＿土佐国《とさのくに》職人絵歌合「博士」（高知市立市民図書館若尾文庫蔵）

征《そ》矢《や》ってどんな矢？

執筆＝山田奨治

実用的かつ高い戦闘能力を持つ矢

瞬時に相手を射留めるためのさまざまな工夫

戦場で用いる矢を征矢という。敵を征《せい》する矢という意味からこの呼び名がついた。

篦《の》には節陰《ふしかげ》がよいとされる。節陰篦とは、篦の枝を落とした節の部分が割れるのを防止するために、漆《うるし》を塗ったものである。または節のあたりを濃く、節から離れるにしたがって薄く漆をかけたものや、火で焼いて陰をつけたものも節陰篦という。

筈《はず》は角《つの》などを使わず、篦の端を切り込んでつくり出す余筈《よはず》を使う（P53参照）。筈はY字形にして瞬時に番《つが》えられるような工夫がされている。羽根は三枚で、鷲《わし》の羽根を使うのが本来である。

鏃《やじり》には剣尻《けんじり》（剣形の鏃）、柳葉《やなぎば》（柳の葉の形をした鏃）、鳥舌《ちょうぜつ》（スペード形の鏃）などを使う（**写真1**）。

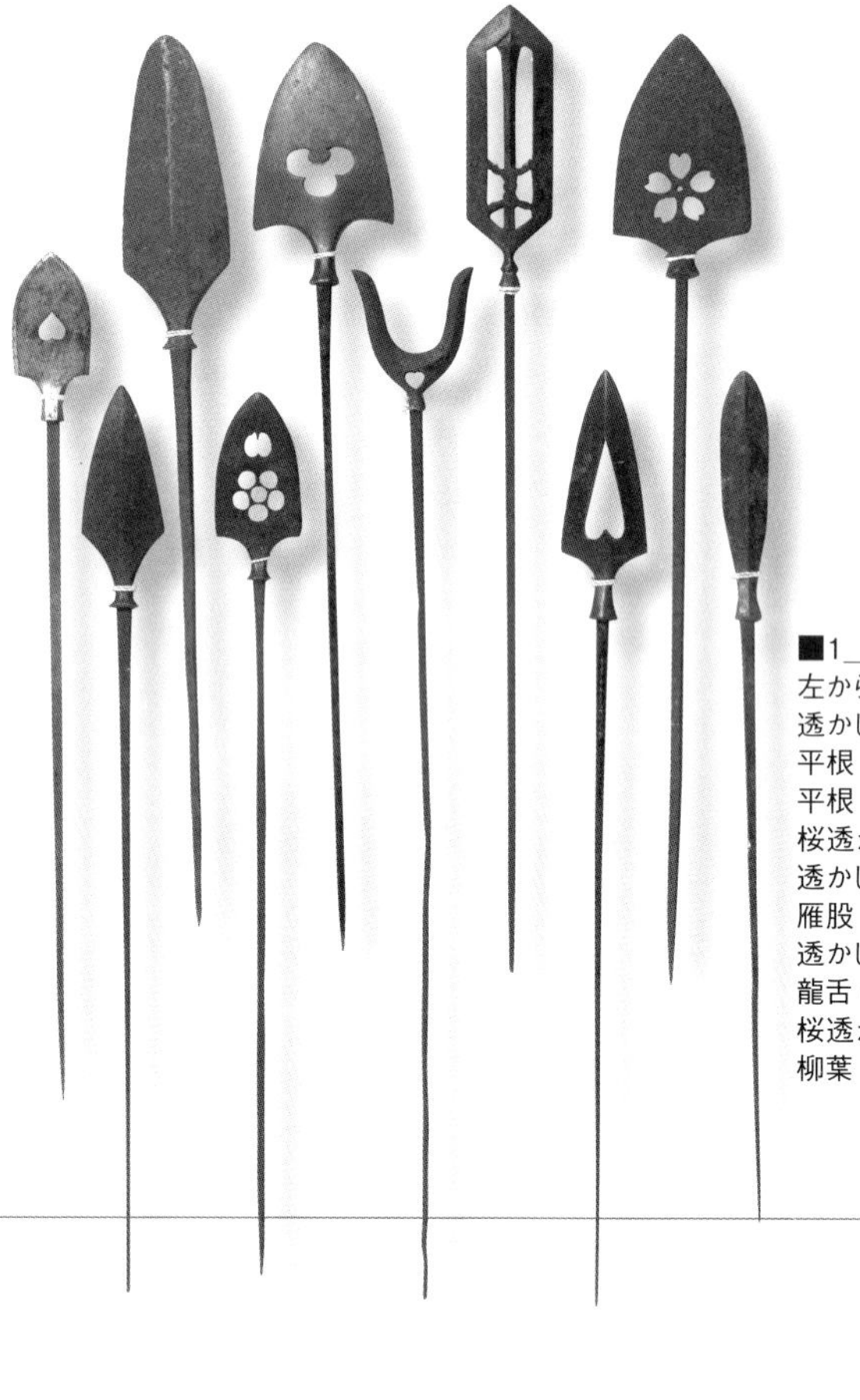

■1＿さまざまな鏃の種類
左から、
透かし平根
平根
平根
桜透かし猪目平根
透かし平根（浅い「返し」あり）
雁股
透かし剣形
龍舌（りょうぜつ）
桜透かし平根
柳葉

下級の農民兵などを射るときは小さな鏃を使い、刺さった矢を抜いたときに体内に鏃が残らないようにしっかりと固定した。雇兵《こへい》に致命傷を与えないための配慮であったとされる。

一方で大将首をねらう矢は、腸繰《わたくり》と呼ばれる「返し」と、透かし彫りのある鏃を使った。刺さった矢を抜こうとしても「返し」があるために抜けず、筋肉が収縮して透かし彫りの部分に食い込み、ますます抜けにくくなる。そのうえ、大将首用の矢は鏃を箆に緩く取り付けておく。そうしておくと矢を抜くと鏃が体内に残ることになる。

箙《えびら》（＊1／**写真2**）に盛った征矢を負征矢《おいそや》といい、靫《うつぼ》（＊2）に差したものを靫實《うつぼのみ》という。箙も靫ももはや実用品ではないので、こういった言葉はもう死語になってしまった。

＊1 箙……矢を入れて背負う武具。
＊2 靫……矢を入れて腰や背につける筒型の道具。

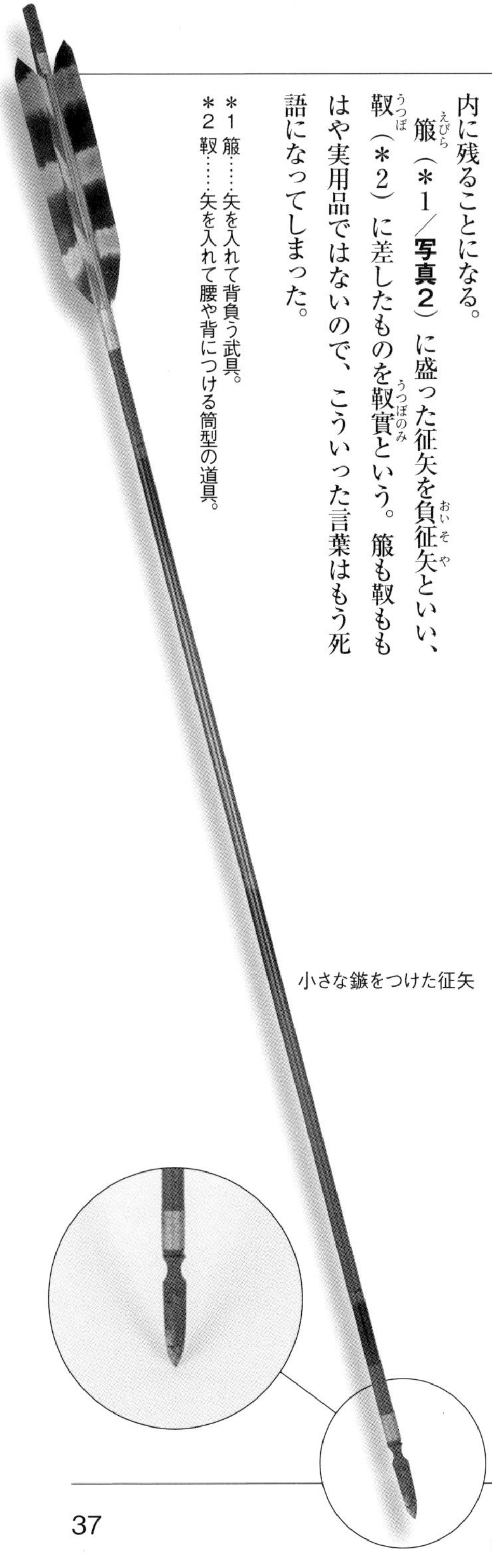
小さな鏃をつけた征矢

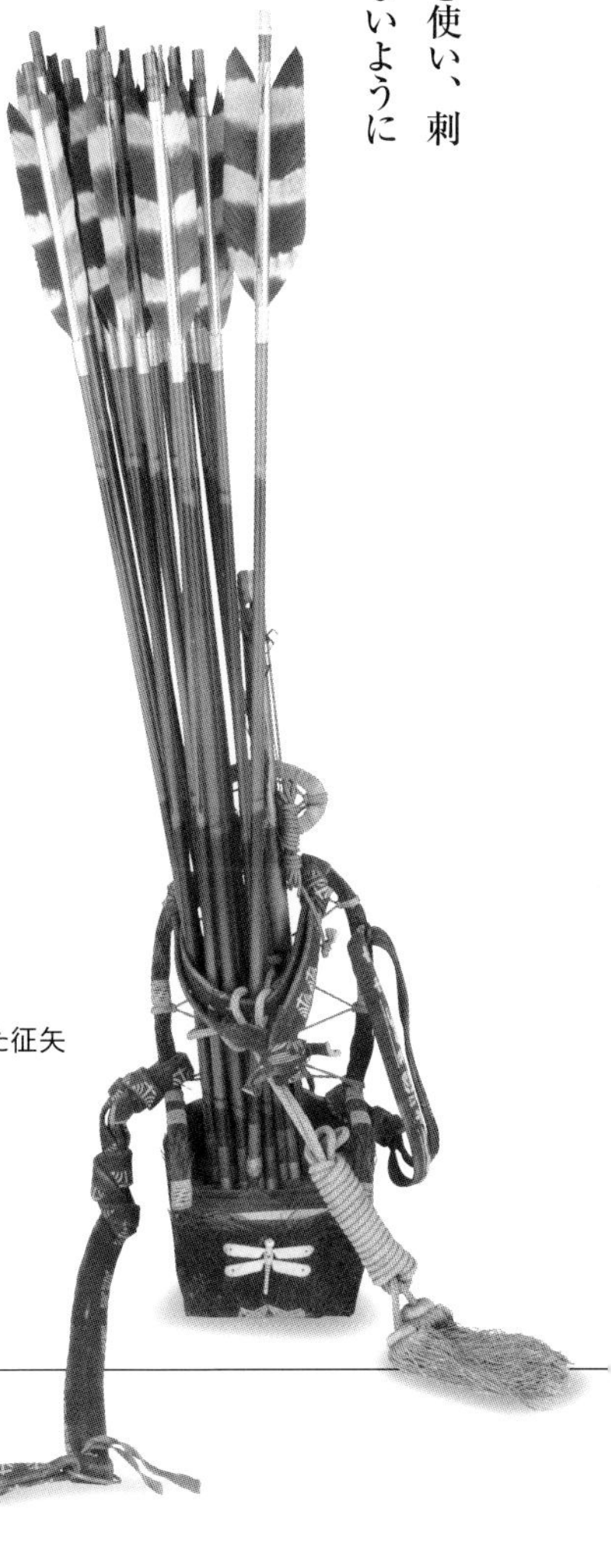
■2＿箙に盛った征矢

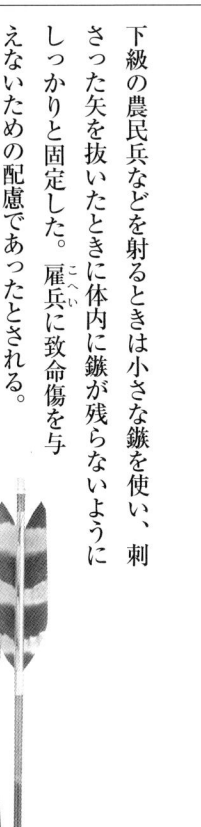

鏑矢《かぶらや》と蟇目《ひきめ》

方向を示したり魔物を追い払うための音の出る矢

執筆＝山田奨治

鏑矢と蟇目のちがいは鏃をつけるかどうか

鏑《かぶら》とは、円錐《えんすい》や紡錘型《ぼうすいけい》をした中空構造の道具で、朴《ほお》の木や桐でつくられている。鏑を矢の先端につけて、鏃《やじり》で固定したものが鏑矢（**写真1・2**）である。

鏑矢を射ると「ヒュー」という音がするので、広い野で方向を指し示したり、合戦の開始を兵に伝えるためなどに使われた。

『古事記《こじき》』には、スサノオノミコトが大野の中に鏑矢を射入れ、それを取ってくるようにオオクニヌシノミコトに命じる場面がある。これなどは、方角を指し示すために使う鏑矢の、典型的な例である。

中世には雁股《かりまた》、平根《ひらね》などの鏃をつけた鏑矢一手を、「上差矢《うわざしや》」として戦場に携行する習わしがあった。「上差矢」は、敵の大将をねらうときに使用した。「上差矢」ではない矢で討《う》ち取っても、「流れ矢」に当たったものとみなされ、射手の武功にはならなかったといわれている。

蟇目（引目）とは、長さ15センチほどの大型の鏑で、大鏑《おおかぶら》ともいう（**写真1・2**）。胴体に4つの穴が開いている。鏑矢とちがって、矢につけるときには鏃を使わない。蟇目を飛ばすと、鏑矢よりは低い「ボーン」という音が鳴る。

元来は標的を傷つけずに射倒すための矢だったの

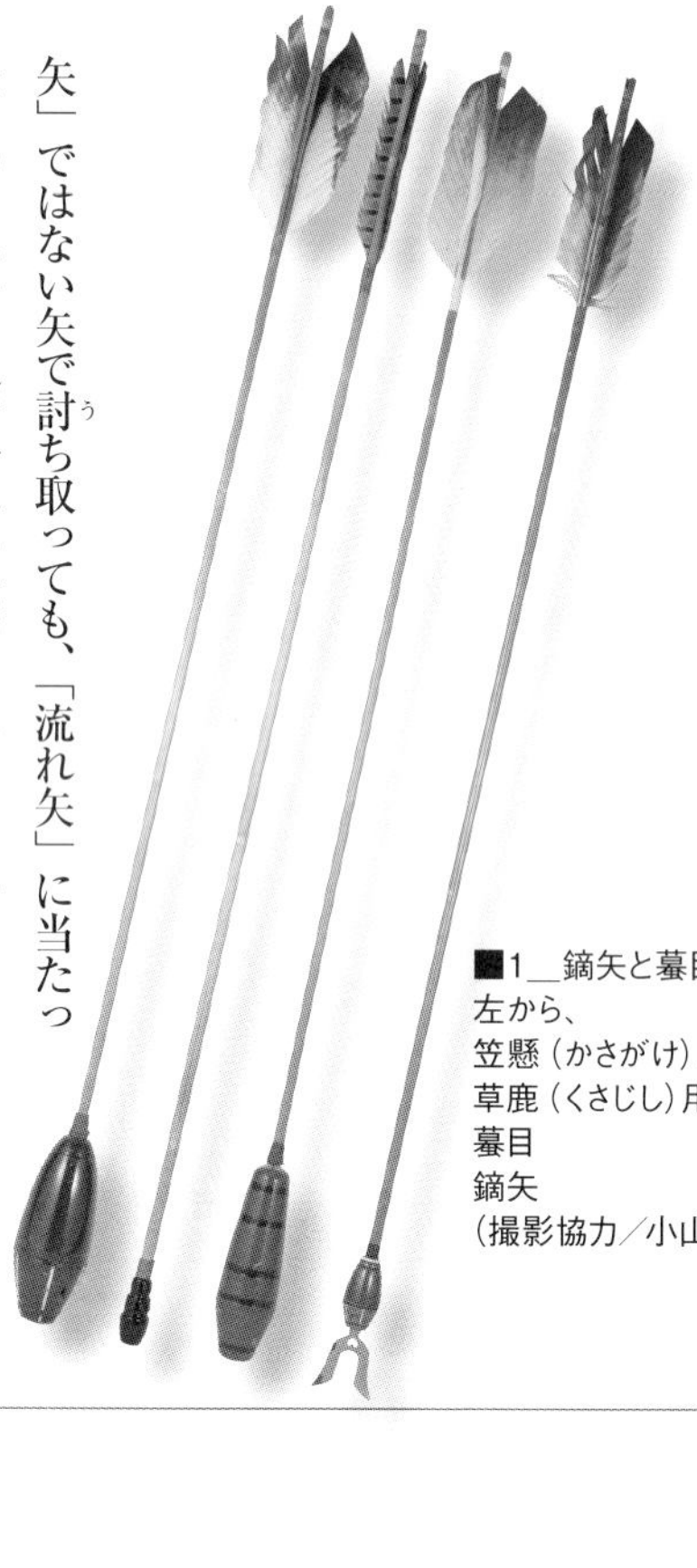

■1＿鏑矢と蟇目矢
左から、
笠懸（かさがけ）用の矢
草鹿（くさじし）用の矢
蟇目
鏑矢
（撮影協力／小山弓具）

が、江戸時代までには蟇目の音に魔除《まよ》けの効果があると信じられるようになっていた。蟇目が飛ぶときの音が12音からはずれた調子であるため、魔物がこれを恐れるという説がある。もちろんこれは迷信《めいしん》であり、江戸時代の学者もこういった迷信を批判していた。

現代では、妊娠5カ月目に行なう「誕生の蟇目」や、新築祝いや病魔退散のために行なう「屋越《やごし》の蟇目」が小笠原流に伝わっている（**写真3**）。

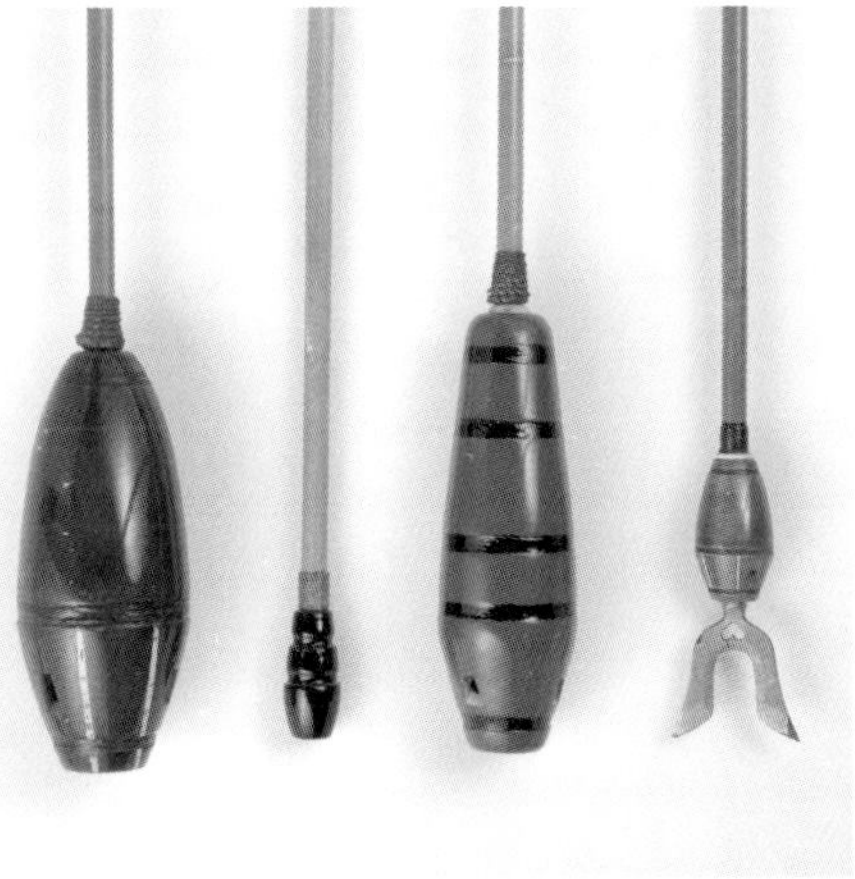

■2＿鏃で固定したもの（右端）が鏑矢
（撮影協力／小山弓具）

■3＿小笠原流・蟇目の儀
（2007年4月13日、国際弓道連盟設立記念大会にて）

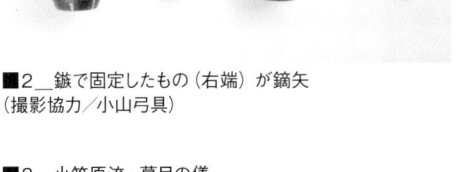

鳴弦《めいげん》とは?

弦の音を鳴らし、魔物を退散させる儀式

執筆＝山田奨治

古く平安時代から現代まで続く儀式

弓に張った弦を打ち鳴らす音には、怪異や魔物を退散させる呪術的《じゅじゅつてき》な効果があると信じられてきた。古くは『源氏物語《げんじものがたり》』の「夕顔《ゆうがお》の巻《まき》」で、源氏が怪異にあっているときに、警護役の侍が「弦打《つるう》ち(＊)」をする場面がある。

天皇家に子どもが産まれたときに執り行なわれる「御湯殿《おゆどの》の儀《ぎ》」の中に「読書鳴弦《とくしょめいげん》の儀《ぎ》」がある。これは子どもの成長を祈り、日本や中国の古典の一節を読み上げながら、弦を打ち鳴らす儀式である。『紫式部日記《むらさきしきぶにっき》』に、1008年に後一条《ごいちじょう》天皇ご生誕の際の「読書鳴弦」が記録されている。この儀式は、平安中期から中世にかけて、天皇や貴族の家で盛んに執り行なわれていた。

当時の弓は現代の和弓《わきゅう》にみられるような「額木《ひたいぎ》」の部分がなかった。したがって、いまの和弓で弦打ちしたときのような、弦で弓を打つ音は出なかったと思われる。ギターの太い弦を弱く張ったときのような、短い鈍い音がしただろう。

現代でも、天皇家に子どもが産まれてから七日目の「浴湯《よくとう》の儀《ぎ》」の中で、「読書鳴弦」が行なわれる。敬宮愛子内親王《としのみやあいこないしんのう》ご生誕の際の「読書鳴弦」は、2001年12月7日に宮内庁病院内で行なわれた。読書役は歴史学者の児玉幸多《こだまこうた》氏が、鳴弦役は徳川宗家第一八代当主の徳川恒孝《とくがわつねなり》氏と加賀前田家一八代当主の前田利祐《まえだとしやす》氏が務めた(**写真1**)。

弦の音はなぜ魔除けになるのか?

では、魔物が弦の音を恐れるのはどうしてなのだ

ろうか？　弦打ちができるということは、弓に弦が張られた状態であること、つまり武器としてすぐに使える状態であることを意味する。弦の音を聞かせることは、すぐに武力行使が可能なことを知らしめることでもある。魔物は矢を放たれるかもしれないことに恐れおののいて、退散するのだと考えることもできるが、定説はない。

弓弦《ゆみづる》の音は、「梓弓《あずさゆみ》」のように魔物を呼び寄せることもあれば、「鳴弦」のように魔物を退散させることもある。ふたつの異なる意味がある、複雑なものなのだ。

＊弦打ち……矢を番えずに弦を引き鳴らすこと。

■1＿敬宮愛子内親王ご生誕の際の「読書鳴弦の儀」習礼（リハーサル）の模様（写真提供／宮内庁）

破魔弓《はまゆみ》・破魔矢《はまや》の意味って？

執筆＝山田奨治

邪気を払う縁起物として受け継がれる弓矢

正月の縁起物だけでなく家屋を守るためのものも

破魔弓と破魔矢には二種類ある。ひとつはお正月に子どもが遊ぶ弓矢で、もうひとつは建物の上棟式《じょうとうしき》に飾る弓矢である。

ひとつめの、正月玩具《がんぐ》からみていこう。ハマというのは藁《わら》などでつくられた円盤のことで、それを的にして小さな弓矢で射る神事や遊びが、昔は全国で行なわれていた。江戸時代には、正月の男子の玩具として、また男子の成長を祈る縁起物として飾り物の弓矢が生まれた。今でも正月の縁起物として、全国の神社でもらい受けることができるのは、ご存じのとおりである（**写真1**）。

ふたつめの、上棟式に飾る弓矢はどうだろうか。これには地方によるちがいが大きいのだが、ふたつの例を紹介しよう。

まず弓は木製のもので、かならず二張を飾る。実用性のあるものではないので、木製の弓というよりは、弓の形をした木製品といったほうがよいだろう。矢は檜《ひのき》の白箆《しらの》と奉書紙《ほうしょがみ》でつくった白羽《しらはね》で、鏑矢《かぶらや》と雁股矢《かりまたや》の二筋《すじ》を用いる。弓とともに屋上に飾り、鏑矢を上に雁股矢を下に向ける。弓矢は鬼門《きもん》の方向に向けて供える。

また、**写真2**の例（宮崎県都城市）では、2本の角材で弦の形をつくって、矢の形をしたものを向かい合わせに飾りつける。弓矢の力で邪気《じゃき》を払って家屋を守るという民間信仰が今でも息づいている。

■1＿正月の縁起物、破魔矢

■2＿上棟式で飾られる弓矢
（写真提供／東 崇仁）

五人張りの弓ってなに？

強い弓の形容として生まれた表現

執筆＝山田奨治

五人がかりでどうやって張るのか？

五人張りの弓とは「弦を張るのに五人必要なほど強い弓」という意味である。

弓の製作工程で、「藤放し《ふじばな》（＊）」にはじめて弦をかける「新張《あらばり》」のときに、三人張りを行なうことがある。藤放しは湾曲《わんきょく》が強いので（**写真1**）、新張のときに折損《せっそん》を防ぐためである。三人張りでは、ひとりが「鳥打《とりうち》」の辺りを固め、ひとりが弓を押したわめ、残りのひとりが本弭《もとはず》に弦をかける。

写真2をみればわかるように、この三人に加えてさらに二人が手を貸す場所はないようにみえる。そのため、五人張りといっても本当に五人で張る弓のことではなく、あくまでも強い弓の形容としてこういう表現が生まれたという見方が有力だ。

しかし1220年頃に成立した『保元物語《ほうげんものがたり》』をみると、強弓《ごうきゅう》の使い手として知られる源為朝《みなもとのためとも》（1139〜70）が使った五人張りの弓は、長さが八尺五寸（250センチ強）もあり、並寸の弓（約221センチ）よりも30センチほど長かった。これほど長ければ、弓を張るのに五人が手を貸すことも可能だったかもしれない。

室町時代中頃の『義経記《ぎけいき》』には、源為朝は七人張りの弓を使ったとある。いくらなんでも弓を張るのに七人がかりというのは想像できないので、これはやはり文学的な修辞とみたほうがよいかもしれない。

ちなみに五人張りの弓の張力《ちょうりょく》が何キロになるのか、それはまったく想像がつかない。筆者がかつてモンゴルの50歳代くらいの女性弓術家にインタビューした際、彼女はゆうに30キロを超えるのではないかと思われる弓を引きこなしていた。きっと現代の日本人は、ひ弱に過ぎるのだろう。

＊藤放し……楔でしめつけて反りをつける「弓打ち」の際に使う藤を、楔とともに放すこと。誕生したばかりの弓のことをいう。

■1＿裏反りの強い藤放しの弓
（撮影協力／小山弓具）

■2＿三人張り（再現）

侍はなぜ箙《えびら》に1本だけ矢を残すのか？

武器は余すところなく使うのが武士の心得だが……

執筆＝黒須 憲

『太平記』などの物語から起こった俗説

武士は冥途《めいど》の旅の守りとして、矢を1本、箙《えびら》（＊1）に残したといわれた。しかし、これは南北朝時代の戦乱を描いた軍記物語『太平記《たいへいき》』などから起こった俗説で、実際には矢は一箭《や》でも無駄にできず、むしろしないのが武士の心得だった。『太平記』の話は、通常の箙の矢のうち1本を、とくに射残して今死に行く冥途の守りにするとの意味だが、実際の戦闘では、持っている武器は余すことなく使ってひとりでも多くの敵を討《う》ち取ることが武士の務めだった。

日置流竹林派《へきりゅうちくりんは》の弓術伝書『軍用射法目録』には、筈《はず》の壊れた矢を引く方法や、二重弦のこと、矢を2本一度に射出すこと、弦が切れた場合には結んで使えば矢1本は射ることができること、さらに、矢種《やだね》

■1＿『蒙古襲来繪詞』（久保田米齊編纂　風俗絵巻圖画刊行會　大正5年）
箙を背負い、戦闘に挑む武士の様子がよくわかる

が尽きたときに羽根のない棒矢《ぼうや》や生竹を飛ばす方法などが書かれている。戦場ではどんなことをしてでも相手を討ち倒そうという気持ちが表われている。貴重な矢を1本でも残すことは、むしろ武士として不心得なことだったといえる。

1本だけ残る矢の意味とは？

しかし、通常の矢とは別に、特別に1本だけ残しておく矢があった。これは「體《たい》の矢」といわれ、箙の背板にある絎《わな》（＊2）に差して、ほかの矢の柱とした矢のことである。箙の種類によって矢の盛り方はさまざまだが、矢搦《から》めのひとつとして、柱となる矢を差して箙にしっかりくくりつけ、その周りにほかの矢を差していくという方法がある。この「體の矢」は、盛った矢を安定させるためのものなので抜くことができないのである（**写真1・2**）。

＊1 箙……矢を入れて背負う武具（P29に写真掲載）。
＊2 絎……甲冑などにつけられた輪のこと。

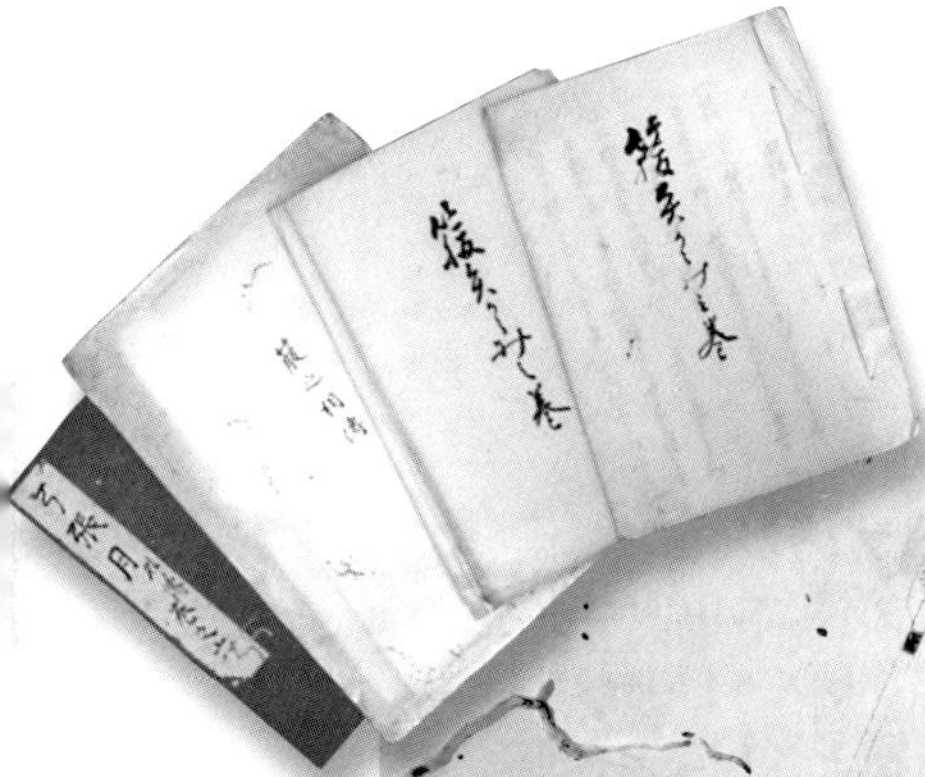

■2＿箙に関する伝書（年代不詳）より。各部位の名称などが記されている

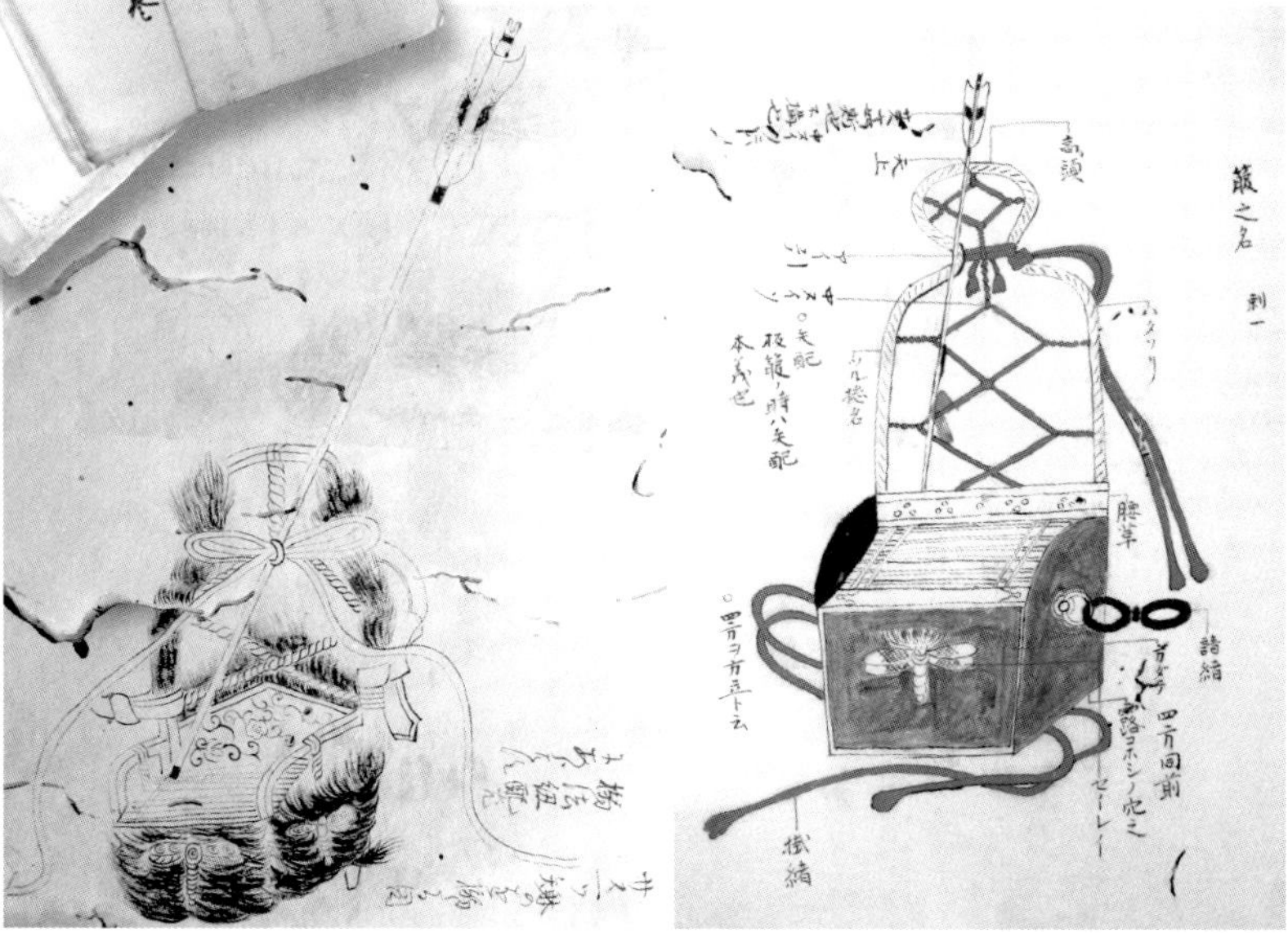

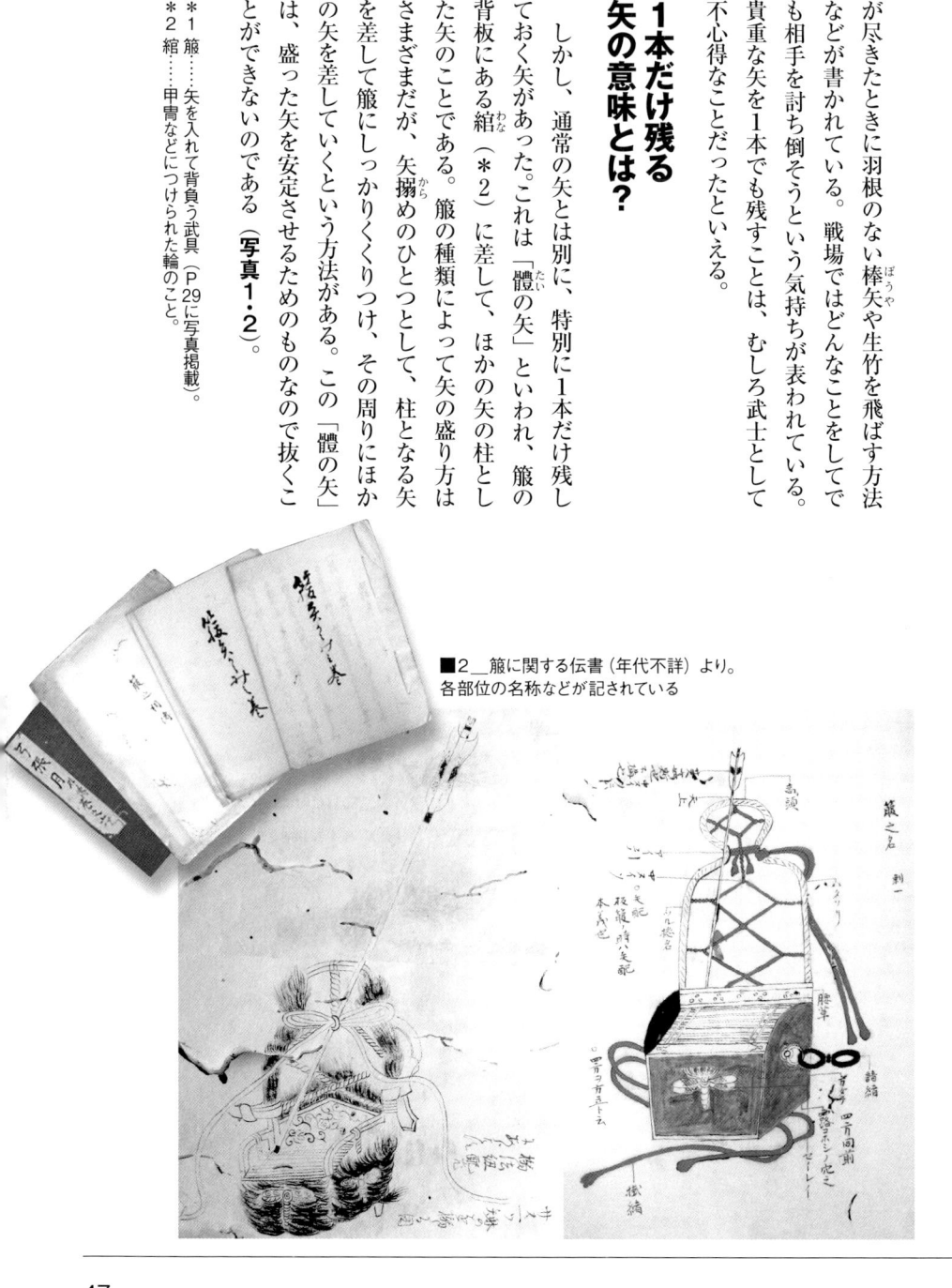

通し矢競技の隆盛による用具の変化

弓射の競技化で、新たな目的を持つ弓具に改良された

執筆＝黒須　憲

狩猟から戦闘、そして競技の道具へ

人類の弓矢の歴史は古く、中石器時代、約1万年前にはすでに使用されていた。中国では新石器時代から戦国時代にかけて武器としての弓矢が急速に発達し、人類の歴史に大きな影響を与えた。弓矢は人類が使用したもっとも古い道具のひとつである。

日本でも狩猟の道具として使用され、やがて戦闘の武器として、そして現在はスポーツ種目「弓道」の用具として使用されている。実用の道具であった弓が競技の道具として用いられている。

平安時代中期に木竹合成弓が登場して以来、日本弓の基本的構造は変化していない。現在広く使用されているひご入りの弓は、江戸時代初期に工夫されたものと考えられる。

競技は、その運動が持つ一部の要素について競い合うもので、その要素は、正確さや表現力、時間、量であったりする。弓道の場合は、繰り矢《くや》（距離競技）、差し矢《さや》（数競技）、小的前《こまとまえ》（的中競技）、射貫《いぬき》（貫徹力競技《かんてつりょく》）などである。

江戸時代に隆盛を極めた通し矢競技

鎌倉時代にはじまり、江戸時代には競技として盛んに行なわれた通し矢とは、長さ六十六間《けん》（約120メートル）、幅七尺三寸（約2・2メートル）高さ二間四尺（約5メートル）の軒下《のきした》空間を、上下左右、どこにもさわらないように矢を射通す競技である（**写真1**）。制限時間24時間（午後6時から翌夕6時まで）、矢数制限のないルールで行なわれた「全堂大矢数《ぜんどうおおやかず》」は、通し矢競技の華であった。寛文《かんぶん》九年（1669）、尾州竹林派《びしゅうちくりんは》の星野勘左衛門《ほしのかんざえもん》

■1＿「浮絵和国景跡京都三拾三軒堂之図」歌川豊春（1735～1814）画　矢を渡す介添えの様子などがわかる
＊P6にカラー写真掲載

■2＿慶長拾壱年（1606）正月十九日の通し矢から記録された「三十三間堂通し矢矢数帳」の版本。和佐大八郎の名前も記されている

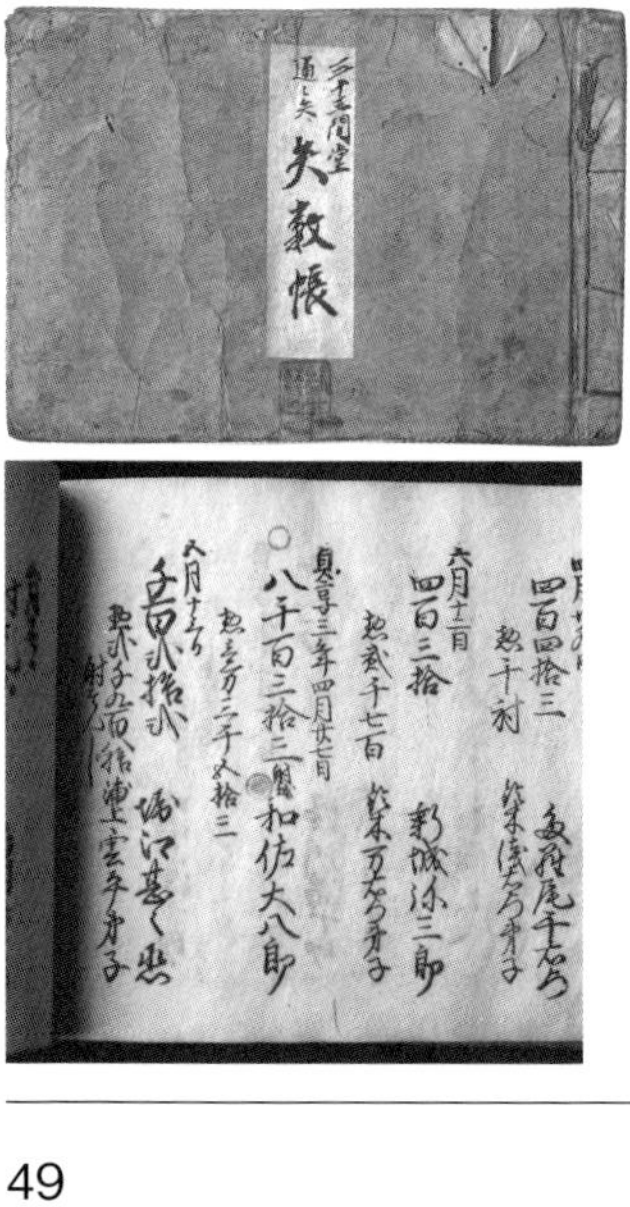

が通し矢8千本の大記録を出し、その後貞享《じょうきょう》三年（1686）に紀州《きしゅう》藩士・和佐大八郎《わさだいはちろう》が8133本を通した（**写真2**）。300年を過ぎる今日、この記録を誰も破ることはできない。前人未踏の大記録は、道具の工夫と改良なしには不可能だったといえる。

種目にかかわらず、運動の競技化が進んで競争が激しくなると、競技目的の性能に特化した道具の開発が行なわれ、最終的には道具の開発競争による記録の更新となる。サッカーやランニング、バスケットボール専用のシューズが開発されたり、スキー板やワックス、水着などの道具の改良によって、記録の更新が行なわれてきたのと同様に、通し矢競技の隆盛によって、弓、矢、弽《ゆがけ》も改良が加えられた。

通し矢競技の隆盛による用具の変化

通し矢競技専用に改良された弓具

【弓】

堂弓《どうゆみ》（差し矢弓）は、的弓《まとゆみ》より寸を詰めた短い弓が使われた。的弓の七尺三寸に対して、堂弓は六尺八寸、稽古に用いた芝弓《しばゆみ》は七尺だった。内竹《うちだけ》の幅を極度に狭めて削り、張り顔《はがお》（弦を張ったときの形）はやや下を強くしてつくり、座って射る関係上、握りから下を短くした弓が用いられた。反発力を向上させるとともに、振動が少なく耐久性があり、発射した矢が浮いて飛びやすい形状にされたのである（図1）。

【諜】

堂前《どうまえ》差し矢諜は、はじめは一般的な手袋状の諜が使われていたが、専用の諜が考案された。矢数を引いたり強い弓を使うと馬手《めて》の親指が痛むため、親指の保護のために親指に角《つの》を入れて堅くした堅帽子《かたぼうし》諜

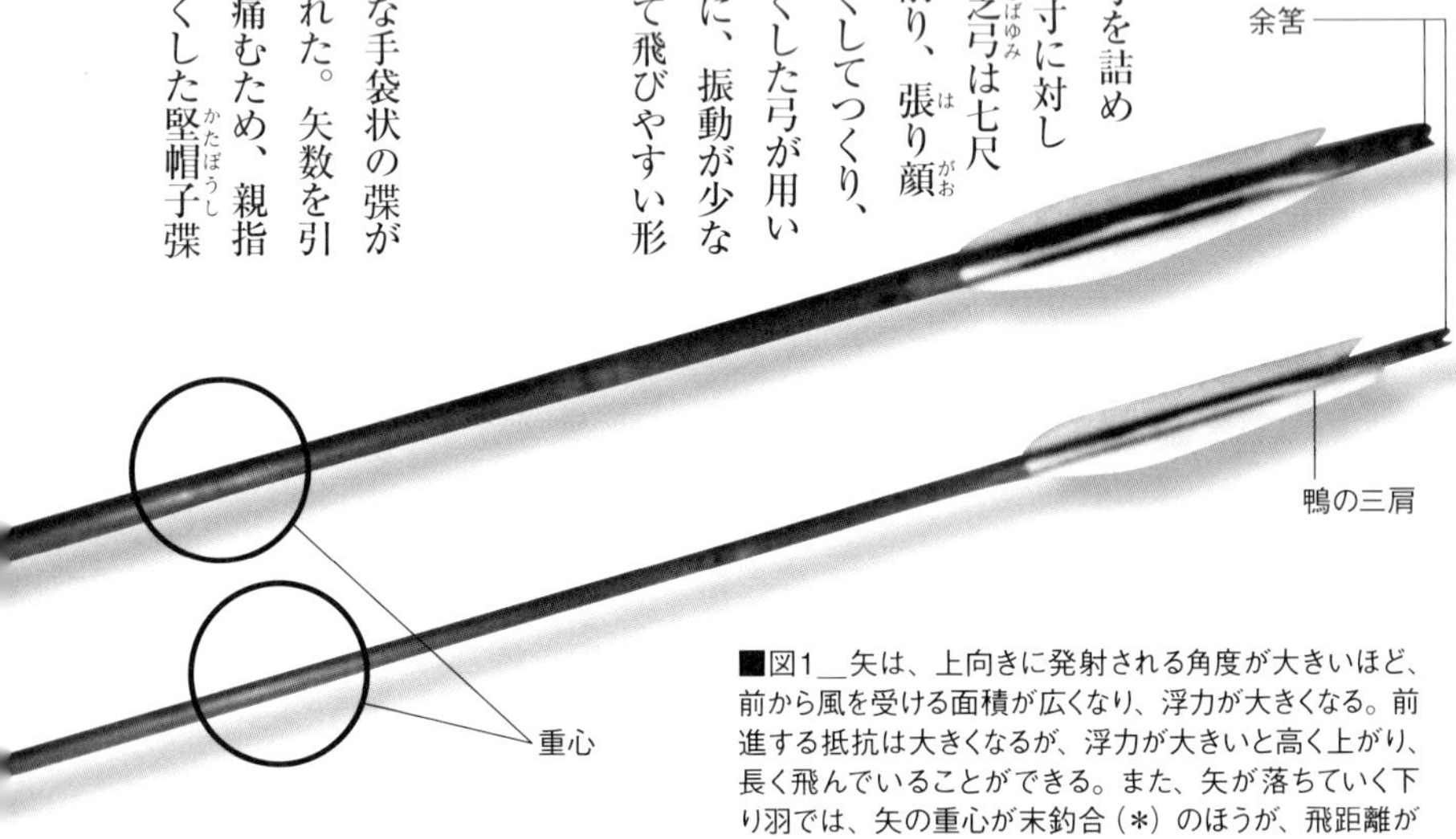

■図1＿矢は、上向きに発射される角度が大きいほど、前から風を受ける面積が広くなり、浮力が大きくなる。前進する抵抗は大きくなるが、浮力が大きいと高く上がり、長く飛んでいることができる。また、矢が落ちていく下り羽では、矢の重心が末釣合（＊）のほうが、飛距離が伸びる。矢のスピードが落ちてくると、下からの風を受けて羽根のほうが持ち上がり、矢先が下を向くからである。
＊末釣合（うらつりあい）……矢の重心のことを釣合（つりあい）といい、矢先にある場合は元釣合(もとつりあい)、羽根のほうにあるものを末釣合という

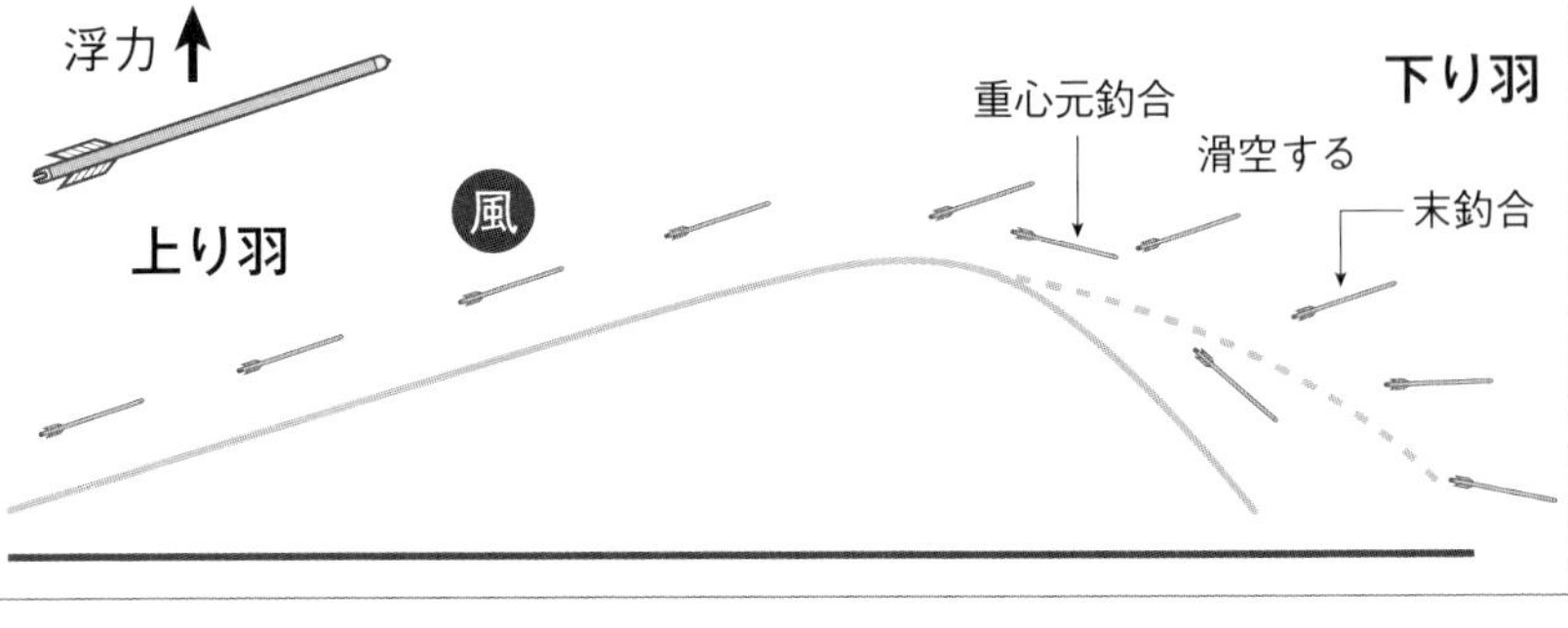

がつくられた。また、疲労を少なくするために薬指を付け増し、親指の頭を3本の指で押さえる四つ弽《よつがけ》もつくられた。これが現在の四つ弽の原型である（**写真1**）。いずれも、慶長《けいちょう》から貞享年間に行なわれ、この頃に飛躍的な記録の向上がみられる。

【矢】

堂矢（差し矢）は、遠くに飛ばすことを目的とした。的矢の場合、節《ふし》は4つだが、堂矢は3つで、最も力のかかる部分、筈《はず》から一尺のところに押取節《おっとりぶし》をおいて矢を強くしている。筈は篦《の》を直接削ってつくってある（余筈／P52参照）。竹の矢尻で矢先3～4寸は別の竹で継いである。

通し矢は一昼夜に一万も引き、同じ矢を何度も使い回しするため、途中で堂や柱、廊下に当たったりして継いだところで折れても、篦本体に影響がないようになっているのである。羽根は鴨の三肩、羽丈《はだけ》は約三寸八分、篦は麦粒《むぎつぼ》（**図2**）の極端なもので、重心の位置は筈寄り5分の2あたりにあり、着地のときには筈のほうから着くようになっている（**写真2**）。

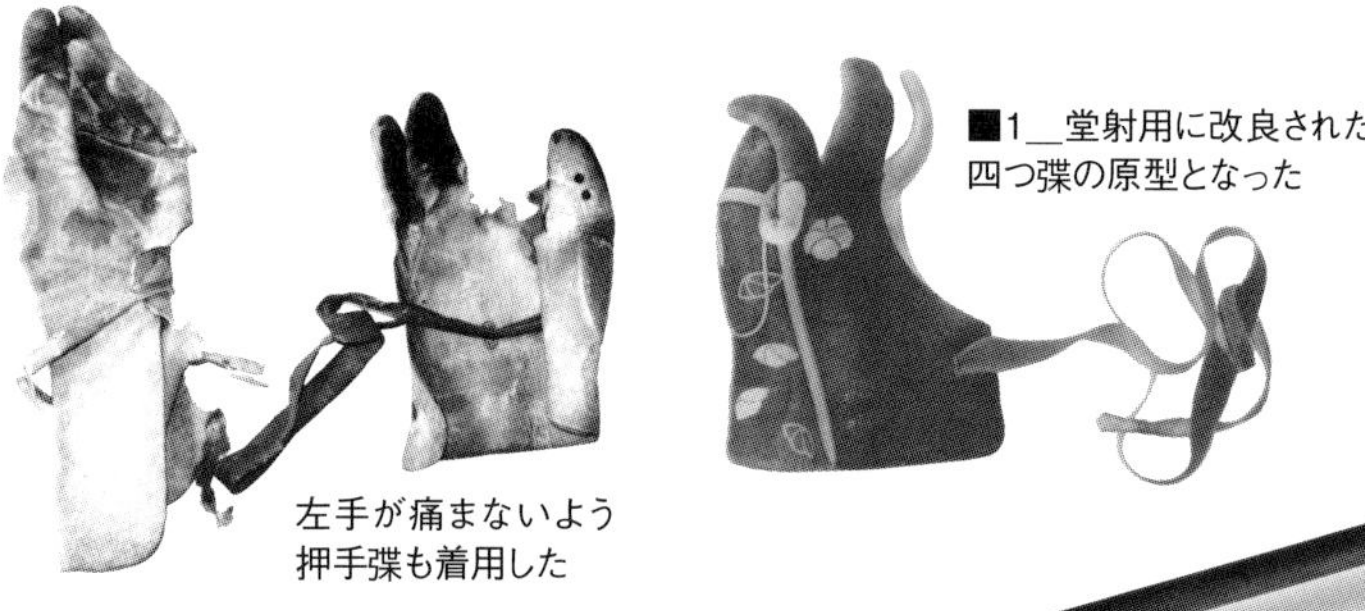

■1＿堂射用に改良された弽。四つ弽の原型となった

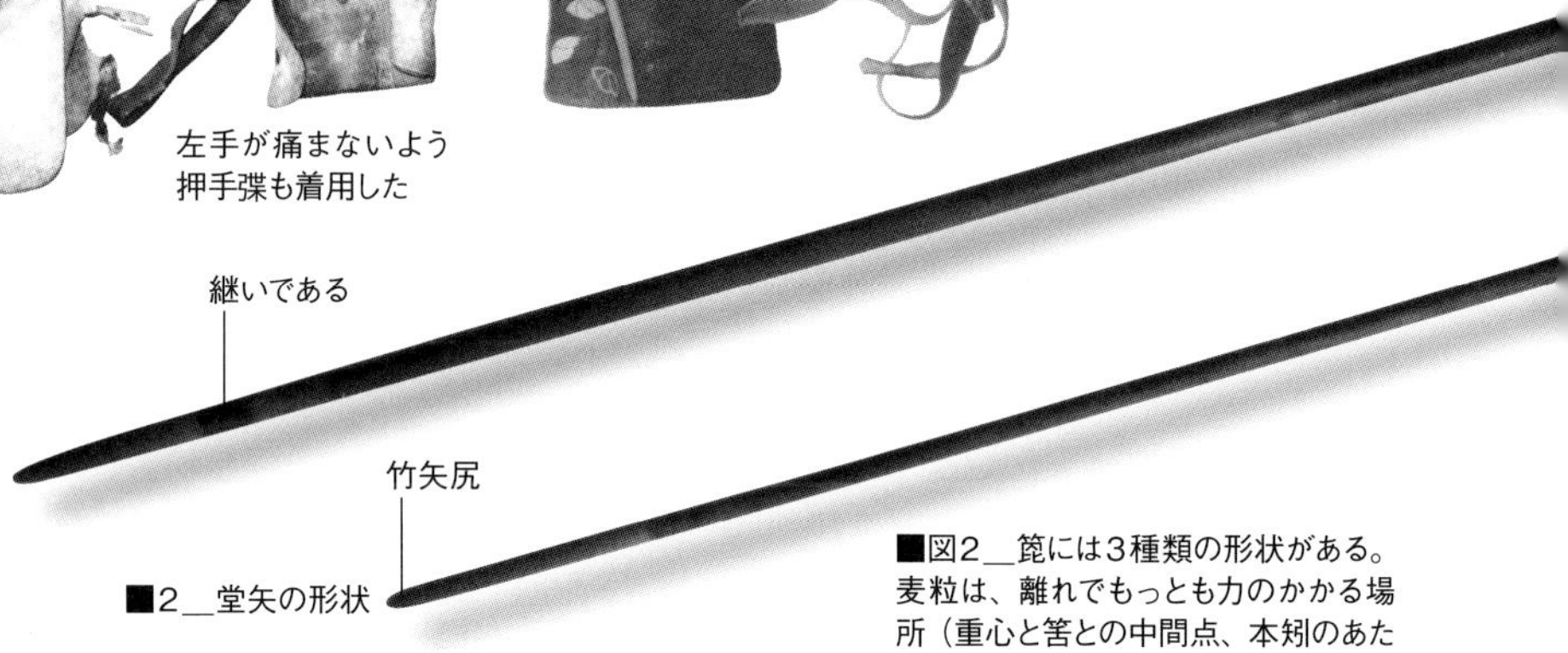

■2＿堂矢の形状

■図2＿篦には3種類の形状がある。麦粒は、離れでもっとも力のかかる場所（重心と筈との中間点、本矧のあたり）を太く丈夫にし、そのほかの部分は削って細く軽くしたもの

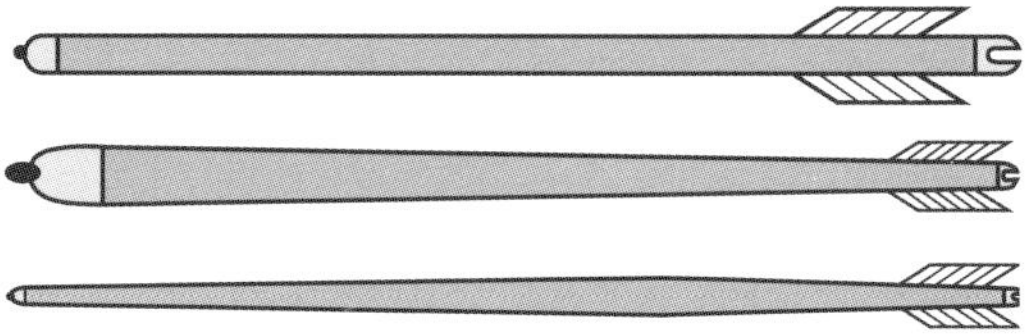

【一文字《いちもんじ》】全体の太さが均一の矢

【杉成《すぎなり》】矢先が太く、矢羽側が細い矢

【麦粒】中央が太く、両端が細い矢

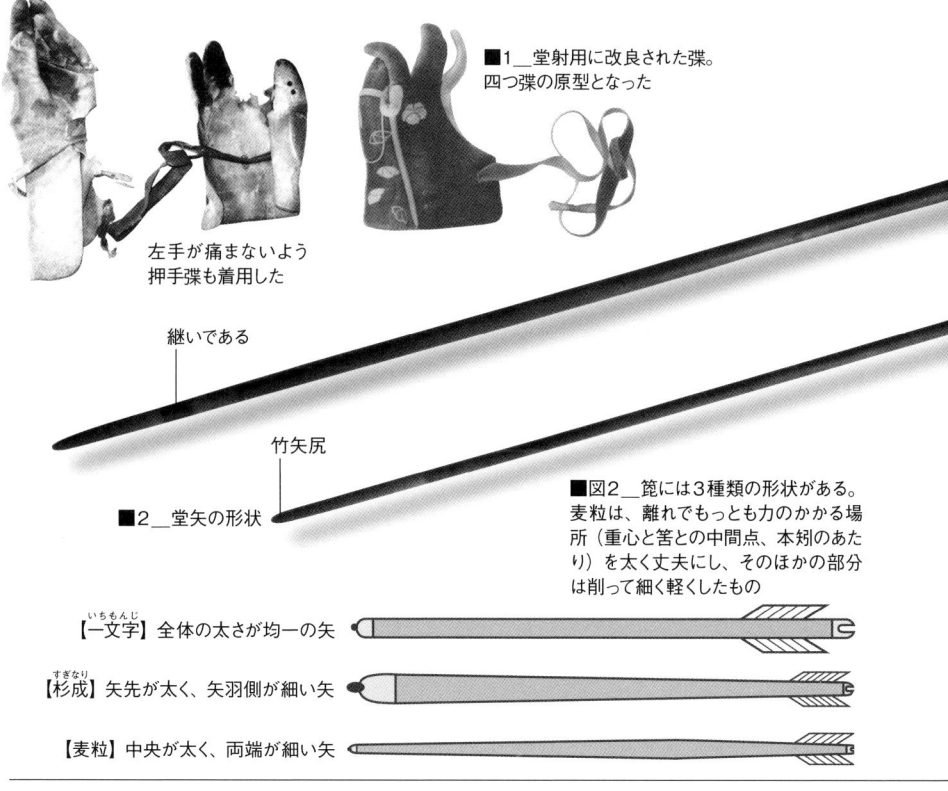

目的に応じた筈《はず》の形

戦場ではすばやく確実に矢を番えられるよう、取懸けも工夫された

執筆＝黒須 憲

さまざまな素材と形状

筈を材料で分けると、木筈、竹筈（**写真1**）、角《つの》筈《はず》（鹿角、牛角、水牛）（**写真2**）、水晶筈、二重筈（角中に竹を差し込んだもの）などがある。また、形態としては、竹の篦《の》に直接切り込みを入れて筈溝（弦《つる》持《もち》）をつくり筈とした余筈《よはず》（**写真3**）や、削り筈があり、これらを節筈《ふしはず》という。また、破損したときに簡単に取りかえられるように、竹や木などで別に筈をつくり、差したりかぶせるなどして接着したものを、継筈《つぎはず》、笠筈《かさはず》（**図1**）と呼んだ。

状況に応じた矢番えの方法

戦場で使う征矢《そや》の矢先は重く、鏃《やじり》や鏑《かぶら》がついており、筈を弦にしっかり固定していないと矢が落ちるおそれがあった。そのため、容易に筈こぼれをしないように、筈溝は深く、五分（約15ミリ）ほどあった。

矢番《やつが》えの方法には二通りあり、戦場などでは、すばやく矢を番えて取懸けをする「捻《ひね》りかけ」が行なわれ、三十三間堂の通し矢や小的前《こまとまえ》では「引きかけ」が行なわれた。

現在、一般的に的前で行なわれているのは「引きかけ」で、矢を弓手《ゆんで》の指で挟み、矢筈のほうを一寸（約3センチ）くらい残し、弦を引っぱって筈溝にかける方法である。

一方「捻りかけ」は、矢を弓手の指で挟んで、一回羽扱《はご》き（＊1）をして筈をつかみ、筈が張り顔《がお》の弦の位置より弓側に行くように送り、馬手《めて》の親指と人さし指の股で弦を挟むようにして、矢筈をつかむ。そして、ツユ（＊2）の下で矢をひねりながら弦のほうに引っぱる。このとき、筈をかける場所はどこでもかまわない。筈口はハの字に開いているので、回

転させることによって、どこかでかならず弦がかかるようになる。弦がかかったら、矢筈を引っぱって深くかける。その後、馬手の親指で筈を下から上にたたくと、ツユの位置で筈は止まる。これによって、筈かけの位置が一定になるのである。

好みに合わせて筈を加工しよう

現在販売されている筈は、型にはめてつくられたり、機械で溝を切ってあるだけで、何も加工されていない。筈溝は浅く、直線的で狭いのが一般的だ。また、角《かど》も角張っており、筈こぼれや弦切れの原因となるので、ヤスリや鋸《のこ》などで、自分の好みに合った具合のよい形状に加工する必要があるだろう。とくに竹矢で角筈の場合にはそれぞれに癖があるので、射込みながら筈を調整していく。具体的には、筈溝の入り口は狭くして奥に「含み」をもたせ、弦がパチンとはまるようにする。さらに、弦切れを防ぐために、弦が当たる角を丸くするとよい（＊3）。

＊1 羽扱き……羽根を本矧《もとはぎ》から筈のほうに軽くなでて揃えること。
＊2 ツユ……番えた矢がずれないように、また、番える位置を一定に保つために中仕掛けの上部につくった玉のこと。P64参照。
＊3 筈溝の修正方法……P88参照。

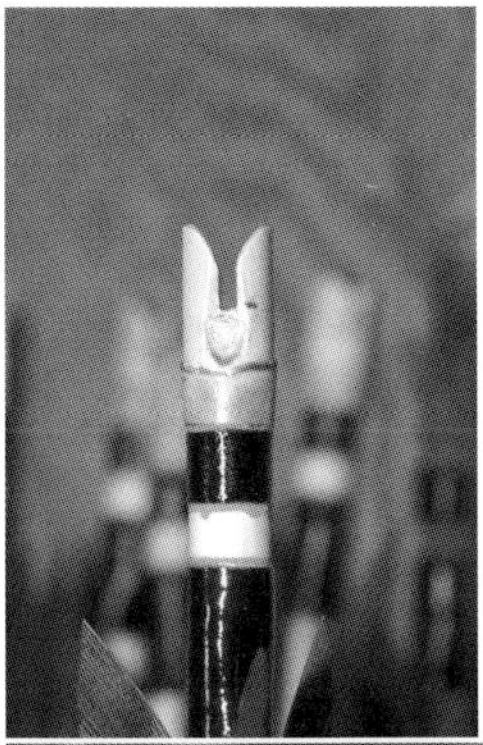
■1__竹筈(笠筈)。竹の筈をかぶせて接着している

■2__動物の角でつくった角筈

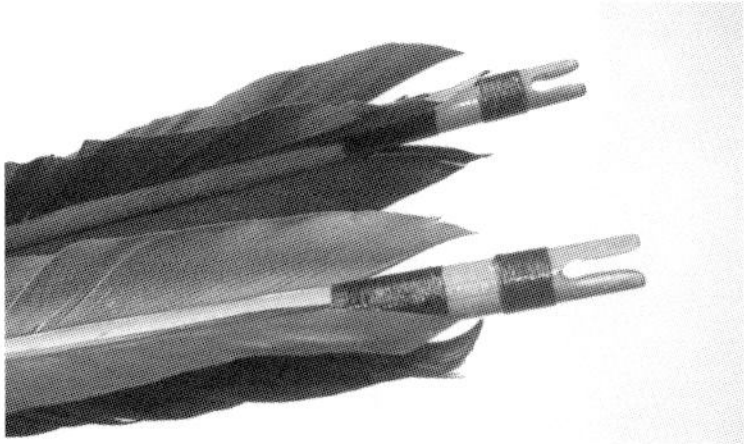
■3__箆に直接切り込みを入れて筈をつくった余筈

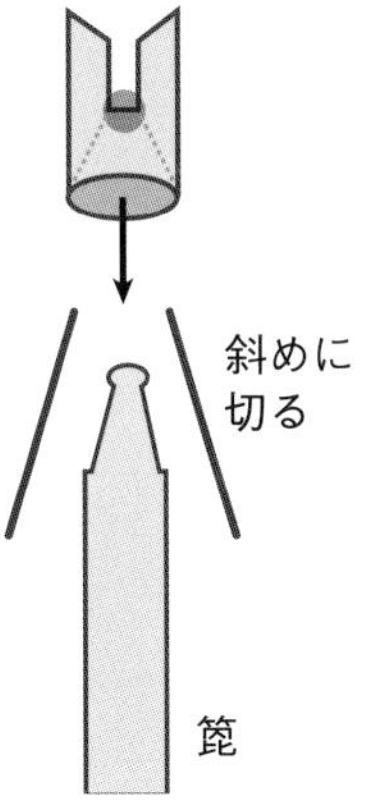

■図1__笠筈は、竹の節の部分を切り取り、笠のように箆にかぶせたもの

目的に応じた鏃《やじり》の形

執筆＝黒須 憲

相手や季節によって使い分けた鏃

素材の種類と形状の変遷

鏃（矢尻）は、使用目的によって形や大きさなどにさまざまな種類がある。材料には石、骨、角、竹、木、銅、鉄などが用いられた。

日本では早い時期から鉄鏃《てつぞく》が使われ、最初は無茎《むけい》鏃《ぞく》からはじまり、茎を矢柄《やがら》に差し込んで確実に固定できる有茎鏃《ゆうけいぞく》へと変化してきた（P19参照）。これは、篦《の》の材料が中空《ちゅうくう》の竹だから可能だったことである。茎には30センチを超えるような長いものもあり、矢柄の中に深く差し込まれ、丈夫で重い矢へと変化して、さまざまな形の鏃がつくられた。

弓術伝書にみる鏃の使い分け

『日置流《へきりゅう》弓目録』には「親の敵可射矢の根の事」とあり、親の敵は不倶戴天《ふぐたいてん》として腸繰《わたくり》や雁股《かりまた》（**写真1**）を使うと述べられている。腸繰は「返し」と透かし彫りが入ったもので、先がふたつに分かれて内側に刃をつけた雁股と同様に、刺さると筋肉が巻き込まれて容易に抜くことができない鏃である。しかも、篦代《のしろ》をゆるくしておき、矢（篦）を抜いても鏃

■1＿さまざまな鏃

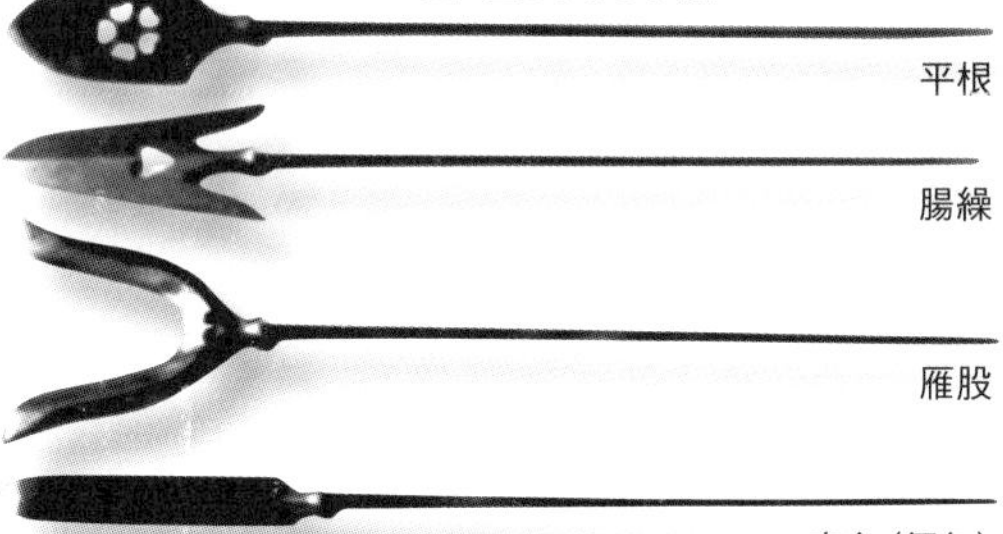

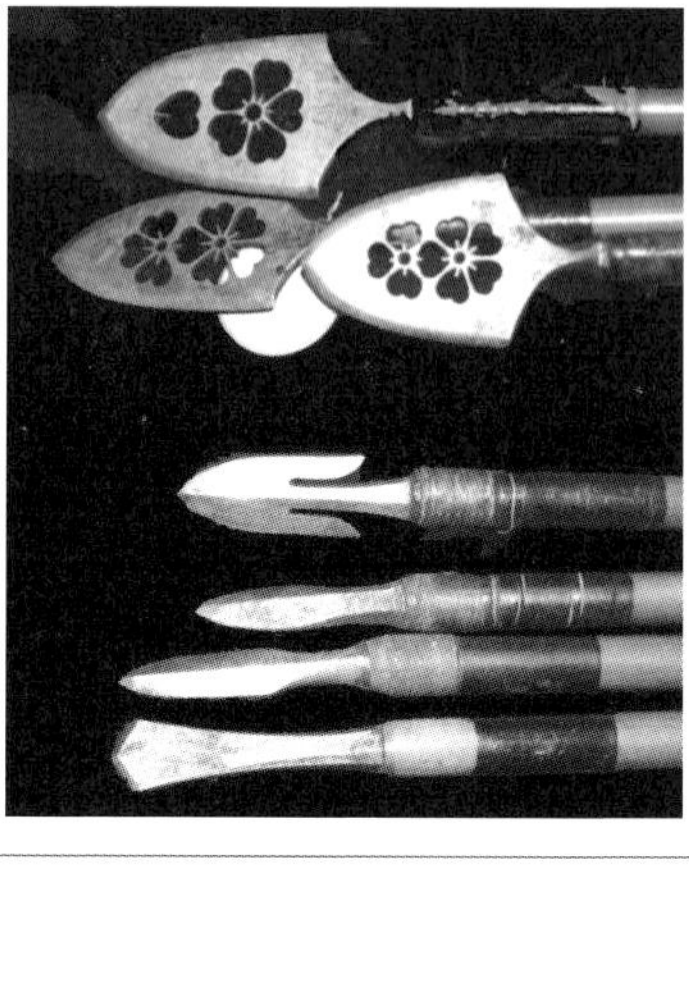

鏃は相手へのダメージを考えて使い分けられた

だけは残るようにするとある。

一般的には「陣矢の箆代」といって、柳葉《やなぎば》という柳の葉の形をした鏃を使い、きつく締めて矢とともに抜けるようにしておく。これは「我が為に怨み無く主のために戦うのであるから、根が残り他日まで苦痛を残す事は武士として不義である」という理由からだと述べられている。また、「鏃は平根《ひらね》、雁股、兵によるなり」とあり、堅物《かたもの》には刃の付いていないものを用い、素膚者《すはだもの》（＊1）には切り刃の付いた平根《ひらね》（**写真1**）を用いると記されている。

「化生者可射矢の根の事」には「根に二色あり、尖根、返しのある平根、一つは猪の目通しのある平根を使う」とあり、「笛の鹿矢所の事」では「鏃は平根、雁股を使い素膚者を射る鏃である」と述べられている。いずれも刃の付いた根を用いるのである。

空穂《うつぼ》（＊2）に矢を差す故実に「四月より九月までは雁股を上に差す。十月より三月までは雁股を下にさす。四月より九月までは、人の衣服、袷《あわせ》または、かたびらにて薄き故、雁股にて射切り易し。故に四月より九月までは、雁股を上に差すなり。また、十月より三月までは人の衣服綿入を重ねて着る故、あつくして、綿を入る故、雁股にて射切り難し。征矢《そや》にて射貫くべし。故に十月より三月までは雁股を下に差すなり。当時専ら入り用の矢を上に差すべきためなり」とあり、衣類によって異なった鏃を使用していたことがわかる。

＊1　素膚者……甲冑《かっちゅう》をつけずに戦場に出る武士。
＊2　空穂……矢を入れて背負う道具。

大将を射る矢には姓名や家紋を入れた

上差矢《うわざしや》といって、大将を射るための矢は決まっていた。確実に射るために大きな雁股や透かしのある平根が使われ、矢には勇名が伝わるように、漆《うるし》や焼き印、小刀等で姓名や家紋がつけられた。手柄の所在を明らかにするためであり、これを矢印といった。

箙《えびら》には雑兵を射るための矢を22本差す。「流れ矢」とは一般にねらいが外れて飛ぶ矢（それ矢）とされているが、戦場においては、雑兵を射るための矢を番《つが》えているときに敵の大将が現われて、矢を番え直すひまがなく、仕方なく番えた矢で射ることがある。これを大将が「流れ矢」に中《あた》ったという。

目的に応じた鏃の形

目的によって使い分けた鏃

鏃の形態からその使用目的を分類すると、射切る、射通す、射中てる、射砕く、の4つに分けられる。

1射切る

上差矢や狩矢などの平根や雁股で、鏃についた刃で切ることを目的とした。矢には羽根を4枚つけ、回転しないようにする。貫穿力《かんせんりょく》は弱いが、動物や素膚の者、武将などを確実に射留めるときに使う。

箙には、一般的な征矢のほかに上差矢（大きな雁股や、透かしのある平根の矢）を2本、かならず差していた。これは、皮膚や筋肉、腱《けん》や血管を射切ることを目的とした。

アーチェリーによるハンティングでは、筋肉や腱を切って動けなくしたり、血管を切って出血させ、獲物を射たあとは、慌てずに血痕《けっこん》をたどって捕獲する。刺殺ではなく出血死である。日本の雁股や平根も同じ目的で動脈をねらったといえる。

一部の研究者は、透かしのある平根や雁股は装飾性が高く貫通力が弱いため、飾りであったと述べているが、むしろ射殺には最も効果のある実戦的な鏃であったといえる。

2射通す

征矢《そや》の柳葉や定角《じょうかく》（**写真1**）などで、突き刺すことを目的とした。鏃の発達は防具の改良と関連して行なわれ、堅い甲冑《かっちゅう》を射貫くため、先端が鋭い細長い形に変化していった。

3射中てる

的矢や差し矢（*）、鏑矢《かぶらや》で、中てることや飛ばすことのみを目的とした。神事や競技で使われ、殺傷力はなく、金属の刃がついていない木製や竹製の鏃や鏑である。

4射砕く

盾割《たてわり》など、割ったり砕いたりすることを目的とした鏃。刃がなく先が平らや丸で、ハンマーのような形をしている。

*差し矢……通し矢などのとき、矢の数を競う矢数に用いる矢

矢から身を守る防具

初期の戦闘では、専門の戦闘集団である武士のみが戦っていたが、戦闘形態が歩兵を中心とした集団戦闘に変化してくると、農作業や小間使いをしている農民や中間《ちゅうげん》（＊1）、小者《こもの》（＊2）などが戦闘要員「足軽《あしがる》」として徴兵された。また、士分《しぶん》（＊3）であっても、下級の者は普段は農作業を行ない、戦闘のときだけ武器をとって戦いに参加していた。

武田家の一隊の編成をみると、騎馬武者は50騎のみで、そのほかは兵士、士卒390人、人夫など238人で、合計628人はすべて徒歩であった。また、天正《てんしょう》3年（1575）頃の上杉家の軍役を見ると、戦闘員の3分の2は槍兵である。彼らに対して甲冑《かっちゅう》などの武具の指定はまったくなく、旗持《はたもち》などを含めると、戦闘に参加する70％以上が羽織に鉢巻だけのような「素膚（素肌）」であったといわれる（**写真2**）。

いわゆる完全武装の大鎧《おおよろい》とは、騎馬で座ったまま動かないことを条件とした防具で、機動性が重視される歩兵戦には適さなかったといえる。後方で指揮をとり、実際の戦闘にはほとんど参加しなかった、一部の上級武士のみが許された装備だろう。また、裕福な上級武士でなければ、そのような高価な装備を準備できなかったのである。

絵巻や軍記などは、名のある武将の活躍を伝えたものがほとんどだが、実際には絵にも話にも残されなかった、数多くの足軽による戦いがあったのである。ただし、弓足軽や鉄炮足軽は、緒戦《しょせん》（戦いのはじめの段階）から前線に出て戦うので敵の的になりやすく、矢玉から自分自身を守るために、片袖の最低限の武具だけでも着けていた例が多いといわれている。

＊1 中間……武士に仕えて雑役に使われた者。
＊2 小者……「中間」に同じ。
＊3 士分……正規の武士身分を持った者。

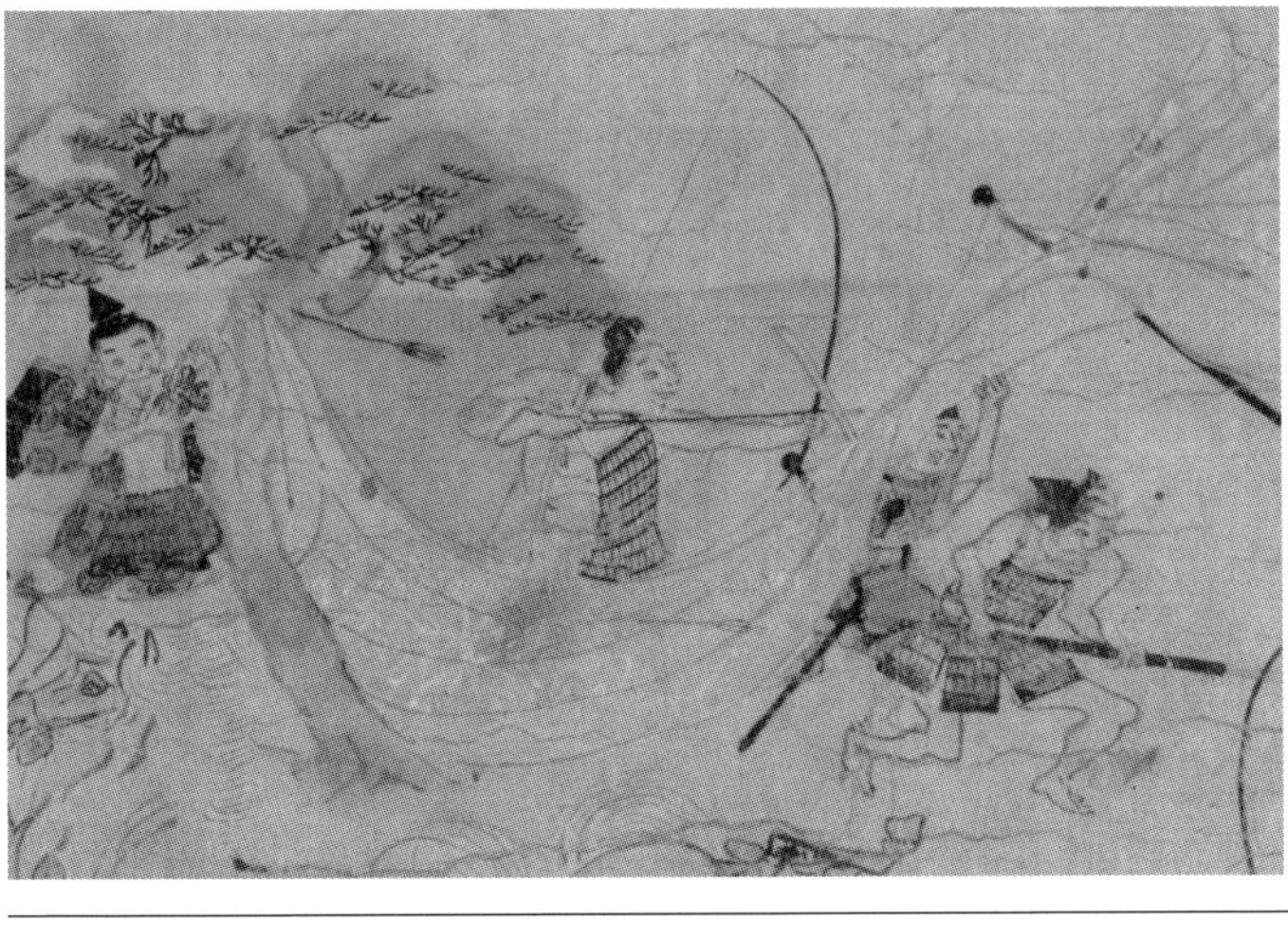

■2
「前九年合戦絵巻断簡《ぜんくねんかっせんえまきだんかん》（部分）」
甲冑や鎧を着けずに戦う様子
（東京国立博物館蔵 / Image:TNM Image Archives）

目的に応じた弓の種類

戦闘から遊戯用まで、さまざまな弓がつくられた

執筆＝黒須 憲

弓矢の歴史は狩猟からはじまり、戦闘の武器として発展し、あらゆる形態の弓がつくられた。日本の弓を使用目的から分類すると次のように分けられる。

1 軍弓《ぐんきゅう》／戦闘用

戦場は弓にとって厳しい使用環境である。雨露に濡れたり、砂やほこりにまみれたり、乱暴に扱われたり、弓としての性能よりも堅牢《けんろう》さが求められた。

【丸木弓《まるきゆみ》】

初期の頃は「軍陣には丸木弓本式也、雨露などのしめりをいとう事なし」といわれ、壊れる心配のない丸木弓が使われた（**図1・2**）。当時すでに複合弓（木竹を貼り合わせた弓。伏竹弓《ふせだけゆみ》、三枚打《さんまいうち》の弓／**図1**）はあったが、接着剤がはがれる心配があった。その後、接着剤である鰾《にべ》（膠《にかわ》の一種）の性能が向上したことで、糸を巻いて漆《うるし》を塗ったり籐《とう》を巻いて補強した塗弓《ぬりゆみ》や、重籐弓《しげとうゆみ》、塗込籐《ぬりごめとう》の弓が使われた。

【塗弓】

麻糸で千段巻《せんだんまき》に巻き込めて、その上から漆を塗った弓。現実的な必要性から行なわれた漆塗りも、絵付けがされたり、螺鈿《らでん》、蒔絵《まきえ》などが施され、芸術性も高くなった。

【重籐弓（繁籐、滋籐）】

漆は、熱や湿気、酸、アルカリに強いが、紫外線を受けると劣化してしまう。そのため、黒い漆塗りの上にさらに籐を細かく巻いた「重籐弓」が用いられた。重籐は一般的に装飾的な補強と考えられているが、塗弓の紫外線防止という理由があったと思われる。握りより上を荒く巻いた「本重籐《ほん》」、握りの

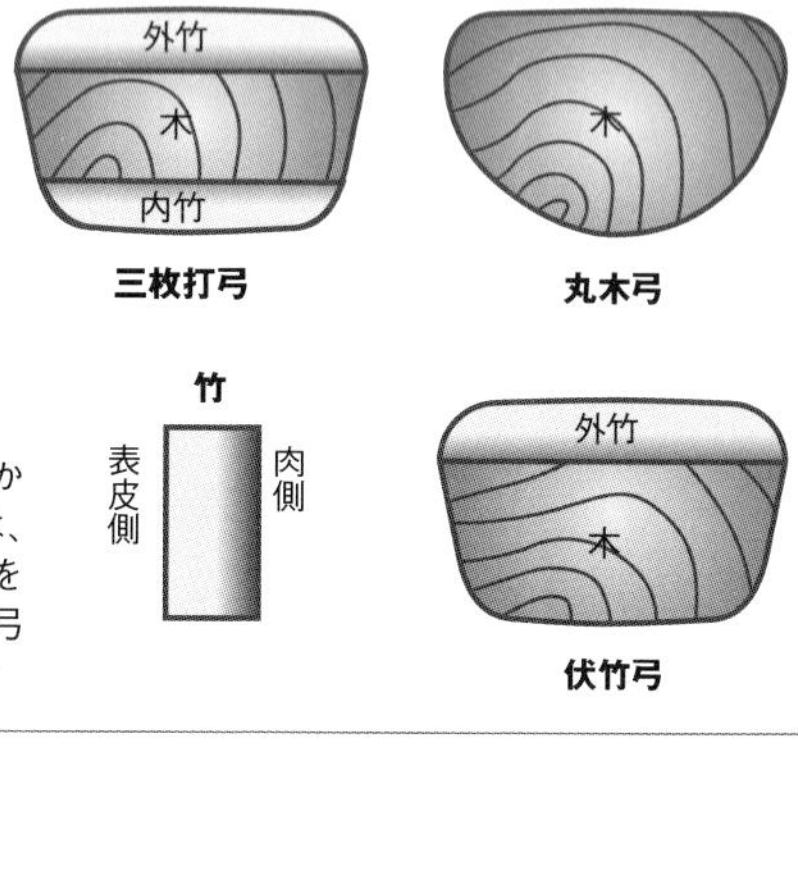

■図1＿丸木弓は単一の材料からつくられた弓のこと。伏竹弓は、丸木弓の外側を削り、そこに竹を貼り合わせたもの。三枚打の弓は、2枚の竹で木を挟んだもの

下を荒く巻いた「裏重籐」、2カ所または3カ所ずつ籐を寄せて巻いた「二所重籐《ふたところしげとう》」「三所重籐《みつところしげとう》」など、さまざまな巻き方があった（**図3**）。

【塗込籐の弓】

籐を上から下まですき間なく巻き詰めて、籐の上を漆で塗り込めた弓。雨、風、太陽にさらされ、過酷な戦場で使用される軍弓は、丈夫な塗弓でなければならなかった。

2 的弓／稽古・競技用

「塗弓は軍弓、白木弓《しらきゆみ》は的弓」として、競技では漆も籐も施されていない白木弓が使われたが、梅雨から夏の高温多湿の時期には、鰾がはがれないように塗弓が用いられた。しかし、弓の性能を考えれば、塗弓は重く鈍くなってしまう。

「秋風や白木の弓に弦はらん」という歌があるが、これは「秋になると、涼しくなって空気が乾燥してくるため、何も塗っていない、軽い冴《さ》えた白木の弓を使うことができる。すなわち弓を引くよい季節になった」という意味である。冴える弓を使える時期を待ち望んでいた、ともいえるだろう。

3 堂射弓《どうしゃゆみ》（差矢弓）／通し矢競技用

通し矢競技では、はじめは一般的な白木弓や征矢《そや》が使われたが、記録を競い合う中で、通し矢専用の弓がつくられた（P50参照）。

4 儀仗弓《ぎじょうゆみ》・装飾弓／儀式用

室町時代に公卿《くぎょう》が用いた弓は、装飾に重きをおき、蒔絵や金銅飾り、黒漆が施され、弣《ゆづか》（握り）には樺《かば》、紅梅《こうばい》、鳥の子（上質の和紙）、白檀紙《びゃくだんし》などを巻いた。弦も紫緂《むらさきだん》（白地に横縞模様の糸）、青緂《あおだん》、錦《にしき》、綾《あや》などで飾り、非常に美麗《びれい》であった。

重籐弓も、最初は補強目的の実用的な装備だったが、やがて、軍陣の格式や武威《ぶい》を象徴するものとして儀式の荘《そう》厳味《ごんみ》を加えるためにつくられ、装飾的なものになった（**図3**）。

一張弓《いっちょうきゅう》は、外竹《とだけ》が朱塗りで内竹《うちだけ》は黒漆、握り上三十六籐、握り下二十八籐を巻いた。一張弓のほか、七張弓、八張弓、九

■図2＿弓に関する伝書（年代不詳）より。「軍陣には丸木弓本式也、雨露などのしめりをいとう事なし」の記述がみられる

張弓、十張弓等の規定がある。これらは、室町期以降の書物に多くみられ、師家《しか》の秘伝として伝えられた。

武器として弓が実戦に用いられたのは、大坂の陣（1614・1615）が最後で、以後は文久《ぶんきゅう》三年（1863）、幕府の講武所《こうぶしょ》で武科から除かれるまで、武術・儀式としてのみ存在し、武士の嗜《たしな》みのひとつとして行なわれただけだった。

5護身弓／携帯し身を守る

【半弓《はんゆみ》】

製法は弓と同じで、長さは六尺（1・82メートル）前後。枕弓《まくらゆみ》などというのもあり、支那弓をまねて握りの幅を狭く、上下を広くしたものや、弭《ゆはず》の形を変えて烏帽子《えぼし》弭《はず》や夷弭《えびすはず》にしたものがあった。

【鯨半弓《げいはんきゅう》】

鯨《くじら》の髭《ひげ》でつくられたもの。長さは三尺（約90センチ）で、半弓と籠半弓《こめはんゆみ》の間の長さで、枕弓などとして多く用いられた。鼈甲半弓というのもある。

【籠弓《こめゆみ》・籠半弓】

半弓のさらに短いもので、李満弓《りまんきゅう》ともいう（図4）。長さ二尺（約60センチ）程度で、鯨の髭でつくられた。

【畳弓《たたみゆみ》】

中央に蝶番《ちょうつがい》があり、二つに折りたためる弓。

6遊技弓／娯楽・遊戯用

【小弓《こゆみ》】

平安中期以後盛んに行なわれた。禁中（宮中）では体配までも定められ、賭弓《のりゆみ》（＊）、小弓百矢などの競技が行なわれた。装束《しょうぞく》もあり、弓の長さは四尺一寸、矢の長さは一尺七寸で、的は一尺八寸程度だった。

雀小弓《すずめこゆみ》は、鎌倉初期に行なわれたもので、雀を糸でくくり、射中《あ》てた者がその雀を得る遊戯である。

【破魔弓《はまゆみ》】

正月に、子どもが小弓で的を射る遊技。徳川末期になると、羽子板同様祝儀のものとなり、実際に射ることができない玩具《がんぐ》の弓となった。

【楊弓《ようきゅう》】

平安貴族社会で娯楽として行なわれ、源義経《みなもとのよしつね》の母である常盤御前《ときわごぜん》なども楊弓に没頭したといわれる。婦人の楽しみとして、室内娯楽のひとつだった。

はじめは柳の木でつくられ、弓は二尺八寸（約85センチ）、矢は九寸から九寸五分（約27～29センチ）、的は三寸から三寸五分（約9～11センチ）、的までの距離は七間《けん》半（約14メートル）で、座って引いた。

江戸時代になると、人が多く集まる寺社付近にはたくさんの矢場が設けられ、手軽な娯楽として庶民に広がった。そして、次第に娯楽性が増し、賭けが行なわれたり、矢場には矢取り女と称する色を売る接客婦が現われ、しばしば取り締まりの対象となった。

*賭弓……賞品を賭けて弓を射る競技。

7 特殊弓

【弾弓《だんきゅう》】

矢ではなく、パチンコのように弾《たま》（石、乾燥させた粘土、陶弾、鉄弾）を飛ばした。弦には弾をのせる皿がついている。

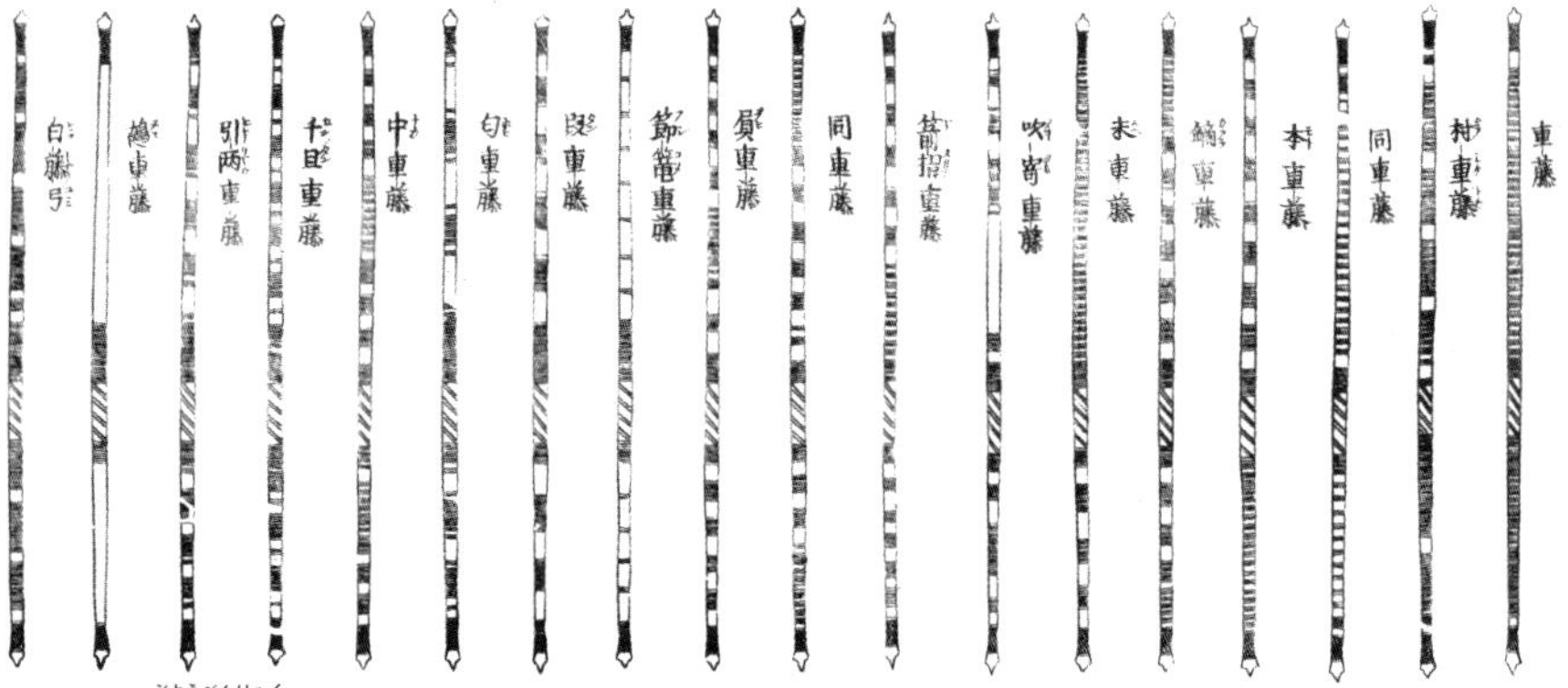

■図3＿『武用辨略《ぶようべんりゃく》』木下義俊編　貞享元年（1684）より。さまざまな籐の巻き方が記されている

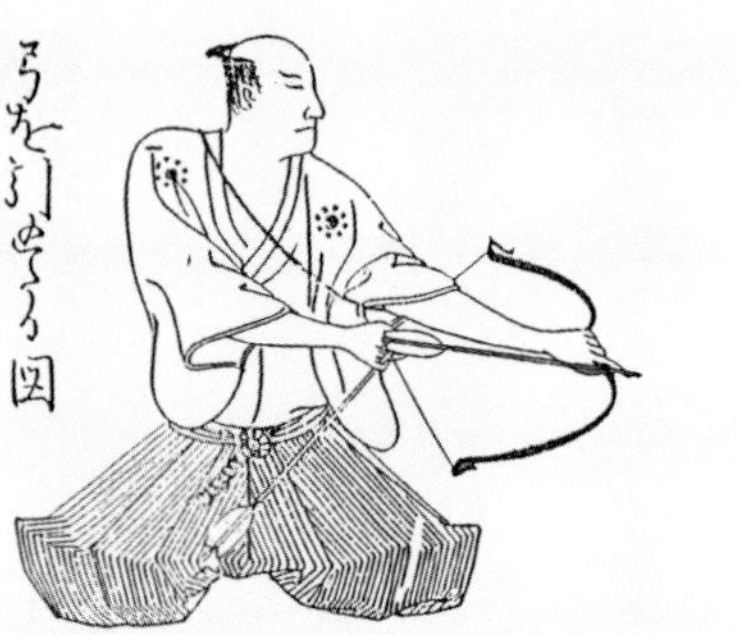

■図4＿
『射法新書』（寛政9年刊行の木版本／平瀬光雄著）より

目的に応じた弦の種類

執筆＝黒須 憲

弓や用途に合わせてつくられた弦

古来、弦は射手が自分でつくるものであり、弓の長さや使用目的に合わせてつくられた。麻の繊維を揃え、縒《よ》りを加えて弦をつくることを「サス」という（**図1**）、弦に苧《お》（＊1）や糸を巻いて漆《うるし》で塗ることを「セク」といった。

弦はその使用目的から製造・加工の方法が異なり、いくつかに分類される。

1 弦の種類

①軍用の弦

戦場で弦が切れることは、命に関わる大きな不覚であった。軍用の弦は丈夫第一につくられ、雨露を防ぎ、弦のひねりが戻るのを止めた関弦《せきづる》や、漆を塗った塗弦《ぬりづる》が使われた。

◎関弦（禦弦）　弦にくすねを引き、絹糸や麻苧《あさお》を巻いて柿渋を塗り、さらに漆を塗った弦。

◎しめの関弦　新しい弦をよく射ならした弦。

◎強みの弦　苧をよく吟味して選び、上下を五寸ほど切り捨てて弦子《つるこ》（弦をサス元となる麻の繊維の束）を揃え弦をサシ、その中に馬の尾を三筋並べてサシ、その上を薄い苧で左巻きにし、漆を塗って仕上げた弦。

◎塗弦　和紙を巻いて渋を引き、その上を漆で塗った弦（**写真1**）。

◎万年弦　牛筋を弦麻にまぜて練り合わせてつくった弦。丈夫で切れることがなく、白弦《しらづる》、塗弦とともによいとされた。

②的用の弦

◎白弦　白弦は塗弦に対する言葉で、何も塗っていない一般的な弦。的弓、白木弓《しらきゆみ》に使われた。

■1＿
塗弦。和紙に柿の渋をひくことで丈夫になり、独特のつやが出る

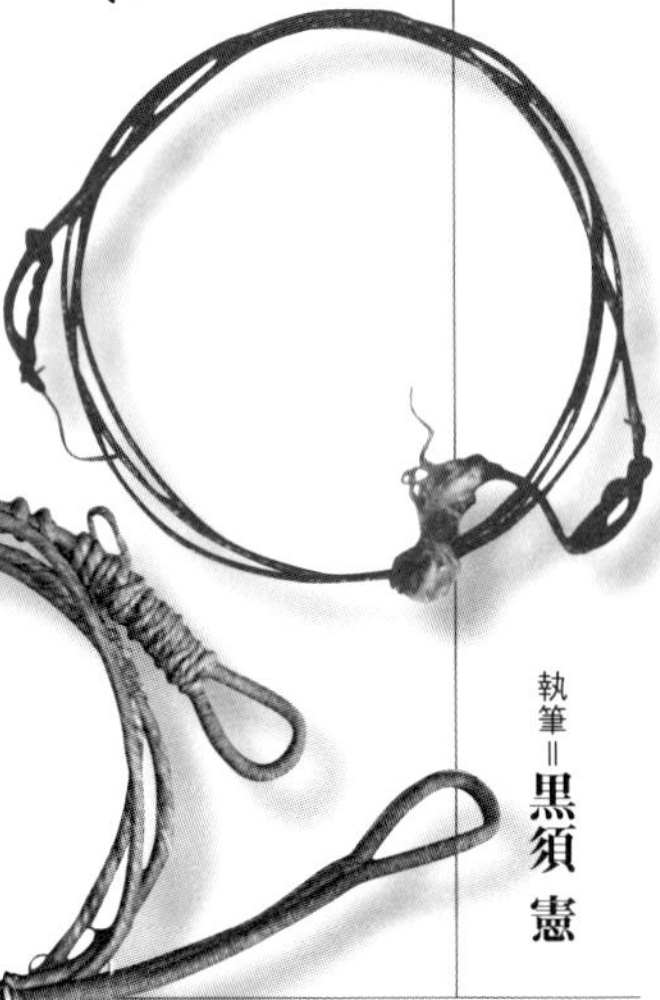

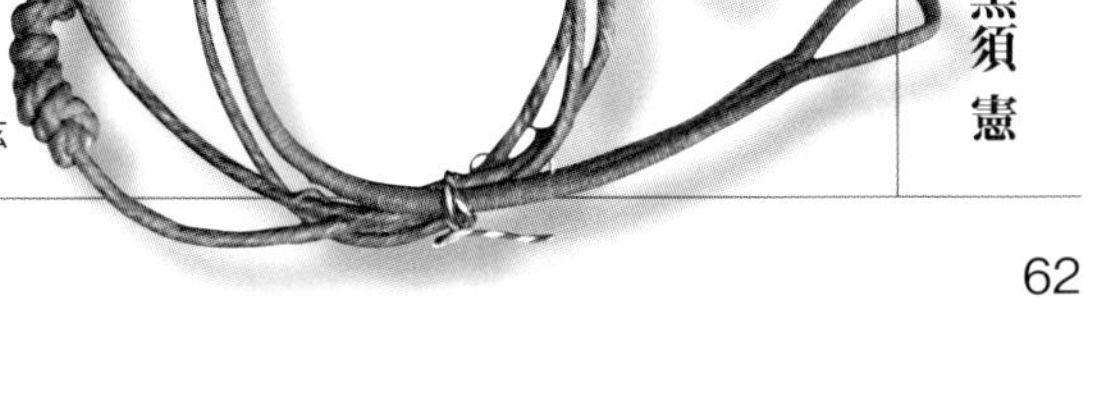

■2＿
張り込み用の弦

◎**煮弦**　くすねを充分にしみ込ませるため、普通の弦をくすねで煮込んだ弦。丈夫になるがべとつく欠点がある。

③張り込み用の弦

順弦《しなひつる》、雁金弦《かりがねつる》、假張弦《かりはりつる》と呼ばれ、弓の製作過程で藤放《ふじばな》しの弓（＊2）を張り立てるときに用いる。小指ほど太いもので、弦輪を結ばず、長さに合わせて糸を巻いてとめる（**写真2**）。

④通し矢用の弦

三匁《もんめ》二分《ぶ》～三分の白弦（＊3）で、中関《なかぜき》（中仕掛け）には三味線の糸を二重に巻きつけたといわれる。

⑤射貫《いぬき》用の弦

書物によると、筈《はず》をかけるところに一寸ほどの細い針金を巻き、さらに麻苧で巻くと射貫けるとある。

⑥その他／音を出すための弦

鳴金《なるかね》または音輪《おとわ》といい、薄い鉛板か銅板を三分～四分の筒状にして、上《かみ》の関板《せきいた》で弦に通して麻で巻き、音が出るようにした弦。音高く鳴り響き、その音により射術の良否を判断したといわれる。

＊1　苧……アサ・カラムシの茎の繊維からつくった糸。
＊2　藤放しの弓……誕生したばかりの弓。
＊3　使用した麻の重さから、弦の強さ（太さ）を「二匁の弦」などといった。

2弦の数え方

古来は一條《いちじょう》、二條と数えた。または、一筋《ひとすじ》、二筋ともいった。七筋で一張、二十一筋で一桶《ひとおけ》といい、弦桶に入れて保管した。

3弦巻の携帯の仕方

予備の弦を巻いた弦巻は、左腰に吊すのが本式であった。紀州竹林派《きしゅうちくりんは》弓術傳書『箙矢搦圖解《えびらやからめずかい》』（**図2**）にあるように、古来、弦巻は太刀《たち》を佩《は》く帯と一緒にとめた。弦を取り出すときは、弦巻の輪を小刀（脇差《わきざし》）の鞘《さや》に通し、カラカラと回して引き出した。輪は鞘に入る程度で、小さいほうがよいと述べられている。したがって、現在でも弦巻を腰から下げるときは、左腰に吊すのが心得のある仕方である。

■図1＿弓術伝書（年代不詳）より。弦を「サス」様子

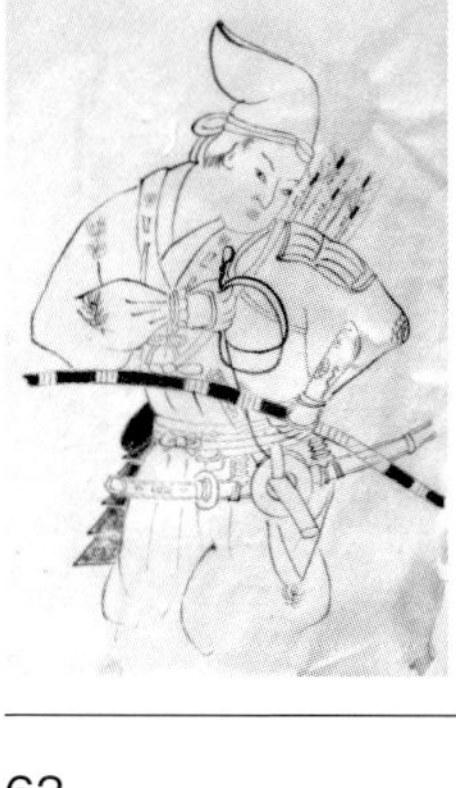

■図2＿紀州竹林派弓術傳書『箙矢搦圖解』（年代不詳）より。左腰に弦巻を吊している

目的に応じた中仕掛けの工夫

古来からの方法や中仕掛けの役割を知り、実際に工夫してみよう

執筆＝黒須 憲

矢を番《つが》えるところに麻苧《あさお》を巻いて太くした部分を、中仕掛けまたは中関《なかぜき》と呼ぶ。中仕掛けには、矢筈《やはず》を番える部分と弽《ゆがけ》の弦枕《つるまくら》をかける部分の２つの場所があり、弦を太くして筈を安定させたり、補強して丈夫にしたりと、それぞれの目的に合わせて工夫されている。

戦いの場で生まれた工夫「ツユ」

古来行なわれた工夫に「ツユ」がある。ツユとは、中仕掛けの上部に苧《お》を巻いてつくった玉のこと（**写真1・2**）で、番えた矢の筈がずれないように、また、番える位置をつねに一定にするために生まれた工夫である。

戦場では、迫ってくる敵を相手にするとき、的前のように時間をかけて確認しながら矢を番える余裕

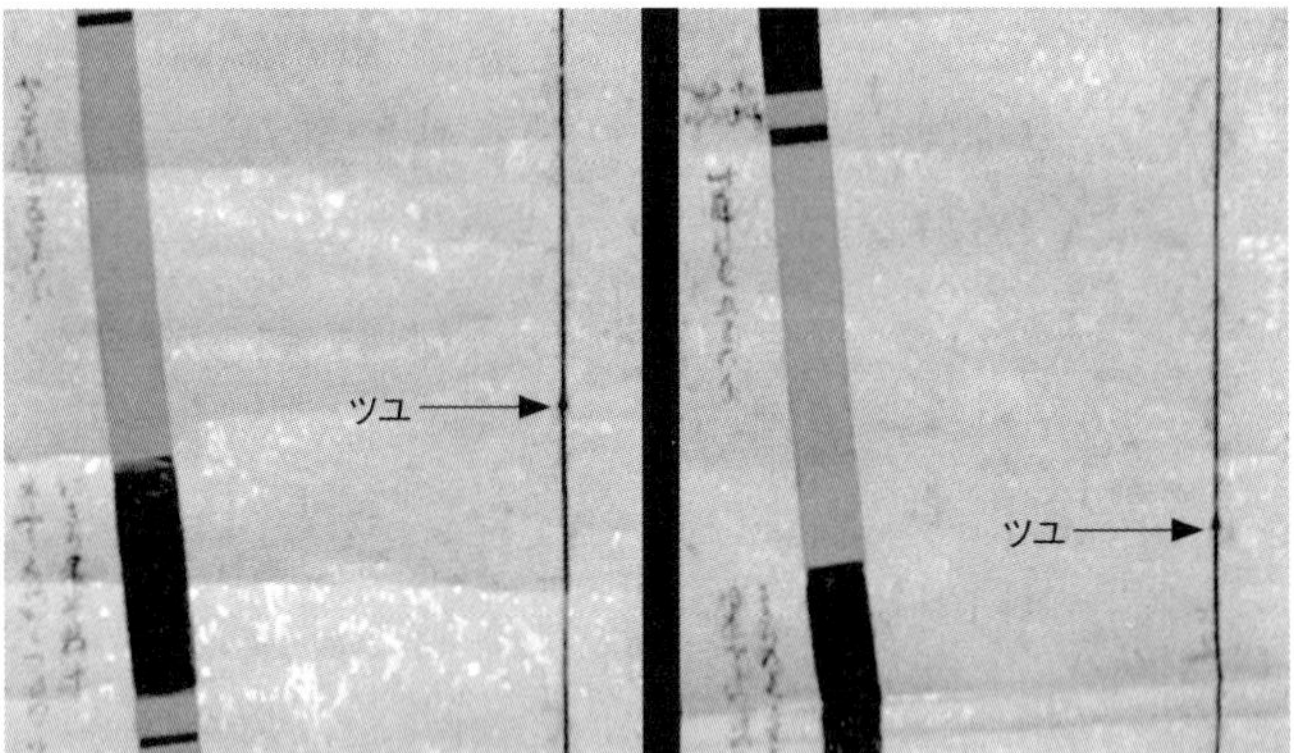

■1＿『吉田出雲入道一鴎弓写』吉田一水軒印西花押 1600年代より。弦の絵にツユが記されている

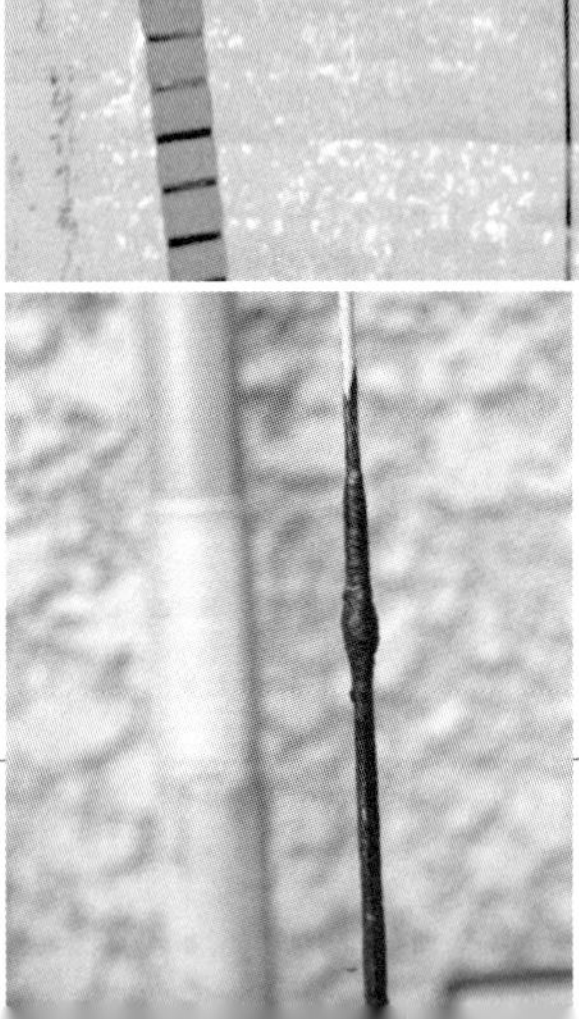

■2＿現代の弓で再現したツユ

はなかった。また、夜中の暗い場所でも、すばやく確実に番えなければならなかった。

ツユは「露」と書いたり、「探《さぐり》」、「捜《さぐり》」、「筈溜《はずだめ》」とも呼ばれ、『武用辨略《ぶようべんりゃく》』には「捜（中略）塗弦にあり（中略）或書に曰、朝は露と云い、昼は玉と呼び、夜は探りと唱う」とある（**写真3**）。

矢番えには二通りの方法があり、戦場などですばやく矢を番えて取懸けを行なう「捻《ひね》りかけ」と、三十三間堂の通し矢や小的前《こまとまえ》で行なう「引きかけ」がある（P52参照）。

捻りかけは、筈がツユの位置で止まるように番える方法であり、ツユの存在が不可欠である。

捻りかけを行なうには、素手か、自由がきく柔帽子《やわらかぼうし》の手の碟でなければならない。軍弓《ぐんきゅう》には塗弦《ぬりづる》が使われ、中仕掛けにはツユがついていた。

現在行なわれている、矢筈の下でいったん取懸けの形をととのえ、矢のところまで扱《こ》き上げて完成させる動作は、捻りかけの名残りといえる。

射貫《いぬき》用の中仕掛け

昔の書物に、物を射貫くべき弦として「筈禦一寸の事」とある。筈をかけるところに一寸ほどの細い針金を巻き、その上を麻苧で巻き隠す方法である。こうすると、物をよく射貫くことができるとある。

堂射《どうしゃ》弓の中仕掛け

強弓《ごうきゅう》を連続して引き続ける通し矢の弦は「中仕掛けに三味線の糸を二重に巻きつけた」といわれている。丈夫に固くすることと弓の復元力を効率よく矢に伝えること、また、多少重くすることで重心を中仕掛けに近づける効果などがあったのではないかと考えられる。

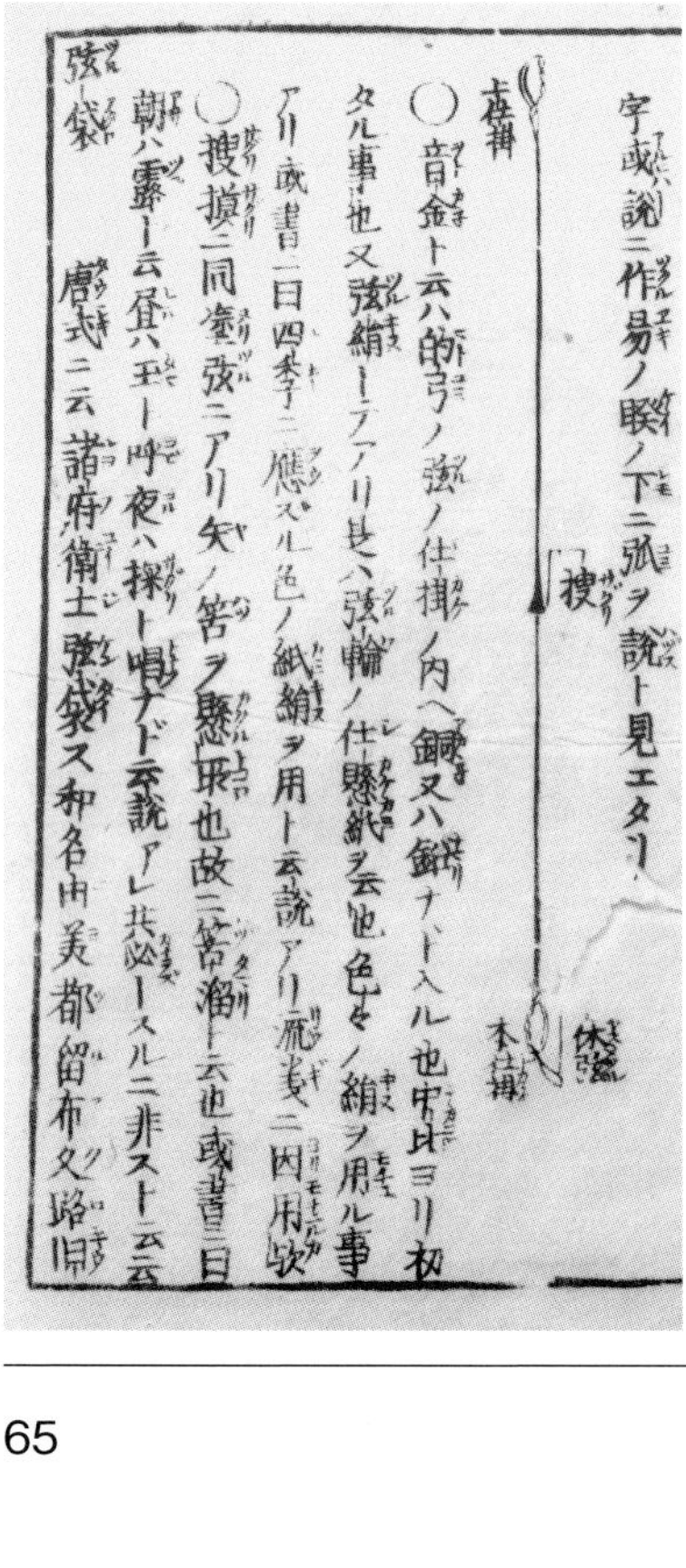
字彙説ニ作易ノ瞬ノ下ニ弧ヲ説ト見エタリ
○音金ト云ハ的弓ノ弦ノ仕掛ノ内ヘ銅又ハ鉛ナト入ル也中ヨリ杈
タル事也又弦縮ト云アリ是ハ弦輪ノ仕懸紙ヲ云也色々ノ縮ヲ用ル事
アリ或書ニ曰四季ニ應スル色ノ紙縮ヲ用ト云説アリ流義ニ因用ル欤
○捜損ニ同塗弦ニアリ矢ノ筈ヲ懸取也故ニ筈溜ト云也或書ニ曰
朝ハ露ト云昼ハ玉ト呼夜ハ探ト唱ナド云説アレ共心一スルニ非ストニ云
弦袋 唐式ニ云諸府衛士弦袋ス和名由美都留布久路

■3＿『武用辨略』木下義俊編　貞享元年（1684）より。ツユについての記述

目的に応じた弽《ゆがけ》の種類

戦いや競技など、状況に応じて進化した弽

執筆＝黒須 憲

日本の弓矢の歴史の中で、弽は形態、構造、材質など、さまざまな種類のものが使われてきた。盛岡藩印西派《いんさいは》伝書『弽之書』（**写真1**）には、使用目的別に三種類の弽のことが述べられている。

1一具弽《いちぐゆがけ》
要前用の弽……戦場で騎馬や徒歩による実戦で使われた。

2堂前差し矢弽《どうまえさやゆがけ》
堂前用の弽……差し矢や三十三間堂の通し矢競技で使われた。

3的弽《まとゆがけ》
的前用の弽……戦場以外の稽古や競技、射礼で使われた。

1 一具弽

一具とは一揃いの意味で、左右ともに使用する手袋状のものである（**写真2**）。諸弽《もろがけ》と同様に全指が革で覆われ、親指が柔らかいものをいう。右手の親指腹に1枚だけ革が重ねてある。現在、騎射《きしゃ》に使用される弽も、両手に使用している。

もともと弓は素手で引き、弽はなかった。武士は、刀を取ったり、馬の手綱を引いたり、矢を箙《えびら》（矢を入れて背負う武具）から刈ったり（抜いたり）する際に素手のほうがやりやすかったからである。まさに「勝手（刈手）がよい」といえる。すばやく正確な操作ができないと、戦場では不覚をとり命取りになった。

奈良時代、弽の存在は明らかではなく、平安朝の頃から公家たちによって三本指の弽が使われたと考えられる。しかし、身分の低い武士には使われなかった。軍記物には一切現われてこない。

武士たちによって韘が使われはじめたのは鎌倉初期だと考えられている。『後三年合戦絵巻《ごさんねんかっせんえまき》』には、右手だけ色を染めた図がたくさんあり（**写真3**）、これは手袋をはめた表現だと思われる。

書物によると、建久《けんきゅう》年間、源頼朝《みなもとのよりとも》が富士の巻狩りに行く際に、多くの射手が指を痛めたため、親指になめし革をつけさせたと述べられている。戦場では、韘は具足《ぐそく》（甲冑《かっちゅう》）のひとつで、手袋のような形のものが使われた。諸韘、柔帽子《やわらかぼうし》、折目韘《おりめがけ》など、自由度が高くて素手感覚に近い、操作性のよいものが使われた。

現在でも敵前射術《てきまえしゃじゅつ》（戦場での弓射技術）の稽古をするときは、柔帽子の韘を使用する。

2 堂前差し矢韘

差し矢は鎌倉時代にはじまり、江戸時代には三十三間堂の通し矢競技として盛んに行なわれた。はじめは一般に使われている手袋状の韘や弓、征《そ》

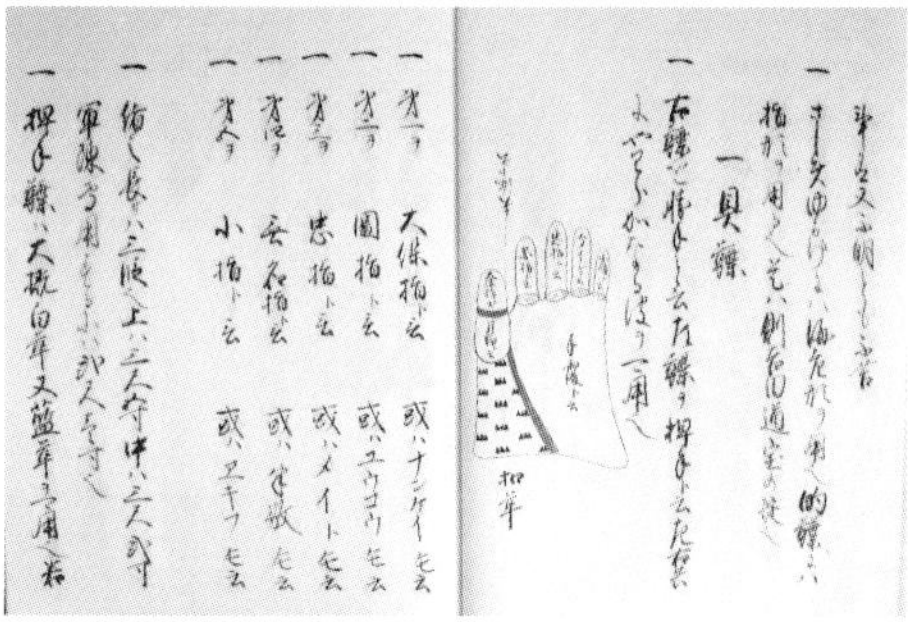

■1＿盛岡藩印西派伝書『韘之書』。一具韘に関する記述

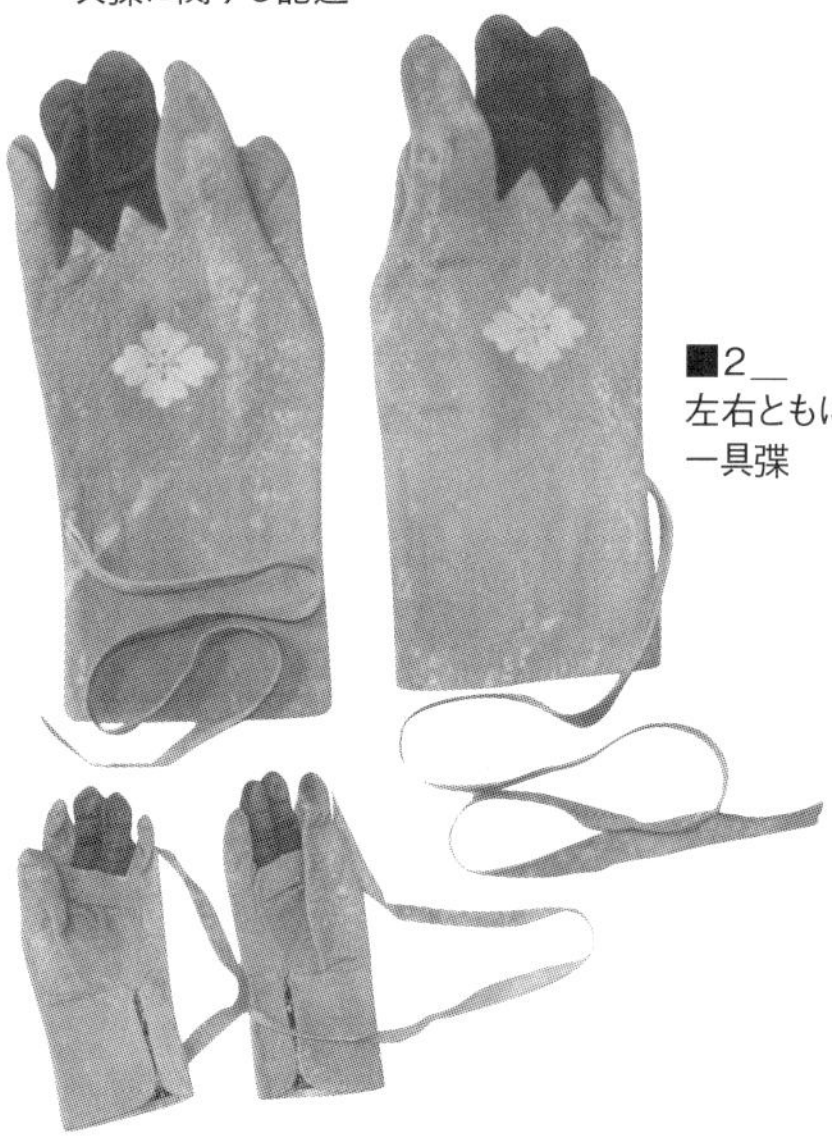

■2＿左右ともに装着する一具韘

■3＿「後三年合戦絵巻《ごさんねんかっせんえまき》＿上巻」飛騨守惟久／重要文化財（東京国立博物館蔵 / Image:TNM Image Archives）
＊P3にカラー写真掲載

目的に応じた弽の種類

矢《や》が使われたが、記録が向上して競争が激しくなると、専用の弽が考案された。強弓《ごうきゅう》を、手を痛めず数多く楽に引けるような工夫が施されていく。

【堅帽子弽《かたぼうしゆがけ》】

親指を堅くした弽。矢数を引いたり強い弓を使うと、馬手《めて》の親指を痛めるため、保護のために親指を堅くした弽がつくられた（**写真4**）。

親指を革で固める工夫をしたのは、竹林派《ちくりんは》二代の石堂竹林貞次《いしどうちくりんさだつぐ》（1592頃）だといわれ、帽子に堂型《どうがた》を入れたのは大蔵派の祖、吉田大蔵茂氏《よしだおおくらしげうじ》（1596〜）の発明で、さらに角《つの》を入れた工夫は、紀州竹林派の吉見台右衛門経武《よしみだいえもんつねたけ》（1640頃）だといわれている。

また、『尾州《びしゅう》竹林流文射の巻』「的弽の説」や『名古屋双書』八巻には、角入れの工夫をしたのは、尾州竹林派の長屋六左衛門忠重《ながやろくざえもんただしげ》（1613〜1685）だと記述されている。

【四《よ》つ弽《がけ》】

薬指を足して親指の頭を3本の指で押さえる弽（**写真4**）。大蔵派の伝には、その始祖吉田大蔵茂氏が、堂前を射る際、疲労を少なくするために薬指を付け増し、四つ弽にしたとある。いずれも、慶長《けいちょう》から貞享《じょうきょう》年間に行なわれた。

【押手弽《おしでがけ》】

堂射などでは、押手を痛めないために使用した（**写真5**）。中指、薬指、小指の付け根に滑り止め用の革帯がついていたり、くすねを塗って弓返《ゆがえ》りを止めた。本来的前では使用せず、江戸時代、上覧《じょうらん》（＊）

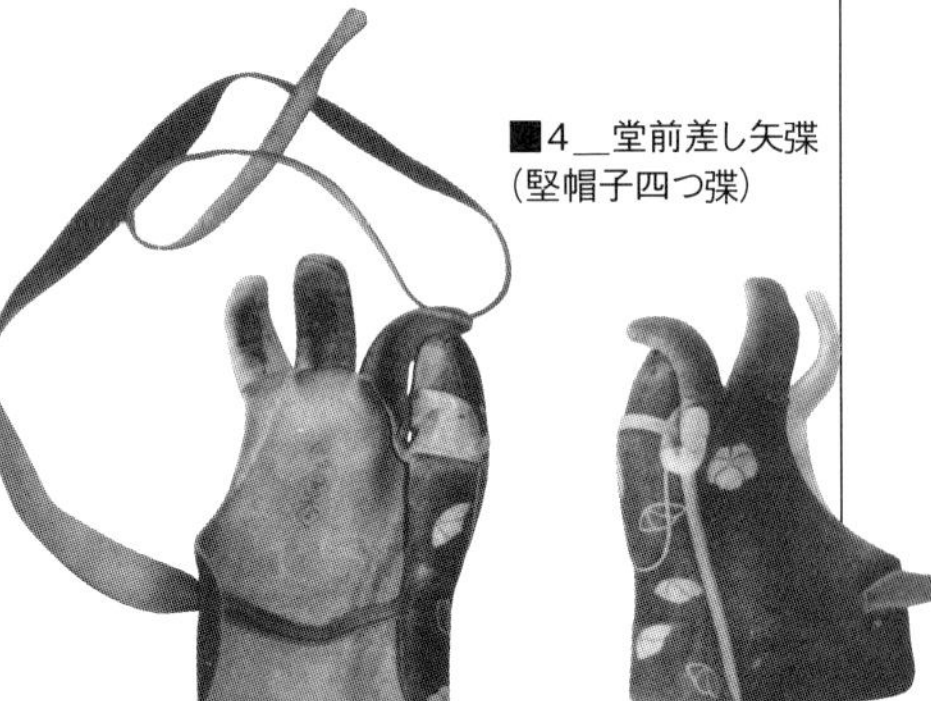

■4＿堂前差し矢弽（堅帽子四つ弽）

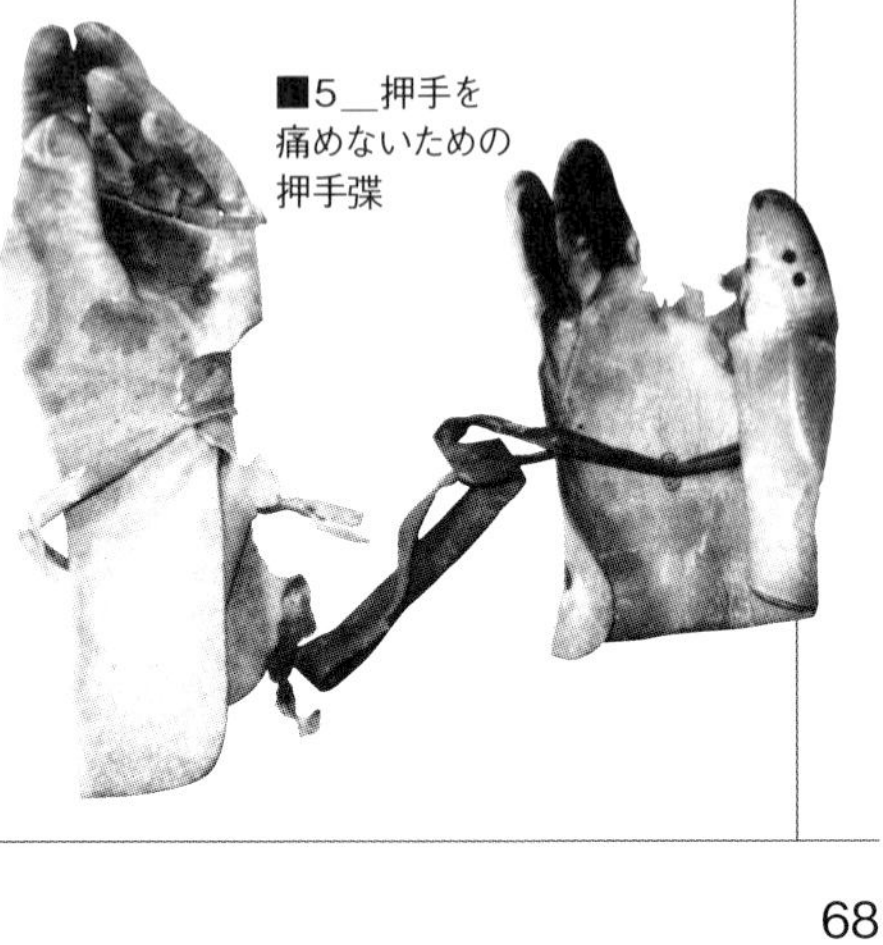

■5＿押手を痛めないための押手弽

のときには使用は禁止されていた。

一昼夜に一万本も引く通し矢競技専用の碟として、操作性や自由度を重視するよりも、動作が固定され、疲労が少ないギプスのような堅帽子、堅控《かたびかえ》の四つ碟がつくられたのである。専用の特殊碟のため、使用にはある程度の訓練が必要となる。

このほか、蒸れないように親指の筒に穴を開けたり、流派によって形や構造が微妙に異なる碟がつくられた。これらは、現在の的前用の四つ碟の原型となった。

*上覧……天皇や将軍など、身分の高い人が見ること。

3 的碟

的碟は、一具碟と堂前差し矢碟の両方の特徴を持つ、中間的な碟である（**写真6**）。的前で引く際、強い弓を好み矢数を引く人は、堂前差し矢碟に近い碟を使い、歩射射術や騎射射術を好む人は一具碟に近い碟を使う。

一般的に、一具碟に近い柔らかい碟は、特別な訓練が必要な堂前差し矢碟とちがって使用が簡単で、初心者に多く用いられる。

中間的な碟として、三つ碟上堅め、柔帽子堅控、堅帽子堅控、的前用に改良された四つ碟などがあり、帽子の形や向き、縫い方、控《ひかえ》の長さや硬さなど、それぞれ製作者によって異なった、多くの碟がつくられている（**写真7**）。

しかし、数矢や征矢、騎射を行なうときには柔帽子の碟でなければできないし、矢数を多く引くには四つ碟が効果的である。射術の種類によってその技術に合った碟を使うことが大切であるといえる。

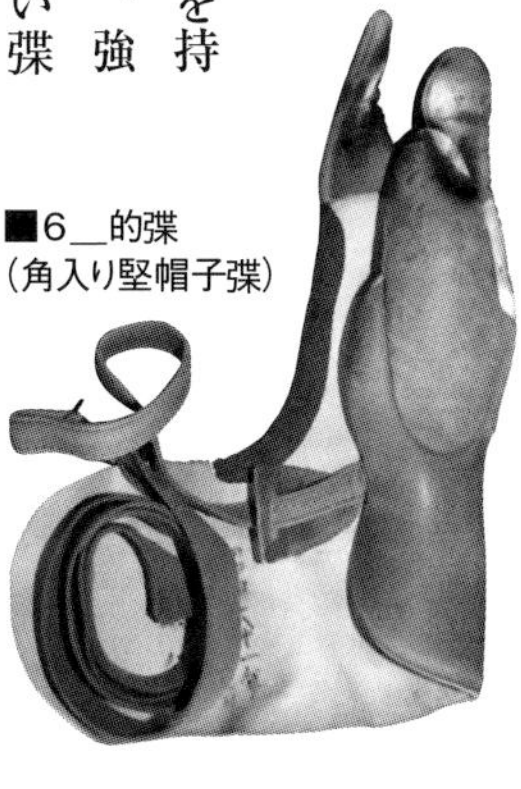

■6__的碟
（角入り堅帽子碟）

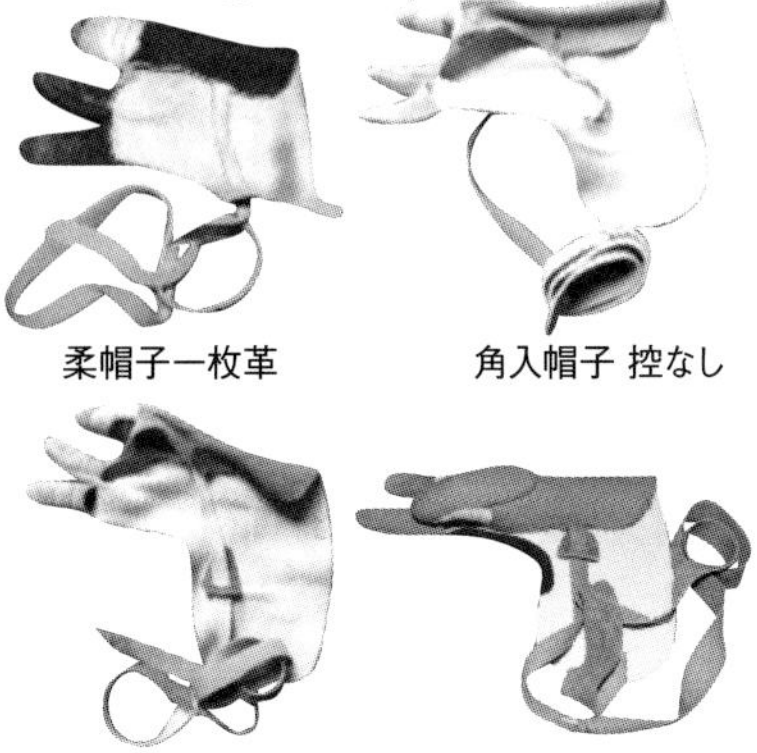

■7__
さまざまな碟

柔帽子一枚革　角入帽子 控なし
柔帽子控なし　柔帽子控付き

第1章【歴史】

戦いではなぜ柔帽子《やわらかぼうし》の韘《ゆがけ》を使ったか？

矢を番え、刀を扱い、手綱を握った「勝手」

執筆＝黒須 憲

■1＿一具韘

戦場で堅帽子が不便な理由とは？

平瀬光雄《ひらせみつお》の『射学要録《しゃがくようろく》』（1788）には「軍射堂前的前に射具差別ノ事」として、それぞれの射の目的にしたがって道具を使わなければいけないと述べられている。

「戦陣には堅きを貫ぬくを以て要とするゆえ軍弓箭を用い、一具韘決拾と云うを用いるは射士といへども鏜刀を執り、或いは組み討ちをなすこともあれ

■2＿「後三年合戦絵巻《ごさんねんかっせんえまき》＿上巻」飛騨守惟久／重要文化財（東京国立博物館蔵 / Image:TNM Image Archives）

＊P3にカラー写真掲載

■3＿弓を持つ弓手と手綱をとる馬手

ばなり。決拾は射士に限らず、軍陣には士とて用いる用具にして緒留に秘訣あり。戦陣に的㵾差矢㵾の大指を堅くし、或いは角の入りたる類を用いば鑓刀を執り或いは組み討ちの時又は着具を為にも不便なるべし」

戦陣で的㵾や親指を堅くした差し矢㵾を使うと、鑓《やり》や刀を使うときや組み討ちのとき、甲冑《かっちゅう》を着る際に非常に不便であるので、一具㵾《いちぐゆがけ》を使えと述べている（**写真1・2**）。一具㵾とは手袋のような形で、親指が柔らかくて自由度が高く、素手感覚に近い㵾である（P66参照）。

右手が「馬手」「勝手」といわれる所以

左手は弓を押す手で押手《おしで》といい、右手は矢を箙《えびら》（矢を入れて背負う武具）から刈る手で苅手《かって》、勝手と呼ぶ。また、左手は弓を持つ手で弓手《ゆんで》といい、右手は馬の手綱をとる手で馬手《めて》という（**写真3**）。

左手は、いったん弓を握ってしまうと何もできない。「手ぐすねをひく」とは、弓手にくすねを塗って弓を手に貼りつけ、とり落とさないようにしたことである（P271参照）。それに対して右手は、矢を番《つが》えたり、鞭《むち》や手綱《たづな》、刀を扱ったり筆を使ったりと、すべてのことをしなければならない。左手の不自由な手に対して、自由な手、勝手にできる手と言えるだろう。ちなみに、これが「勝手にする」の語源である。

皆さんは、堅帽子《かたぼうし》の㵾をして自由に矢を扱えるだろうか？　床に置いてある矢をさっとつかんだり、矢を番えたり、文字を書いたり、食事をしたりできるだろうか？　非常に不便なのではないだろうか。

ましてや戦場で敵と相対しているときに、箙から矢を抜く、刀を扱う、槍を使う、または、何かをつかもうとしたら、手が滑ったりまごついたりして、できないことも多いはずだ。一瞬の迷いや不安、遅れは、すぐに命に関わることになる。そのため、戦場に赴《おもむ》くときは、少しの不安もなく、できるかぎりの準備をととのえて臨む必要があった。

近的《きんてき》で使用するのは、なぜ尺《しゃく》二《に》寸《すん》的《まと》？

執筆＝黒須 憲

的の大きさや距離は、狩猟や戦いの場を想定して定められた

的はいつ頃から使用されはじめたのか判然としないが、狩猟、戦闘以外の練習や競技、射禮《じゃらい》（射礼）用の目標物として的が置かれた。

大きさや形、材質はさまざまで、昔は五尺二寸の大的《おおまと》が一般的だった（**写真1**）。小的《こまと》が使われるようになったのは室町時代頃からだといわれている。書物には「日置流《へきりゅう》の祖、日置弾正正次《へきだんじょうまさつぐ》が古来からの射術を革新し、簡単なる小的射を宣伝し広めた」と述べられている。

大的に対して、一尺二寸より小さい的を小的と呼んでいる。

的までの距離はなぜ28メートル？

小的の距離28メートルは、戦場での間合である十五間《けん》からきている。書物には「三間槍を繰り出して三間、繰り込んで三間、都合六間、双方合わせて十二間となる。故に的前は十二間以上十五間とする」と述べられている。

また「外れ矢に越す物と下がる物があり、下がる

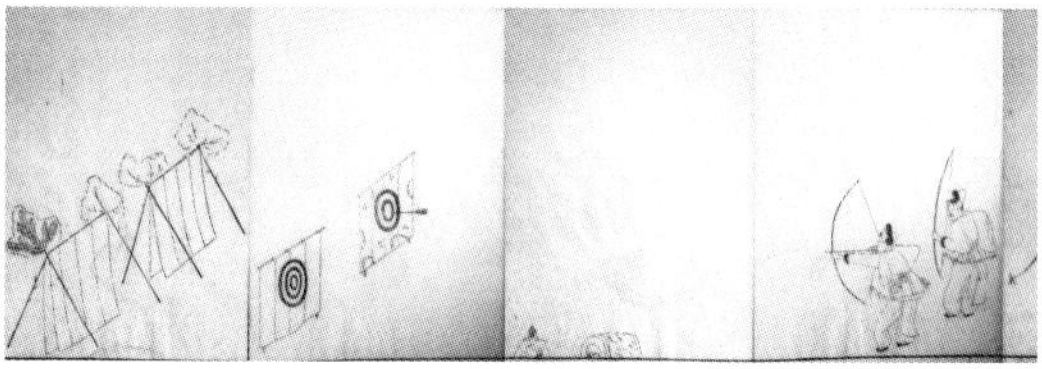

■1＿『日本古義』高木正朝 天保9年(1838)より。大的を使った賭弓（賞品を賭けて弓を射る競技）。平安中期以降盛んに行なわれた

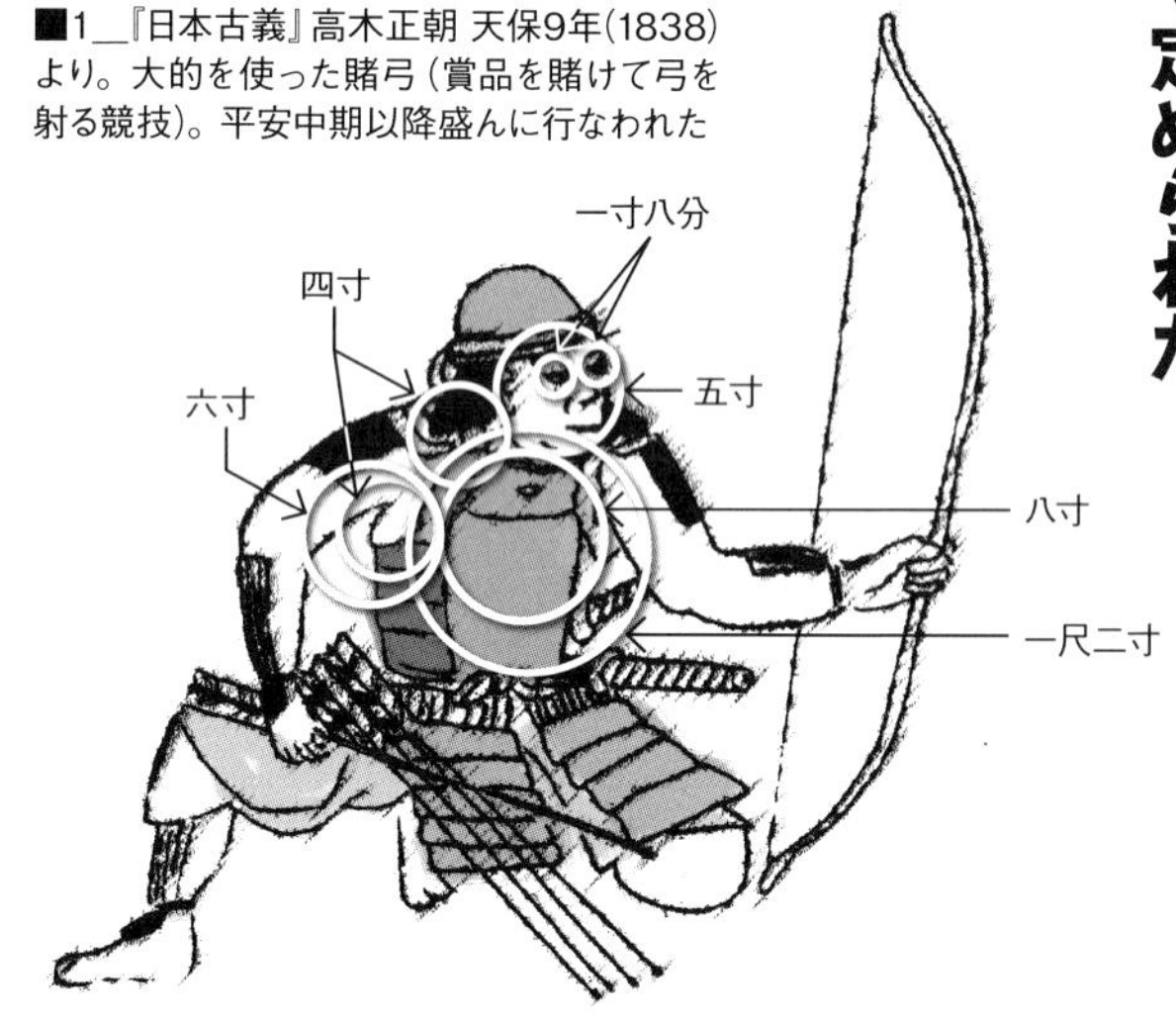

■図1＿『武用辨略』などの記述にみる、的を射る際の心持ち

矢は敵進み難く、越す矢は敵が自由に進める。従って下る矢を良しとする」ともある。武器としてもっとも長い槍を基準として、弓の間合い十五間が定められ、敵が進むことができないように足下をねらったのである。したがって、普段の稽古も28メートル先の、地面に近いところに的を置いて行なうようになった。近的の場の設定は、戦場での間合いを基準として定められているのだ。的の大きさも敵の人体に擬《ぎ》して定められ、四寸、五寸、六寸、八寸、尺二寸を正法とした。

小的の一尺二寸は人身の胸の大きさを想定

『武用辨略《ぶようべんりゃく》』には「的を射るに二つの心持あり、先ず一尺二寸の的にて人身胸の亘を射覚え四寸のにて脇をためして弓格を知なれば本源この二品を定める的とす」と述べられている。

また、他の書物には「四寸は首、五寸は顔、六寸は胸の厚さ、八寸は胸の幅、一寸八分（金銀的）は左右の目」という記述もある（**図1**）。

日置流印西派《いんさいは》の弓構えの教えには「単の身的割四寸の構」というのがあり「人体の体躯を普通横身の厚さ四寸とすれば、そのうちに一寸の弓があれば敵の矢をこれによって防ぐことができる」と述べられている。

的の中心を正鵠《せいこく》と呼ぶのはなぜ？

中国の弓術書『射禮新探』によると、射礼の場では布製の「侯《こう》」と呼ばれる的が張られるほかに、動物の皮をそのまま張って的とする場合があり、こうした射礼は「主皮の射」といった。的の中心部分は、小鳥の名称である「鵠《こく》」と呼ばれ、本物の鳥を射たことに起源する。

また、射礼で矢が侯（的）にあたることを「獲」というが、獲の語は元来狩猟で獲物を捕ることを意味している。一般的に礼法として理解されている射礼も、もとは狩猟を通して民衆たちに軍事訓練を施したのが起源だといえる。射礼は、狩猟、兵事と深い結びつきがあったのである。

このように、近的の距離や的の大きさ、設置する場所は、狩猟や戦闘の場を想定して定められていた。

世界の弓の歴史

弓矢は人類の歴史とともに発展してきた

執筆＝黒須 憲

人類の弓矢の歴史は古く、文明とともに発展してきた。中石器時代、約1万年前にはすでに使用されていたことが、壁画や岩絵《いわえ》によって確認できる。

多くは狩猟の道具として使用されたが、国家や領土という社会構造ができあがると大規模な争いが起き、弓矢はもっとも有力な武器として使用された。弓矢隊や弓兵・弓歩兵が起こり、戦術が研究され、弓矢の発達を促した。

■1＿クレシーの戦い（14世紀画）
ロングボウとクロスボウの戦いの様子がよくわかる
（ⓒ Granger ／ PPS通信社）

中国では、新石器時代から戦国時代にかけて武器としての弓矢が急速に発達し、周辺諸地域に大きな影響を与えた。弓矢は人類が使用したもっとも古い武器のひとつといえるだろう。

多くの戦闘で使われたヨーロッパの弓

岩面壁画によると、9千年から8千年前のイベリア半島で、狩猟と戦闘に長弓《ちょうきゅう》（比較的長い弓）が使われていた。

紀元前16世紀～紀元前2世紀までの古代ギリシャ時代には、多くの戦闘で弓矢が使われた。紀元前7世紀頃には、裏反りがあり（弓が反対側に反っている）、複数の材料を用いてつくった複合弓が使われた。弓兵は特殊な戦士で、遠距離で勇者を殺せる死の部隊として恐れられたが、同時に一騎打ちを避ける臆病者として軽蔑されていたといわれている。ローマ帝国においても、征服戦争を進めるうえで弓は有力な兵器であった。

西ローマ帝国の滅亡後、アングロサクソンが使用していた弓は180～210センチの長弓で、イチイの木でつくられた単一弓であった。1066年にノルマン朝を樹立したヴァイキングの弓は150～180センチと若干短く、アングロサクソンの弓と大差ないが、操作性に優れたため「ディーン人の弓」と恐れられ、1096年から開始された十字軍でも用いられて勇名を馳《は》せた。

百年戦争の一環であるクレシーの戦いでは、イングランドのLongBow（ロングボウ）がフランスのCrossBow（クロスボウ）を破り、勝利をおさめた（**写真1**）。その後、銃器の発明によって徐々に弓の利用価値は薄れ、衰退していった。

時代や民族別の特徴が目立つオリエントの弓

古代エジプトでは、第11王朝（紀元前2050年頃）のケティ王子の墓に、弓を持つレスラーの絵が描かれている（**写真2**）。また、紀元前1354年頃～1345年頃に在位したツタンカーメン王の墓には、大量の弓が納められていた。68センチから124センチまでの比較的短い短弓で、単一弓や角《つの》を膠《にかわ》で固めた精巧《せいこう》な合成弓であった。専門の弓職人がいて制作されていたことが推察される（**写真3**）。

紀元前900年頃から活躍したアッシリア軍は、大量の弓を用いて周辺地域を征服した。使用目的によって弓を変えており、兵は長い単一弓を、騎兵・戦車兵は短い合成弓を使った。その後、領国内の諸民

■2＿レスラーの飾壁《しょくへき》。ベニ・ハッサン岩窟墳墓《がんくつふんぼ》にあるケティ王子の墓の絵（出典／『古代エジプトのスポーツ』株式会社ベースボール・マガジン社　1978年）

■3＿ツタンカーメンの墓に納められた木製の箱に描かれている絵。ツタンカーメンと彼の軍隊の戦いを表わしている（Ⓒ Granger／PPS通信社）

族はそれぞれに特徴のある弓を使うようになる。アラビア人の弓は裏反りのある長弓であった。

紀元前50年頃ローマ軍に勝利したパルティア軍の弓は、裏反りの強い短弓《たんきゅう》複合弓で、ペルシャで使われた弓も同様なものである。ペルシャを滅ぼしたオスマン帝国の弓はあらゆる時代を通じてもっとも発達した高性能の弓といわれ、裏反りの大きい操作性のよい短弓の合成弓だった。

早い時代に発達し、礼法の器として進化した中国の弓

紀元前1千年頃の周代には、木材と動物の角、腱《けん》、筋などを合わせて接着した複合弓が使われ、文献によると、弓の長さは150センチ前後で、幹・角・筋・膠《にかわ》・漆《うるし》・絲《いと》の6材からなっていたとある。現在の弓とほとんど変わらないほど、早い時代に発達した（**写真4**）。

精神的、文化的にも発展し、多くの射禮（射礼）が行なわれた。射は「観徳の器」といわれ、役人試

■4＿後漢（25-225年）射手画像磚の拓本。弓に矢を番えたふたりの射手が描かれている（出典／『中国古代のスポーツ』株式会社ベースボール・マガジン社　1985年）

■5＿モンゴルでは、騎射技術の向上にともなって弓も進化した（出典／久保田米齊編『蒙古襲来繪詞』風俗絵巻圖画刊行會　1916年）

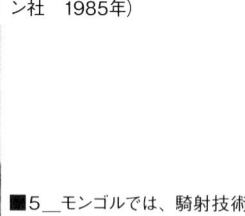

験の科目となった。弓は単に武器としてだけではなく、礼法の器として用いられるようになったのである。

抗争を繰り返す中で発展を遂げたモンゴルの弓

ユーラシア大陸東方の遊牧騎馬民族は、中国王朝との抗争や騎馬民族同士の抗争を繰り返す中で、騎《き》射《しゃ》の技術と弓が高度に発展した。13世紀のモンゴル帝国成立によって、その進化は頂点となる。

モンゴルの弓は、木とヤクや牛の角、腱を膠で合わせた裏反りのある複合弓で、150〜170センチの中間的な長さである（**写真5**）。

弓は人類の歴史とともに発展し、それぞれの民族が、その地方の風土や生活習慣、環境に合った特色ある弓をつくってきた。機動性を追求して小型軽量になったり、威力や性能を求めて強大になったり、騎射や歩射、または射礼に即した形にするなど、使用目的や材料によって、さまざまな形態の弓がつくられたのである。

しかし、弓は銃火器の出現とともに衰退し、身体訓練やレクリエーションの道具として使われるようになった。多くの伝統的な弓は消滅し、現在、民族スポーツとして組織的に行なって伝えているのは、日本と韓国、モンゴルの3カ国のみである。ほかの弓は、一部のマニアによって伝えられているか、博物館や資料館でしか見ることはできない。

第2章

管理と修理

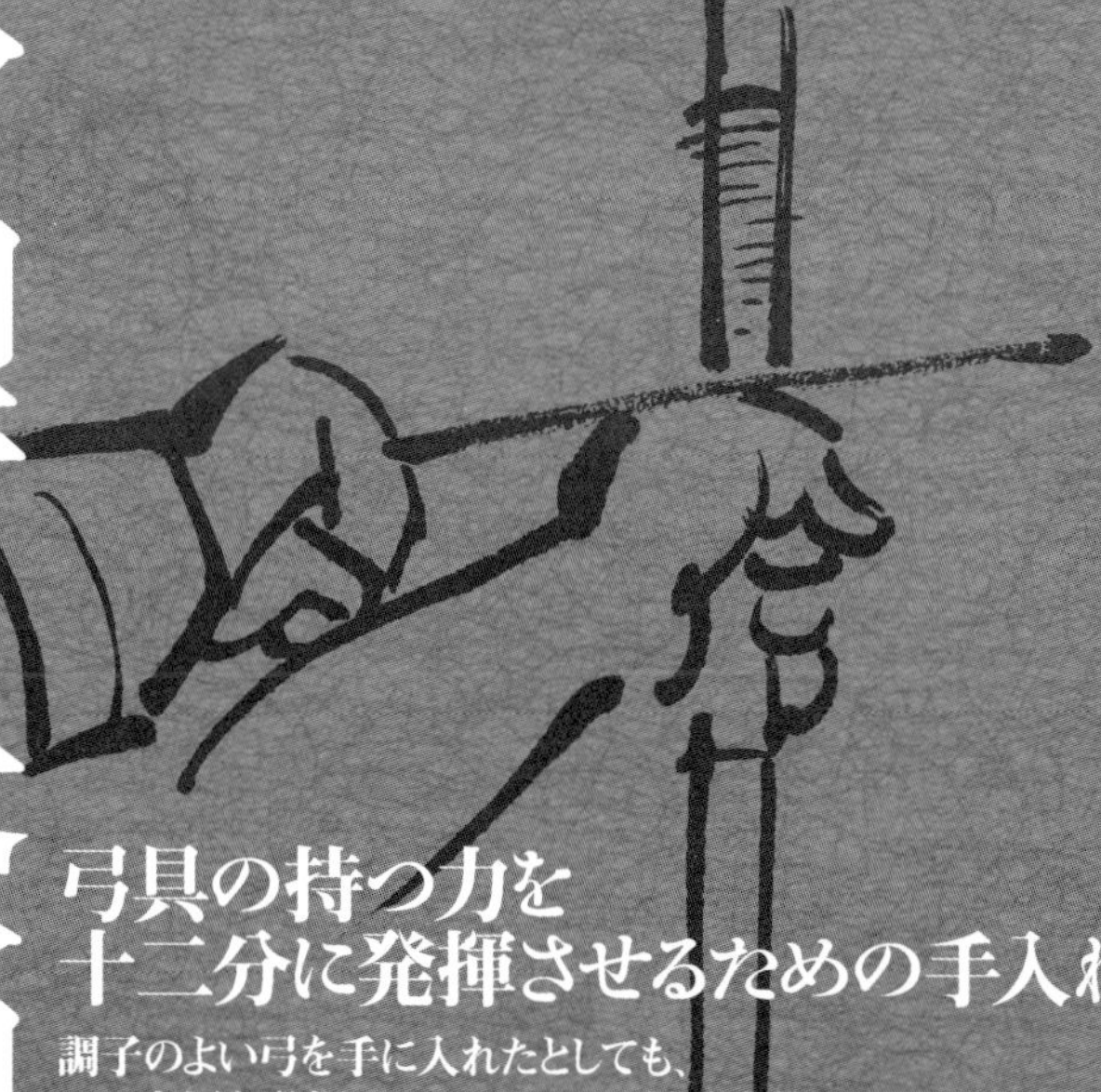

弓具の持つ力を十二分に発揮させるための手入れ法

調子のよい弓を手に入れたとしても、
その本領を発揮できるかどうかは射手次第。
管理方法や自分でできる修理についての正しい知識を持ち、
日々の手入れを怠らないことが大切である。

自分でできる矢の管理方法

矢の性質を把握し、日々の手入れを怠らないことが大切

執筆＝松尾牧則

箆（シャフト）の種類

矢の箆《の》（シャフト）には以下のような素材のものがある。

①竹製（竹矢）

使用される竹の種類は通称「矢竹」。自然のものであるので均一性という点ではほかのシャフトに劣りやすく、職人（矢師）の技が必要とされる。

②ジュラルミン製（ジュラ矢）

均一性は抜群である。比較的安価で初級者用としても普及している（**写真1**）。

③カーボン製（カーボン矢）

KCカーボン、ミズノ製カーボン（**写真2**）、イーストン製カーボンなどがある。カーボンの表面に薄皮の竹をコーティングしたシャフトも開発されている。

さまざまなシャフトが用いられるようになったことで、価格、スパイン（箆張《のば》り）、重量など、矢を選択する幅も広がり、弓道の普及と競技レベルの向上にも寄与している。

毎日点検したい矢のチェック項目

矢の素材にかかわらず、共通して確認したいことは次の4点である。

①箆（シャフト）にキズや割れなどの傷みはないか。
②板付《いたつき》（矢尻）がしっかり装着されているか。
③矢筈《やはず》がしっかり装着されているか。破損はないか。
④羽根軸が箆（シャフト）から浮いていないか。

すべての修理を弓具店まかせにしないで（**写真3**）、自分でできる管理・修理は、弓引きとして最低限心得ておきたい。自分の弓具の性質がわかるようになるし、弓具への愛着もわいてくる。自分でき

る矢の修理は、篦（シャフト）の切断、筈・板付（矢尻）の交換、筈溝の修正、矢の重心調整、羽根や羽根軸の修正、矧《は》ぎ糸の補修・交換などである（詳細は次ページ以降に解説）。

使用後の汚れ落としと保管時の注意点

矢の使用後は、矢拭き布で砂をきれいに落とし、水分もしっかり拭きとって手入れをする（**写真4**）。矢立てに立てたままで自然乾燥させるとよいが、矢立てに入れたままにできない場合は、矢筒《やづつ》に入れて保管する。竹矢の場合はとくに、湿気と極度の乾燥に気を配りたい。竹篦には、時折つばき油やごま油など、植物性油を引いてすりこむ。羽根や竹篦は虫による傷みを受けることがあるので（**写真5**）、長期間矢筒などで保管する際には防虫剤が必要である。

■1＿イーストンジュラルミン 2015

■2＿ミズノカーボン 80-24

■3＿職人（矢師）の技。矯（た）め木を使って矢の曲がりを修正している

■4＿使用後は、矢拭き布でしっかり拭くことが大切

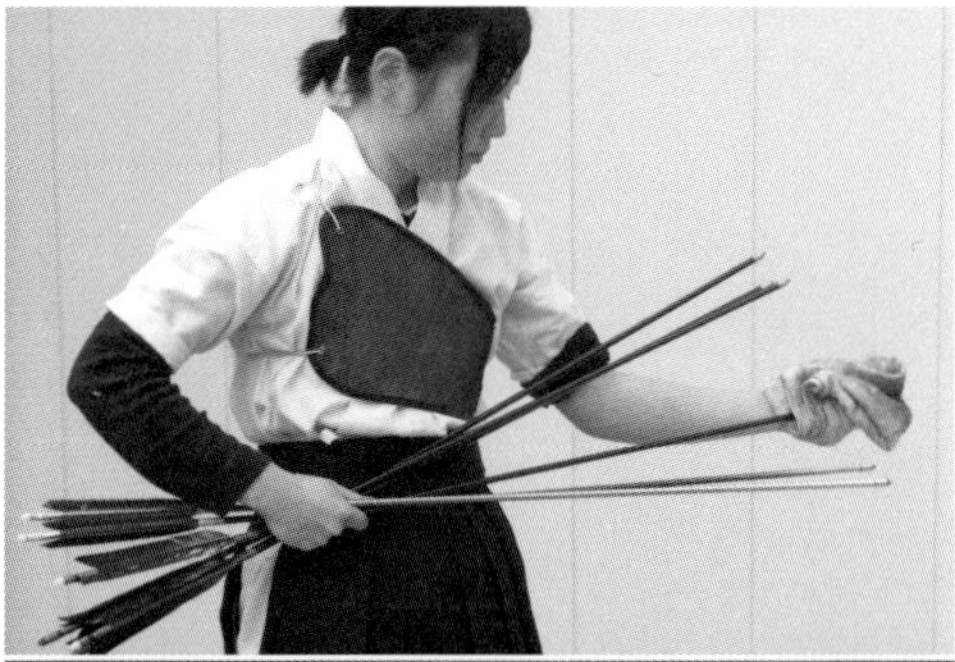

■5＿虫による矢羽根の傷み

箆《の》（シャフト）の切り方

執筆＝松尾牧則

適正な矢の長さに切り揃えよう

使用する矢の長さの決定方法

あなたが使用している矢の長さは適正だろうか？　矢の長さは、自分の矢束《やつか》を基準にして、安全な範囲を目安に決定する。自己の引くべき矢の長さ（矢束）はおよそ身長の半分とされ、首の中心（のどのところ）から左手中指の先までの長さが基準である。矢束に3～6センチ加えた長さを自分の矢尺《やじゃく》（矢の全長）とする（**写真1**）。しかし、初級者は毎回の矢を引く長さが安定せず、場合によっては矢を引き込んでしまう（＊）恐れもあるので、安全のため10センチ以上長くする。射形《しゃけい》が安定してきても、かなり長いままの矢を使用している者も見受けられるが、必要以上に矢が長いと、矢飛びにも影響がある。射形が安定してきたら、適正な長さに切り揃えるとよいだろう。

■1＿矢の長さの決定方法。通常は3～6cm、初級者は10cm以上加えた長さを矢尺とする

＊矢を引き込む……矢尻が弓の外竹《とだけ》を越えて、さらに内竹《うちだけ》のほうに来るまで引き込んでしまうこと。

素材別・箆(シャフト)の切り方

箆（シャフト）の切り方は、素材によって異なる。

ジュラルミン矢は、シャフトカッターを使って切ると簡単である。**写真2**のようにシャフトカッターに矢を挟み、締めて回転させるだけで簡単に切れる。シャフトカッターがない場合は、ヤスリで切れ目を入れれば簡単に折れる（**写真3・4**）。いずれの方法も、切り口はヤスリで整えておきたい（**写真5**）。

カーボンの矢は少々厄介《やっかい》で、シャフトカッターでは繊維が砕けて切れないため、専用の電動カッター、専用鋸《のこ》でなければ切りにくい。弓具店に依頼したほうが安全でよいが、自分で切る場合には、カーボン繊維が手指に刺さらないように、また、切る際に生じるカーボン粉（危険！）が飛散しないように充分注意する。専用の道具を用意するのは困難なので、ヤスリで丁寧に切れ目を入れながら、折らずに最後までヤスリで切断する。

竹矢は、小刀、専用鋸、ヤスリなどでも切ることができる。シャフトカッターは竹箆が砕ける場合があるので使用しない。

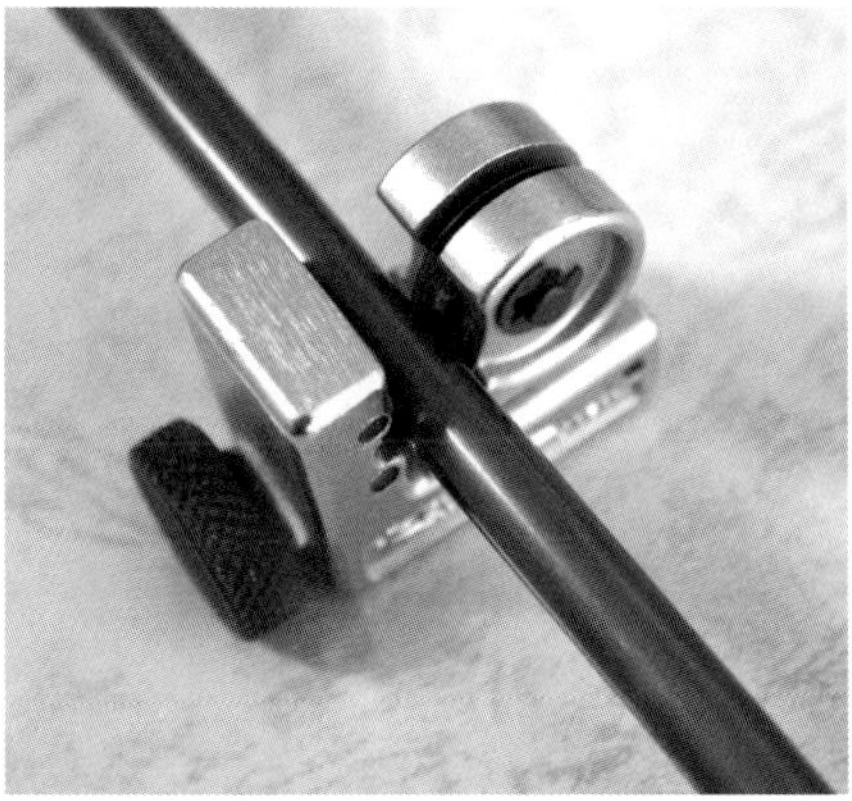

■2＿シャフトカッター。矢を挟んで締めることで、ジュラ矢は簡単に切ることができる

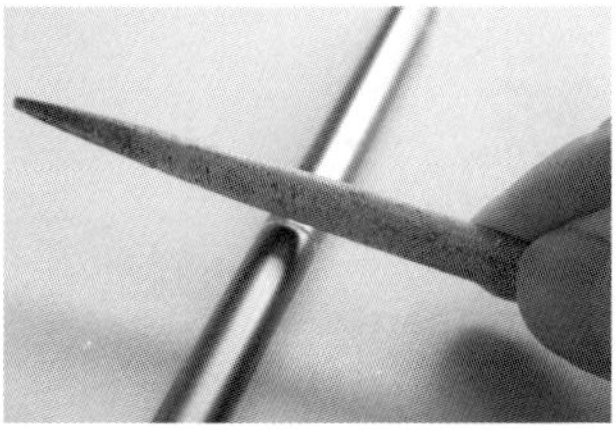

■3＿シャフトカッターがない場合は、ヤスリを使って切れ目を入れる

■4＿ヤスリで切り目を入れ、折り取ったシャフト

■5＿切り口はヤスリで整える

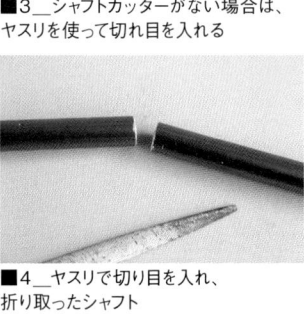

筈《はず》の交換方法

執筆＝松尾牧則

傷んだ筈は早めに交換しよう

現在一般に使われている筈は、プラスチック製や水牛角《つの》製である。古くは竹製・木製・鹿角製もあり、特殊なものとしては、象牙《ぞうげ》・骨・水晶なども用いられていた。これらの筈は篦（シャフト）に埋め込んで使用するタイプで「継筈《つぎはず》」と呼ばれる（**写真1・2**）。

傷んだ筈を外し、新しい筈を装着する方法

筈を交換するときは、ペンチやプライヤーで筈を挟んで抜き取る（**写真3**）。抜きにくいときにはライターで少し熱を加えるなど、工夫する（**写真4**）。ただし、焦がさないように注意！　また、96ページの「板付《いたつき》（矢尻）を外す裏技」は、筈を抜く場合にも使える。

筈を抜いたら、シャフトの先端部が平らになるようにヤスリで整え（**写真5**）、シャフト内部に残された接着剤なども取り除いておく。シャフトまで破損した場合は、ヤスリなどでしっかり平らにする。あまりに破損がひどい場合には使用しない。

接着には、木工用接着剤やくすねなどを使用する（**写真6**）。筈が緩い場合に限り、ゴム用接着剤でもよいが、瞬間接着剤など強力な接着力を持つものは、次回の取りかえに困難をきたすので、使用すべきではない。また、筈が緩い場合には、麻緒《あさお》（中仕掛けに使用するもの）や糸を十文字にかませたりする方法を使って、丁寧に調整をしたい（**写真7**）。

接着の準備ができたら、羽根の向きに注意して筈をつけ、軽く打ち込む。筈溝を確認し、修正、面取りなどを行なってから完了。

■1＿プラスチック製の矢筈

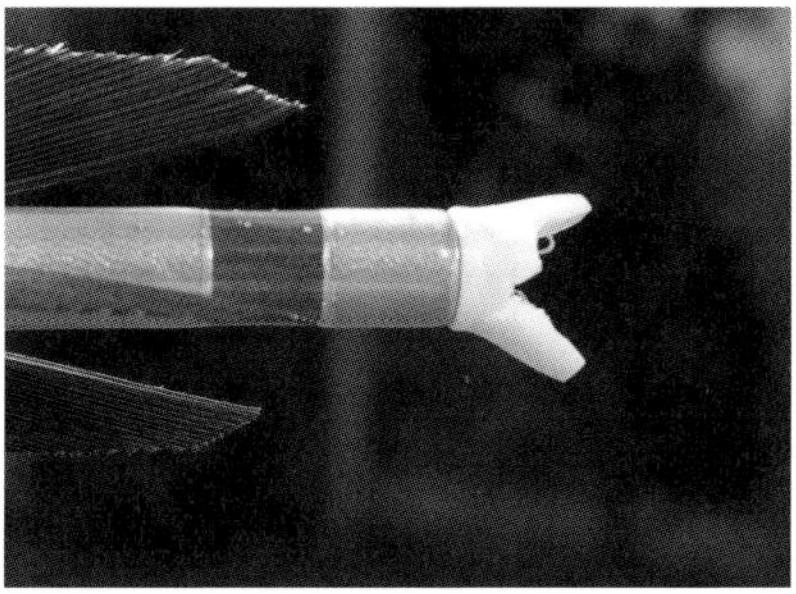

■2＿傷んだ筈は早めに交換したい

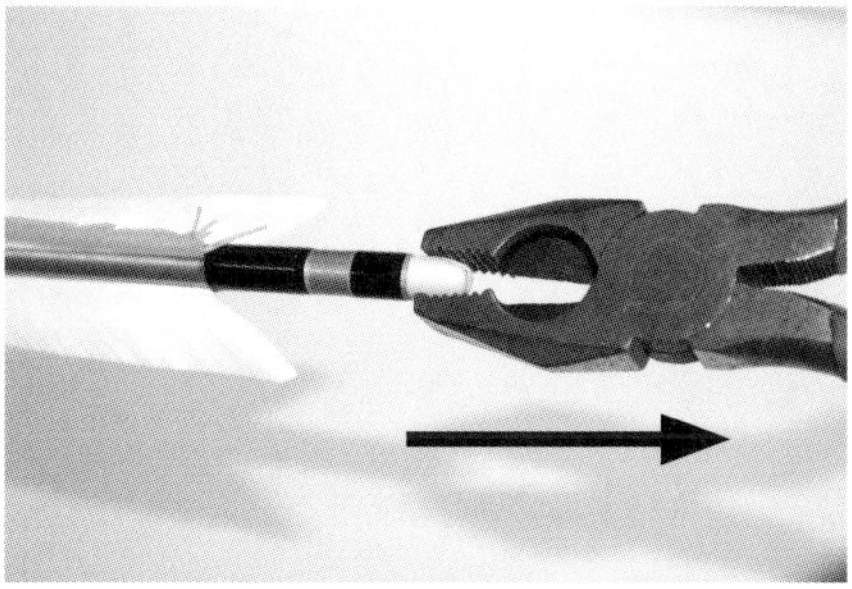

■3＿ペンチで筈を挟んで抜き取る

■4＿加熱するときは、アルミホイルで保護すると焦げにくい

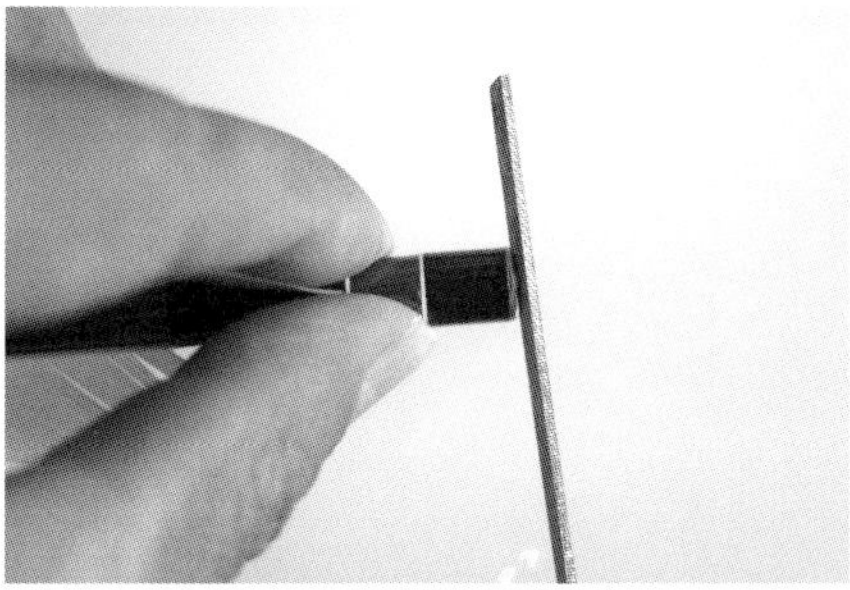

■5＿ヤスリでシャフトの先端部を整える

■6＿新しい筈を装着する際は、一般的な木工用接着剤などを使用する

■7＿筈が緩い場合には、麻緒を十文字に絡める

抜けない矢筈《やはず》を抜く裏技

筈の残がいがシャフトに残ってしまったら……

執筆＝松尾牧則

筈が大きく損傷し、筈を抜こうにもペンチで挟めない場合がある（**写真1**）。シャフトの内部にだけ筈が残されてしまうと、少々厄介《やっかい》である。そこで、3つの裏技を駆使《くし》して筈の残がいを取り除いてみよう。

1シャフトの空洞を利用して抜く方法

ジュラルミンやカーボンシャフト限定だが、シャフト内部が空洞であることを利用して抜く方法だ（**写真2-①〜⑤**）。

2プラスチック筈を溶かす方法

プラスチック筈の場合、鉄クギや木ネジを熱して筈に差し込む方法である（**写真3-①〜④**）。

この方法でうまくいかなかったら、ほかの裏技を試すか、あるいは手間はかかるが、鉄クギ（木ネジ）で穴のあいたところへ細いヤスリを通して少しずつ筈を切断する。

3ハンダ鏝を利用する方法

先が細めのハンダ鏝《こて》で筈を焼き切る方法である。

①ハンダ鏝に電気を通し高温にする。
②ハンダ鏝を筈にあてて焼く。
③プラスチックはすぐに溶けるが、水牛角筈《つのはず》は少しずつ焼く。篦《の》を高温で傷めないように注意する。
④だいたい焼けたら、ヤスリなどを使用して残がいを取り除く。

水牛角筈は少々手間がかかり、異臭も生じる。気短かに焼き切ろうとすると内部に筈を押し込んでしまうこともあるので、少しずつ丁寧に作業したい。

このほかにドリルを用いる方法もあるが、細心の注意で丁寧に行なわないと、筈を内部に押し込んでしまうことになる。

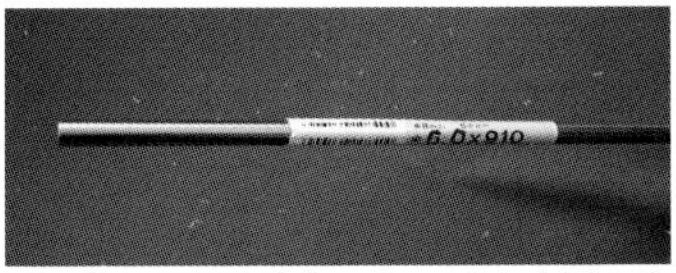

■2-①__シャフト内部に入るような金属の棒（直径6ミリくらい）を準備する

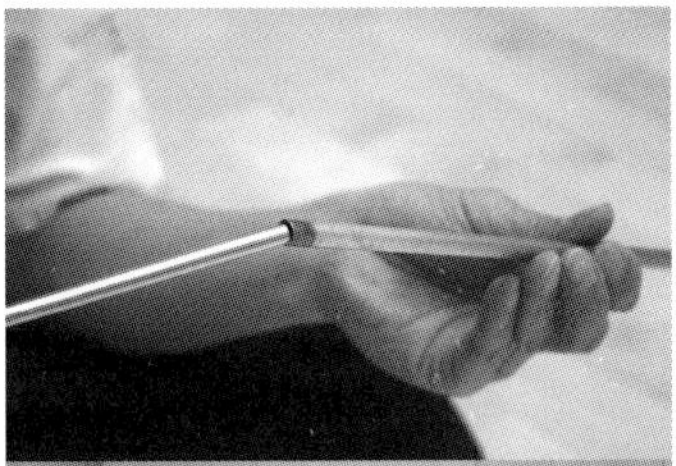

■2-②・③__まず板付（矢尻）を抜き、金属の棒をシャフト内部に差し込む

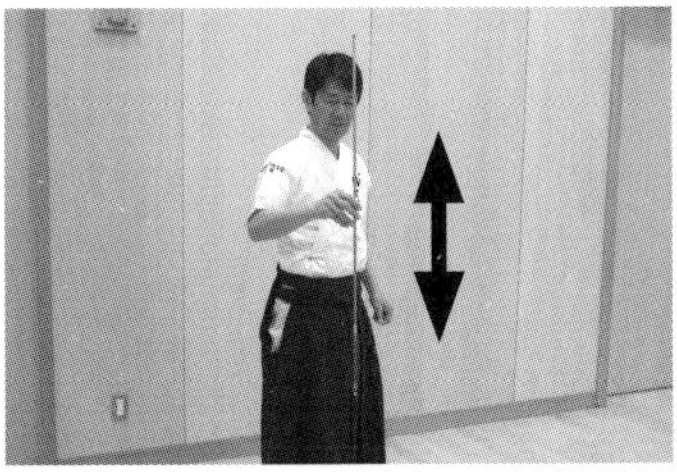

■2-④__矢を上下に動かし、金属棒が内部でコツコツと筈を突くようにする

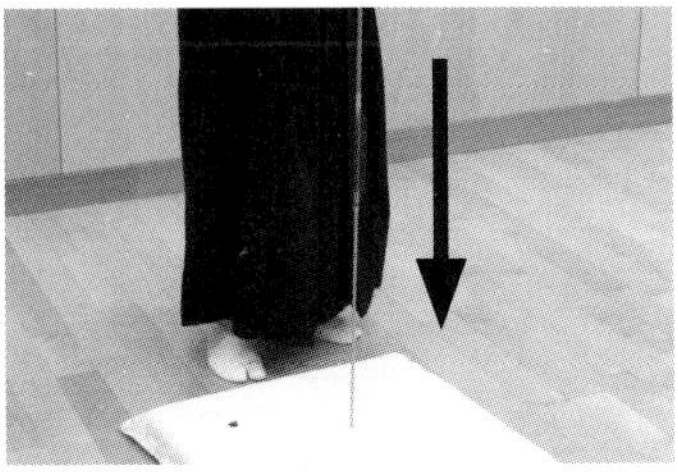

■2-⑤__筈が抜けると金属棒も同時に落ちてくるので、床を傷つけないように注意しよう。何度か繰り返しても抜けない場合は、筈部を少しあたためてから行なう

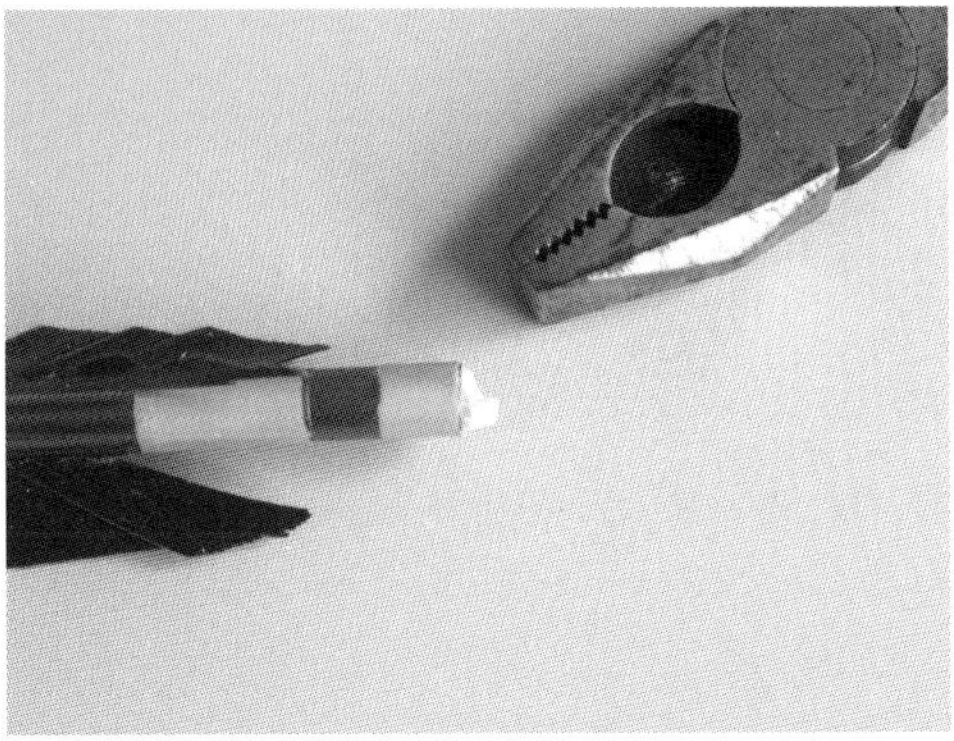

■1__損傷がひどく、ペンチでつかめない筈の残がい

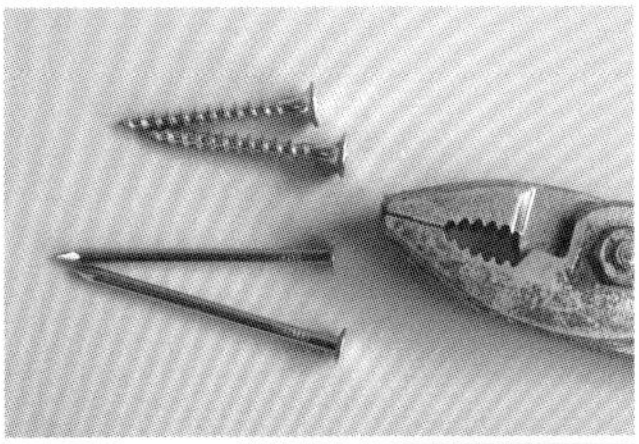

■3-①__鉄クギまたは木ネジを用意する

■3-②__ペンチで鉄クギまたは木ネジを挟み、火で高温に熱する

■3-③__プラスチック筈にネジを差し込んで筈を溶かし、冷えて固まるまで待つ

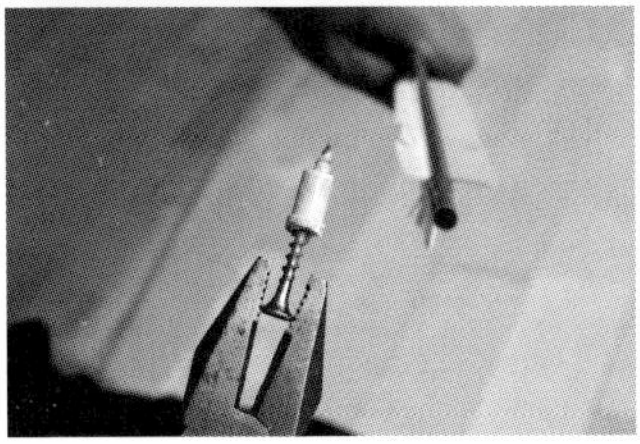

■3-④__固まったら鉄クギ（木ネジ）の頭をペンチで挟んで抜く

筈《はず》こぼれを防ぐ裏技

執筆＝松尾牧則

筈溝の形状を確認&修正しよう！

こんなときは筈溝の形状を要チェック

打起し、大三、引分けなどで、しばしば筈こぼれをして矢を落としてしまう人はいないだろうか。また、習いはじめの人の場合、離れがうまくできずに、発射動作と同時に矢が飛ばずその場に落ちてしまう「空筈《からはず》」をしてしまうことがある。

このときに注意してほしいのが、特定の矢だけ筈こぼれや空筈をしていないか、ということだ。特定の矢であった場合は、その筈の溝の深さや形状に問題があることが疑われる。特定の矢ではない場合は、根本は射術の修正が必要で、取懸け方法や馬手《めて》のひねり具合や向きなど、筈こぼれを生じる原因となっている癖を矯正《きょうせい》しなければならない。しかし、こうした場合でも、筈溝の修正で筈こぼれを最小限に防ぐこともできるので、まずは筈溝の形状をよく確認

■図1＿筈溝の形状

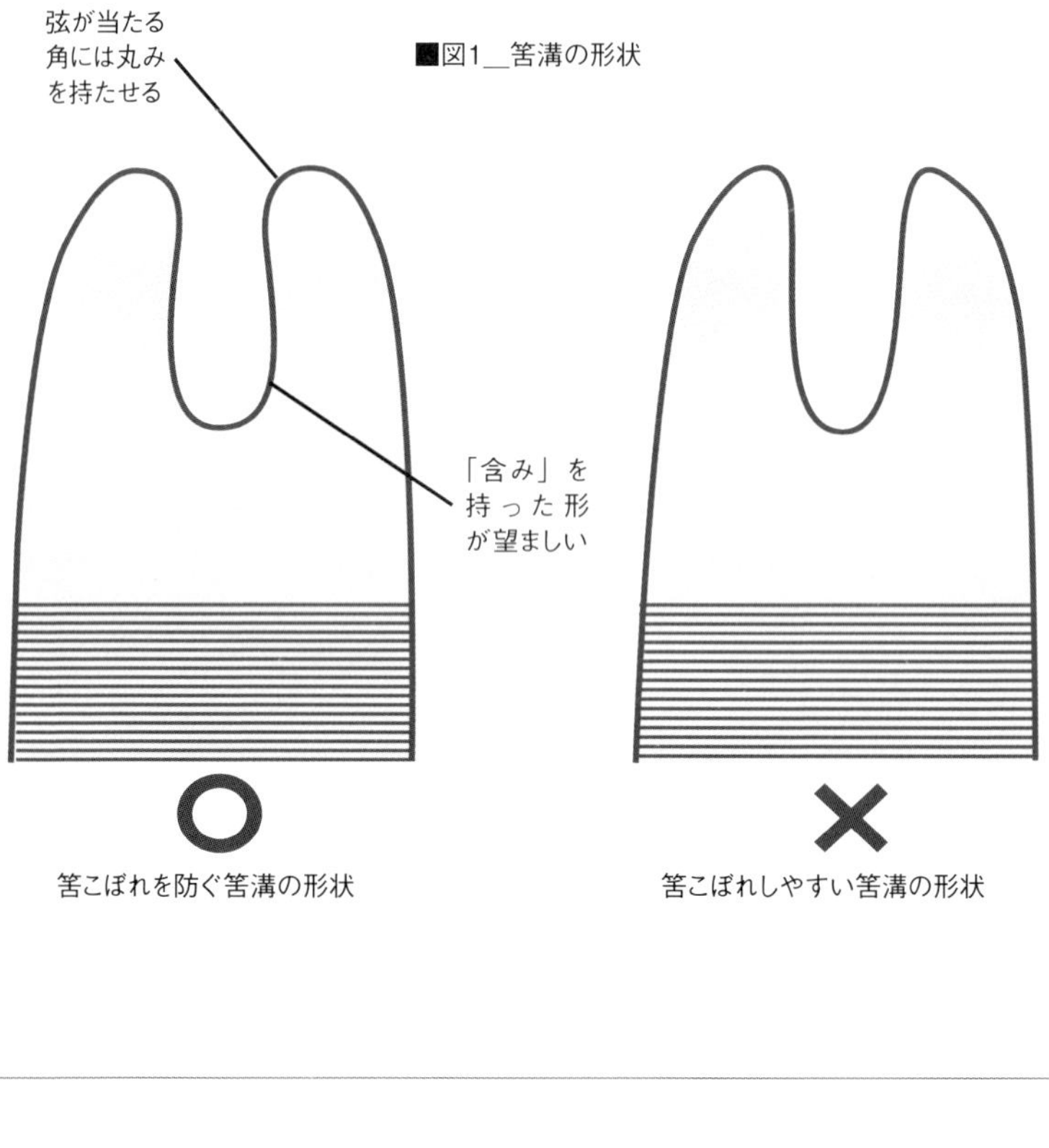

筈こぼれを防ぐ筈溝の形状

筈こぼれしやすい筈溝の形状

してみよう。

筈こぼれを防ぐには溝に「含み」を持たせる

図1（×）のように溝が外開き傾向になっていると、弦から矢が外れやすく、筈こぼれが生じやすい。できるだけ筈こぼれしないようにするためには、**図1**（◯）のような少し「含み」を持った筈溝の形状が望ましい。また、弦切れを防ぐためにも、弦が当たる角《かど》に丸みを持たせるとよい。このような形状のプラスチック筈も販売されているので、筈こぼれを生じやすい人はこうしたタイプに交換するとよいだろう。あるいは、自分で精密ヤスリ（丸タイプ・平四角タイプ）を用いて、きれいに整えるとよい（**写真1～3**）。ただし、極端な形状にすると、発射時の弦と矢筈の分離に悪影響が生じることも考えられるので、程度の問題でもある。筈溝の大きさや形状についてはいろいろな考え方もあるので、自己の技量と好みに応じて選択することになる。

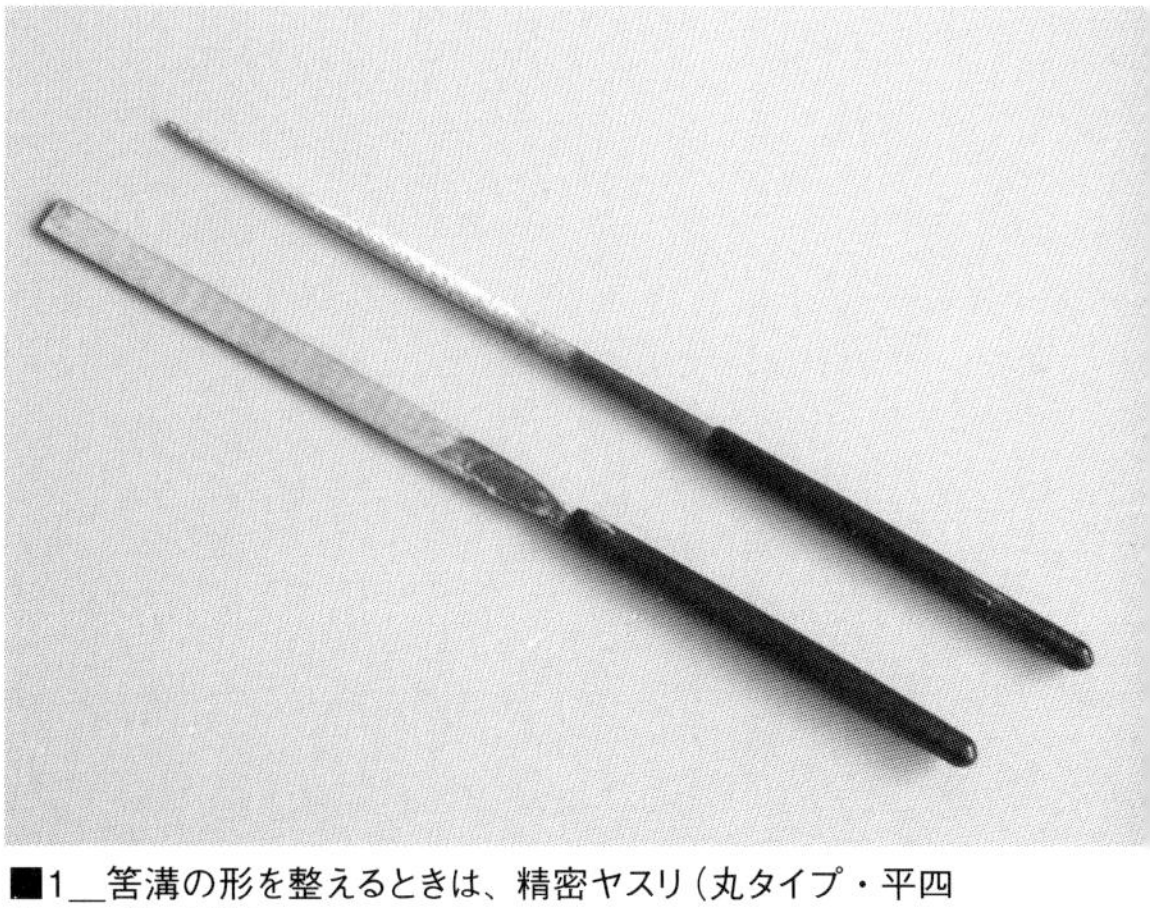

■1__筈溝の形を整えるときは、精密ヤスリ（丸タイプ・平四角タイプ）を使う

■2__平四角タイプで溝の形を修正する

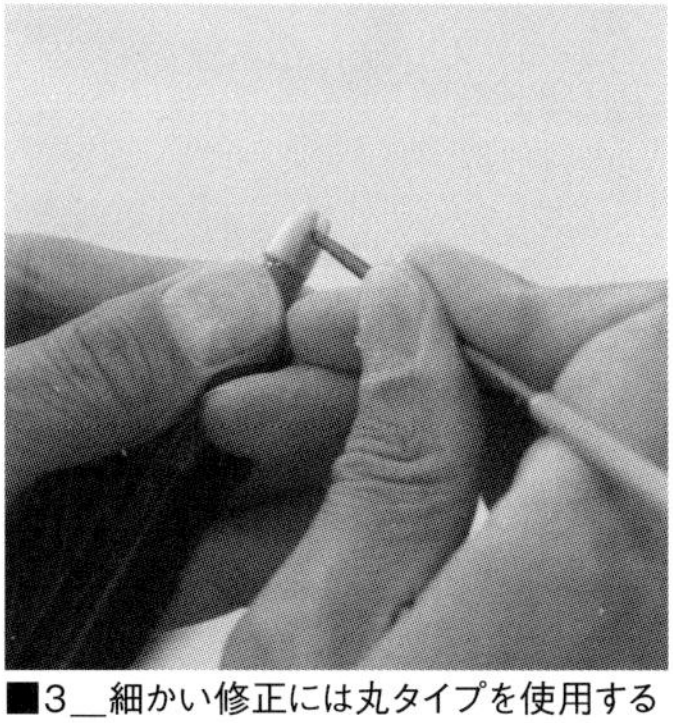

■3__細かい修正には丸タイプを使用する

筈溝《はずみぞ》の角度で矢の着点を調整する裏技

矢の着点を安定させるには、筈溝の確認を怠らずに！

執筆＝松尾牧則

不具合がないか矢筈をよく観察しよう

筈の篦《の》（シャフト）への装着の仕方や、筈溝に問題があれば、矢飛びやその着点にも影響が出てしまう。矢筈の不備の影響は意外に大きい。筈はシャフトにまっすぐに装着されているか、筈溝に傾きなどはないか、自分の矢筈をよく観察して確認しよう（**図1・2**）。プラスチック筈はほとんど問題ないが、水牛角筈《つのはず》はよく確認する必要がある。ヤスリで筈の角を取り、中央をわずかに凸状にし「丸み」を持たせるように削って使用すると、中仕掛けも傷みにくく、矢所の安定にも効果的である（**図1・2【正常】**）。

矢筈や篦（シャフト）の不具合をみるには、試しに筈の上下を通常と逆（走り羽《はしば》を下）にして行射《ぎょうしゃ》してみるとよい。行射した矢がいつもと反対方向に外れれば、何らかの不具合があるということだ。

矢筈の不具合から生じる現象を逆手に取ろう！

竹篦は自然素材のため、篦自体に癖を持っている場合がある。そのため、筈溝に問題がないのに、一定の方向に外れる矢が見つかることがある。その場合は、矢筈の傾きによって生じる現象を利用して、矢の着点を補正する。つまり、意図的に筈溝を傾けるのである。それによって篦が持つ癖をわずかながら打ち消す（補正する）ことも可能である。

■図1＿筈溝の深さの不具合から生じる現象

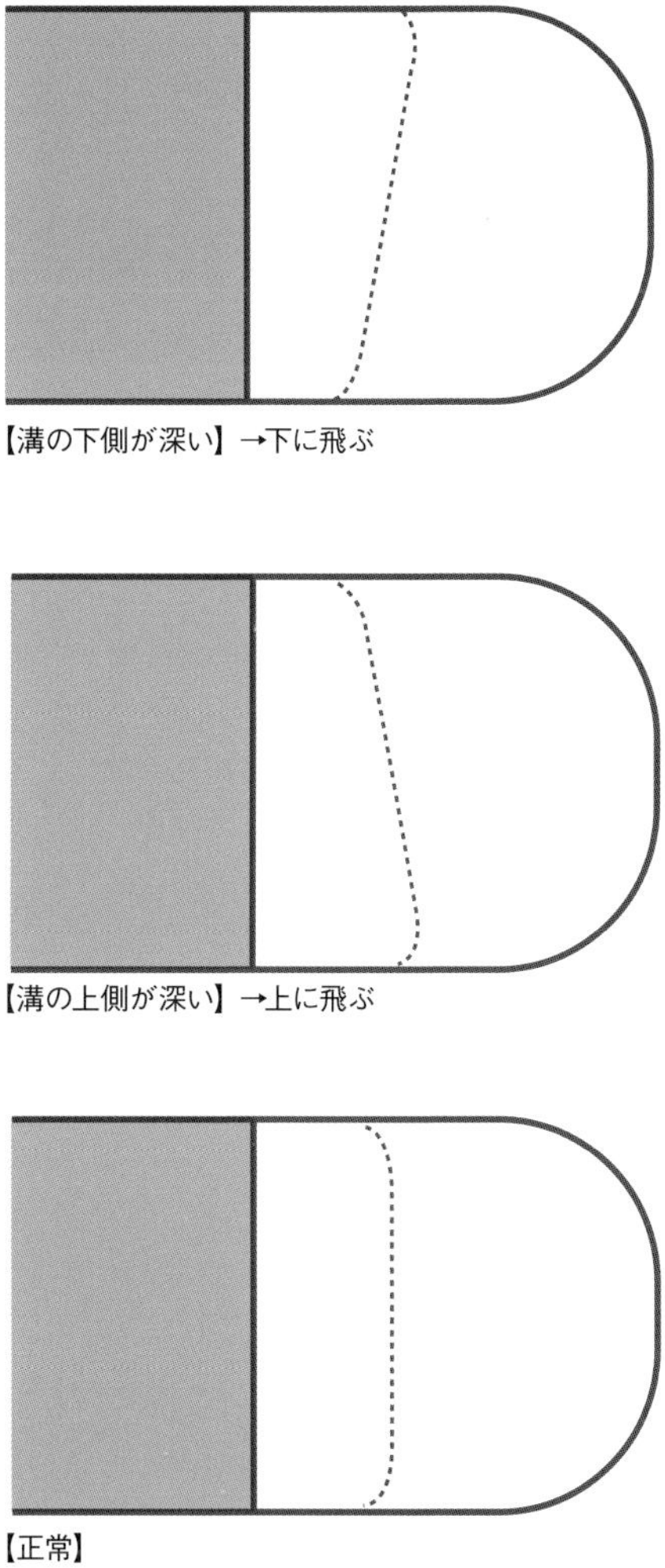

■図2＿筈溝の切り方の不具合から生じる現象

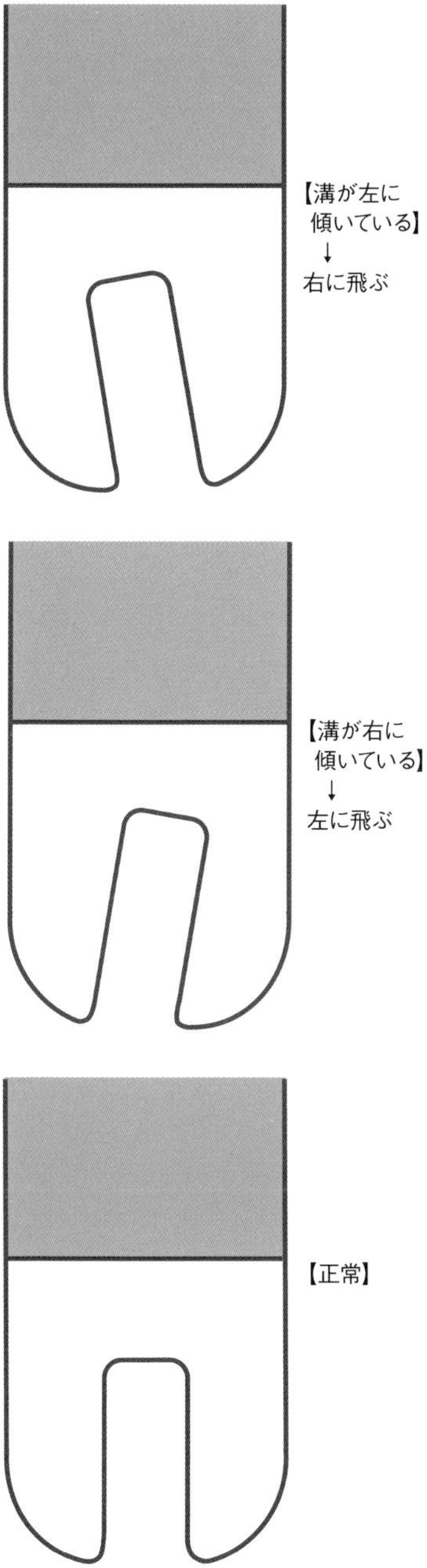

羽根のすり減りを防ぐ裏技

羽根が弓をすらなくなる「2枚頬摺」とは？

執筆＝松尾牧則

弓摺羽のすり減り加減で射手の技量がわかる!?

矢についている3枚の羽根には、それぞれ名称がついている（**図1**）。

番《つが》えたとき手前に来る羽根は、弓をすり、頬にもふれるので、「弓摺羽《ゆずりば》」または「頬摺羽《ほおずりば》」の名称があり、3枚の羽根の中でもっとも傷みやすい羽根である。とくに弓手《ゆんで》の働き（角見《つのみ》の働き）のよくない射手の矢は、この羽根が傷んでいることが多い。**写真1**のように、弓摺羽だけが全体にすり減って傷んでいれば、まったく角見が働いていない射手の矢だとわかってしまう。おそらくこの矢の持ち主は、矢が左右に振れて飛ぶばかりではなく、ねらい（会での矢の向き）よりもかなり右方向に矢が飛んでいるはずだ。上級者であれば、このように弓摺羽がすり減ることはなくなるが、それでも矢番えや発射の良し悪しにより、ほかの羽根と比べると傷みやすい羽根といえる。

ジュラ矢とカーボン矢は筈の向きを変えるだけ

では、アーチェリーの羽根（ベイン）はどうだろう？　アーチェリーの矢が、弓道の矢とちがうところは、弓側に2枚のベインがくるように装着されていることだ。

弓道でもアーチェリーのベイン装着方法と同様に、走り羽・弓摺羽が等分に弓にふれるように矢羽根を矧《は》ぐ方法もある。日置流《へきりゅう》の浦上栄範士《うらがみさかえ》が『紅葉重ね・離れの時機・弓具の見方と扱い方』（遊戯社1996）で紹介している。

この装着方法のメリットは、2枚の羽根が弓にふれる可能性は生じるが、矢軸の中央から弓方向へ出っぱる、羽根の先端までの長さが通常の矢に比べておさえられる（**図2**の薄いグレーの羽根）ので、結果として羽根が弓をする確率がかなり軽減されるのである。これを「2枚頬摺《にまいほおずり》」という（**写真2**）。

「2枚頬摺」にすることで、矢羽根の傷みはかなり少なくてすみ、上級者であればまったくすることはなくなるだろう。ジュラルミンまたはカーボン矢であれば、走り羽と弓摺羽が等分に弓方向になるように筈の向きを少し変えるだけですむので、自分で調整してみるとよい。竹矢の場合は、矢を製作する際に節の向きが関係してくるので、注文時に「2枚頬摺」を指定する。

ただし、この裏技に満足することなく、やはり、根本はしっかり角見の働きを習得する努力が必要であることはいうまでもない。

■図1＿羽根の名称

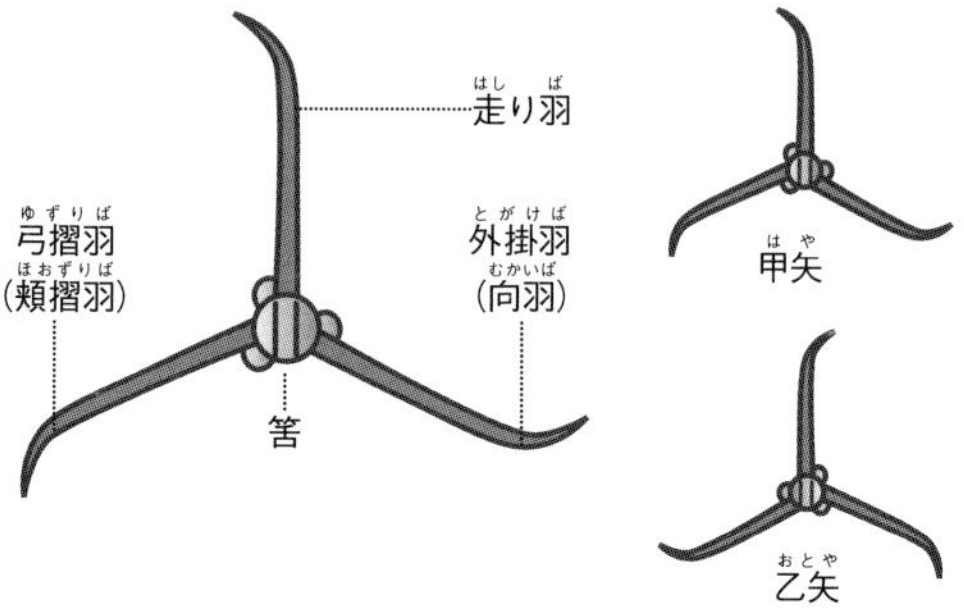

■1＿弓摺羽が傷んだ（すり減った）矢

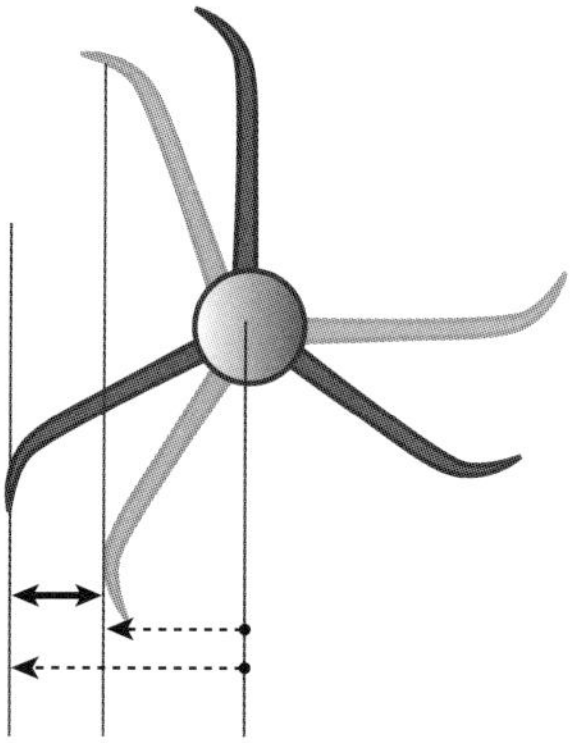

■図2＿2枚頬摺のメリット

■2＿通常の矢と2枚頬摺の矢

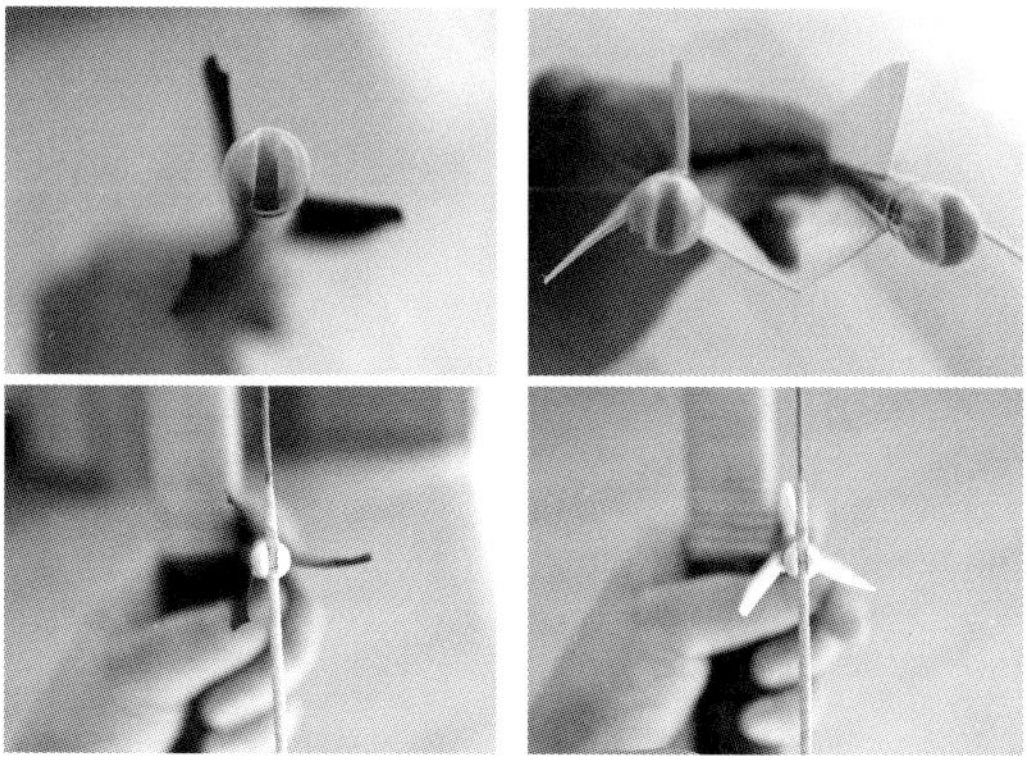

2枚頬摺の矢　通常の矢

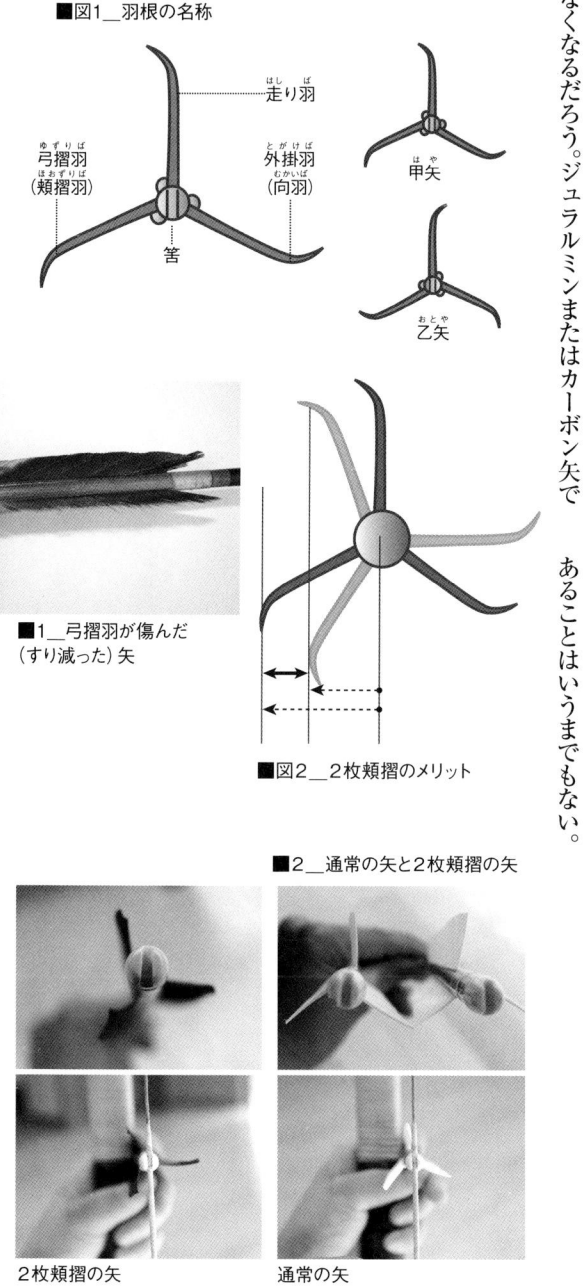

板付《いたつき》（矢尻）の交換方法

古い板付は熱して外し、サイズ調整しながら新品を装着する

執筆＝松尾牧則

板付を外すときは細心の注意を払おう

板付（矢尻）を交換する場合は、ペンチで引っぱっただけではなかなか外せないため、板付をライターやアルコールランプ、コンロの火などで熱して、接着剤を溶かして取るようにする（**写真1**）。96ページの「板付を外す裏技」を用いる場合も、熱を加えてからでないとなかなか困難である。このとき、板付だけを熱するように加減し、シャフトに火がかからないようにする。また、火力の強いコンロを使用する場合は、熱しすぎないように注意したい。ジュラルミンシャフトやカーボンシャフトを熱すると、金属の硬度が変質したり、カーボン繊維がダメージを受けるので、細心の注意が必要だ。

板付が取れたら（**写真2**）、箆《の》（シャフト）の内

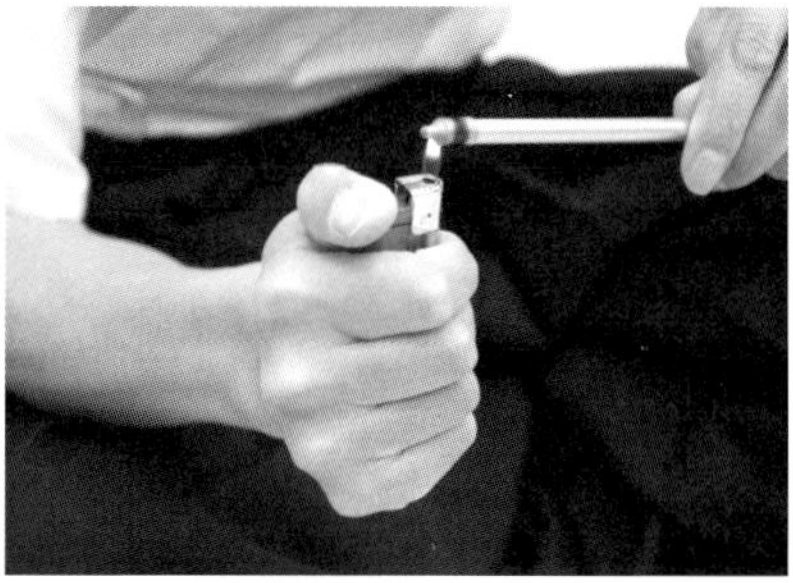

■1＿ライターなどを使い、板付に熱を加える

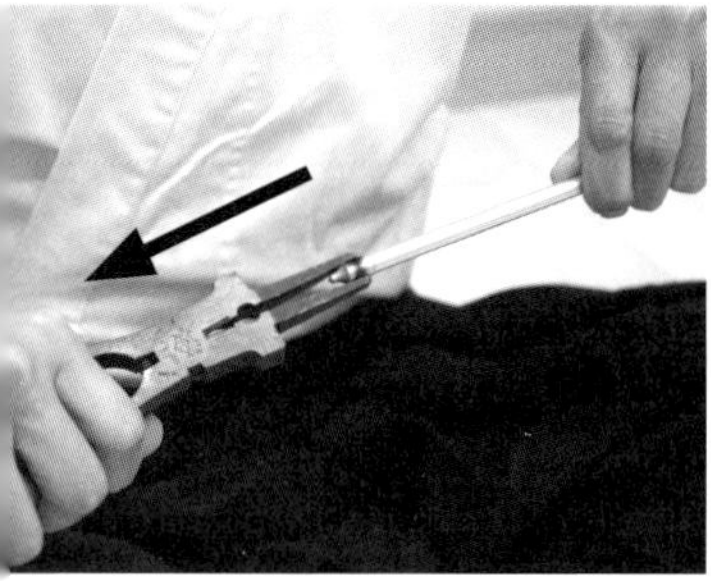

■2＿ペンチで板付を挟んで抜く

■3＿板付が緩い場合は、シャフトの先を麻緒で十文字におおう

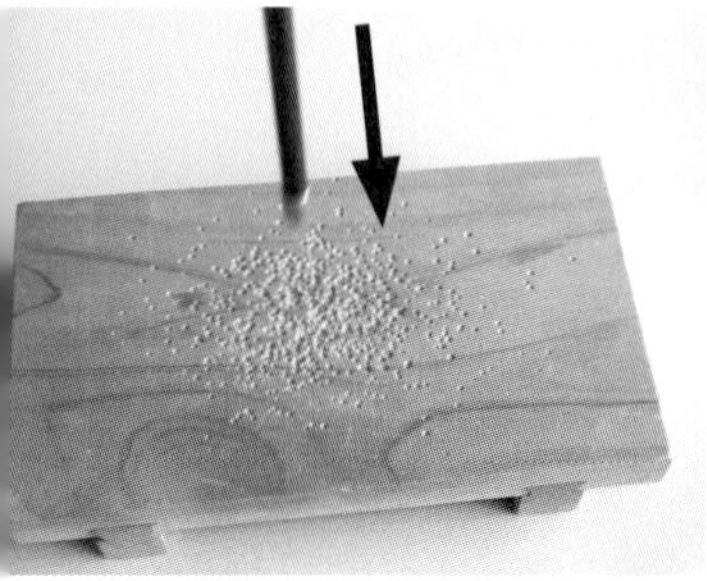

■4＿すき間があかないようにしっかりと打ち込む

外についている接着剤のカスをきれいに取り除き、新しい板付を仮装着してサイズを確認する。ぴったりか、ややきついと感じる程度がよい。緩い場合は、麻を篦の先端に十文字につけるなどして、サイズ調整を行なう（**写真3**）。板付は頻繁に取りかえるものではないので、ジュラルミンやカーボンのシャフトであれば、瞬間接着剤など強力な接着剤でよい。竹矢はくすねが望ましいが、なければゴム・金属用接着剤でよいだろう。最後は、板付内部に篦との空間が生じないように、しっかりと打ち込む（**写真4**）。

Close up!

板付の形状に隠された理由!?

的矢の板付の形状をよく見たことがあるだろうか（**写真1**）。空気抵抗を考えると、遠的用の板付やアーチェリーのポイント（**写真2**）のような流線型のほうがよくはないのだろうか？　なぜあのような形状なのだろう？　昔は板付を装着するのに、薄い金属の板を矢篦に巻いて（巻板）、先端をひねって固定して使用した。紙を使って試してみると……、**写真3**のように、現在の板付の形状に似ているではないか。板付先端の乳状の部分はその名残ではないだろうか。

ちなみに「板付」の名は金属の板を巻きつけるからではない。もっと前から「いたつき」という名称は使用されていたので関係はないと思われる。

■1＿左から近的矢、遠的矢、巻藁矢の板付

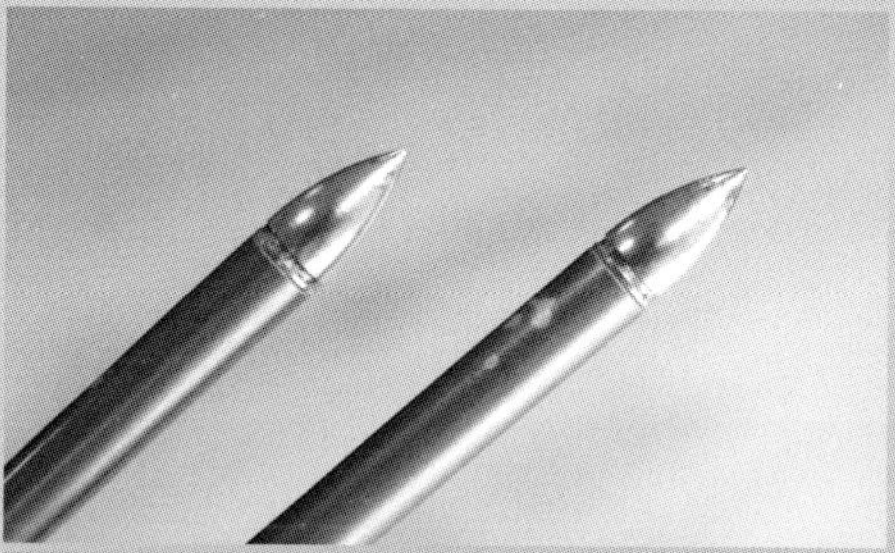
■2＿アーチェリーのポイント

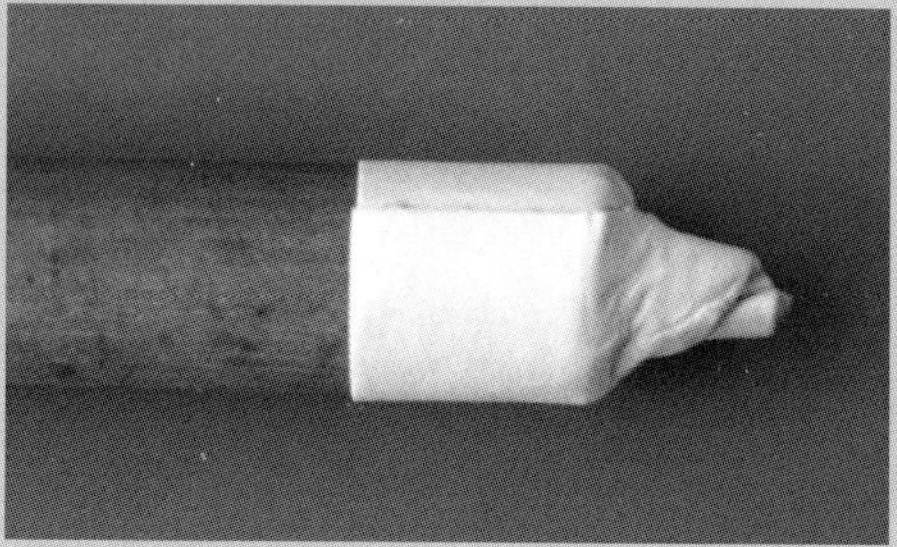
■3＿紙でつくってみた板付

板付《いたつき》（矢尻）を外す裏技

補助者がいれば、簡単に抜くことができる

執筆＝松尾牧則

ペンチと金づちを使って一気に外そう

板付（矢尻）をひとりで抜くには、94ページの「板付の交換方法」にあるように、ペンチやプライヤーでギコギコ引っぱって抜くしかないが、補助してくれる人がいれば、もっと簡単に抜くことができる。これは、筈《はず》を抜く際にも応用できる。

板付は94ページと同じ要領で熱し（**写真1**）、冷めないうちに手早く作業をする。補助者には、羽根側を上にして矢を縦に、両手でしっかり篦《の》（シャフト）を持ってもらう（**写真2**）。

まずは、板付をペンチで横（シャフトと直角方向）からしっかりと挟む（**写真3**）。板付の端にペンチの角が引っかけられるようなら、挟むのではなく引っかける方法でもよい（**写真4**）。ペンチは利き手とは

■2__補助者には、羽根を上にして持ってもらう

■1__ライターなどを使い、板付に熱を加える

反対の手で握ったほうがやりやすい。利き手には金づちを持ち、ペンチを一気にたたく（**写真5**）。

弓道入門書などにも紹介されている方法で、裏技というほどでもないが、ひとりで行なうよりも簡単に抜けるはずだ。

■3＿ペンチで板付を横から挟む

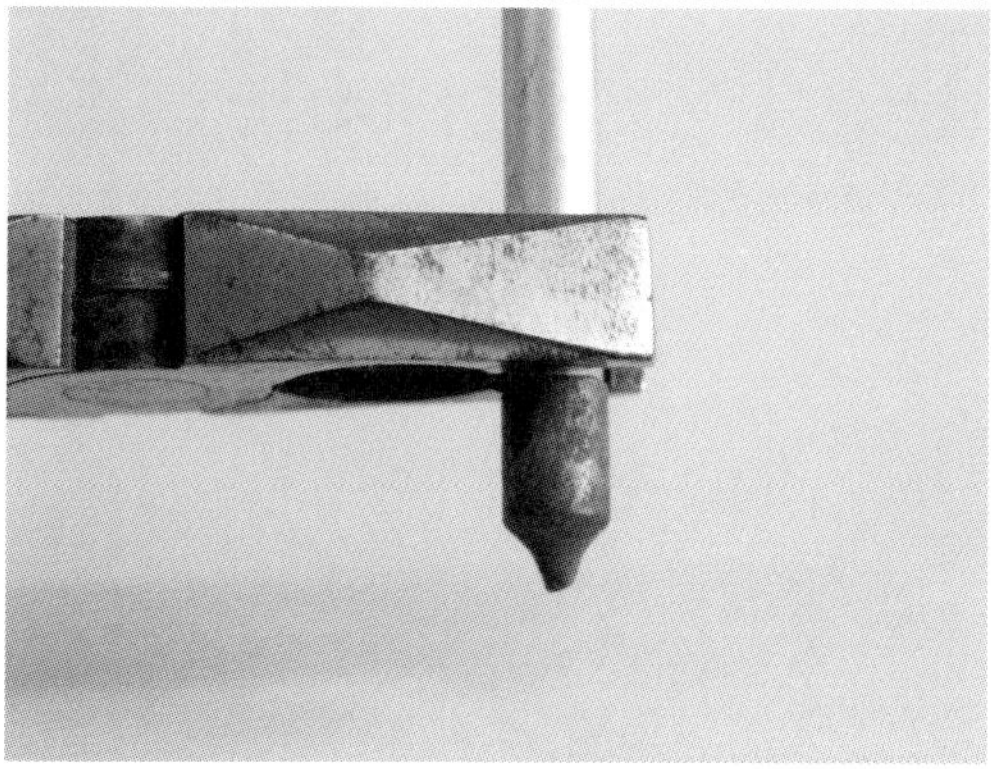

■4＿板付の端にペンチの角を引っかける方法

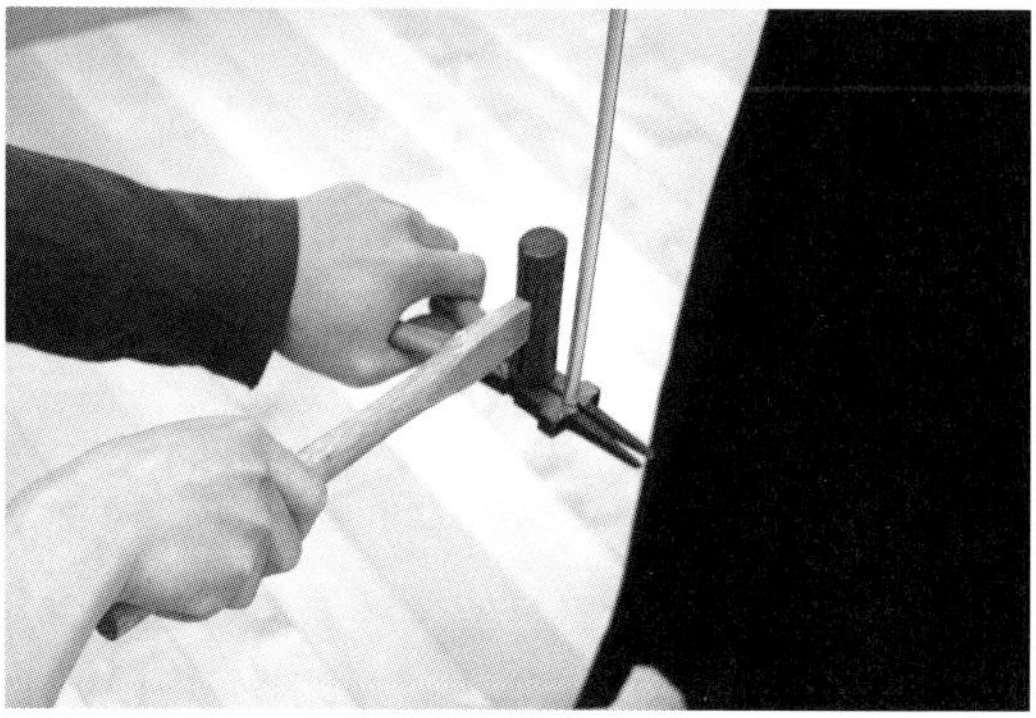

■5＿利き手で金づちを持ち、ペンチを一気にたたく

矢の重さと重心を確認する方法

執筆＝松尾牧則

安定した的中を得るために知っておきたい、重さと重心

重さにバラつきがないか調べてみよう

矢の重さを正確に測るには、上皿天秤などを使用しなければならないが、料理用のデジタル計量器で簡単に測ることもできる（**写真1**）。おおよその重さを知るには、手紙の重さを確認するためのポストスケール（**写真2**）も便利だ。自分の矢の重さは把握しておくようにし、使う矢の重さにばらつきがないように管理したい。万一ばらつきがあるときは、原因を突き止めて解決しておきたい。

■1＿デジタル計量器での測定

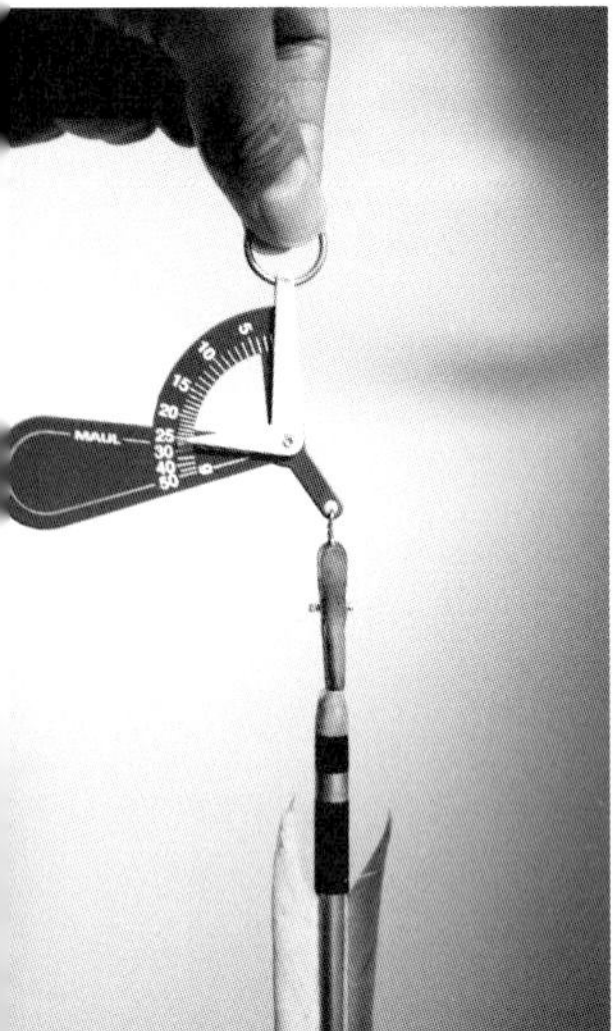

■2＿ポストスケールでの測定

重心を前におくと矢飛びは安定する

通常、弓道の矢の重心は、矢の中央よりも3セン

チ程度板付《いたつき》（矢尻）側になるように製作されている。的中がよいとされる杉成形《すぎなりがた》の竹矢では、3～6センチ程度板付側に重心がある。アーチェリーの矢の場合は、全長の9％程度ポイント（矢尻）側に重心をおいている。この9％を弓道の矢の長さにあてはめると、約8～9センチ板付側となる。最終的には好みの問題だが、一般的には重心を板付側においたほうが矢飛びは安定することが知られている。

安定した的中を得るためには、自分の矢の重さや重心も確かめ、自己の技量に適合するよう矢の調整もしっかり行ないたい。「弘法は筆をえらばず」とは、筆をえらばなくても筆に応じて最高の用い方ができたのだろうが、天才・名人ならいざ知らず、修行途中にある弓引きは、矢をしっかり選んで確実な管理・調整を心がけよう。

矢の重心の調べ方

矢の中央（長さの中心）を基準として、自分の矢の重心がどの位置にあるかを知っておこう（**写真3～6**）。

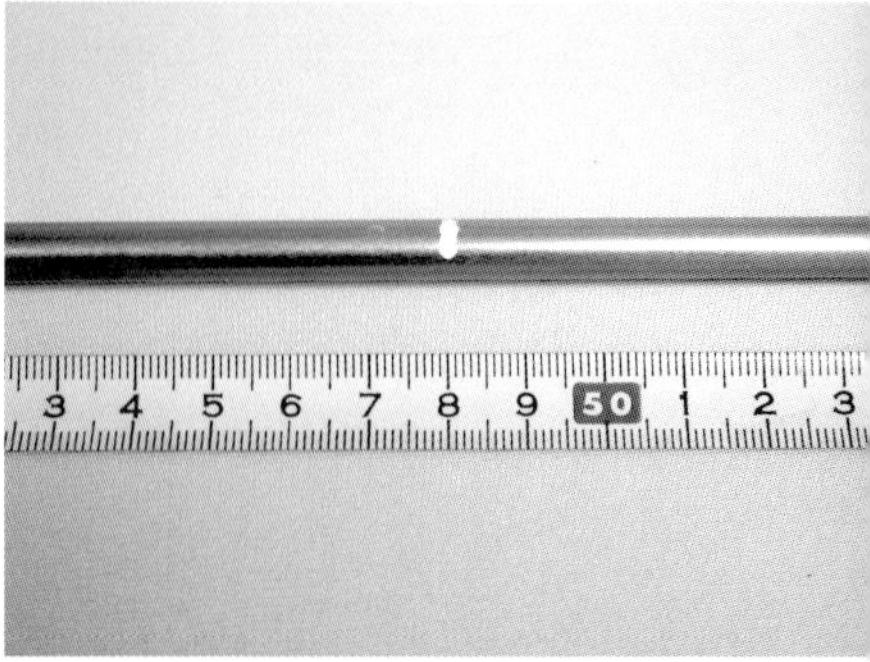

■3＿矢の長さを測定し、中央の位置に印をつける

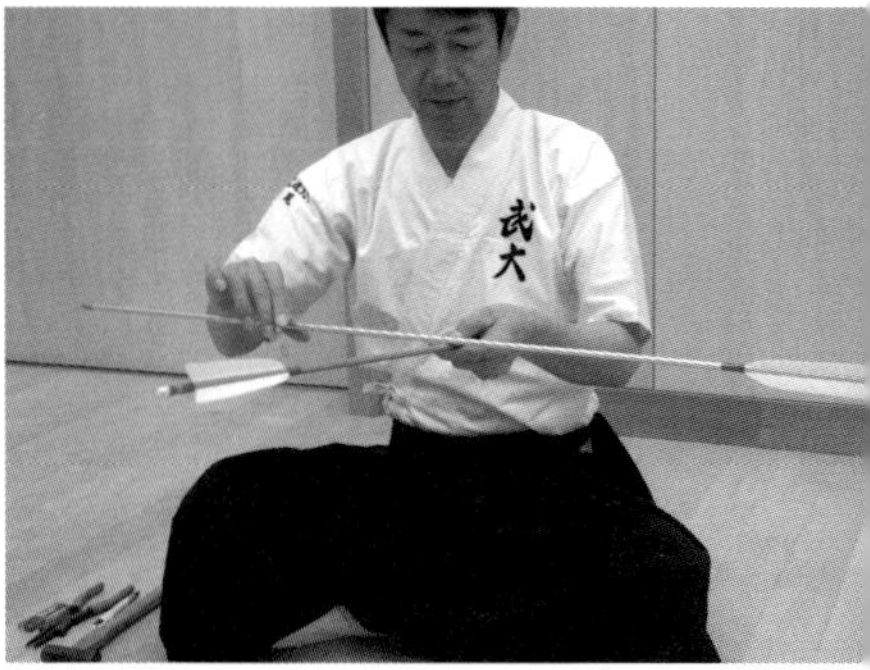
■4＿写真のように、矢の中心を目安にして、水平がとれる位置（＝重心のある場所）を探す

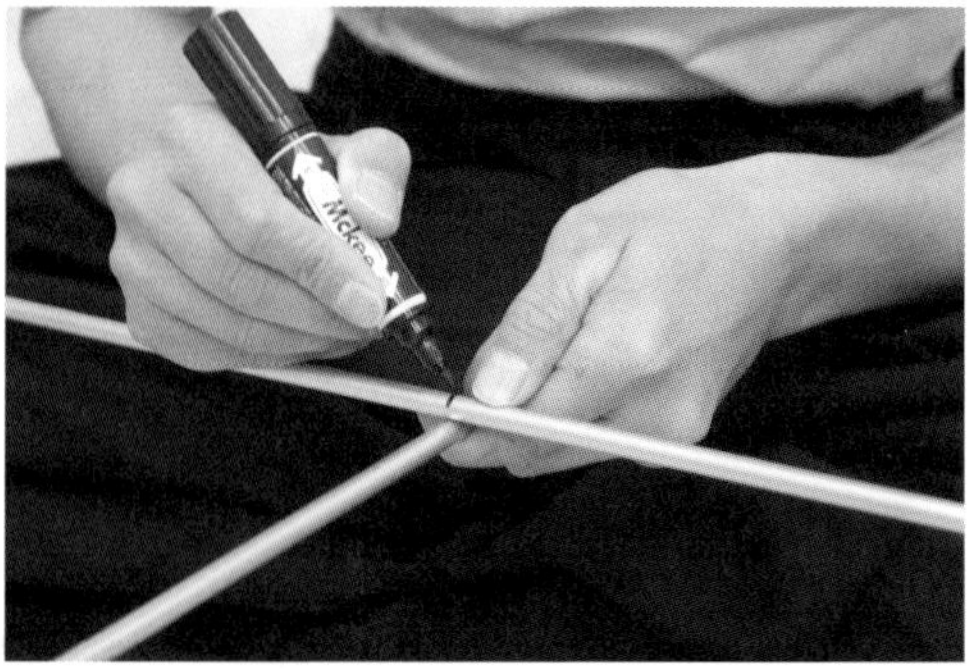
■5＿重心の位置に印をつける

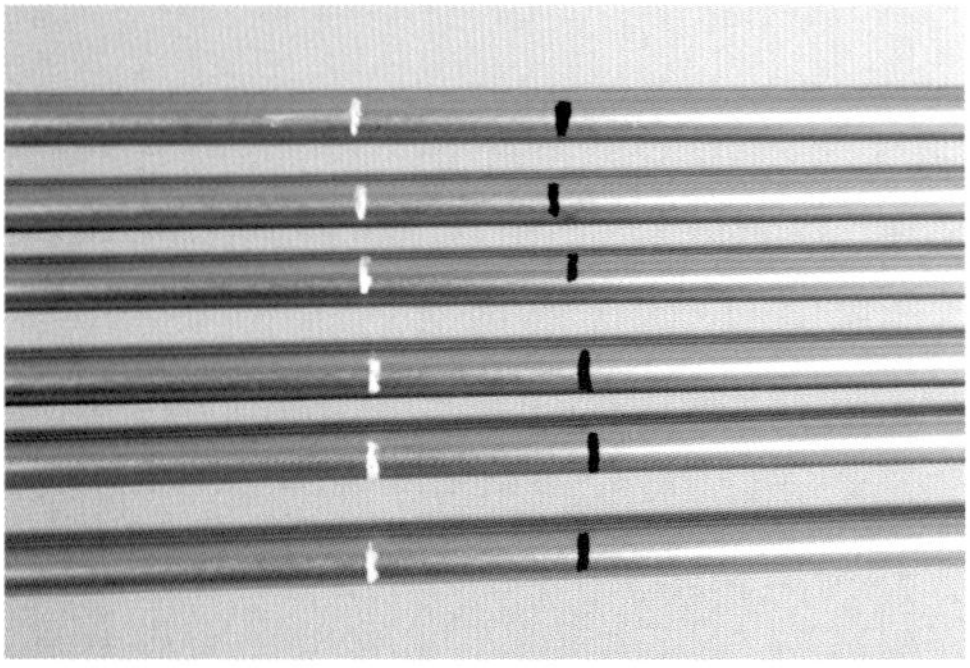
■6＿4本組、または6本組の矢の重心位置が一定しているか確認しよう

矢の重心を変更する方法

重量と重心位置、矢全体のバランスを考慮して調整しよう

執筆＝松尾牧則

現在、近的・遠的ともに、かぶせ式の金属製（鋼鉄《こうてつ》・鋳鉄《ちゅうてつ》・真鍮《しんちゅう》）板付《いたつき》（矢尻）が使用されている。ジュラルミン、カーボン矢の重心を調整するため、重さのちがう板付や、矢先に内蔵する重量調整用ウエイト、アダプターも販売されている。自分に合った矢の重心バランスを見つけ、工夫するのも射手の心がけるべきことだろう。

重い板付に交換して重心を変える

板付の交換によって重心を変更するのが、もっとも簡単な方法だ。メーカーによりちがいがあるが、標準3グラムの板付に対して、5グラムの板付などが販売されているので、重い板付に交換するだけで、重心位置が変更できる（**写真1～3**）。

内蔵できるおもりで重心を変える

内蔵できるおもりも、メーカーによって重さが異なる。1グラム、3グラム、その他もあるので、必要に応じて使い分ける（**写真4**）。イーストンカーボン矢専用には、内蔵の重量調整ウエイト（1グラム、2グラム）が販売されており、連結して使用もできるので、細かい調整も可能だ（**写真5**）。板付を外

板付のタイプ

■1＿通常鋳鉄タイプ

■2＿真鍮タイプ

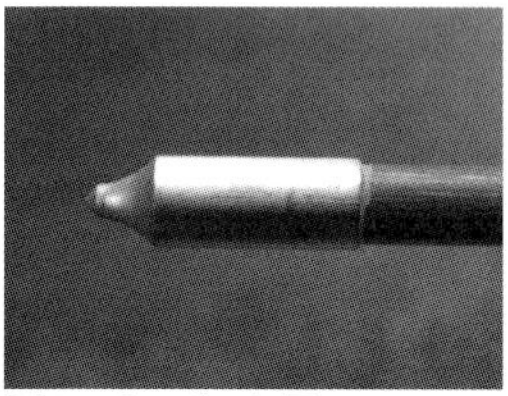
■3＿カーボン矢用で長く重めのタイプ

して、シャフトの内部におもりを装着することで調整できる。

ジュラルミン矢用には、ポイントアダプターとポイントウエイトという、重心調整のできる部品が販売されている（**写真6**）。板付を外して、シャフト内部にポイントアダプターを装着し、アダプターの内部に鉛《なまり》のポイントウエイトを入れて、専用粘土で固定するものだ。ポイントウエイトの個数で細かい重量調整ができる。

ジュラルミンやカーボンの矢の場合には、内蔵タイプによる重量調整と板付のサイズを組み合わせれば、比較的簡単にかなりのバリエーションをつくることができる（**写真7・8**）。しかし、竹矢の場合は、部品を内蔵というような簡単な方法はできない。竹矢の重心や重さ調整は、砂鉄をくすねに混ぜて篦の内部に挿入する方法で行なわれている。既製の矢は、わずかな重心調整しかできないが、調整したい場合は弓具店に依頼したほうがよいだろう。

いずれの調整方法も、重心位置だけを調整することはできず、重心位置の変更と同時に矢全体の重量も変化することになるので、それを考慮に入れて調整をしよう。

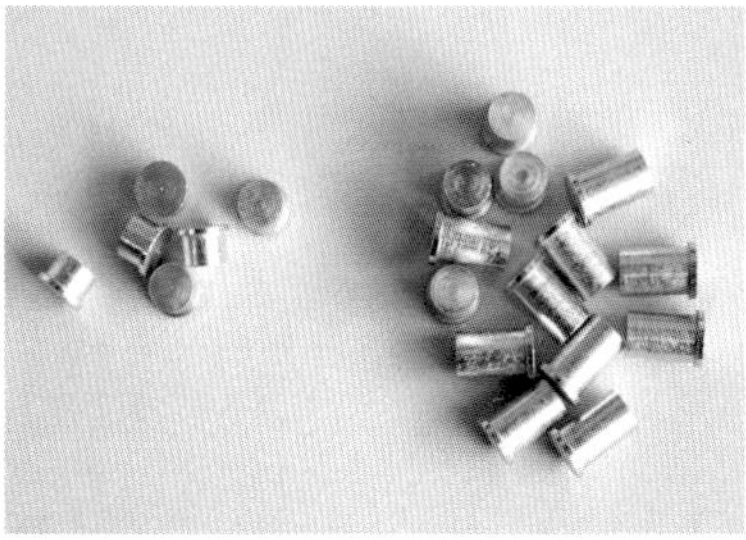

■4＿内蔵できるおもり

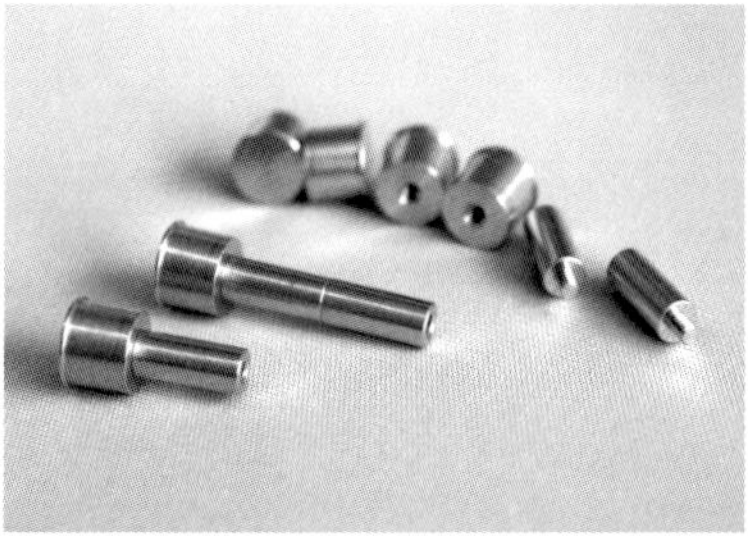

■5＿イーストン社製の重量調整用ウエイト。パーツを連結して、重さを調整することができる

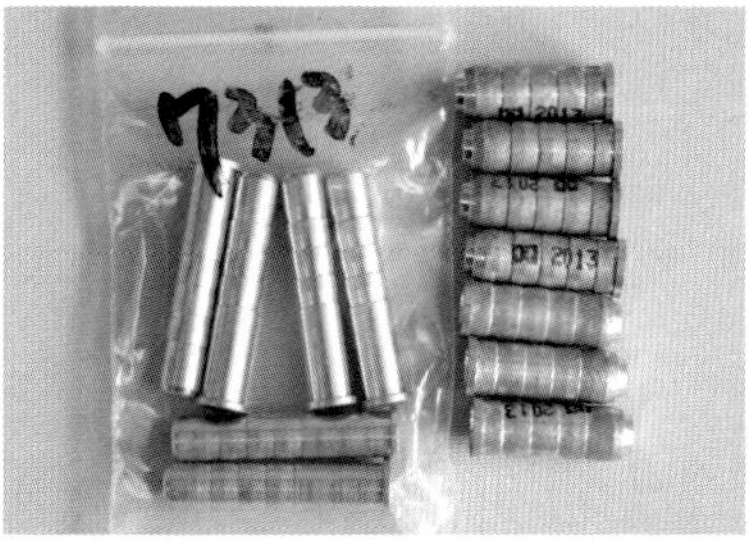

■6＿ジュラルミン矢用のポイントアダプター

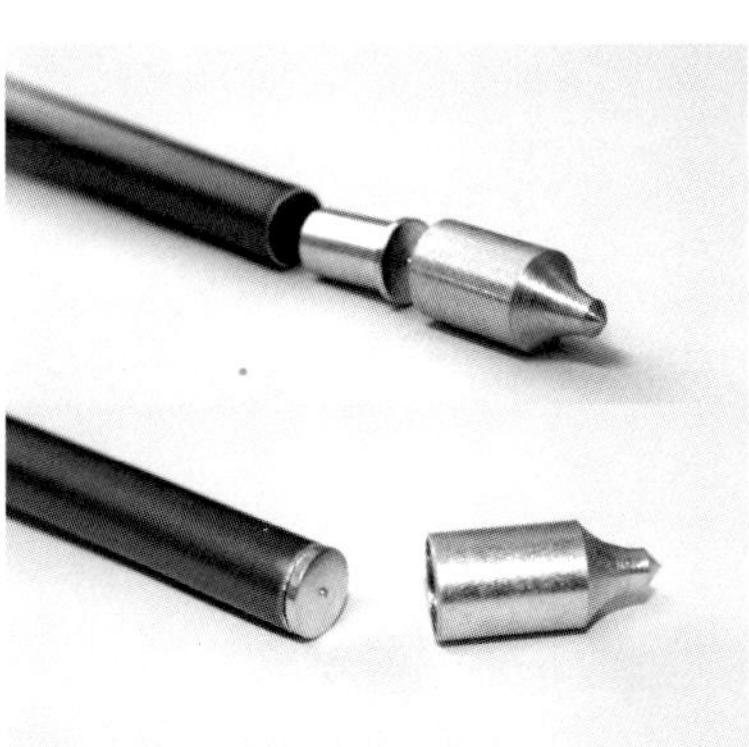

■7・8＿
内蔵タイプのおもりを装着し、板付をかぶせる

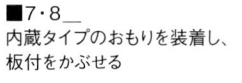

矢の曲がりを確認する方法

いくつかの方法を組み合わせて正確な位置を確認しよう

執筆＝松尾牧則

曲がりがあるかを確認し その位置と程度を調べる

矢に曲がりがあるかどうかを確認するには、次の4つの方法がある。

①2本の矢で転がして確認する
②爪の上で回転させて確認する
③手のひらの上で矢を回転させて確認する
④矢を通して見て確認する

①の方法が、もっとも簡単でわかりやすい。2本の矢の角度を直角よりも狭めにして転がすと、全体が確認できる。矢がスムーズに転がれば問題はないが、カタカタカタ……と跳ねながら転がるようでは、篦《の》（シャフト）に曲がりがある。曲がりがあることが発見されたら、次は2本の矢を直角にして、位置を変えながら転がしてみると、どこに曲がりがあるかが予測できる。

②の方法も、曲がりがある部分では矢が爪の上で跳ねながら回転する。

③の方法では、矢がブルブル震える振動や見た目で、曲がりを見つけることができる。板付《いたつき》装着の不具合がある場合は、それもわかる。

矢に曲がりがあることがわかったら、正確な曲がりの位置と程度は、④の方法で確認する。シャフトを通して見て、矢を少しずつ回転させて曲がりを見つける。シャフトに映る光と影を頼りにするとわかりやすい。

①2本の矢で転がして確認する

右手に持った矢を、交差する場所をずらしながら、下へ滑らせるように転がしてチェックする

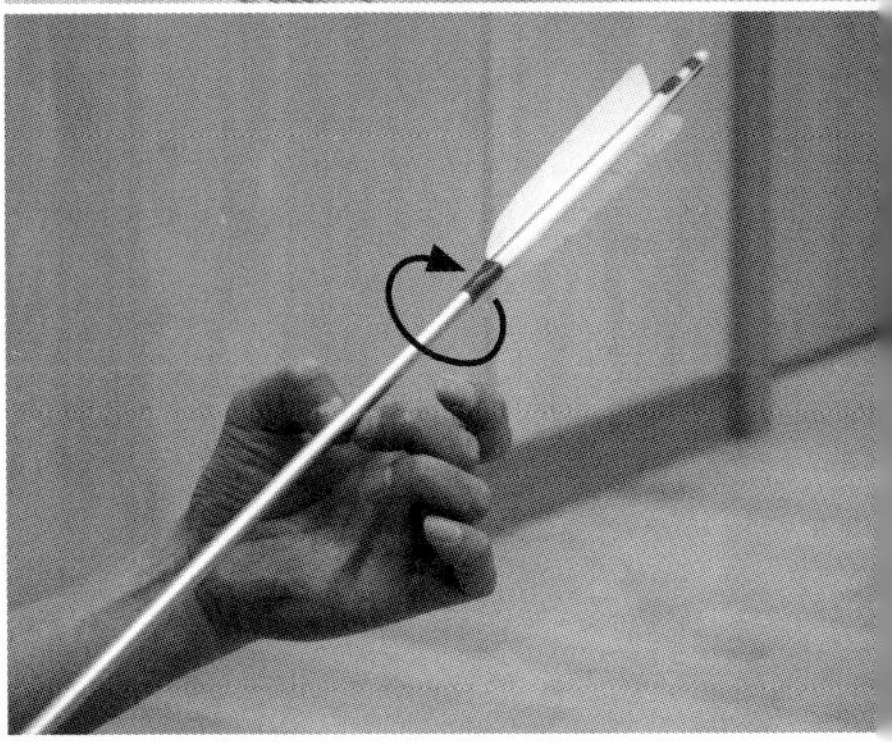

②爪の上で回転させて確認する

左手の爪の上に矢をのせ、右手で矢を回転させながら全体を確認していく

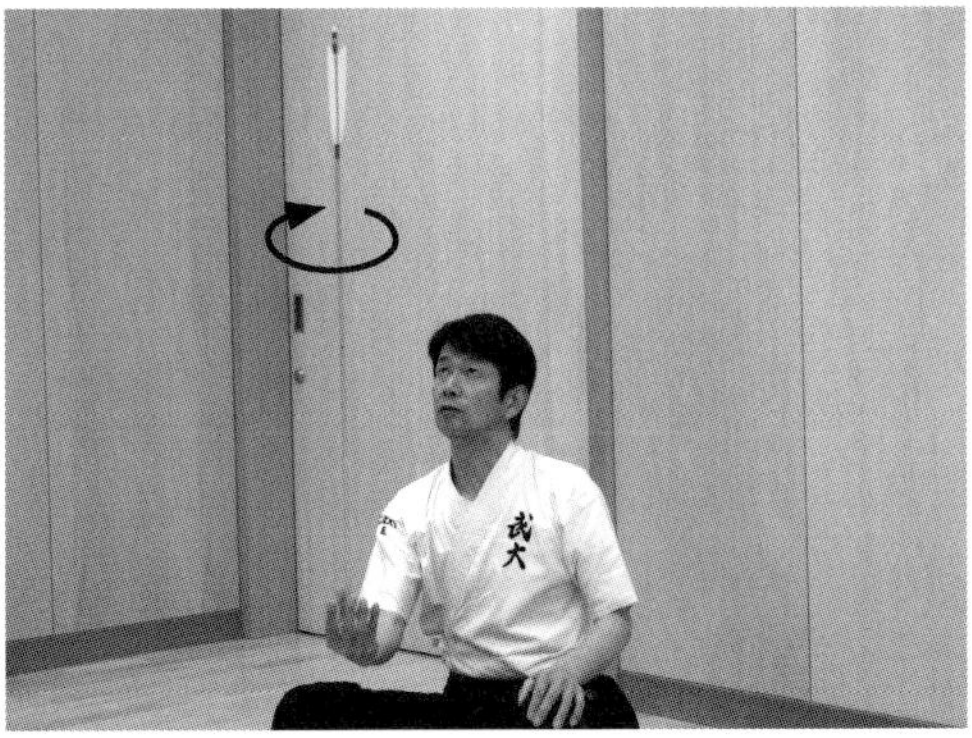

③手のひらの上で矢を回転させて確認する

曲がりがあると、
軸がぶれて垂直に回転しない

④矢を通して見て確認する

少しずつ回転させながら、
シャフトに映る光と影を見ていく

曲がりの矯正《きょうせい》方法

カーボン矢は修復できないが、竹矢とジュラ矢は矯正可能

執筆＝松尾牧則

竹矢の矯正は弓具店に依頼しよう

箆《の》（シャフト）の曲がりは、矯《た》め木《ぎ》（**写真1**）などで修正する。カーボン矢はほとんど曲がりは生じないが、生じた場合は残念ながら修正はできないと考えたほうがよい。竹矢は天然のもので、もともと曲がりのあるものをまっすぐに矯正しているので、曲がりが生じやすい（戻りやすい）。竹矢は火入れをして曲がりの修正をするが、専門的知識が必要なので、弓具店に依頼したほうがよいだろう。アイロンを用いた裏技もあるが、完全にはならないので、やはり、矢師に依頼してしっかり修正してもらったほうがよい。

ジュラルミン矢は矯め木を使って矯正する

ジュラルミン矢も、キズなどが生じて曲がっている場合は使用しないほうがよい。自分で曲がりを直すことにチャレンジしたい場合には、折れることを覚悟で試してみよう（ほんの少しのキズでも直している最中に折れることがある）。しかし、竹矢のように火入れをしてはいけない。火を入れると比較的簡単に直るが、金属が変質して軟質になり、手でも簡単に曲げのばしができるくらいになってしまう。

ジュラルミン矢には、火は入れずに、矯め木（なければ自作するなど工夫する）を用いて曲がり箇所を反対方向に曲げることを繰り返し、様子をみる（**写真2**）。シャフトを通して見える光と影を頼りに曲がりをみる。局部的に曲がっている場合は、そのポイ

ントを違えずに矯正する。全体が湾曲《わんきょく》している場合は、矯め木をしごくように使って矯正する。慣れないとかなりむずかしい作業なので、曲がりの矯正は素人には困難である。直ればラッキー、駄目ならば弓具店に依頼して曲がりを直してもらったり、シャフトの交換をしてもらおう。しかし、かなり使い込んだ矢をシャフト交換すると、それまでの矢との間に重さやシャフトの強度の面で微妙な差が生じる場合があり、結局使えない矢になる恐れがある（試合などでは不安なため）。シャフト交換が得策か、新たなセットを購入するほうが得策か、よく考えて決めよう。

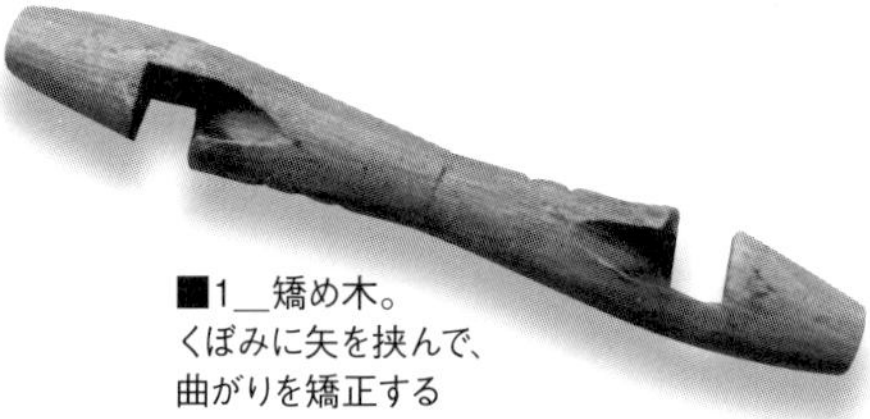

■1__矯め木。
くぼみに矢を挟んで、
曲がりを矯正する

■2__曲がりを見ながら、
矯め木を使用する

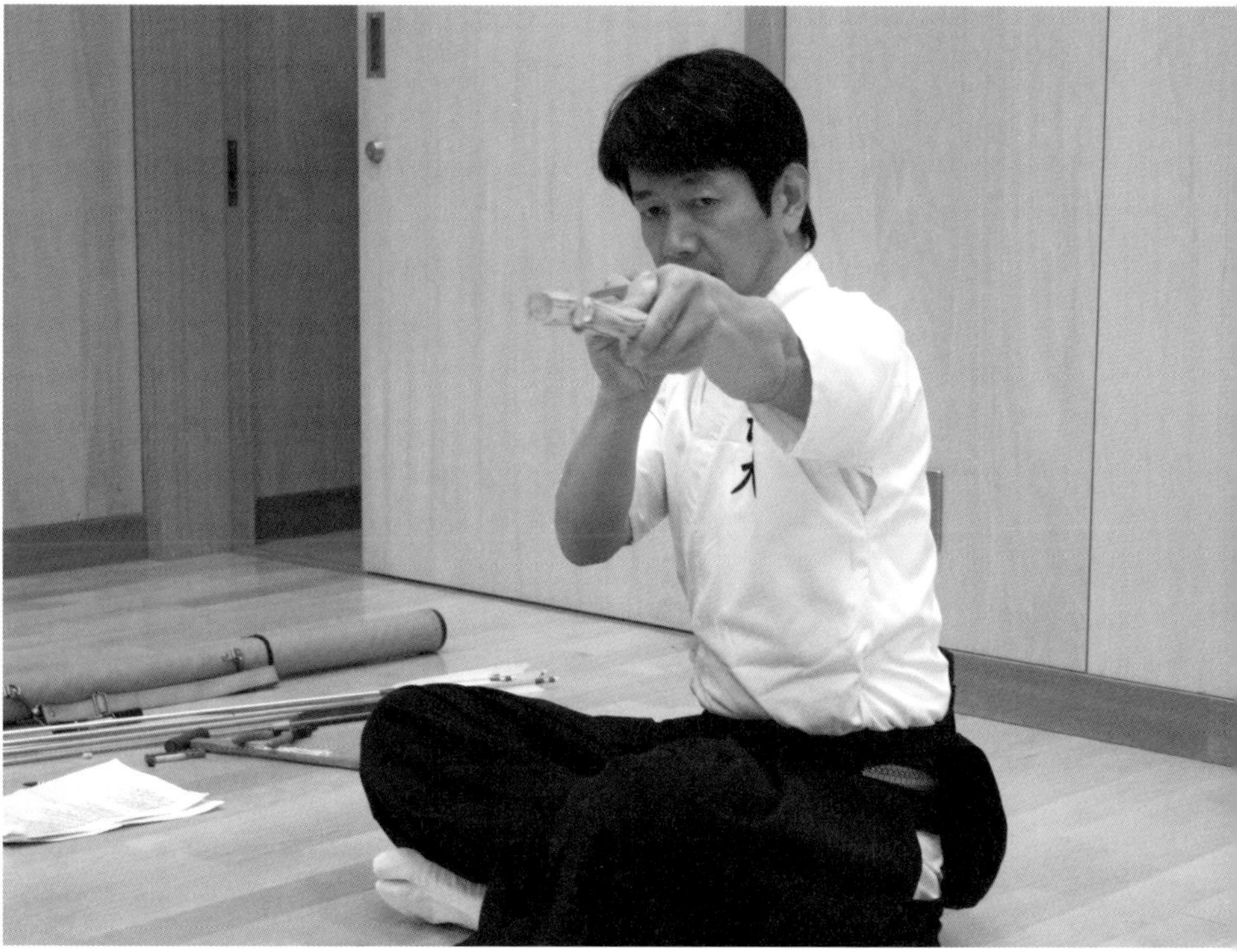

矧《は》ぎ糸の巻きかえ方

色や模様など、工夫してきれいに仕上げよう

執筆＝松尾牧則

絹糸やミシン糸を使って巻きかえる

矢には、羽根を押さえるために2カ所、筈の近くに1カ所、合計3カ所に糸が巻いてある。これらを、筈《はず》側から、筈巻《はずまき》、末矧《うらはぎ》、本矧《もとはぎ》という。古い矢は、糸のほかに麻緒《あさお》を巻いたり、簡易の場合は和紙などが巻かれることもある。

糸を巻きかえる場合（**写真1〜7**）は、絹糸を使用するとよい。手芸品コーナーなどで、絹縫い糸が販売されているので、サイズ「9号」を選んで購入する（写真では、撮影用に太めの糸を使用）。やや細いがミシン糸「50番」や、釣り具店で竿《さお》に巻くための糸から適当なサイズを見つけて購入してもよいだろう。

塗装をして仕上げる

巻いた糸の上には、木工用接着剤を少し水で薄め

矧ぎ糸の巻き方

■1＿古い糸と塗料や接着剤を取り除き、きれいにする。糸を巻く作業は、矢のシャフトを帯やベルトに差し込んで行なうと安定し、効率がよく手先が疲れない

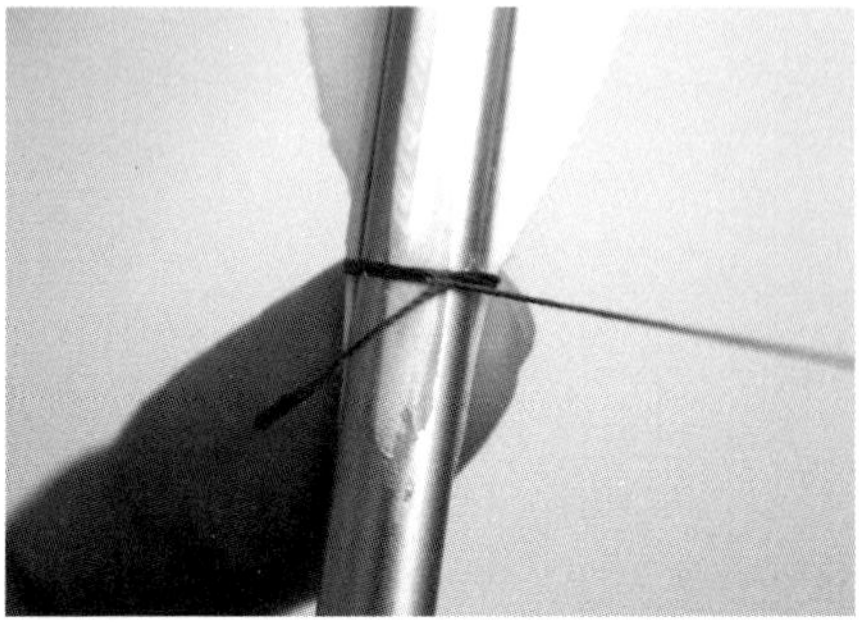

■2＿筈巻は筈側から、末矧、本矧は羽根側から巻いていく。巻きはじめ部分は上糸で押さえるように巻く

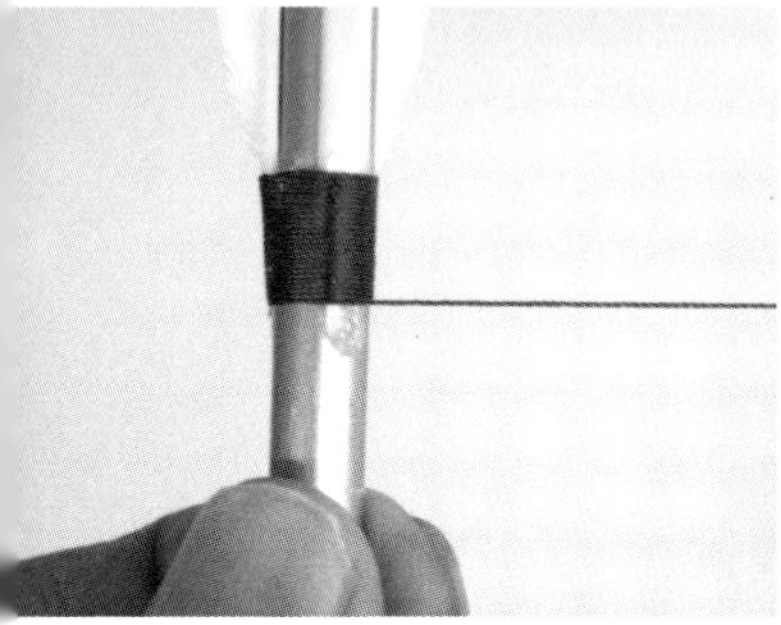

■3＿すき間なく巻いていく

たものをコーティング用として塗る（**写真8**）。2度塗りするときれいに仕上がる。コーティングしないで仕上げ塗料を塗ると、糸に染みこんでしまい、きれいに仕上がらない。

最後にラッカー等の塗料を1～2度塗って仕上げる。好みにより毛引《けび》き塗装（縁取り。鳥の羽根1本に塗料をつけ、巻きつけるようにしてラインを引く）すると矧ぎ糸が引き立ち、見栄えがよくなる（**写真9**）。毛引きの塗料は、仕上げ塗りに使用した塗料とちがう系統の塗料（油性・水性など）を使用しないとにじみが生じるので要注意だ。毛引きの代わりに金銀の紙を巻く方法もある。工夫してきれいに仕上げよう。

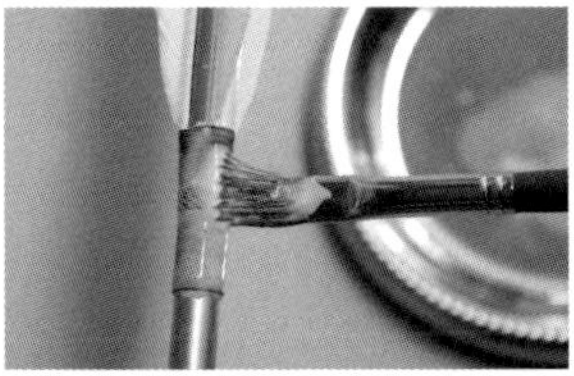
■8__薄めた木工用接着剤でコーティング

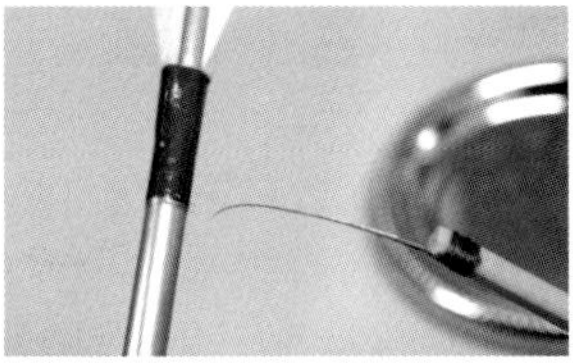
■9__毛引き塗装

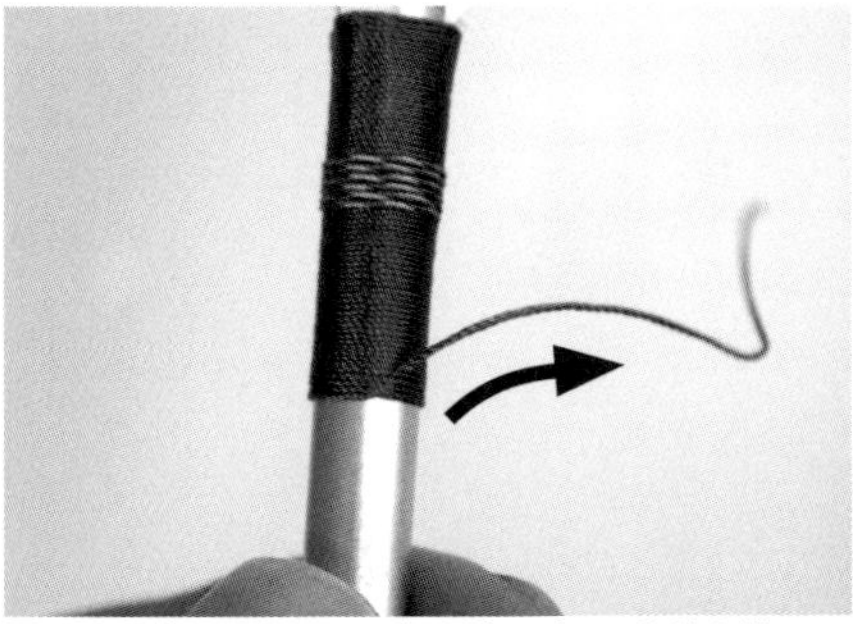
■6__最後に、輪にした糸を引っぱり、先端を巻いた糸の下に引き入れる。不要な糸は小刀などで切る

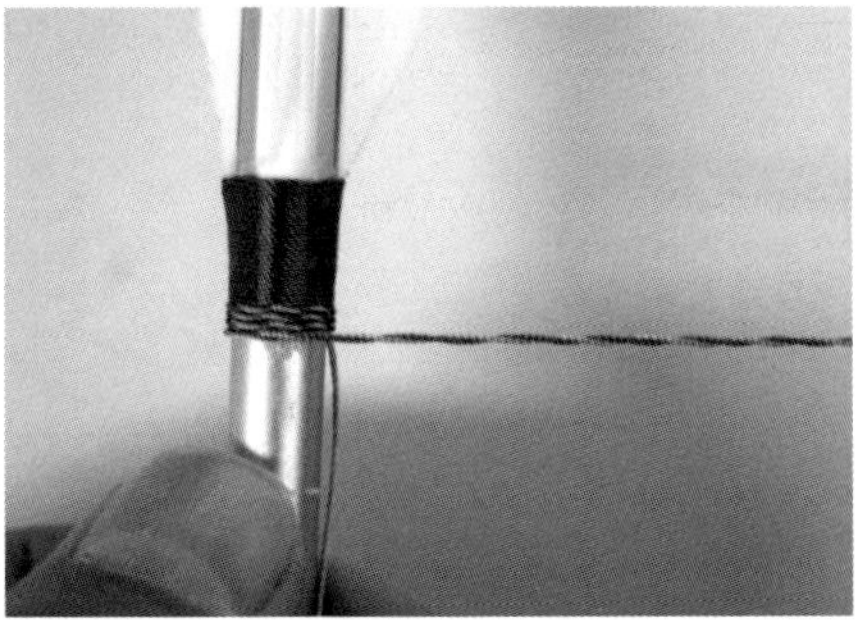
■4__模様を入れたい場合は、ほかの色の糸をからめてひねって巻く

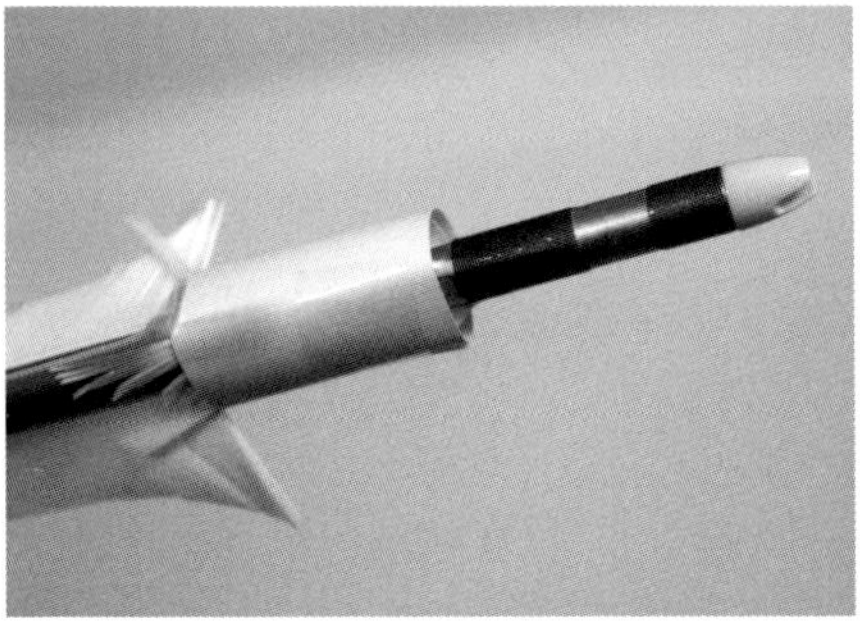
■7__末矧は羽根が邪魔になり、もっとも巻きにくい。紙などで筒をつくり、羽根をよけて作業するとよい

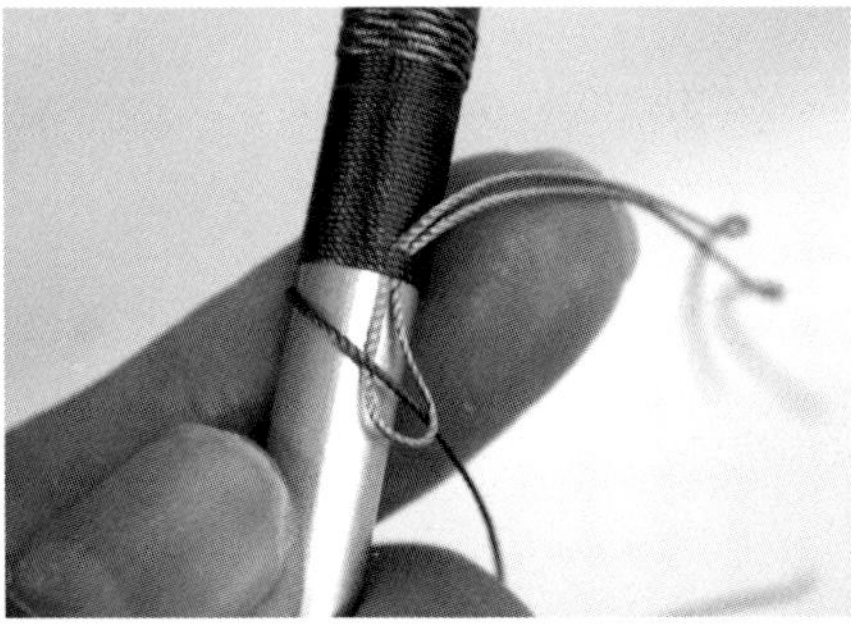
■5__巻き終わりは、輪にした糸の上を数回巻き、輪の中に糸の先端を入れる

的中を左右する矢の不具合

自分に合っているか、傷みはないか、ここに注意！

執筆＝松尾牧則

日々確認したい12のチェックポイント

これまでの項目で紹介したことと重なるものもあるが、あらためて確認したい。

使用弓力《きゅうりょく》、弓の性能、弦の重さ、矢束《やつか》などは人それぞれ異なっており、そこに各人の射術レベルが複雑にからみ合う。したがって、矢の良し悪しは「A社のこの矢がよい」というような単純なものではない。

ここでは、矢の不具合として考えられることを列挙してみる。

矢の状態をしっかり把握し、きめ細やかな管理を心がけよう

1 矢尺（矢の長さ）の不具合
矢の長さの長短により、矢の重さ、相対的強度（スパイン）が変わってくる。1センチ短くしただけで、矢飛びが安定したり、悪くなることもある。必要以上に長いのはよくない。また、短すぎるのは危険なので注意したい。

2 矢の重さの不具合
弓力相応の重さを選択しなければならない。

重すぎると飛びが悪く、軽すぎると矢所が安定しない。

3 矢の重心の不具合
少なくとも、矢の中央よりも板付（矢尻）側に重心がなければ、矢飛びや矢所は安定しない。1本だけ板付を交換する際には、ほかの矢とちがいが生じないように注意する。場合によってはすべての板付を交換したほうがよい。

4 篦（シャフト）の強度（スパイン）の不具合
シャフトの強度と使用弓力が適合するかどうかは、おおよその基準はあるものの、現実的にはかなりデリケートな関係にある。自分で見いだしていかなければならないのだが、初級者は、まずは基準を外さないようにシャフトの強度を選択したい。

5 篦の曲がり
竹製以外のジュラルミン、カーボン製の矢ならば、購入時にはまったく問題はないだろう。

使用しているうちに曲がりが生じていないか、確認をしよう。

6 板付（矢尻）の装着の不具合
購入時に問題がなければ、ほとんど問題は生じないが、
接着の不備や、的枠、小石、コンクリートなどに矢を当ててしまった場合には、まれに外れてしまう。

7 矢筈の装着の不具合
購入時や交換時に不具合のないことを確認すれば、あとはあまり問題はない。しかし、板付と同様に、接着の不備や異物に矢を当ててしまった場合には、外れたり、動くようになってしまうことがあるので、すぐに補修をしよう。

8 矢筈の傷み
矢筈にほかの矢が当たり破損することがある。少しの傷みでも矢番えや離れに影響を及ぼすので、
交換したり補修をするなど、きめ細やかな管理を心がけたい。

9 筈溝の不具合
不具合を発見し、修正すれば、その後はあまり問題は生じない。

筈溝に異物がついていないかなども確認しよう。

10 羽根軸の浮き
早めに発見してすぐに補修しておかないと、浮きが大きくなったり、
羽根軸が曲がってしまったりすることもある。浮いたままで使用しないようにしたい。

11 羽根の傷み・曲がり
羽根のすり減りは補修の仕様がないが、羽根が逆立ったり曲がったりしないように丁寧な扱いをしたい。

取懸けのときに弽の指先が外掛羽に当たるため、この部分が傷みやすいので注意する。

また、矢番えから弓構えのときに、弓摺羽（頬摺羽）が矢摺籐に当たるので、この部分も傷みやすい。

少し弦を張りながら保持することで、弓摺羽の傷みを防ぐことができる。

12 羽根質の不具合
使用弓力にふさわしい羽根質がある。

弱弓には手羽根など柔らかいもの、強弓には尾羽根など硬いものがよい。

弽《ゆがけ》の手入れと管理方法

執筆＝黒須 憲

汚れをしっかり落とし、型崩れしないように注意しよう

弽は鹿革でできており、重要な部分は糸で縫ってあるが、革は糊《のり》（飯糊《そくい》／ご飯粒をねったもの）で貼り合わせてある。

鹿革は柔らかくて手になじみやすく、通気性に優れているが、水分や塩分に弱い。弽は「射手の手」とも「射手の襤褸《ぼろ》弽（＊）」とも言われ、慣れた弽以外は使いづらいものである。弓具の中で最も射術に影響するため、具合よく長持ちをさせるためには普段の取り扱い方に注意を払いたい。

使用後は、余分なぎり粉や筆粉、ほこりを落とす

革は微細な繊維が入り混じった多孔質《たこうしつ》構造のため、いったん汚れが内部に入り込むと、取り除くことは困難になる。通気性が悪くなり、汚れやシミ、型崩れの原因にもなるため、普段からなるべく汚さないように使用し、汚れたときはできるだけ早く取り除くようにしたい。

また、ほこりがかぶらないように注意し、使用するぎり粉や筆粉《ふでこ》の量は最低限にしたい。必要な箇所だけにつけ、余分な粉は吹き飛ばすかはたき落とすようにする。使用後も、残ったぎり粉をブラシや刷《は》毛《け》のようなもので払い落とし、きれいに掃除しておこう（**写真1**）。

保管する際は、緒《お》などできつく巻きつけず、指や腰などを折らないように気をつけ、引いているときの形を維持するように緩く丸めて保管する（**写真2**）。また、ちりやほこり、湿気などを防ぐために布などで包んだり、缶に入れるなどの配慮が必要である（**写真3**）。とくに、湿った状態でしまうと革に癖がついてしまう。手の大きさのあんこ（詰め物）や枕をつくって、中に乾燥剤を入れて包んでおくのも

いいだろう。親指や控《ひかえ》が折れないように、市販や自作の桐製の木芯を入れておくのも手である。

持ち運びの注意点

　弽は、弓や矢とちがって容易に他人のものは使えず、また、たびたび取りかえるものでもない。それだけ弽は大切な道具なので、持ち運ぶ際も、弽だけは預けたりほかの荷物と一緒にせず、自分自身の手で大切に運ぶように心がけたい。移動のときは、曲がったりつぶれたりしないように、箱や缶に入れておくのがいいだろう。実際に弽を踏まれたり、上に物をのせられたり、腰を下ろしてみたり、車でひいてみたり、さらにはストーブやたき火で燃やしてしまった……という笑い話にもならない事故もある。

型崩れを防ぐために弽をもみほぐす

　帽子の根元や控が折れたり、シワや折り癖がついたり、ときには弦枕《つるまくら》がずれることもある。どんなに鹿革が柔軟性に富んでいても、また、手型に合わせて製作したにもかかわらず、新調の弽は硬く使いづ

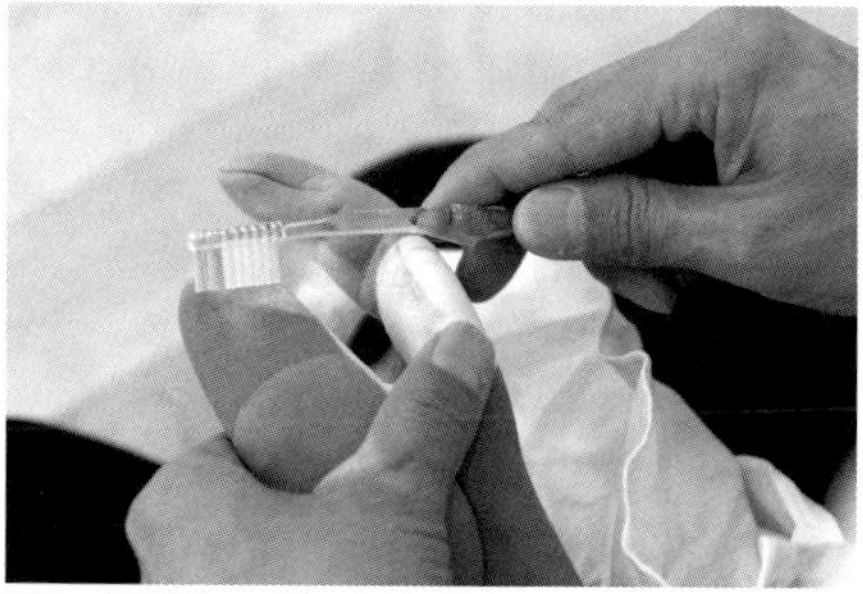

■1＿使用後は、残ったぎり粉をブラシや刷毛などで払い落とす

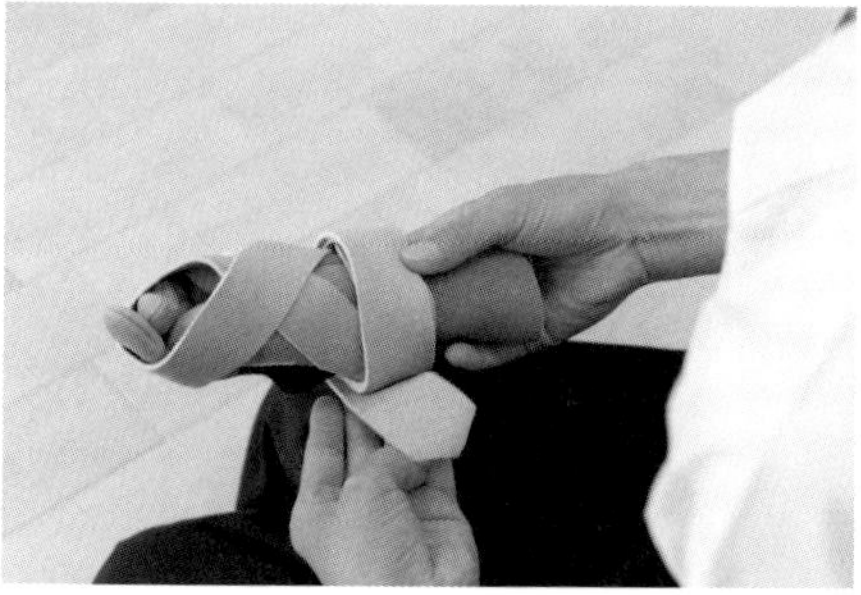

■2＿収納する際は、取懸けの形を保つように丸める。帽子や中指などについたギリ粉が、ほかの部分につかないように注意しよう

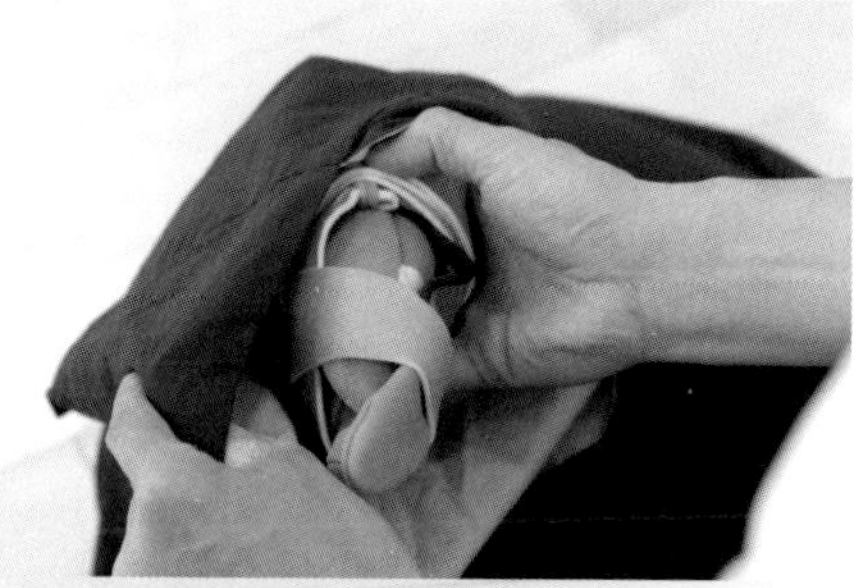

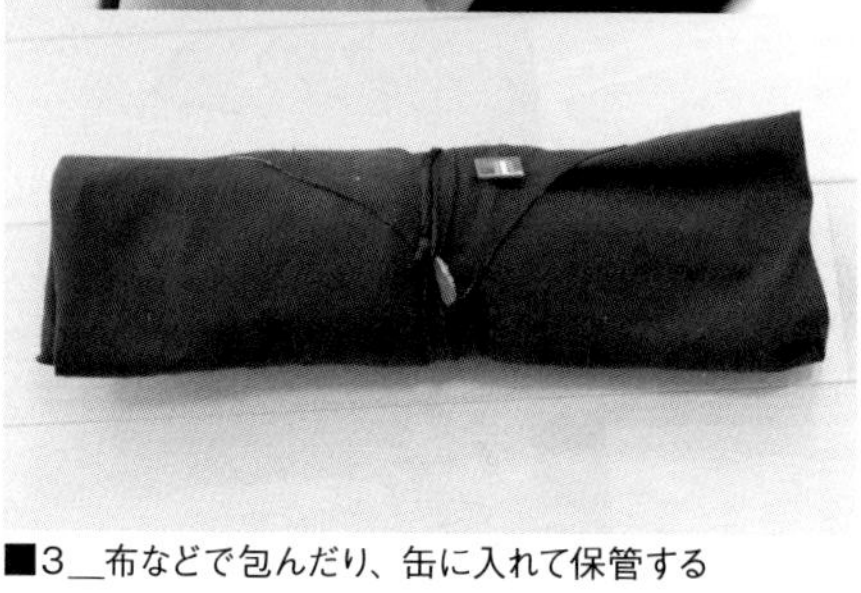

■3＿布などで包んだり、缶に入れて保管する

弽の手入れと管理方法

らいものである。とくに「堅帽子《かたぼうし》・控付き」の弽は使いはじめに注意が必要で、最初に悪い癖がついてしまうと修正がむずかしくなり、射術の上達にも大きく影響する。

もっとも注意したいのは親指の根元が折れることで、いったん折れてしまうと素人には修復不可能である。弽の帽子、親指の付け根を「腰」というが、ここが折れて弾力がなくなると軽くスムーズな離れは望めず、重く引っかかるような離れになってしまう。帽子の付け根の縫い目部分は、角《つの》（木製の筒）の端にあたり、固定されていないため、もっとも弱く折れやすい。弓の切詰《きりつめ》のような部分である。しかし、硬くしすぎると腰の弾力を利用できず、離しづらくなってしまう。必要以上の頑丈さはかえって使用を困難にし、射術に悪影響を与える。

付け根を折らないためには、二の腰から一の腰にかけて全体を柔らかくする（**写真1〜4**）。柔らかくすることによって、取懸けの形をつくったときに全体が湾曲《わんきょく》し、腰の部分だけが折れなくなる。毎日の稽古の合間などにゆっくりともみほぐすことが大切である。

紐の締め具合も注意が必要

さらに、弽の紐《ひも》は、はじめのうちはきつく締めずに徐々に様子を見ながら締めていく。弽を差す（着ける）ときは、人さし指と中指で親指の頭を押さえて取懸けの形をつくり、一の腰と手首との間にできたすき間を維持したまま、小紐《こひも》を締めて緒を巻くようにする（**写真5・6**）。すき間をつくらずにきつく巻くと、親指を無理に曲げることになり、付け根が折れてしまう。緩く巻くと、離すたびに指が抜けてしまうが、二の腰が充分に柔らかくなるまでは、再度差し直して使用する。

面倒だが、いっぱいに締めるまでには数カ月〜1年ぐらいの時間をかけるようにしたい。弽を長持ちさせ、軽い離れを望むためには重要な手間である。

＊射手の襤褸弽……ボロボロになっても、使い慣れた弽はなかなか替えることができない、という意味。

弽のもみほぐし方

■1__二の腰から一の腰にかけて、
全体を柔らかくする

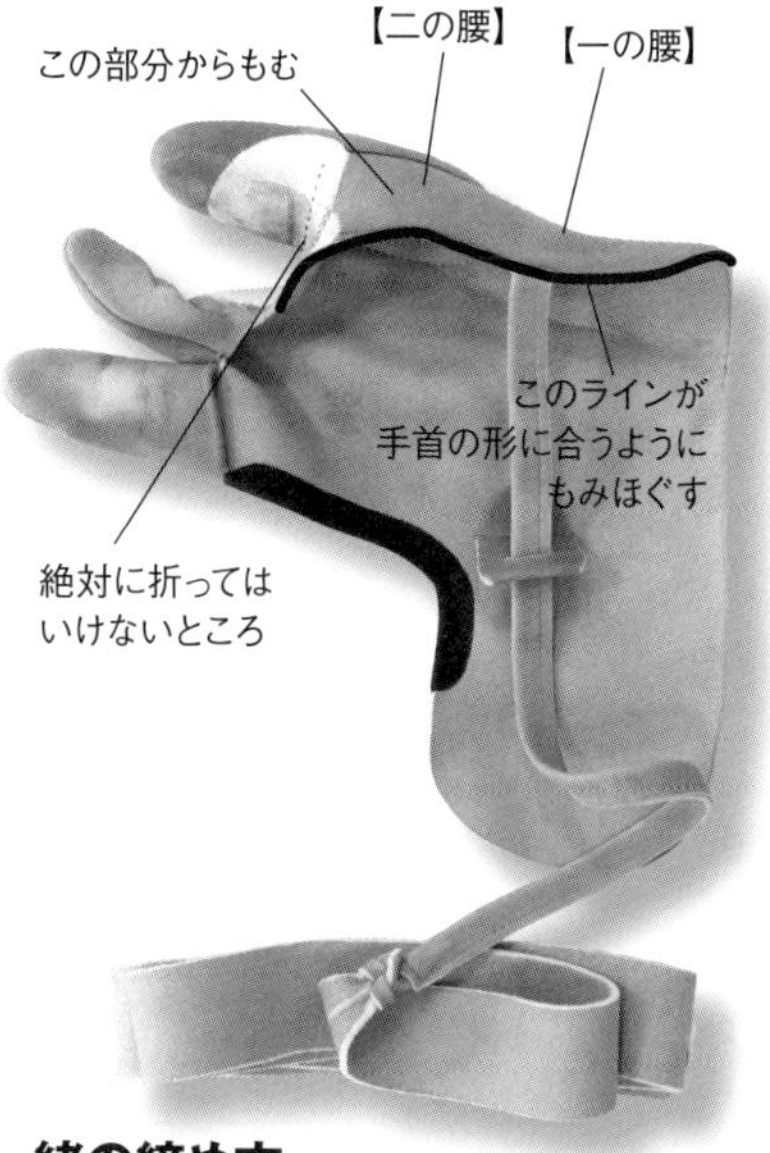

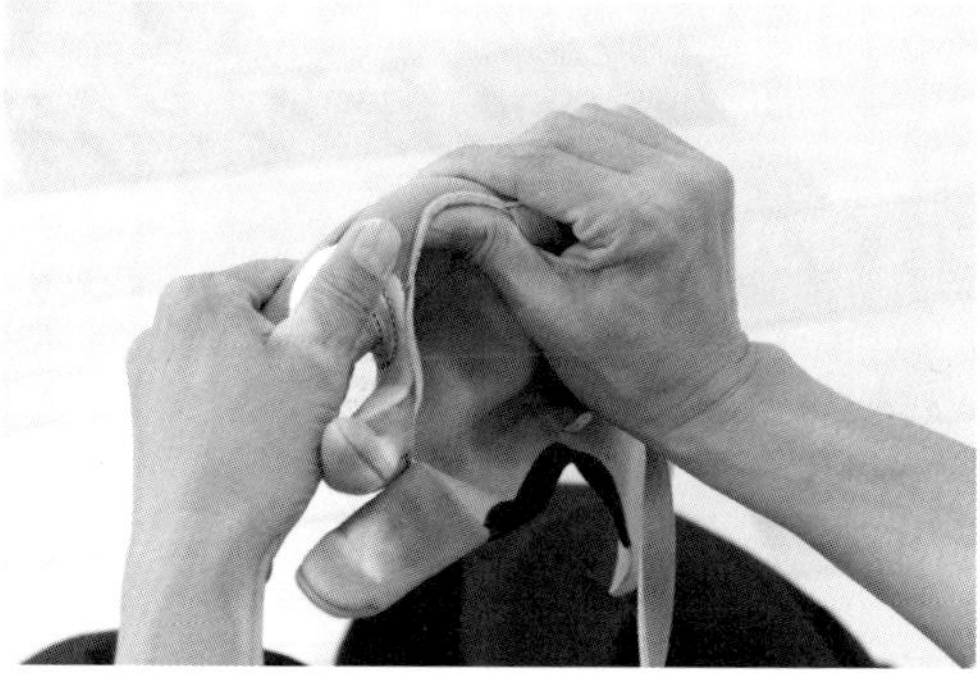

■2__左手で帽子の付け根をおさえ、親指の腹
を使って、二の腰からまんべんなく柔らかくする

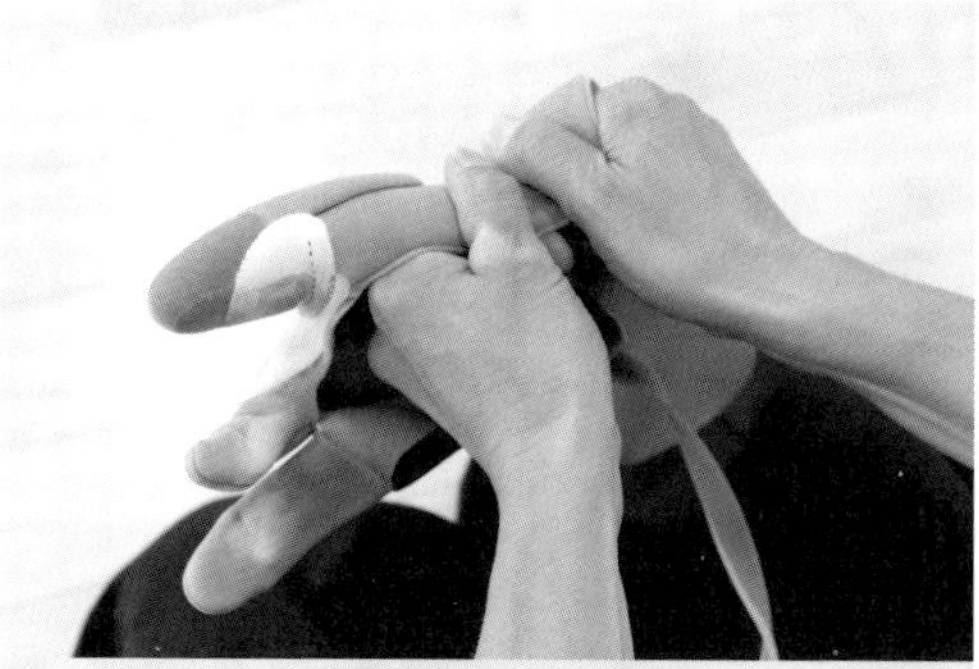

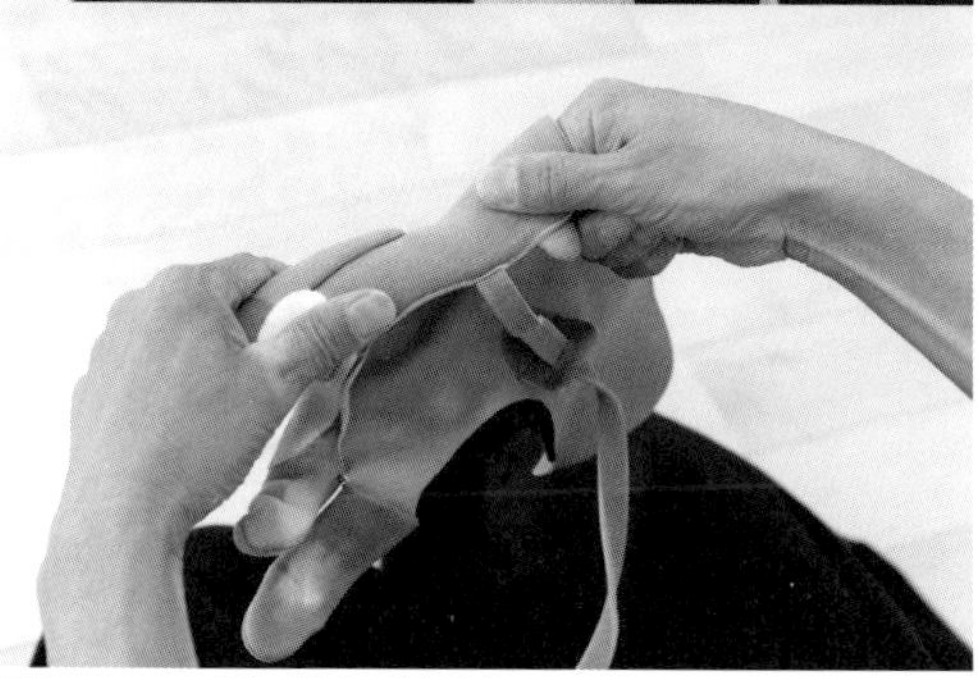

■3・4__一の腰のくぼみをおさえ、
内側に折りたたむようにもみほぐしていく

緒の締め方

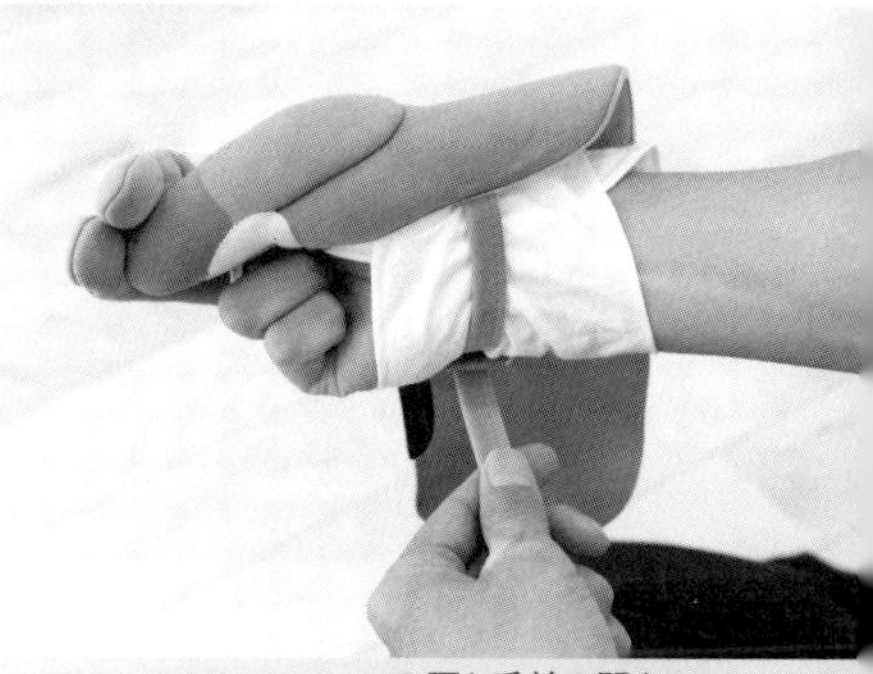

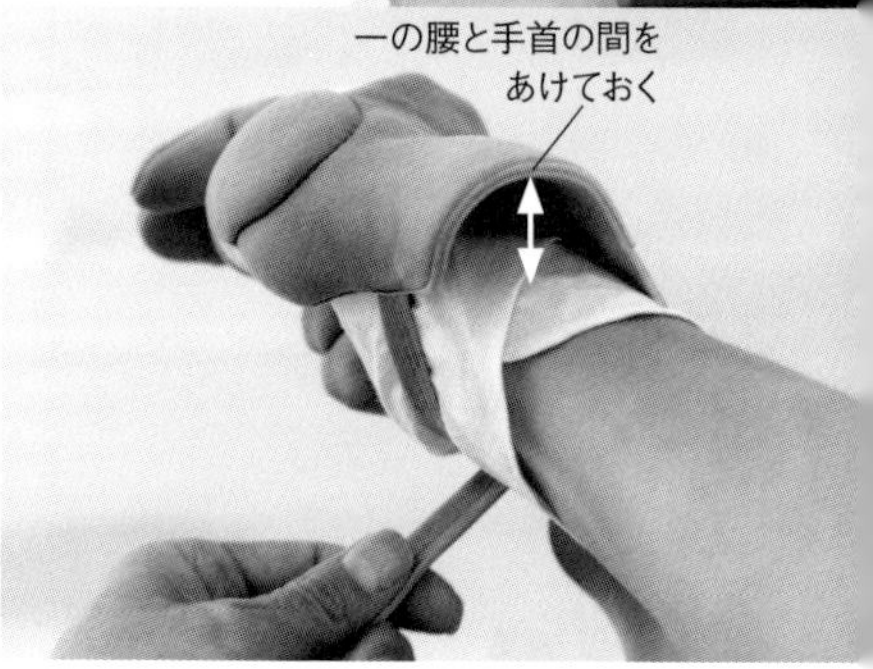

■5・6__手先は取懸けの形
（弓を引く形）を保持し、一
の腰と手首との間にすき間
をあけたまま小紐を締める

弽《ゆがけ》の取り扱い注意点

よい状態で長く使うためには、とにかく丁寧に扱うことが大切

執筆＝黒須　憲

こまめに外す習慣をつけ着け外しは正座をして行なう

現在、一般的に使用されている控《ひかえ》付きの堅帽子《かたぼうし》三《み》つ弽《がけ》や四《よ》つ弽《がけ》は、親指に木または水牛の角《つの》を筒状にくり抜いたものが入っており、親指の根元から手首部分が固めてある。そのため、緒《お》を巻くと手首が固定されて、自由がほとんどなくなってしまう。必然的に、弓を引く以外の作業を行なう場合には、弽を外さなければならない。

弽を手にはめることを弽を差すという。弽を差したままほかのことを行なうと、弽に無理な力が加わったり、こすったりぶつけたりして傷をつけたり、思わず汚してしまうことがある。弽を差したままでの弦外し、矢の準備、矢取りはもちろんのこと、ちょっとしたことでもかならず外して行なう習慣を身につけたい。稽古をするときは、すべての準備が整ってから最後に弽を差し、終了するときには、まず最初に弽を外してから後始末をするように心がけよう。

また、弽を差すときは、これから弓を稽古するという気持ちをととのえることと、自分の弽に対する愛情を表わす意味でも、正座や跪坐《きざ》をして威儀《いぎ》を正して差すようにしたい（**写真1**）。

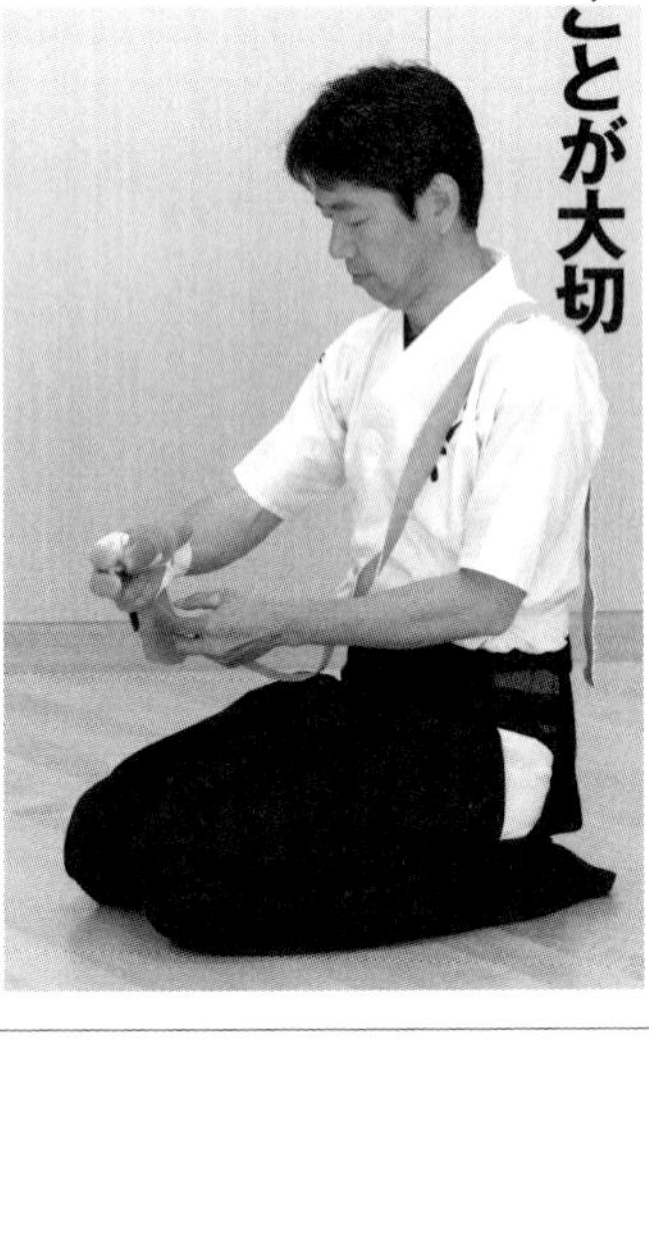

■1＿正座をし、気持ちをととのえつつ弽を差す

弦枕は見せないのが心得

弓具は、昔ならば自分の命を守る大切な道具である。すべての弓具に愛情をもち、大切に扱わなければならないのはいうまでもない。とくに弽は、直接床

に置くと踏まれたり蹴飛ばされたりして破損する恐れがあるので注意しよう。また、弽は弦枕《つるまくら》が見えないように置くのが心得である。弦枕や腹革《はらかわ》を見るとその人の射術の状態を知ることができるため、自分のものは見えないようにし、他人のものも見ないのが礼儀である。

弽の差し方

行射《ぎょうしゃ》の途中で緩んだり解《ほど》けたりしないように、緒はしっかり結ぶ。硬い金属のピン留めは革を傷つけるおそれがあるうえ、もともとはなかったものであるので、使わないのが本式といえる。

緒の結び方は流派によってさまざまだが、ここでは日置流《へきりゅう》の結び方を紹介する。日置流では、弽の紐を五角形に手首内側で結ぶ。武具の結び目は表に出さないのが心得で、引っぱって簡単に解けたり、切られて甲や鎧《よろい》が落ちてしまわないようにしっかり結び隠すのが原則である。

日置流の差し方

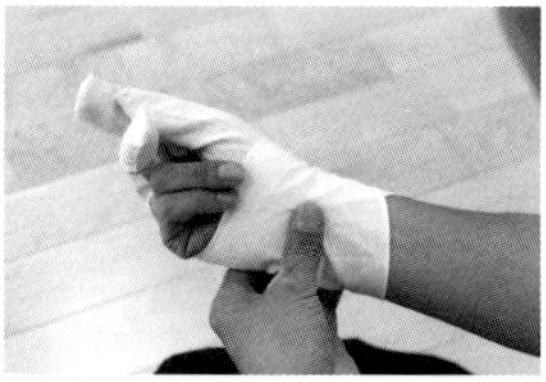
1＿下弽を装着する

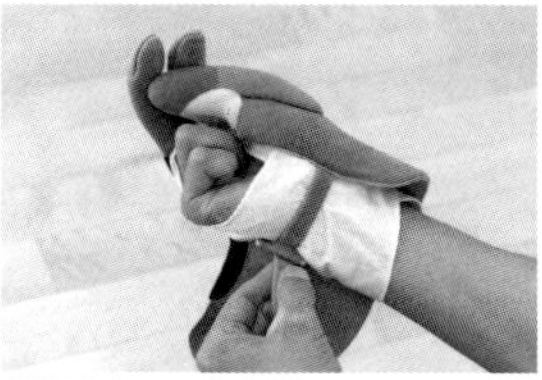
2＿下弽をととのえて取懸けの形をつくり、小紐を適度に締める

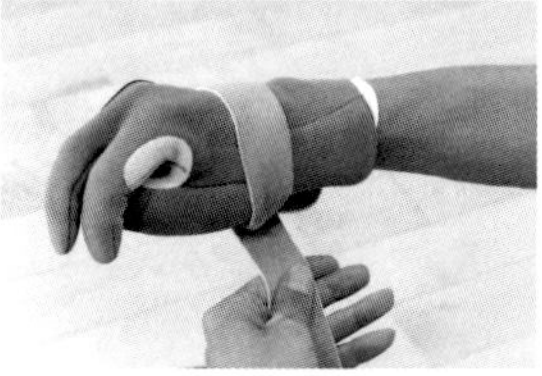
3＿緒を手首に重ねて巻きつける

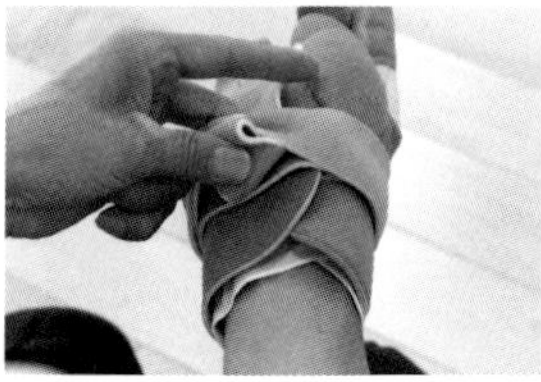
4＿3周程度巻いたら、手首の内側にきた緒を、巻いてある緒の中に入れる

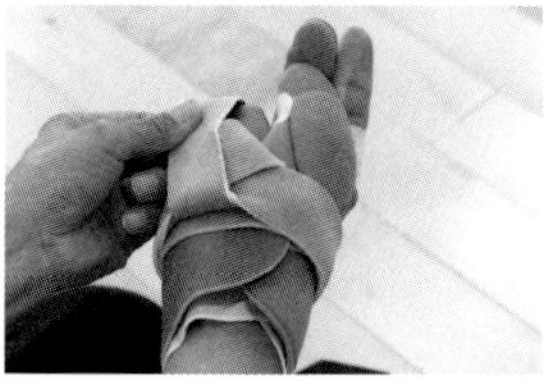
5＿下に引いた緒を上に持っていく

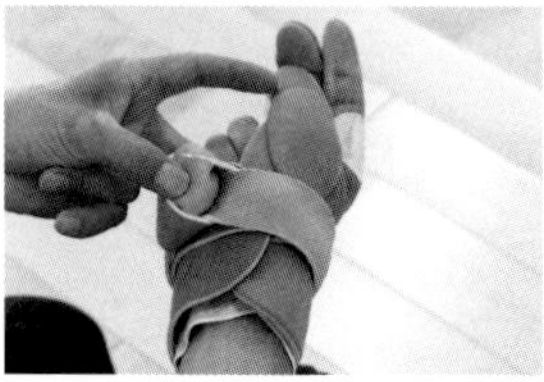
6＿緒の先端を、もう一度巻いてある緒の内側に通す

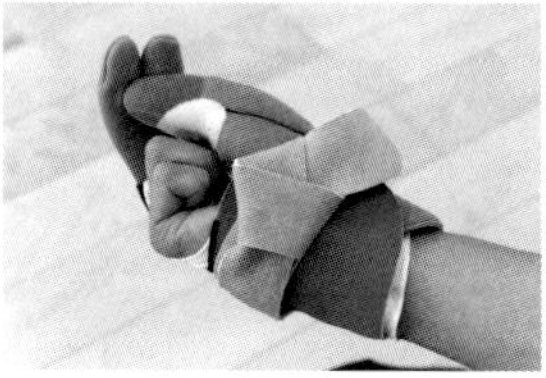
7＿完了。一の腰と手首の間にすき間があるか確認する

弽《ゆがけ》を湿気から守るには?

高温での乾燥は厳禁! まずは湿気ないよう工夫しよう

執筆=黒須 憲

濡れてしまった場合は風通しのよいところで陰干し

弽を保管するうえでもっとも注意しなければならないことは、湿気から守ることである。革は水分を含むと柔らかくなって変形しやすく、型崩れしやすくなる。また、糊《のり》がはがれたり、ぎり粉がベタついて使い勝手が悪くなる。シミや汚れの原因にもなるので、乾燥した状態で使用するように心がけたい。

湿気や汗、雨、そのほか何らかの理由で弽が濡れてしまった場合は、風通しのよいところで陰干しして乾燥させる(**写真1**)。直火やアイロン、ドライヤーなどは絶対に使ってはいけない。このようなことをすると、革は収縮、硬化し、使用に耐えられなくなる。

■1＿風通しのよいところで陰干しする

下弽をこまめに取りかえ、湿気ないようにしよう

日常の稽古では、まずは濡らさないように心がけることが大切である。夏場など、汗をかくときは、弽をときどき外して風を入れるようにしよう。また、下弽《したがけ》を数枚準備してこまめに取りかえ（**写真2**）、弽を差す際は手をよくぬぐい、弽に汗が染みないようにしたい。

下弽は、汗を吸収しやすい木綿のものがよい。たまに真っ黒になった下弽を見かけるが、衛生管理面からも弽の保護としても好ましくない。こまめに洗い、清潔なものを使用するようにしよう。最近は柄物が流行しているが、やはり汚れがよく目立ち、清潔感のある白が好ましい。

夏期は、手の汗で湿ると弽にカビが生えることもあり、使いにくくなる。練習後保管するときは、巻いておくよりも風通しのよいところに吊して乾燥させておくのがよい（**写真1**）。乾燥剤を入れた缶やプラスチックケースにしまう場合は、乾燥剤が直接革にふれないように注意する。また、特別に乾燥室や乾燥庫が準備されているところもあるが、高温での乾燥は絶対に避けるべきである。ひどく濡れてしまった場合も、高温での乾燥は厳禁で、乾燥剤か除湿器などによる低温での乾燥を守らなければいけない。

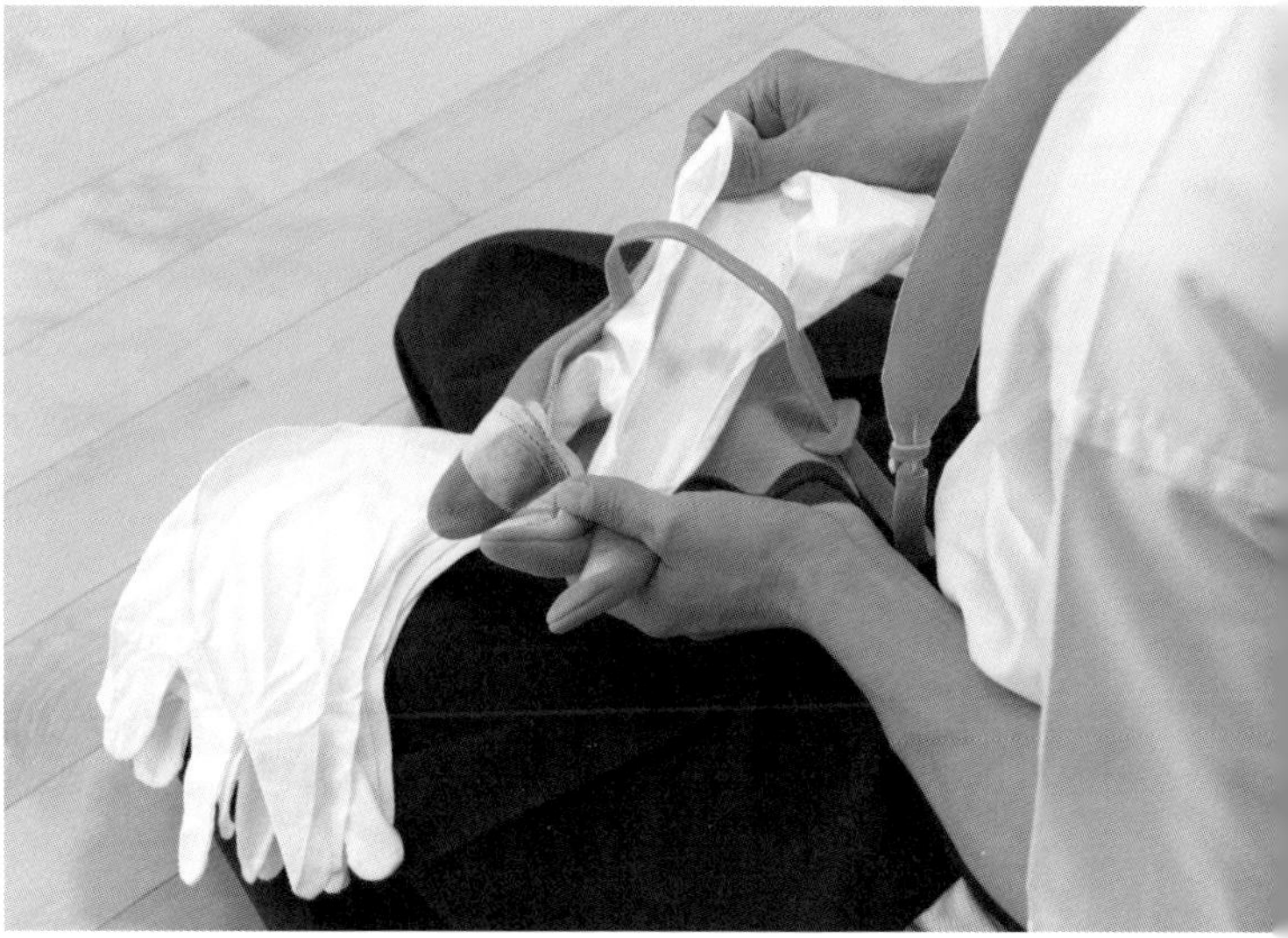
■2__下弽は数枚用意して、汗をかいたらこまめに取りかえる

弽革《ゆがけ》の癖をとる裏技

弽にアイロンをあてて、シワをのばす！

執筆＝黒須 憲

小さな癖をそのままにしておくと破損につながることも

弽を製作する際は、少量の湿りを与えて革を伸ばしながら鏝《こて》をあてて、手の甲に合うよう整形しながら縫いつける。これを「癖をとる」という。

しかし、使用しているうちに、湿ったり、汗で濡れたりして型崩れをおこしたり、緒《お》の巻きジワやしまいジワなど、不要な癖がついてくる（**写真1**）。また、手型をとって注文してもなかなか自分の手に合わず、どこかにすき間やたるみが生じてしまうこともある。そのまま使用すると、その部分が折れたりシワになって、ときには破損することもある。

できてしまったシワや癖は、鏝の代わりにアイロンを使うことでのばすことができる。ただし、濡れたり湿った状態でアイロンをあてると、烏賊《いか》焼き（スルメ）のようにクルクルと縮んで硬くなり、使用不能となってしまう。汗を吸って黒く硬くなっているところはさらに硬くなってしまうので、注意が必要だ。

また、革は水で濡らすと柔らかくなるので、形を整えたりシワをのばすこともできるが、水を湿らせた部分だけシミになる可能性もあるので注意した

■1＿台革の手首周辺や拳の関節周辺、小紐などがシワになりやすい

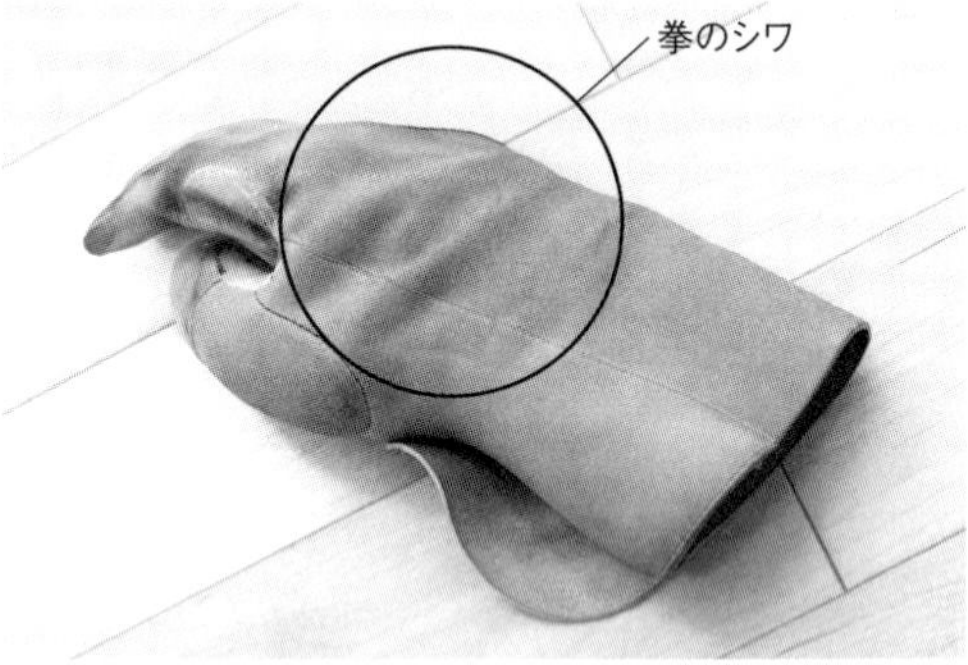

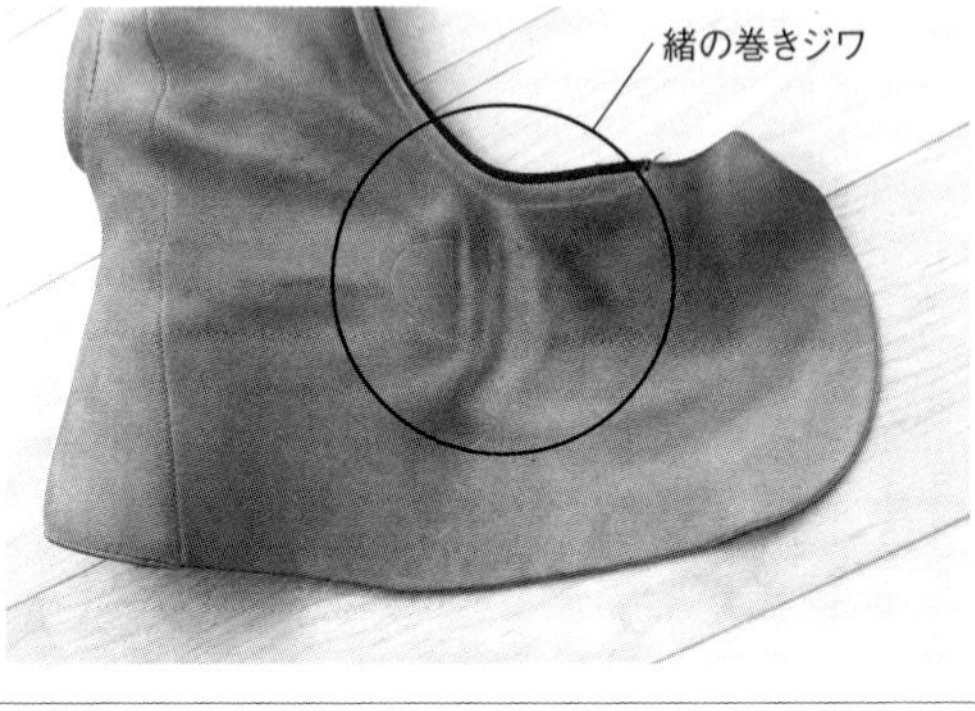

い。濡らした場合は、絶対に高温で乾かしたりせず、風通しのよい日陰で自然乾燥させる。

アイロンを使ってシワや癖をとる方法

アイロンを熱くしすぎると革が焦げることもあるので、低温に設定しよう。

ぎり粉のついているところは、アイロンをあてるとぎり粉が溶けてシミになってしまうので注意が必要だ。

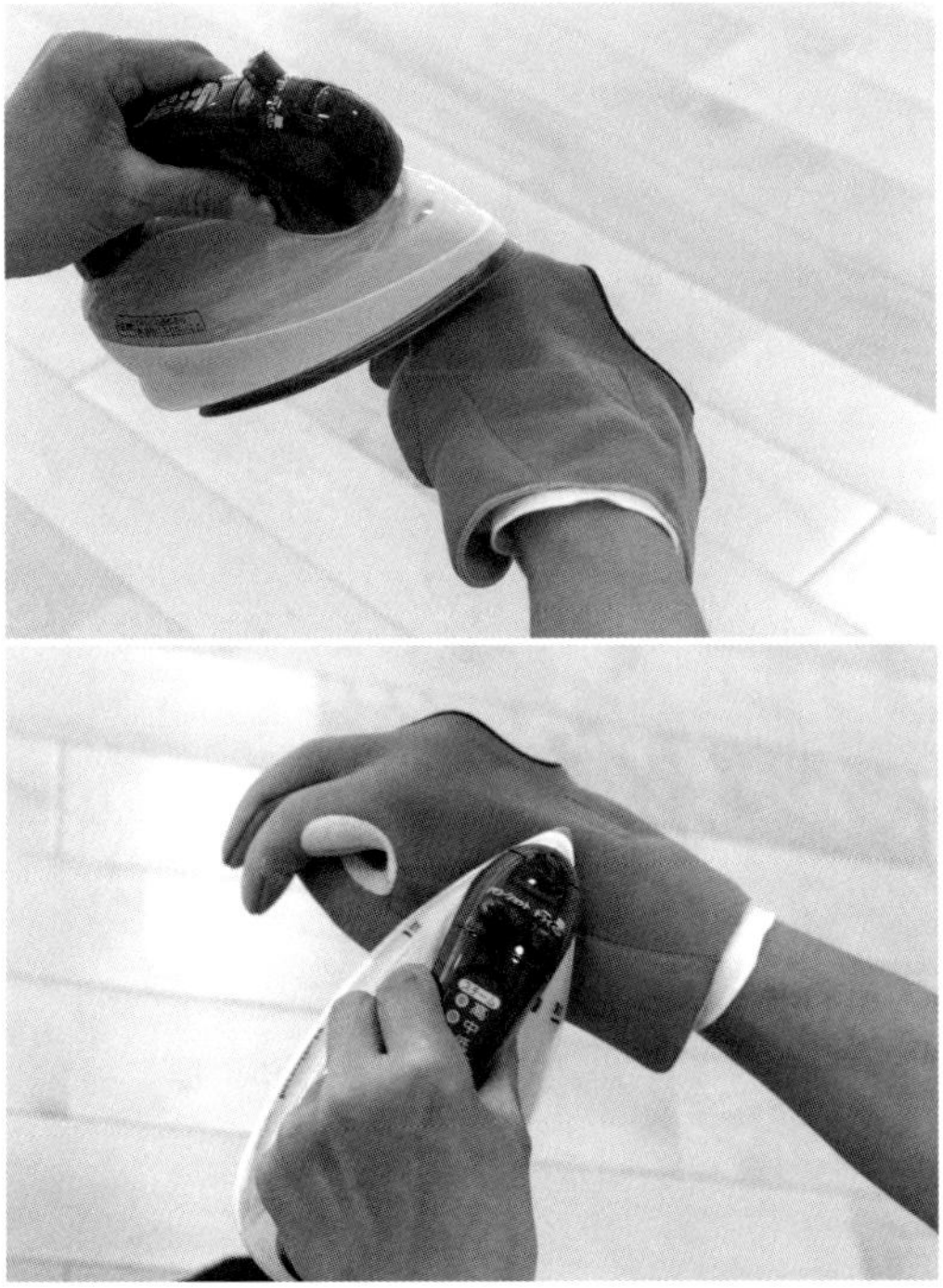

■2__アイロンを低温にあたため（スチームは使用しない）、手の形に沿うように当てていく。アイロンで硬くなってしまった場合は、よくもみ込んで柔らかくする

弭の緒、小紐《こひも》、台革《だいがわ》の手首周辺、捻《ひね》り革《かわ》の上、拳《こぶし》の関節周辺がもっともシワや癖が生じやすいので、その部分を中心に、手の形に沿うように当てるとよい（**写真2**）。

アイロンをあてて硬くなってしまった場合は、よくもみ込んで柔らかくしよう。

弽《ゆがけ》の汚れはどう落とす？

油性汚れはヤスリか砂消しで、水性汚れは水洗いが効果的

執筆＝黒須 憲

シミやベタつきの原因はぎり粉の油分

弽の汚れの多くはぎり粉によるもので、ベタつきやシミの原因になるのは、ぎり粉の油分である。練習終了後は、弽についている余分なぎり粉をよく落としてから保管するようにしたい。

ぎり粉は、松やにを煮込んで油分を蒸発させてつくったもので、反対に油分を足してつくるのがくすねである。市販のぎり粉は、充分に煮込んでいないものが多いため、油分が多く、ベタつきや汚れの原因となる。多少値段は高くても、良質のぎり粉を使うようにしたい。場合によっては手づくりも可能である（P265参照）。

ぎり粉で黒くなった油性汚れは、ベンジンやシンナーを使うと落ちる可能性が高いが、シミになることもあるので注意が必要だ。こびりついた汚れは、砂消しゴムや細かい紙ヤスリ（#600～#1000番）で注意しながら削り落とすとよい（**写真1**）。

手アカやほこり汚れは水で落とす

水溶性の汚れは水拭きをするが、水をつけるとシミやムラが生じる恐れがある。また、市販の革用クリーナーなどの手入れ剤を使用する場合も、かえって革を汚してしまうことがあるので、あらかじめ目立たない部分でテストするとよいだろう。

ただ、シミやムラが生じる恐れがあるとはいえ、手アカや一般的な汚れは、洗剤を使っての水拭きや水洗いがもっとも効果的だ。弽の緒《お》などは、外して洗剤で手洗いをする（**写真2**）。部分的に行なうとシミやまだらになることもある。乾かすときはかな

らず自然乾燥で行ない、硬くなった場合はよくもみほぐして、場合によっては手入れ剤などを用いるとよいだろう。糊《のり》で貼り合わせてある部分の水洗いは、碟の破損につながるので厳禁である。

■1__ぎり粉で黒くなった部分は、細かい紙ヤスリなどで削り落とす

■2__緒を外し、洗剤で水洗いしてみた。
洗った部分は汚れが落ち、色が明るくなっている

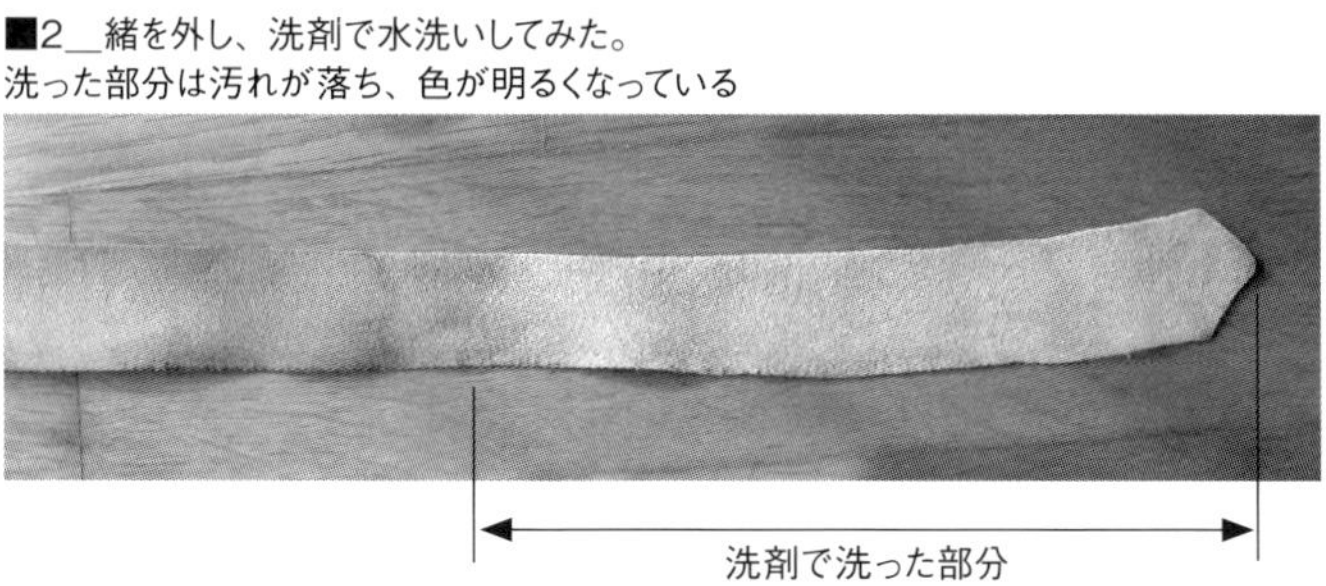

自分でできる弽《ゆがけ》の弦道《つるみち》の修理法

的中に影響する弦道は、日頃からこまめにチェックしよう

執筆＝黒須 憲

弦道の状態を確認するための3つのポイント

弽は射術に影響を与え、とくに弦道の状態は離れや的中に大きく影響する。弦道の状態を確認するポイントは3つ、1弦枕《つるまくら》の位置、2弦枕の向き、3弦枕の溝の深さである。

弦枕の位置は、力の入り具合や筈《はず》こぼれ、篦《の》じないと関係し、向きは馬手《めて》の向きやひねりと、深さは離れと大きく関係する。なんとなく離れが重い、引っかかる、勝手の向きがどうしてもうまくいかないなどと感じたら、弦溝が深くなっていたり、向きが悪い場合が多い。

緩む、ひねりが戻るなどの癖によってうまく離れないことが続くと、次第に弦が食い込むようになり、自然と弦溝が深くなる。本来は弦1本分もあれば充分なのだが、最初から2本分もあるような弽もあり、ますます引っかかって、ついには角がえぐれたり、めくれたりして、弦枕を壊してしまう。

具体的にはどのような点を確認すればよいのか、ポイント別にまとめてみよう。

1 弦枕の位置

弦枕の位置が親指の根元にあるか、先のほうにあるかでかなり感覚が異なる。離れは、勝手をひねることによって親指が起こされ、弽解《かけほど》け（＊1）がおき、中指と人さし指が帽子の頭を滑り落ちて弦が弦枕から飛び出す。したがって、弦枕が先のほうにあれば（**図1／A**）、ひねりの影響を強く受け、離れが出やすい。ただし、つまんでいるような感じになって指先に大きな力が入り、油断すると離れてしまう。反対に、弦枕が親指の根元にある場合（**図1／B**）は、

保持は楽だが、帽子の根元が折れるなどして離れづらくなってしまう。また、捻《ひね》り革《かわ》で筈《はず》を押してしまい、筈こぼれもしやすくなる。数ミリのちがいでかなり異なるといえる。

2 弦枕の向き

弦枕の向きは三《み》つ 弽《がけ》と四《よ》つ 弽《がけ》で異なるが、一文字《いちもんじ》（親指と直角）（**図1／A・B**）か、筋《すじ》ちがい（斜め）（**図1／C**）かで、取懸けをしたときの親指の向きに影響を与える。

親指の弦枕が筋ちがいについている場合は、どうしても親指先が下を向き、矢との平行や弦との十文字を維持することができなくなり、手首が折れたたぐる形になってしまう。その状態でひねりを加えると、弽の親指先が弦の内側に入り、離れの際に弦で腹革《はらかわ》をすったり打ったりする（**図1／D**）。その結果、腹革に段がついたり（**図1／E**）、矢色《やいろ》がついて（＊2）、矢は前に外れやすくなる。また、引分けるにしたがって親指先が下を向くので、矢筈を押し出して筈こぼれもしやすくなる。さらに、無理に直角を維持しようとすると馬手に力が入り、力んだ状態になってしまう。

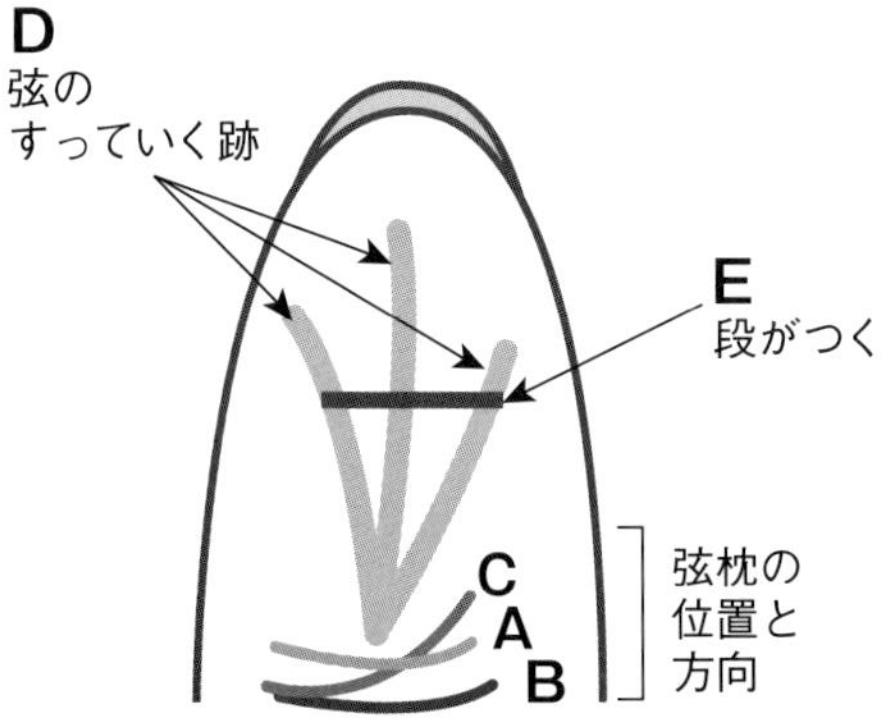

■図1＿弦枕の位置と方向

3 弦枕の溝の深さ

弦枕の溝の深さは、弦1本ぐらいが適当だろう。弦の太さの半分もあれば引くことが可能で、ひねりさえ加えておけば外れることはない。深いと、離れのときに弦枕の壁を弦が越えられず、瞬間的に弦を解放することができなくなる。最初から弦の直径の2倍もあるような深い溝もあり、緩む癖のある場合は、ますます深くなってしまう。

自分でできる弽の弦道の修理法

とくにひねりが戻り、馬手が強い場合には、引っかかるような感じがして、一気に離れが出なくなる。こうなると、ねらいや矢束《やつか》、角見《つのみ》の働きのバランスやタイミングが崩れてしまう。

簡単な調整は自分でやってみよう

本格的な修理は専門の職人に依頼しなければならないが、弦道の修正や、すり切れ、はがれの修正（P126参照）など、簡単な修理や調整は自分でできるようにしたい（ただし、射手の修理は職人には嫌われることが多い）。

弦道の不具合を調整するには、腹革をはがして内側を修正する方法と、外側に革を貼って溝を埋め、新たに枕を削り出す方法がある。外側に革を貼る方法が簡単である。

内側を修正する方法

帽子革（頭革）と腹革を縫いつけてある糸をナイフで丁寧に切り、頭のほうから革をはがしていく（**写真1**）。弽の腹革をはがすと、その下には牛革などが貼ってある。これで段差をつけて、その部分に弦を引っかける構造になっている。弦枕が動く場合には、この牛革がはがれているので、接着剤で貼りつける。深さや向き、位置は、この牛革を削ったり貼り足したりして調整する。段差は弦1本分ほどにし、その深さに牛革を接着剤で貼って、その上から再び接着剤で腹革を貼る。すき間ができないようにしっかり押さえつけて完成である。

外側を修正する方法

溝が深い場合は、革を貼って埋めるか、2液混合型のエポキシ系樹脂《じゅし》で盛り上げて、弦溝を新たに成型する。瞬間接着剤は、不要なところにたらすと革が硬くなり、修正不可能となるので注意が必要だ。

写真2は控《ひかえ》なしの堅帽子《かたぼうし》弽だが、射手の取懸け位置が悪く、親指付け根の縫い目に弦をかけて引いて

いたため、2段の弦枕になってしまった。本来の弦枕は指先のほうに斜めについていてまったく用をなしていない。弦枕を正しい位置に戻すことと、斜めになっている弦枕を一文字にするように修正した。

＊1　弽解け……伸合いによって弽の帽子とほかの指がわずかにずれ、ギチギチと音がすること。
＊2　矢色がつく……矢がまっすぐ飛ばず、左右に振れたり上下に泳ぐように飛んだり摺りこぎ状態で飛ぶこと。

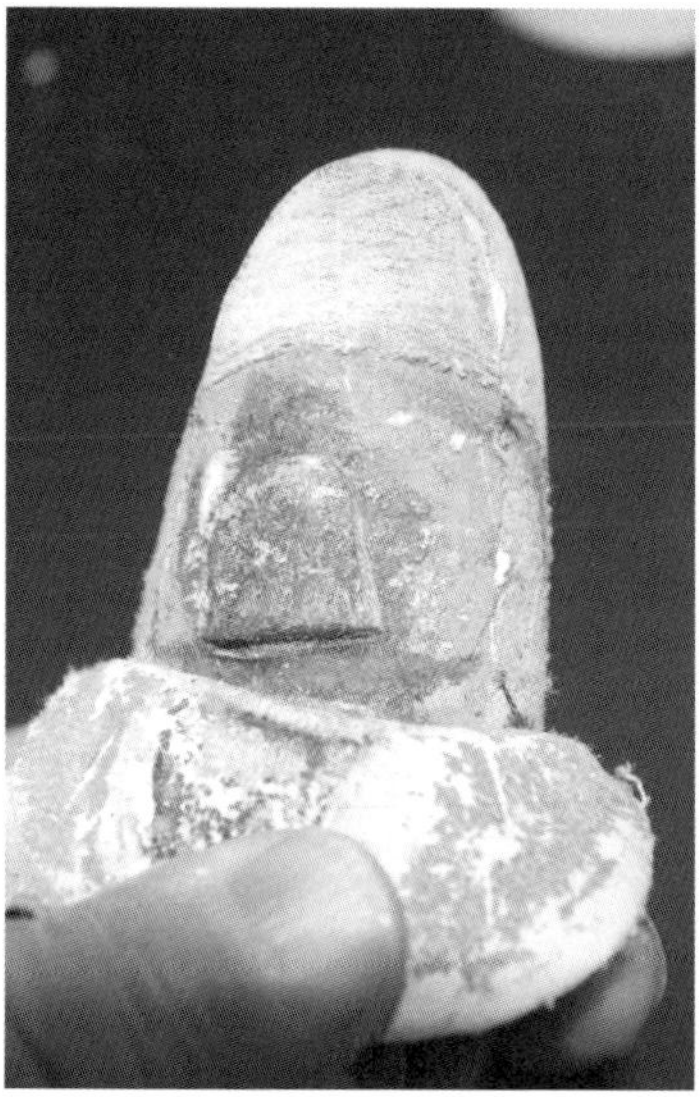

■1__腹革を丁寧にはがすと、段差をつくる牛革などが出てくる

＊弽の製作には、接着剤として飯糊（そくい／ご飯粒をねったもの）が使用されている。自分で修理をする際は、木工用接着剤で代用してもよい。また、合成ゴム系接着剤は乾燥が早く、柔軟性を損なわない

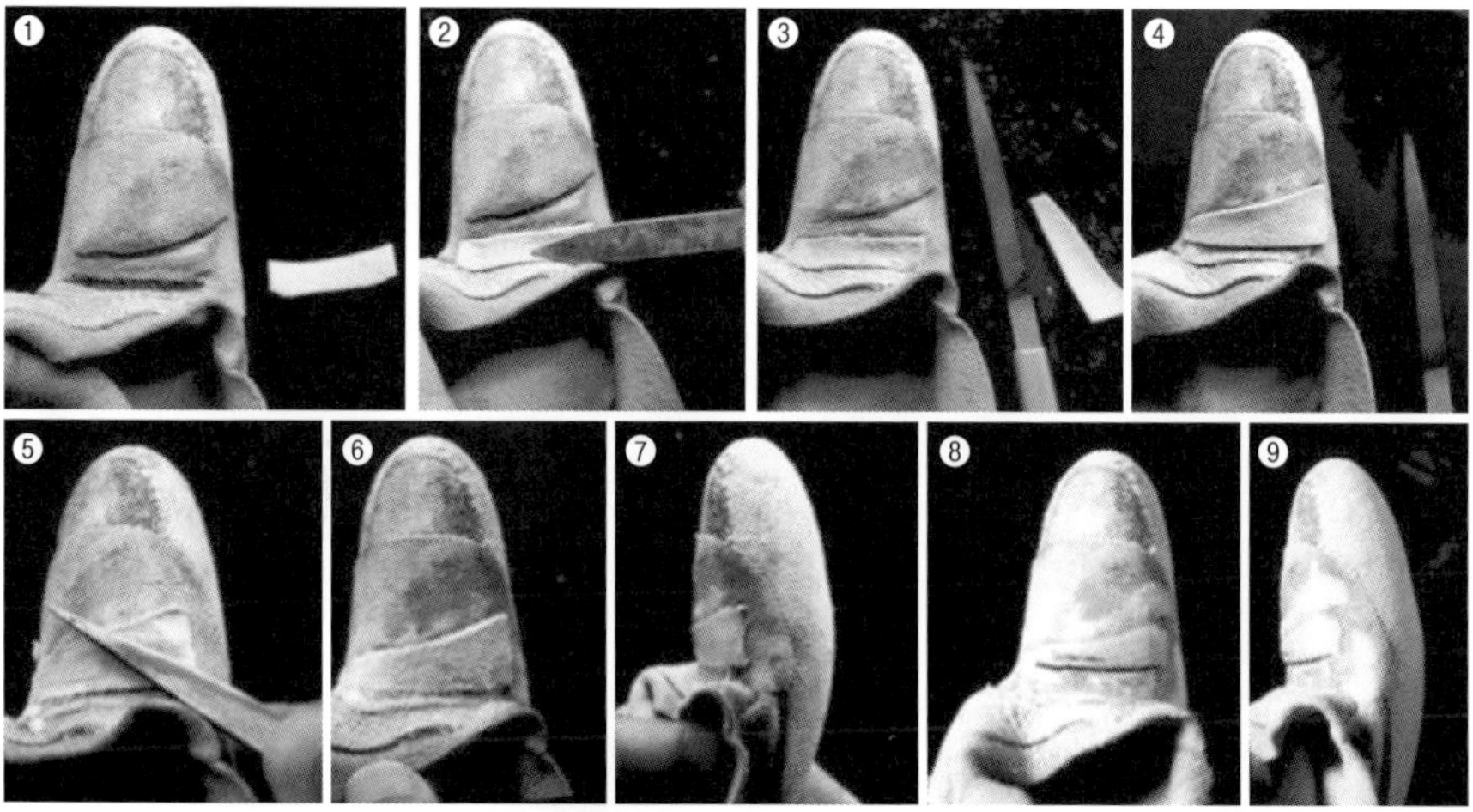

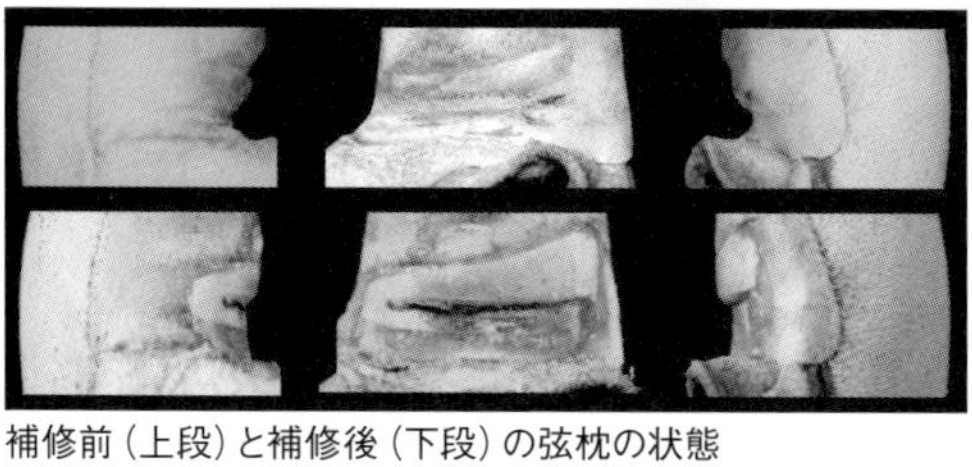

補修前（上段）と補修後（下段）の弦枕の状態

■2__
①②縫い目に革を貼り、深くなった溝を埋める
③④弦枕の角度を変更するため、三角に切った革を貼りつける
⑤⑥⑦貼りつけた革を瞬間接着剤で固めながら、ナイフとヤスリを使って段差をなくし、表面を滑らかにする
⑧⑨新たに弦枕をつくる場所を決め、ヤスリとナイフで弦1本分ぐらいの溝を掘る。凸凹がないように丁寧にヤスリをかけて仕上げをする。必要であれば、腹革にくすねやロウを塗る

弽《ゆがけ》のすり切れやはがれの修理法

執筆＝黒須 憲

市販の革パッチや弽の緒を使って補修する

弽の革がはがれた場合は、接着剤で貼りつける。貼りつけた縁がめくれないように、大きさや位置を工夫しよう。

中指に開いた穴の補修方法

市販されている修理用の鹿革パッチを使ったり、小さい箇所には握り革や弽の緒《お》を切った余りなどを使用する。革の大きさは、補修する箇所の三倍ぐらいの大きさがよい。市販の鹿革パッチは、縁を漉《す》いて薄くしてある（**写真1**）。指の部分はとくに柔軟性が必要なので、接着には、合成ゴム系接着剤、または木工用ボンド、ご飯粒などを使用する。使用方法は、それぞれの接着剤の説明書に従うこと。

パッチを貼る位置は、行射《ぎょうしゃ》の際に、パッチの縁がほかにふれてめくれないように注意して決める（**写真2**）。

位置が決まったら、貼り合わせる面のゴミや油分を、ヤスリやベンジンで完全に落とす。その後、合成ゴム系接着剤の場合は、貼り合わせる両面に接着剤を薄く塗り（**写真3**）、乾いたところで圧着をする（**写真4**）。このとき、パッチをよくもんで柔らかくすると貼りやすくなる。

捻《ひね》り革《かわ》や帽子革も、同様に修理を行なうことができる。

指の縫い目がほつれた場合の補修方法

弽の指の糸が切れて指の付け根が開いてしまうと、指が安定せず具合が悪い。革で輪をつくり、指輪のように差すと、根元が締まってしっかり引くことができる（**写真5～6**）。

写真（1～4）提供／有限会社 加藤弓具店

■1＿修理用鹿革パッチ

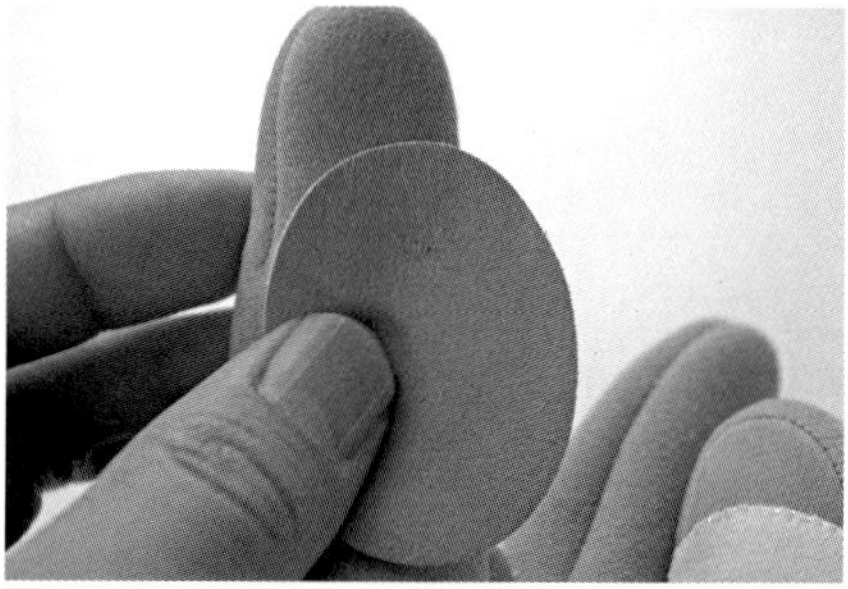

■2＿パッチの縁が人さし指などに
ふれてめくれないように注意して位置を決める

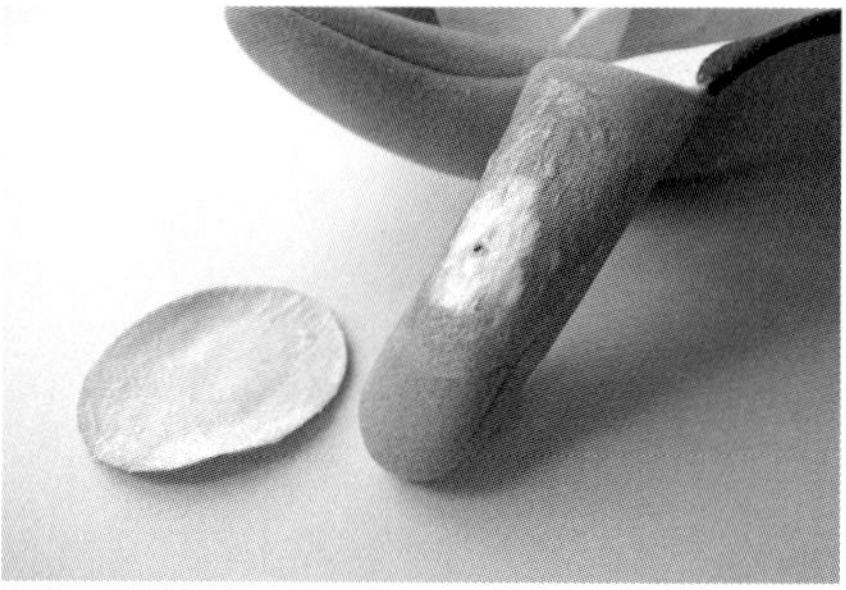

■3＿接着剤を、パッチと中指の両方に薄く塗る

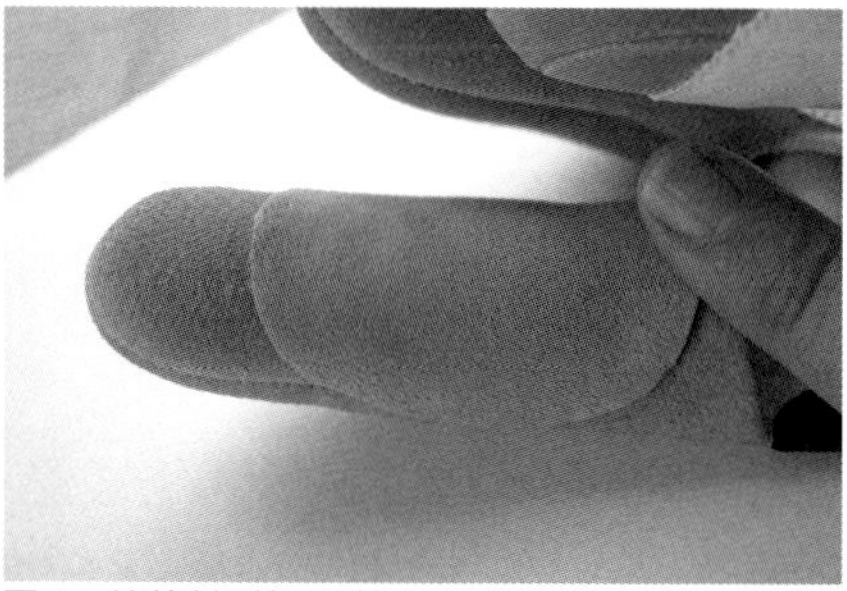

■4＿接着剤を塗った端に
パッチの縁が重なるように貼りつける

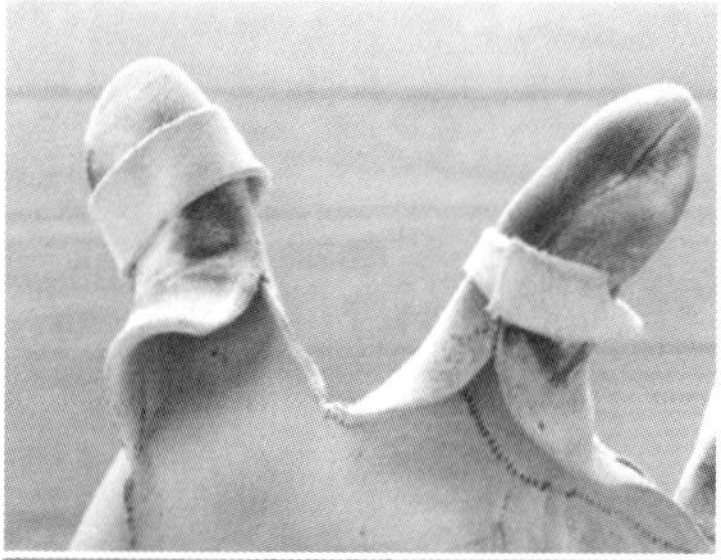

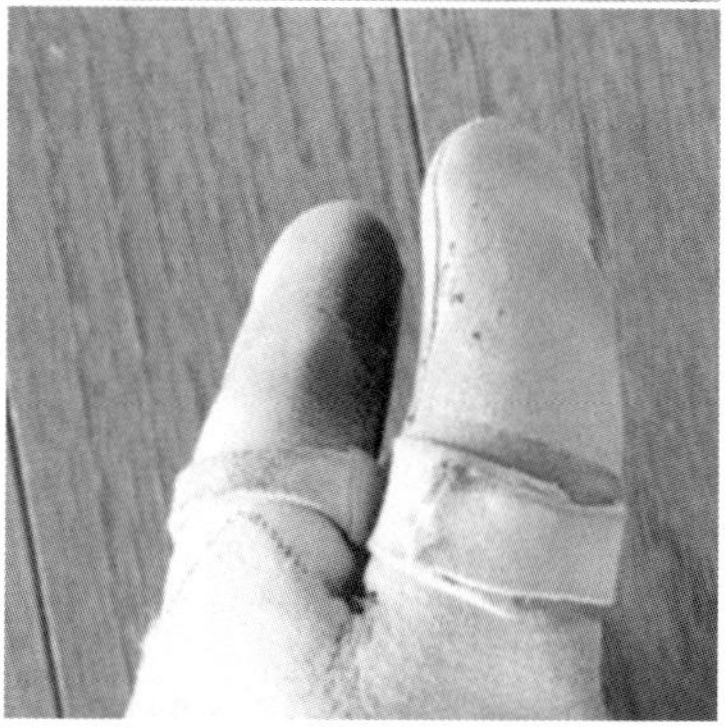

■5＿革で輪をつくり、指輪のように差す。
握り革や弽の緒を切った余りなどを
使用するとよい

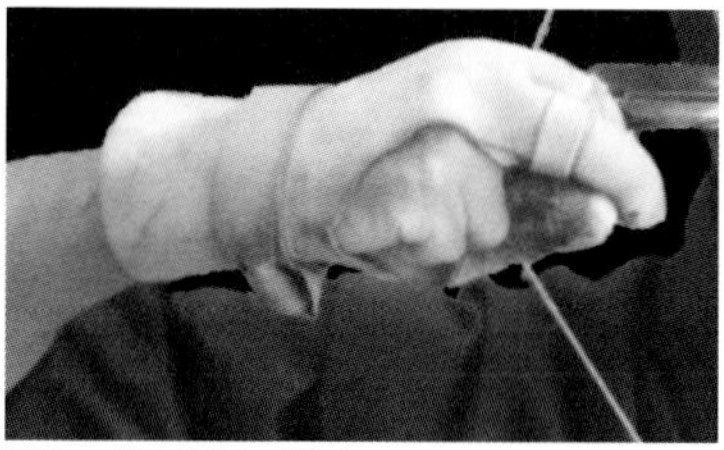

■6＿指の根元が締まって、
しっかり引くことができる

弽《ゆがけ》の溝の深さを中仕掛けで調整する裏技

離れが引っかかるときは、中仕掛けを太くしてみよう

中仕掛けには2つの部分があり、それぞれに役割が異なる。

1 矢筈《やはず》を番《つが》える部分
2 弽の弦枕《つるまくら》をかける部分

弽の弦溝が深いような気がする、なんとなく離れが重い、引っかかる、枕がえぐれる、などと感じたら、弽の弦溝を修正する前に、中仕掛けを太くしてみるのもひとつの手である。

弦枕をかける部分を太くする

10～30キロという弓の強さが弦の圧力として弦枕にかかるため、弦が細いほど弦溝に食い込み、その結果、離れづらくなったり弦枕が凹んだりえぐれたりする。

弦が太くなり、面積が広くなれば、力は分散し、食い込むこともなく、弦枕への負担も少なくなる。また、太ければ、弦の中心が弦枕の浅い位置に移動し、弦溝から弦が出やすくなる（**図1**）。太い弦は弦枕の段差を越えやすいのである。

筈を番える部分を太くする

弦の重心は、中仕掛けがないと中央にあって、中仕掛けが太く重くなると中仕掛けに近づいてくる。弦は波打ちながら矢を押していく。

弓術伝書によると、「弦三所に納る事」として上下中の順番で納まるのがよいとされている。

「物を射貫べき弦」としては「筈をかける所に一寸ほど細い針金を巻きその上を苧《お》で巻隠す」とある。

執筆＝黒須 憲

また、通し矢の弦は「中仕掛けには三味線の糸を二重に巻き付ける」とある。太く丈夫にする目的のほかに、重心を中仕掛けに近づけ、弦の復元を安定させる目的があったのではないだろうか。

現在は合成繊維の弦が多く使われ、従来の麻弦と比較して丈夫なため、軽く細い弦を使う傾向がある。中仕掛けもあまり手間をかけず、見た目からも細いものが多いのではないだろうか。太ければよいというわけではないが、自分の射術や弽の状態に合わせて適切な太さや形を工夫し（**図2**）、丁寧につくることが大切である。このような心構えが、弓道上達の秘訣だといえるだろう。

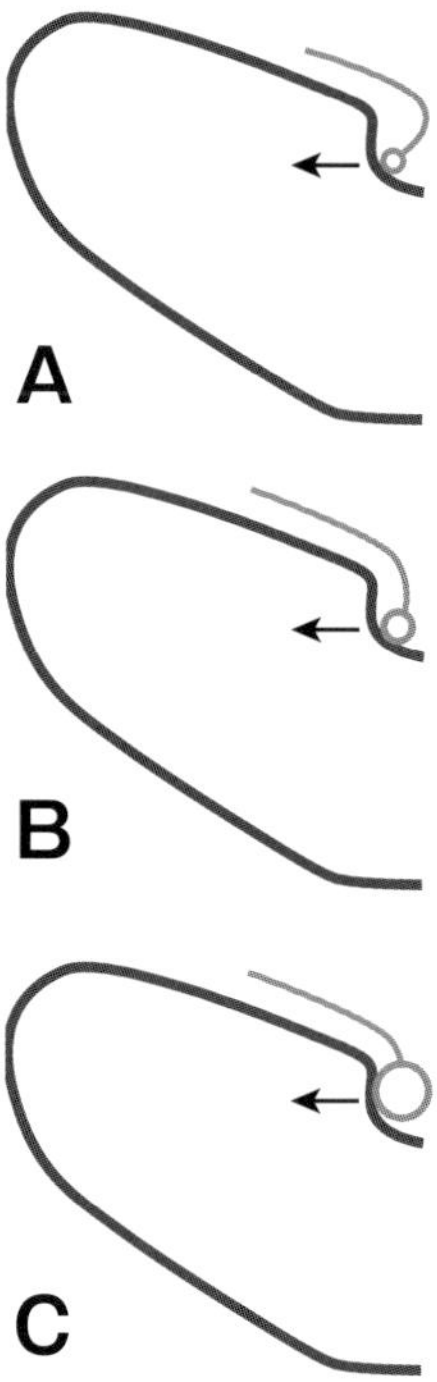

■図1＿弦が細いAに比べて、Cの太い弦は、弦枕の段差を越えやすい

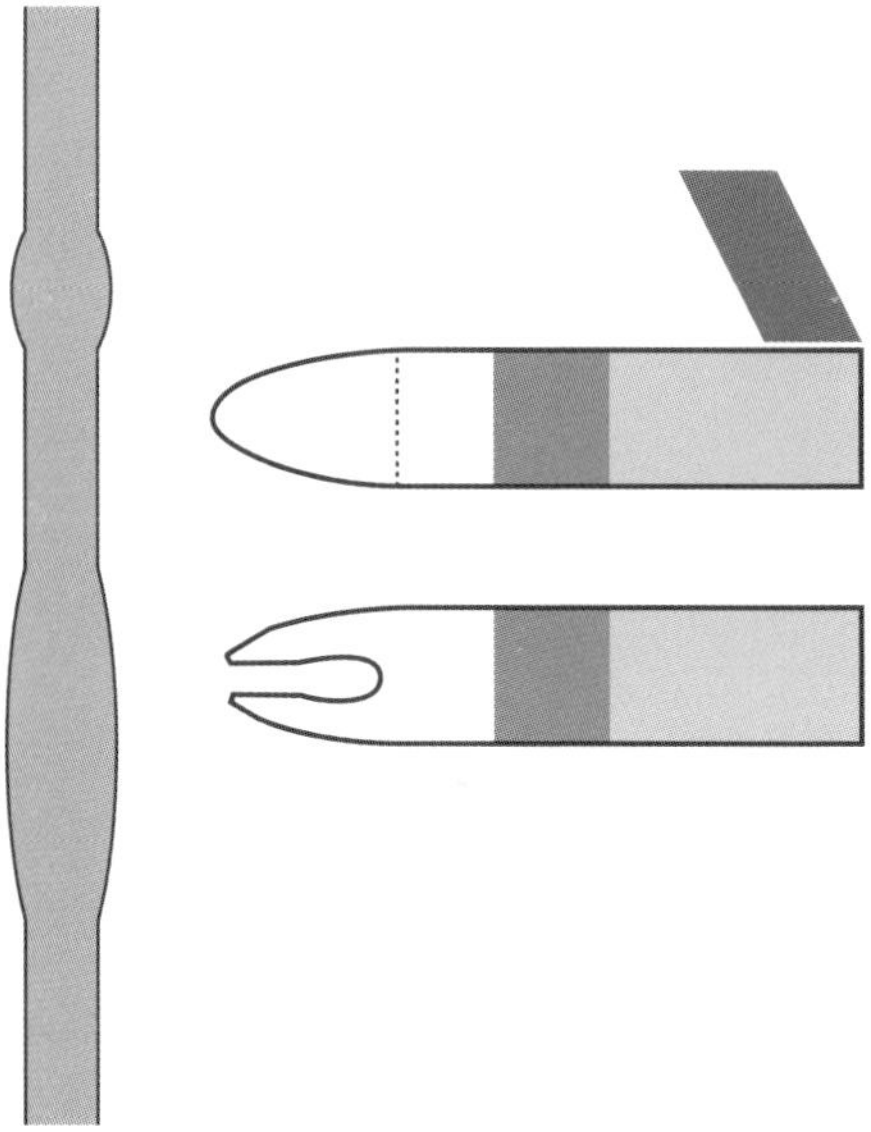
■図2＿含みを持たせた筈が上にずれないようにツユをつけ（P64参照）、弽の弦枕をかける部分を太くしたひょうたん型の中仕掛け

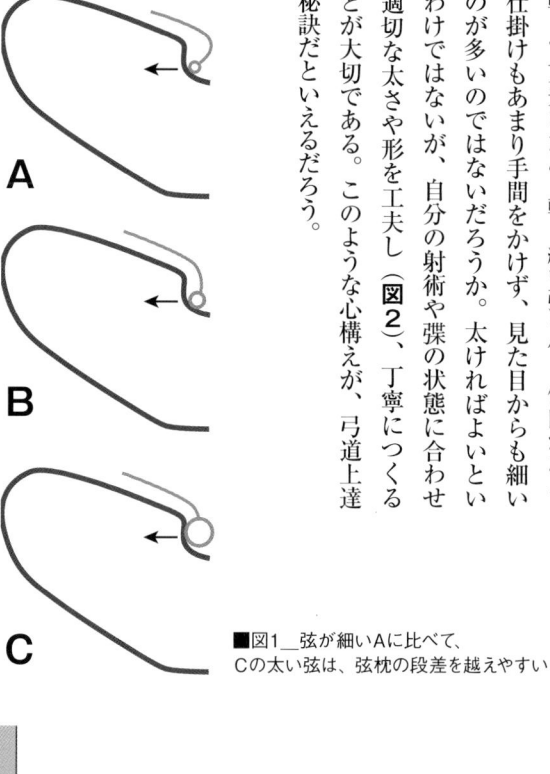

的中を左右する弽《ゆがけ》の不具合

傷みはないか、扱い方はまちがっていないか、ここに注意しよう！

執筆＝黒須 憲

弽を選ぶ際の注意点

学んでいる流派や技術によって選び方は異なるが、弽は手に合ったものを使用したい。一般によいといわれている弽の条件を挙げてみる。

1 一の腰の張り込みが薄く柔らかい
2 小紐《こひも》の上部が柔らかい
3 親指の付け根が丈夫
4 親指は手形いっぱいに短い
5 二の腰の張り込みが強い
6 親指は内側に曲がらず、先は中指を向いていて、一の腰から帽子の先まで、いずれの方向から見てもまっすぐになっている

的中に関しては、丈夫さよりも軽く操作性の高い弽が有利である。くれぐれも、見た目の豪華さや重厚感だけで選ばないようにしたい。

日々確認したいチェックポイント

購入時に注意しても、弽は使い方によって変化してしまう。次のようなことに注意が必要だ。

①弦枕《つるまくら》が深くなる

合成繊維の弦は丈夫なため、細いものを使う傾向がある。それにともなって中仕掛けも細くなり、弦枕に食い込んだり、緩んだり離れがうまくいかないとえぐれて深くなり、ついにはめくれて穴があくことがある。こうなると、軽い離れは望めない。中仕掛けの太さを工夫したり、弦枕を浅くするなどの調整が必要である。

②弦枕が二段になる

取懸けで、弦が正しく弦枕にかかっていない状態で行射《ぎょうしゃ》を続けていると、弦溝が二段になる。引分けの途中で弦がずれ、カチっと音がする状態である。

縫い目が切れたり、親指の根元が折れる原因にもなるため、弦を正しい位置にかけるように注意をする。

③弦枕の角度や位置が変わる

たぐる癖があったり、ひねる角度が悪かったり、ゆるみ離れなどで離す方向が悪いと、弦枕が斜めについたり、ときには中の牛革がずれて弦枕を壊してしまう。こうなるとますます射形《しゃけい》に影響し、的中は望めなくなってしまう。早めの修理が必要だ。

④親指の根元が折れる

手入れや使い方が悪いと、親指の根元が折れる。弽の腰の弾力が利用できないため、軽い離れは望めず、的中に影響する。また親指を痛めることもある。日頃から、一の腰と二の腰の間を柔らかくし、親指が折れないようにして控《ひかえ》全体を湾曲《わんきょく》させ、その反発力を利用するようにしたい。

⑤革が硬くなる

革は多孔質《たこうしつ》の構造をしており、通気性がある。汗やぎり粉、ほこりなどでこの穴がふさがってしまうと、シミや汚れの原因となるうえ、革のしなやかさが失われ、切れてしまうこともある。また、ベタベタして使用感が悪く、乾燥するとさらに硬くなって使いづらくなる。つねに汚さないように心がけ、よいぎり粉を使い、汗や湿気から守るようにしたい。

⑥革が破けたり、縫い目がほつれる

指や捻《ひね》り革《かわ》、帽子革がすり切れて穴があくと、滑ったり引っかかったりして具合が悪い。また、革がめくれて引っかかったり、指の縫い目がほつれて開いてしまうと、力が入らず安定しない。修理が必要だ。

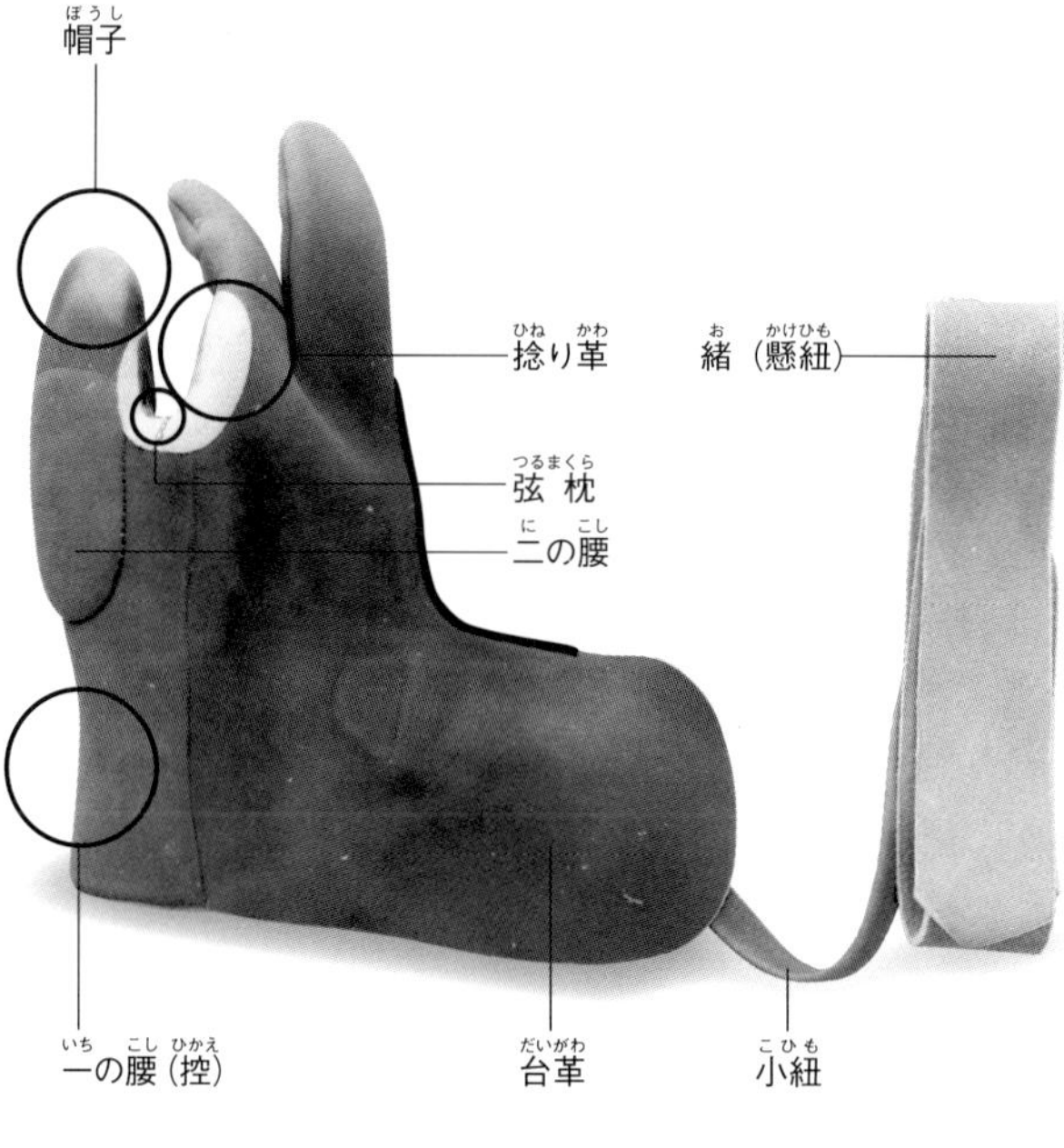

毎日行ないたい弓の手入れ

手入れをしながら、弓と弦の状態をよく確認することが大切

執筆＝佐藤 明

■図1＿姫反と小反

弦輪をかけたら張り顔と出入りの調整を行なう

弓は、稽古をはじめるときに弦を張り（弓を張るという）、終わったら弦を外して休めるようにする。弦が外されている間に、弓は裏反り（＊1）を回復しているからである。

弓を張るときには、押したところが弱くなる。裏

■1＿
姫反を押すと弦が安定する

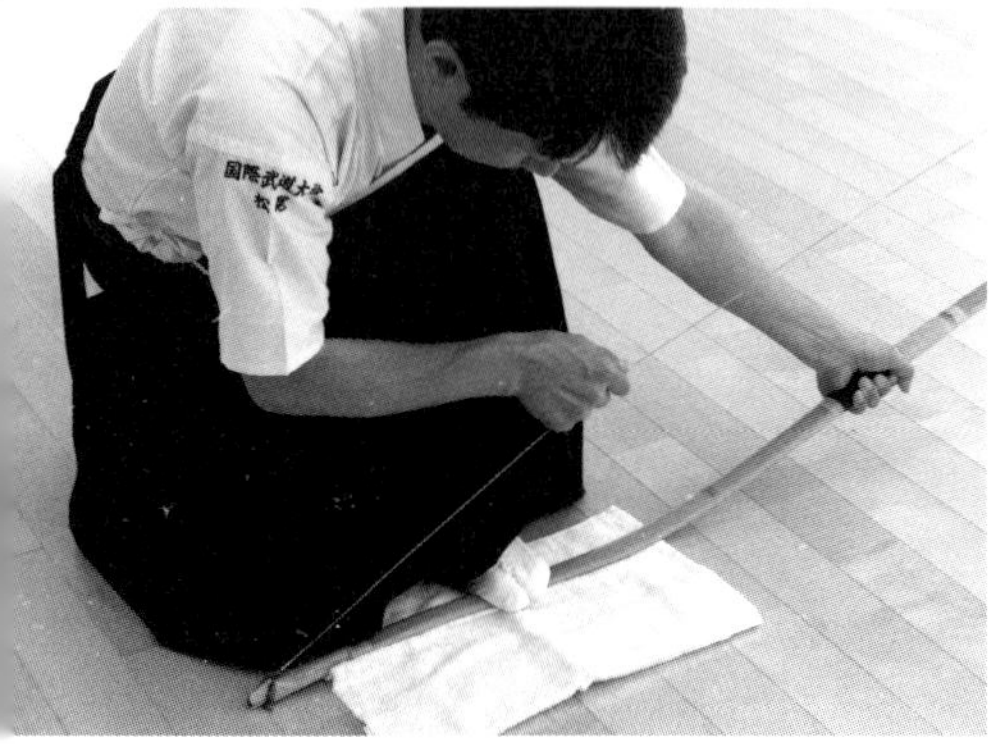

■2＿
弦を張る際に押しすぎたときは、小反を踏む

反りの強い弓ほどその傾向が際立つので注意しよう。弓張りは、弦輪《つるわ》を本弭《もとはず》にかけて終了ではなく、張った直後に、かならず張り顔《はがお》の調整と出入りの調整（＊2）を行なう。

一般的な張り方は、左手で握り下を支え、右手で本弭を引き起こして弦輪をかける。この時点で握り下には局所的に負荷がかかって弱くなっており、形にも弱味が表われている。その箇所を助けるために、上部の姫反《ひめぞり》や下部の小反《こぞり》（**図1**）を軽く押して全体のバランスを調整しなければならない（**写真1・2**）。

さらに、出入りが適正かどうかをみて調整する（**写真3・4**）。その後、30分から1時間ほどおいてから使用するのが望ましい。

＊1 裏反り……弦を外したときの弓の反り具合。
＊2 張り顔と出入りの調整……P142～145参照。

中仕掛けの状態を確認し、麻ぐすねをかける

中仕掛けは矢筈《やはず》をかませるので傷みやすく、𢪸《ゆがけ》の溝が当たる箇所も傷む。また、弦は麻の繊維を撚《よ》り合わせてつくられているため、接合部のほつれなど

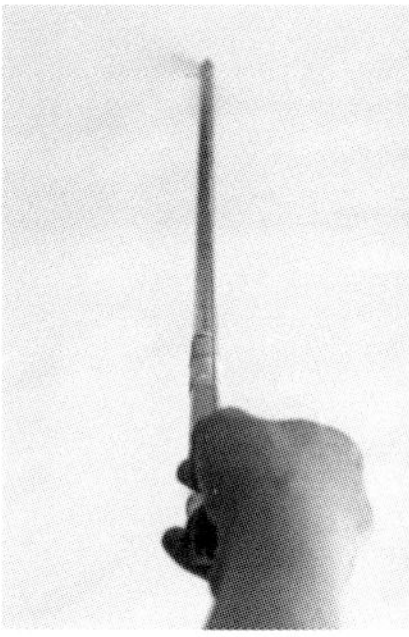
■3・4＿出入りの確認は、本弭をお腹の前に差し出して、弦を上に、弓幹（ゆがら）を下にして見通す

■5＿麻ぐすねをかける
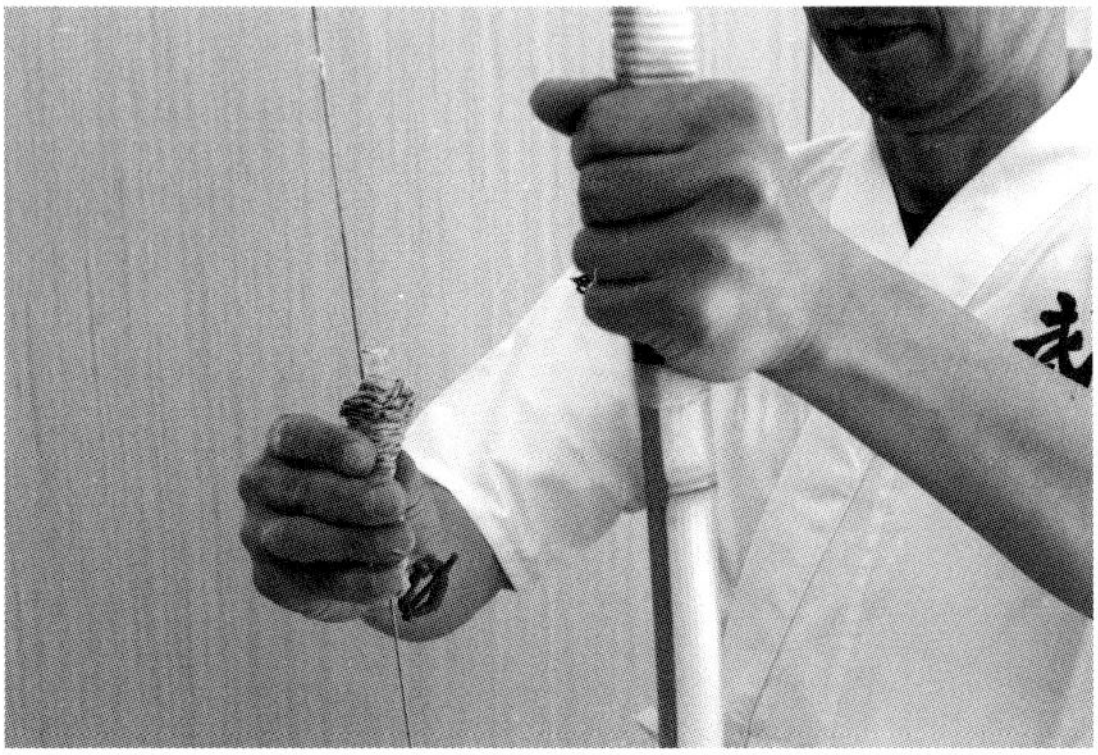

も出る場合がある。軽くくすねを引いた麻《ま》ぐすねで扱《しご》くと（**写真5**）、摩擦熱でくすねが溶けて弦の表面をコーティングし、ほつれが消えてくれる。麻ぐすねの使用は化学繊維の弦にも効果がある。

弝の高さ（弓と弦の間隔）を確認する

弝《は》の高さ（**写真6**）は、七尺三寸（並寸）の場合は14・5～15センチ、七尺五寸（二寸伸び）では15～15・5センチ、四寸伸びでは15・5～16センチが適当である。弦には、離すたびに大きな張力《ちょうりょく》がかかり、新しい弦ほど伸び率が高くなる。弦が伸びれば弝の高さが低くなる。弦を右回りにひねりながら弦輪をかけると弦が短くなるので高さの微調整ができるが、ひねる回数が増えると切れるリスクが高くなるので、麻弦《あさづる》であれば3回程度にとどめ、それ以上必要なら弦輪を結び直したほうがよいだろう。

弝が低い場合は、弓が冴《さ》える傾向になるが、弦が手を打つなどの問題や弦が外竹《とだけ》側にひっくり返る危険性が高まる。逆に高い場合は弓が鈍くなり、感性的な面白みに欠けるようになる。

練習の前後はから拭きをして状態をチェック

練習の前後には、タオルなどでから拭きをして、湿気や手あか、汚れをとる（**写真7**）。その際に、表面の傷や割れ、籐《とう》の緩みなどをチェックしよう。

裏反りの大きさを確認する

竹弓を製作するときは、裏反りの大きさを約一尺八寸（約54センチ）とし、しばらく弦を張り込んで、時間をかけて反りを少なくさせて、八寸程度になったら使用することになる。裏反りは五寸（約15センチ）から8寸（約24センチ）ぐらいで使用するのがよいといわれている（**写真8**）。

反りが大きいときは矢飛びがよいが、竹が切れるリスクがある。反りが少なくなると矢飛びが悪くなるので、数カ月休ませて回復させる。反りの少ないまま使い続けると、休ませても回復しなくなるので

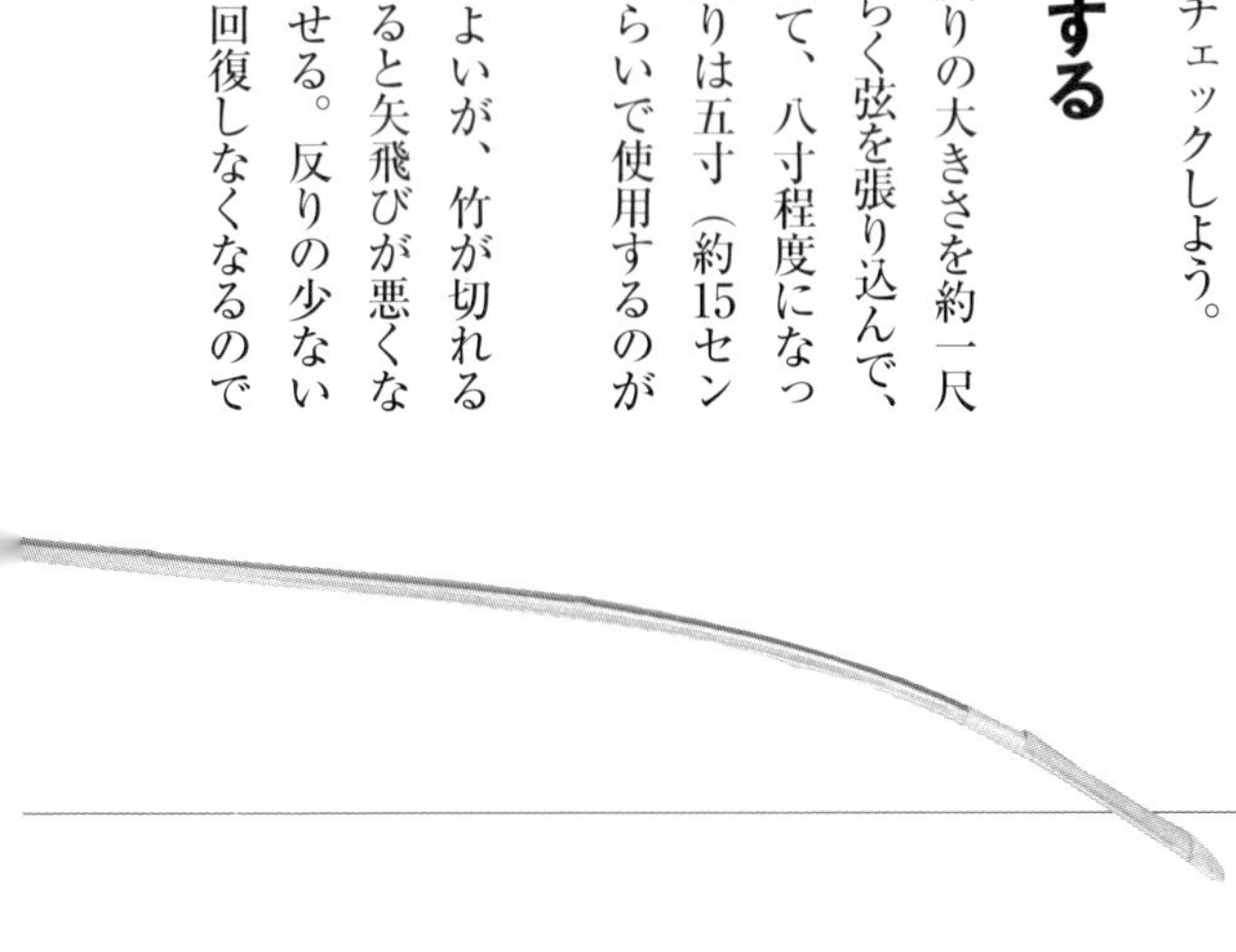

注意が必要である。

ただし、グラスファイバーやカーボンファイバーの弓ははじめから裏反りは少なく製作されているため、弦を外したあともほとんど変化はない。

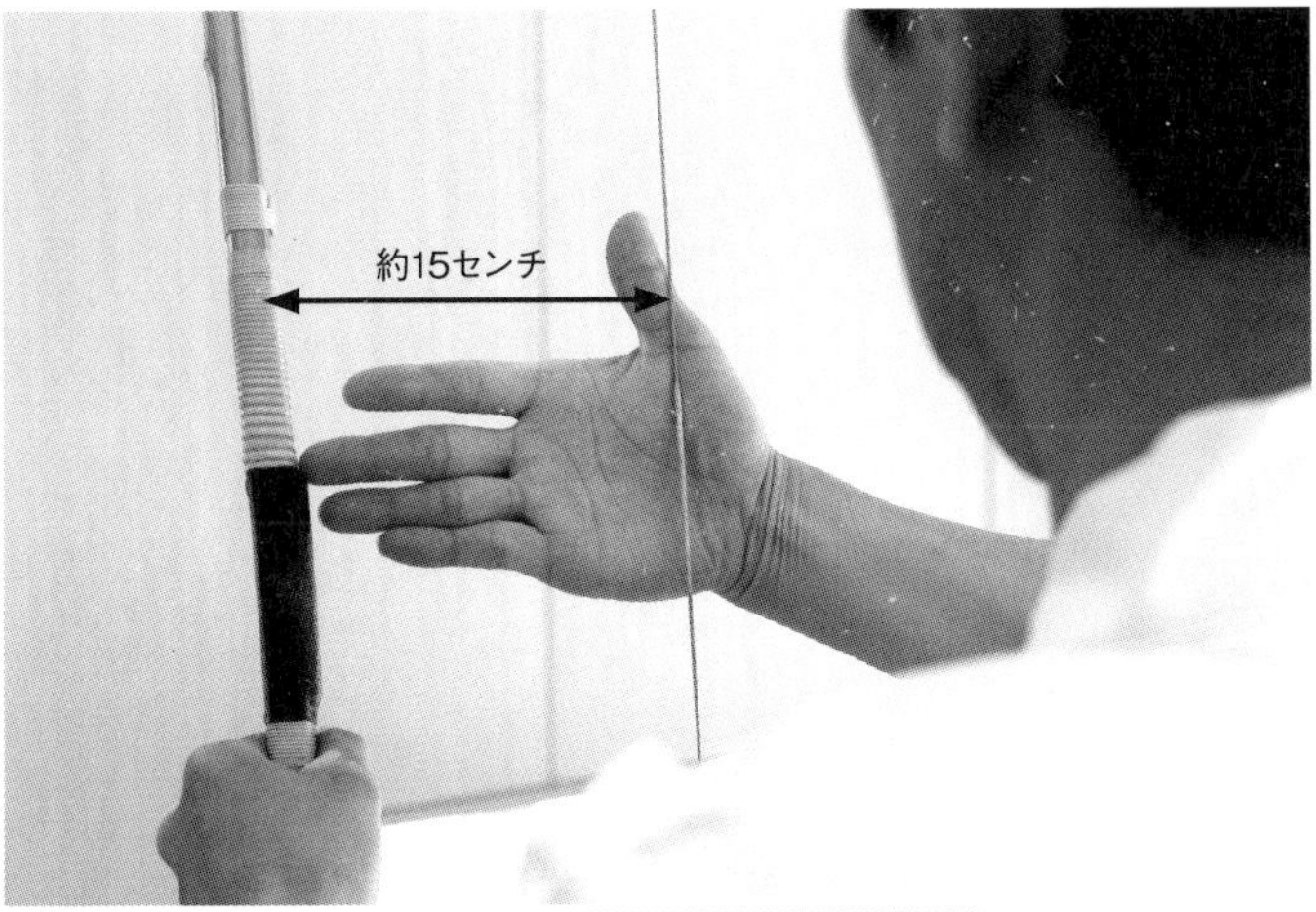

■6＿弝の高さは、手のひらを目安に測定する

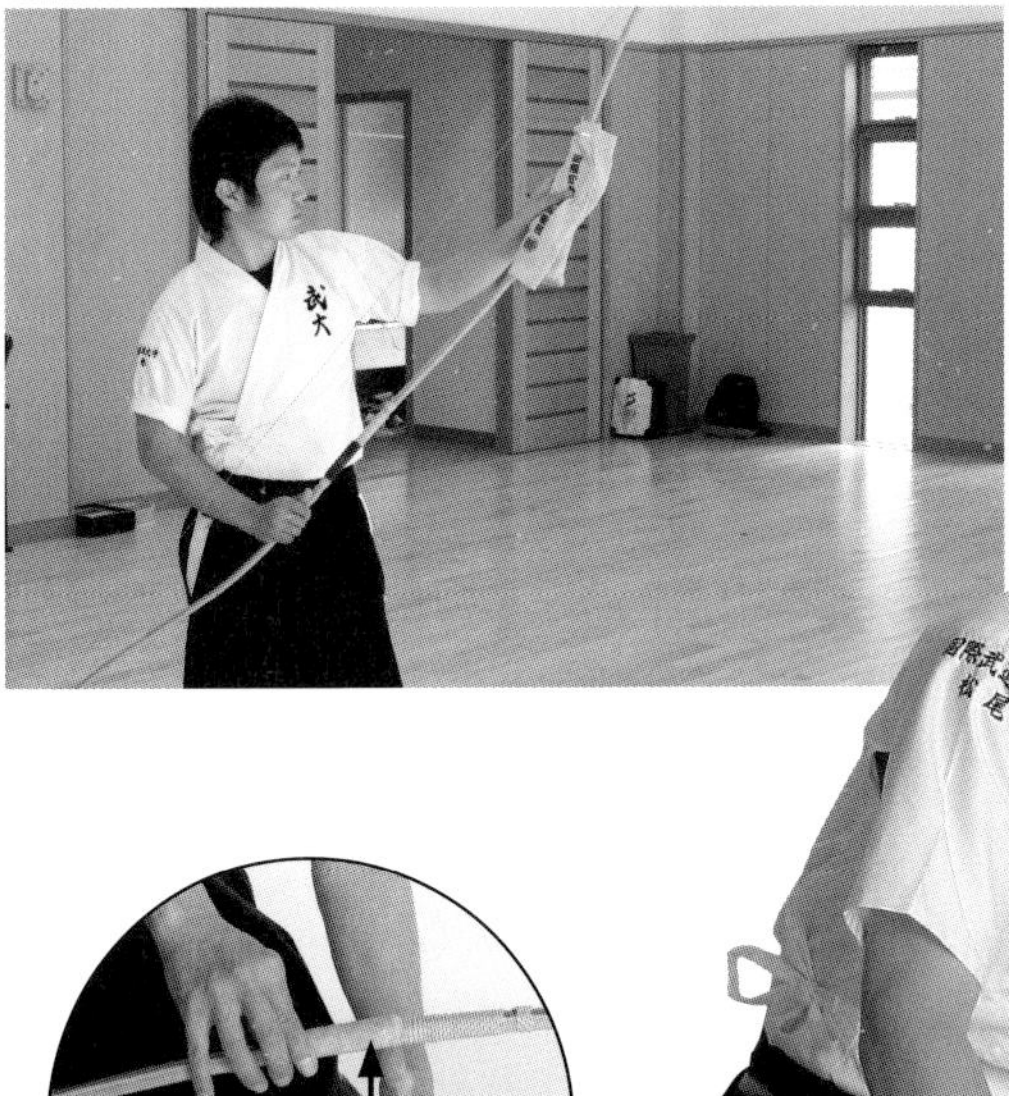

■7＿から拭きをしながら、弓の状態を確認する

■8＿裏反りを確認するときは、弦を張らずに弓を置き、握りの部分で高さを測る。弝の高さを測るときと同様に、手のひらを目安に測定するとよい

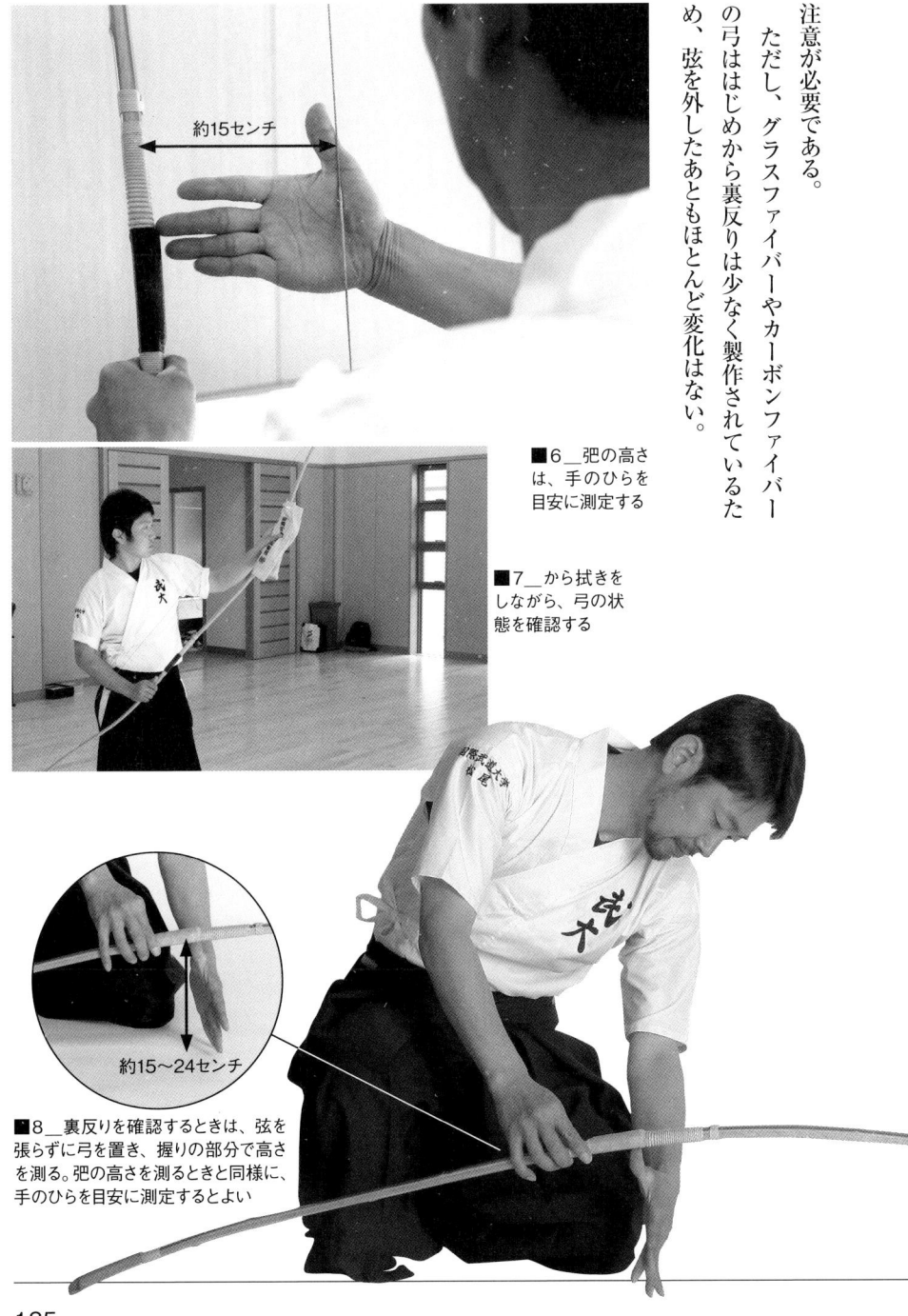

正しい弓の張り方

弓の軸を回転させず、湾曲を最小限に抑えることが大切

執筆＝佐藤 明

無理な張り外しは破損の原因にもなる

竹弓の場合、弓の張り外しによって弓の形が変化し、いっぺんに悪形にしてしまうことがある。新しい弓で裏反りの大きな弓は、柔軟性が高く、加えられた力に敏感に反応して形が変化しやすい。

弓具店に並んでいる弓は、充分な期間弦を張り込んでおり、裏反りも少なくなっている。しかし、いったん弦を外すと裏反りが元に戻っていき、反りが強くなるので、新弓については注意が必要だ。

片手押し（**写真1**）で弓を張る場合、弓を押さえた箇所に負荷がかかり、そこだけが部分的に変形してしまうことがある（これを「手形《てがた》が入る」という）。手形の入った弓を元に戻すことはできないので注意しよう。

さまざまな張り方と張る際の注意点

弓の張り方には何通りかある。1点で押さえるよりは2点で押さえるほうが安全性に優れており、面で押さえるほうがさらに安全である。

藤放《ふじばな》しの弓（誕生したばかりの弓／P181参照）は、最大の裏反りがあり、手だけで張ることは困難なので、弓師は張り台を使用して張り込む。手だけで張る場合、弓に優しい張り方として、2カ所を押す諸手《もろて》押し張りがある。これは、両手で弓を押し、ほかの人に弦輪《つるわ》を本弭《もとはず》にかけてもらうか、両手と左足かかとを使って2カ所を押して張る方法（**写真2**）である。おもに弓師が使う方法なので「弓師張り」ともいう。熟練を要するので、一般弓道家は片手で張る片手押し張り（**写真1**）をマスターしたい（張り方の手順は次ページ以降参照）。

弓を押さえた場所には、外竹《とだけ》方向へ変形する力が強く作用する。その結果、成《な》り（弓の形）が外竹方向へ抜けて舟の底のような形になりかねない。「胴抜け」とか「舟底」といわれる形だが、弾力を失い、弓としての価値はなくなる。

弓の破損防止のために最も注意したい点は、弓を曲げている最中に弓の軸を回転させないことである。回転してしまうと弓張り板から末弭《うらはず》が外れ、関板《せきいた》が壁に強く押しつけられて、切詰《きりつめ》から折れるなどの破損の原因になる。弓を押さえるときは、原則として弓張り板を押しつつ、弓の正中線《せいちゅうせん》を下方向へ正確に押していくことが大切である。

■1＿片手押し張り

■2＿諸手押し張り

正しい弓の張り方

■1＿弓張り板に末弭を入れ、左手で握りの下を、右手で本弭を持つ

基本は握り下を握るが、弓の癖によりちがいがある

■2＿弦の下輪を口にくわえ、本弭が床から20～30センチのところまで腰をかがめる

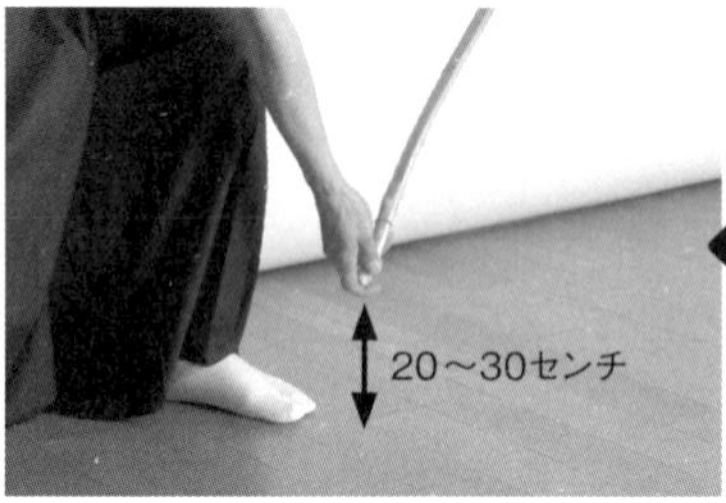

■3＿左手はまっすぐにして突っ張り、本弭を持ち上げるようにして左の腿に下の切詰あたりをのせる

左手で弓を押し込んでたわませるような力をかけないこと

■4＿口にくわえた弦を右手に取って本弭にかける

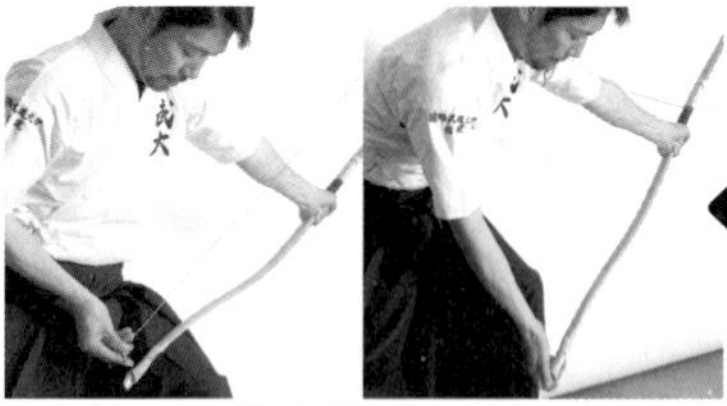

湾曲（わんきょく）を最小限に抑え、必要以上に弓をたわませないようにする

■5＿右手は弦の外から弓の下部をつかんで、弓のたわみを静かに戻す

弓がひっくり返らないようにするため、左右の上腕で弦を挟むようにする

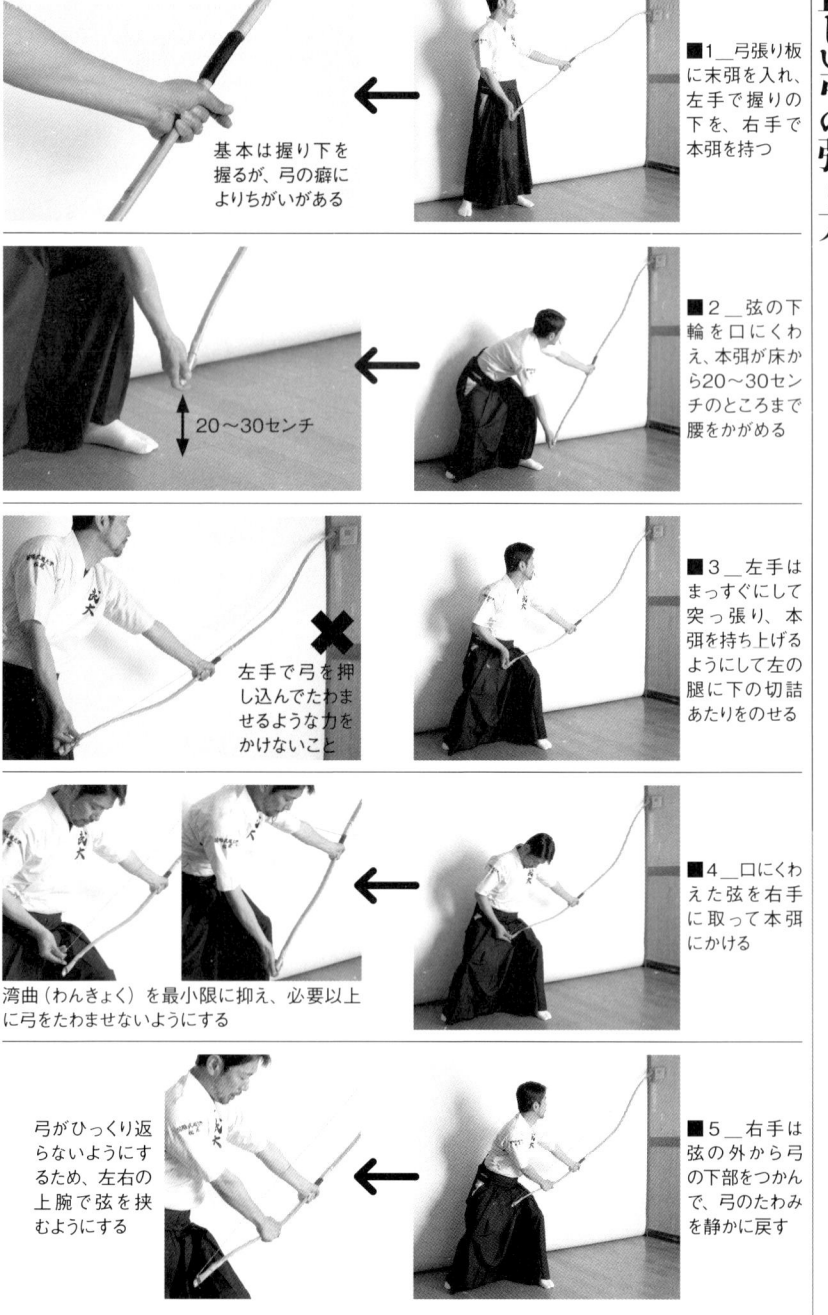

片手押し張りの手順

①道場内の柱や壁に固定されている「弓張り板」の中央のくぼみに末弭《うらはず》を当て、壁に直角に弓を構える。握り下を左手で、本弭《もとはず》を右手で持つ（**写真1**）。

②弦を口にくわえ、腰をかがめて、床から20~30センチのところまで本弭を下げる（**写真2**）。

③左腕をまっすぐにして突っ張り、右手で本弭を引き上げて弓を曲げる。弓の下に左足を入れて、太もの股関節《こかんせつ》付近で弓を支える（**写真3**）。

④口にくわえた弦を右手に取って、弦輪を本弭にかける（**写真4**）。

⑤右手で弓の下部を押さえ、両腕で弦を挟むようにして、弦がピンと張るまで曲げを静かに戻していく（**写真5**）。

⑥極端な出入りがないかどうか、弦の通りを確かめ、弦が反対に返らないことを見極めてから弓の張り顔《はがお》をチェックする（**写真6**）。

■6＿弓の出入り、張り顔を確認して修正する

弓の張り方で形を管理する方法（竹弓の場合）

癖のある弓も、張り方次第で矯正が可能

執筆＝佐藤 明

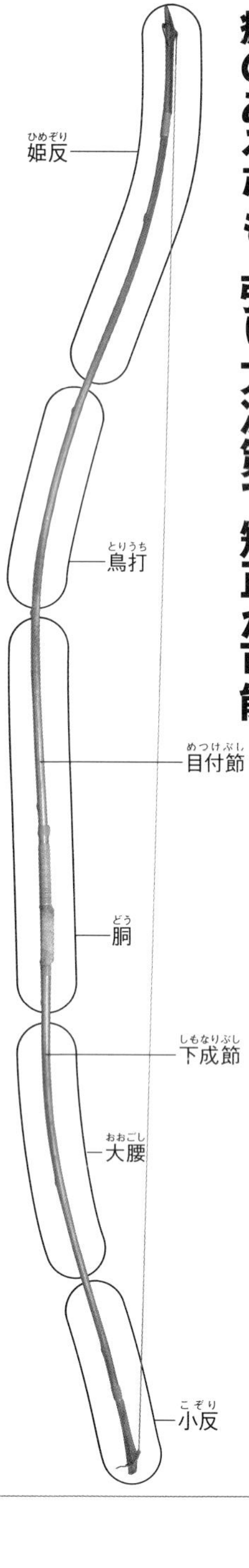

グラスファイバー弓やカーボン弓、カーボン入りの竹弓は形が安定しているので、矯正《きょうせい》するための力を加えても反応は少なく、元の形に戻りやすい。ここでは竹の弓について述べる。

成り場の強弱を読み形をととのえる

上部の鳥打《とりうち》や下部の大腰《おおごし》を「成《な》り場《ば》」といい、それらと連絡する姫反《ひめぞり》や中央部の目付《めつけ》、握りの湾曲《わんきょく》の程度、下部の小反《こぞり》の強さなど、全体のバランスをみて強弱を判断する。

◎握り上部の目付が弱い弓は、握り下を押して張る。

◎上部の鳥打や姫反が弱い弓は、下成《しもなり》を押して張る。

◎下部の大腰や小反の弱い弓は目付を押さえる。

◎極端な出木《でき》の弓は、右から左に向かって押しながら張り、入木《いりき》はその反対向きに張るとよい（**写真1・2**）。

◎握りを直接押すことは避ける。

弦を張った直後は、力の影響を受けやすく形が変化しやすいので、手早く修正することができる。形を整えたら、1時間ほど張り込んでから使用するのがよいとされている。

火入れや鳥居を使った矯正方法

弓の張り方だけで矯正できない弓は、矯正したい箇所を火であたためてから力を加える方法をとる。さらに頑固な弓は、鳥居の形をした矯正器を使用して、テコの力を利用して力を加える方法をとる（**写真3**）。その際、弦が反対側へ返らないように、上切《かみきり》詰《つめ》部分を弦と一緒に切れ弦などで縛って固定することが重要である。火の強さやあたためる時間、加える力の強さなどは、熟練を要することなので、指導を得ながら経験を積むことが必要である。

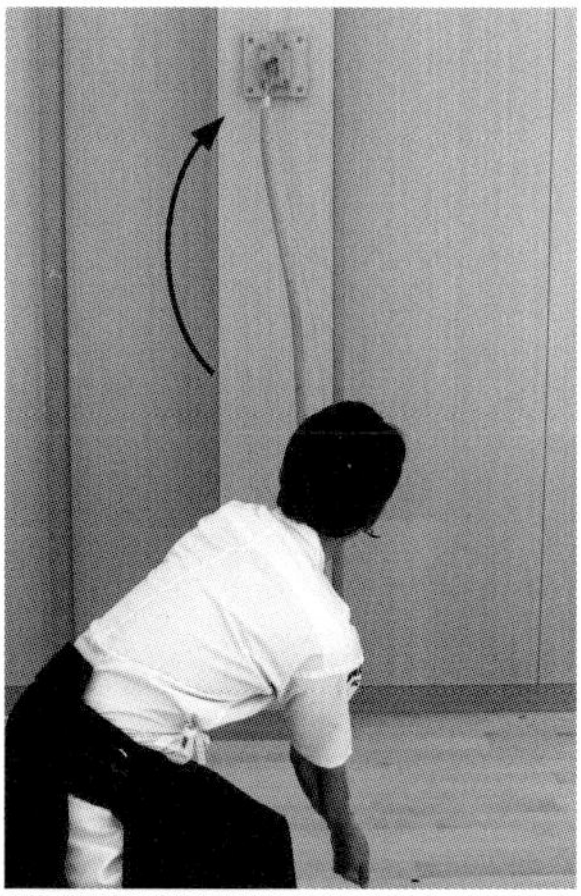

■1＿極端な出木弓は、右から左に向かって押しながら張る

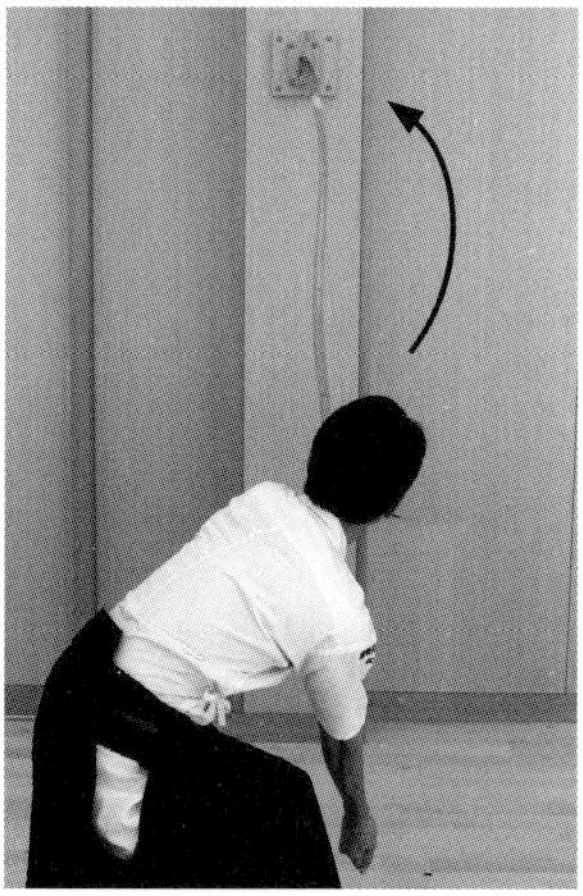

■2＿極端な入木弓は、左から右に向かって押しながら張る

■3＿俗称「鳥居」と呼ばれる矯正器具を使った調整。曲がり具合を確かめながら矯(た)めていく

弓の形状のチェックポイント

出入り、張り顔、引成、総合的に弓の状態を判断しよう

執筆＝佐藤 明

弓の形、姿を「成り《な》」という。形により強弱が生まれ、強い場所はあまり曲がらず、弱い場所に負担が集まり、ますます弱まる悪循環が起きる。もっとも負荷のかかる場所は、握りを含めてその上下だが、この部分は厚さも幅も大きくつくられており、形は弦側に湾曲《わんきょく》している。手入れを怠ると、この部分は弦から離れ、舟底のような形となって反発力を失い、弓としての価値を失う。

矢飛びや的中も左右する「出入り」

弦を上にして末弭《うらはず》を床につけ、本弭《もとはず》を持って真上から見たときに（**写真1**）、弦の通りが弓の正中線《せいちゅうせん》より右側にある弓を「入木《いりき》」（**写真2**）、左側にある弓を「出木《でき》」（**写真3**）という。

和弓《わきゅう》の場合、弓幹《ゆがら》を真上から見て反時計回りに捩《ねじ》る「角見《つのみ》の働き」によって、ねらった方向に矢を飛ばすことができる。入木弓の形状は、角見の働きを助ける方向に効果的に作用するため、的中、矢飛び、弓返《ゆがえ》りなどに多大な利がある。出木弓の傾向にある弓ではそれに反し、矢はねらった方向よりも前（的の右方向）に飛んでしまうことになる（**図1**）。

弦通りは、上下両端はほぼ中心を通り、徐々に右に寄りながら握りのあたりで左7対右3程度になるものがよい（**写真4**）。

振り方に注意を向けよう

引分けの前半から強い振りをかける引き方は、弓を出木にしてしまう。反対に、振りを加えずに引くと、胴が抜けやすくなる。引きの長さに応じて、徐々に振る力を加えることが大切である。これを「応分《おうぶん》の力」という。

■1＿出入りを確認するときは、本弭をお腹の前に差し出して、弦を上に、弓幹を下にして見通す

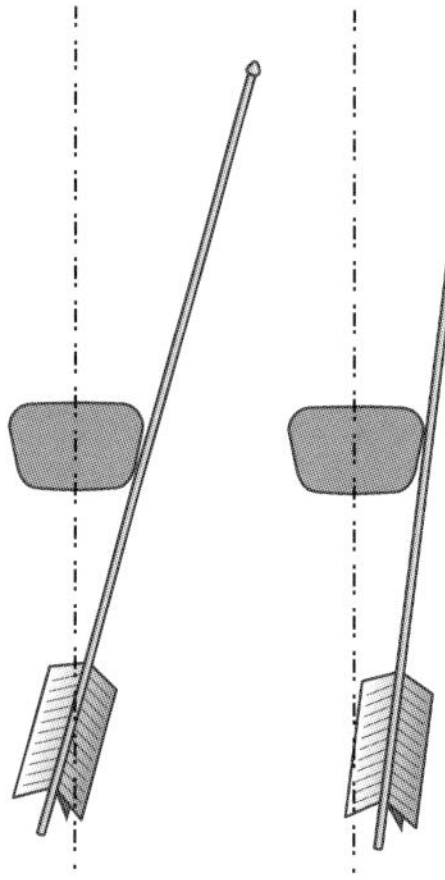

■図1＿出木弓の傾向にあると、矢はねらった方向よりも前（的の右方向）に飛んでしまう

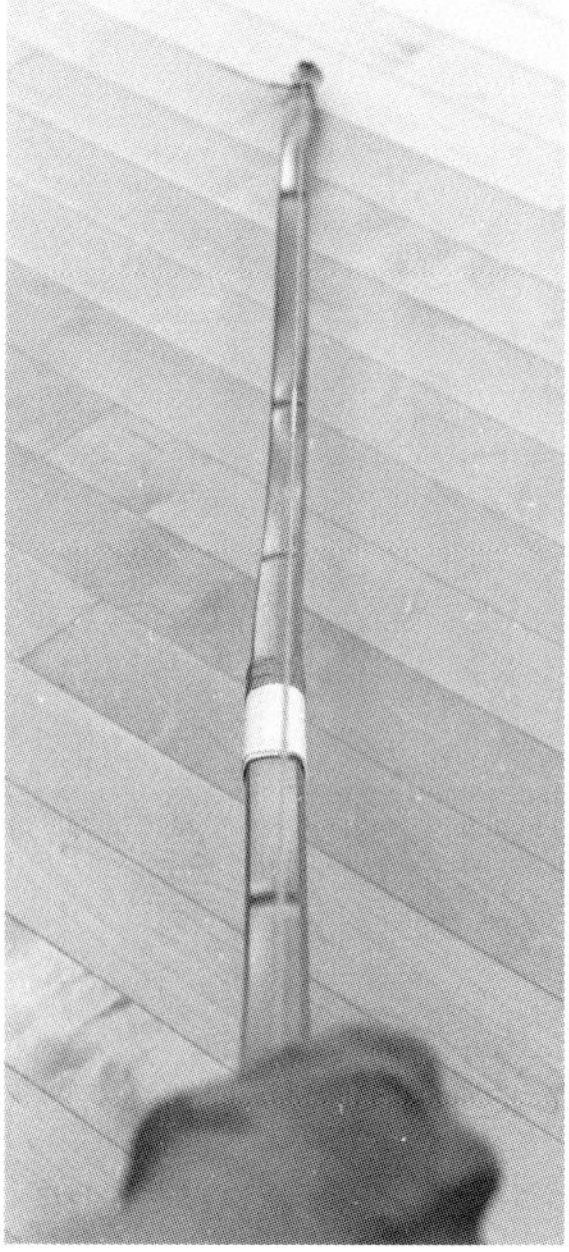

■4＿弦通りが、握りのあたりで左7:右3程度になっている正常な入木

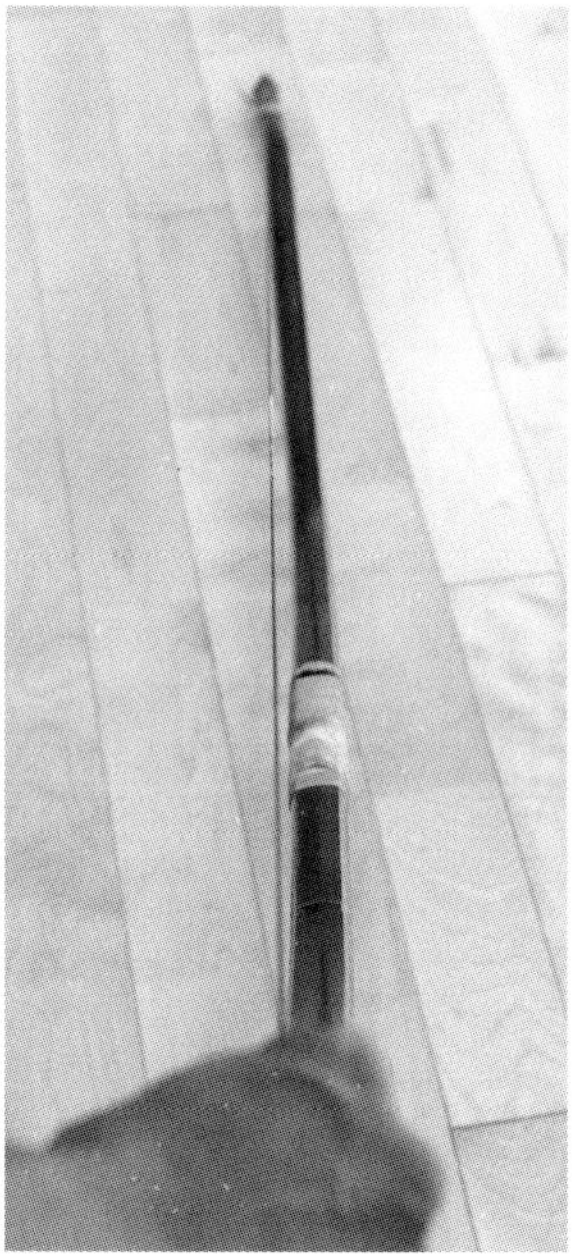

■3＿出木弓。弓の左側を弦が通っている。調整が必要

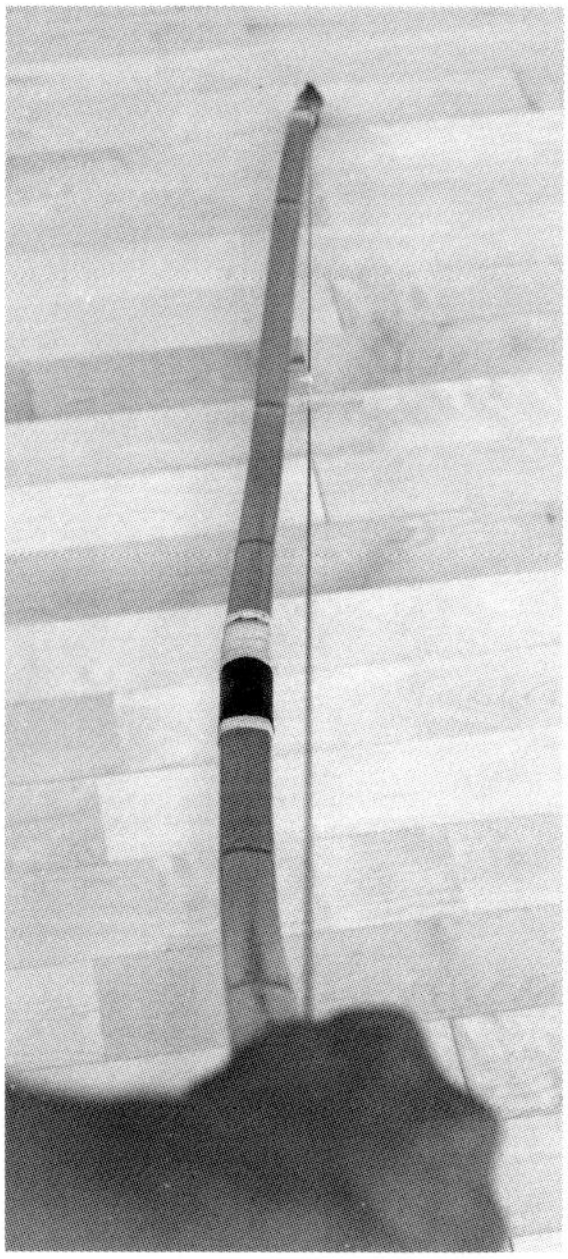

■2＿極端な入木弓。弓の右側を弦が通っている。弓は入木傾向が望ましいが、極端なものは調整が必要

弓の形状のチェックポイント

張った状態でバランスをみる「張り顔」

弓に弦が張られたときの形状を「張《は》り顔《がお》」という。弓を張った状態で末弭《うらはず》を床につけ、本弭《もとはず》を持って弓の湾曲《わんきょく》を観察する（**写真5**）。湾曲は滑らかなカーブを描いているものがよく、握り上部と下部の湾曲が釣り合い、弓の胴と弦とが平行に見えるのがよい（**写真6**）。胴はわずかに弦側に入り、上下の姫反《ひめぞり》、小反《こぞり》も弦側に湾曲していることが重要で、弓のバネとしての性能は、この3カ所の反りの影響が大きい。

姫反が弱いもの（**写真7**）は、関板《せきいた》が弦と離れて矢押しが悪い。反対に姫反が強く、小反が弱いもの（**写真8**）は、関板と弦とがついてしまい、離れたときに弦が外竹《とだけ》側にひっくり返りやすい。上下の反りが強すぎると、その部分はあまり曲がらないため、胴や握りの負担が増して竹切れの原因となる。

引いた状態でバランスをみる「引成」

弓を引き納めたときの形を「引成《ひきなり》」という（**写真9**）。

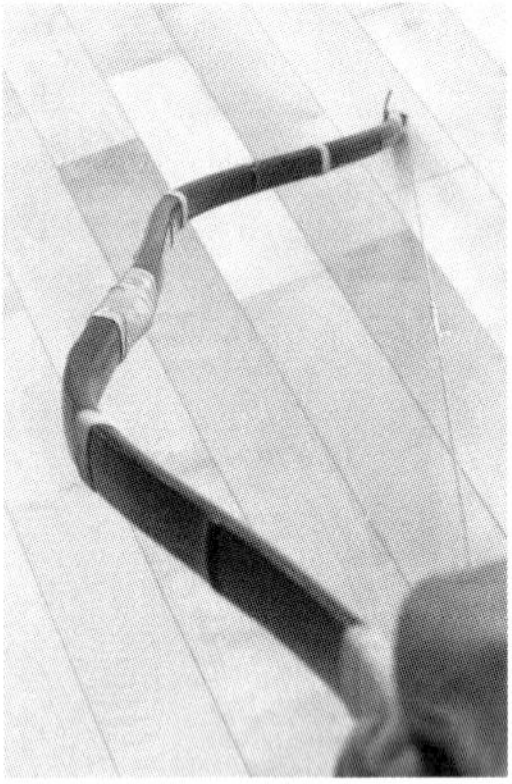
■8＿小反が弱い弓は、下部がふくらんで見える

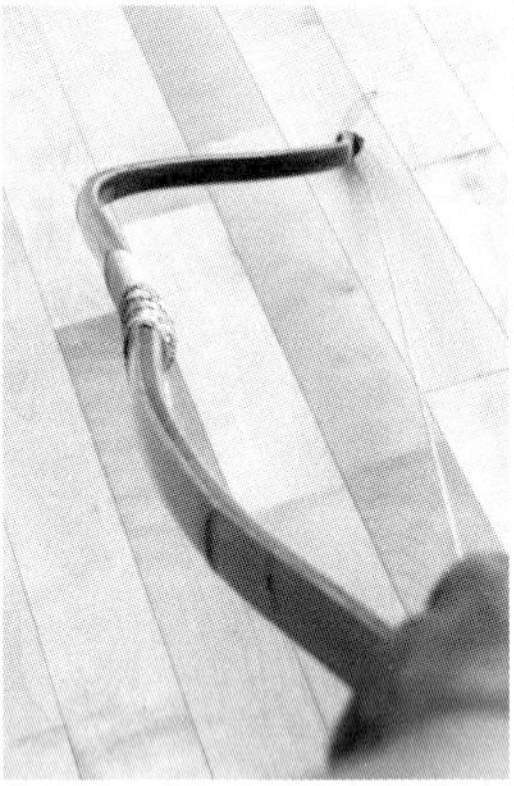
■7＿姫反が弱い弓は、上部がふくらんで見える

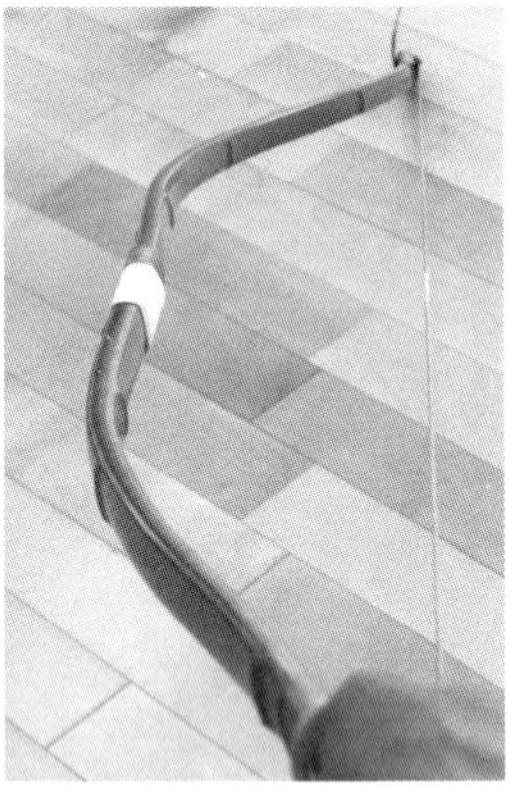
■6＿胴と弦が平行に見える正常な弓

破損防止と冴《さ》えを維持するために、全体のバランスがとれている必要がある。

握りの湾曲に対して、上部と下部の湾曲が滑らかな線でつながり、どこにも極端な曲がりが出ず、円満な形がよい。偏りがある場合（**図1**）は、湾曲の少ない強い箇所を削って全体のバランスをととのえる必要がある。

■図1＿引成の例
グレーの印のところは弓の弱い部分。とくに①や③では鳥打のあたりが弱い。②のように胴の抜けた弓は鈍く、矢の勢いが出ない。また、③の胴が強すぎる弓は、離れのときに手の内への振動が強く、矢所が乱れやすい

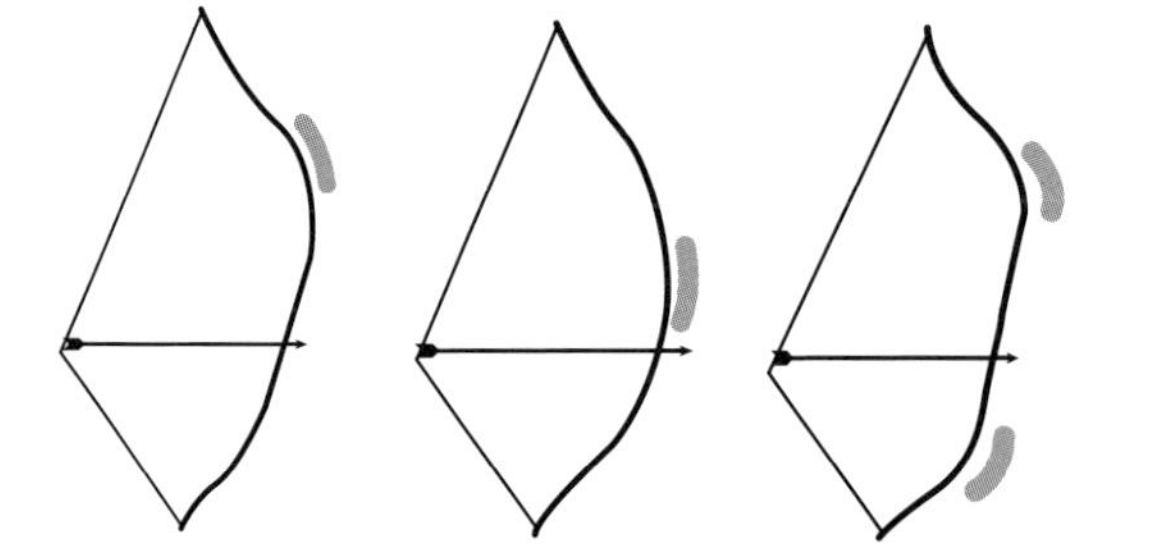

①鳥打の弱い弓　②胴の弱い弓　③胴の強い弓

■9＿引成は、正面から他人に見てもらう。初心者のうちは指導者に見てもらうようにしたい

■5＿張り顔を確認するときは、本弭をお腹の前に差し出して、弓の左側面を本弭側からみる

自分でできる弓の手入れと修理法

日々弓の状態を確認し、適切な調整を行なおう

執筆＝松尾牧則

毎日の手入れと自分でできる弓の修理

毎日の手入れとしては、破損・傷みなどがないかを目で確認し、布やタオルなどでから拭きをする（**写真1**）。

弓体《きゅうたい》そのものに何らかの破損が生じた場合、自分で修理するには知識と経験が必要である。困難な場合は弓具店へ修理を依頼したほうがいいだろう。自分でやるべきことは、弦の長さ調整、中仕掛けの調整、握りのサイズ調整と握り皮の巻きかえ、籐《とう》の修理などである（詳細は次ページ以降に解説）。

とくに、握りの形やサイズは手の内の働きに大きく関係してくるので、自分の手に合った適正なサイズでこだわりの握りにしよう。握り皮がすり切れてしまったら、そのまま使用せず、早めに巻きかえよう。

矢摺籐《やずりどう》や切詰籐《きりつめどう》が激しく傷むことはほとんどないが、確認は必要だ。ズレが生じたり、籐の先端が外れてしまったら直しておこう。ズレが生じた場合は、ズレを修正して接着剤（木工用接着剤でよい）を補充する。籐の先端が外れた場合も、接着剤をつけ、その先端を巻いてある籐の下に差し込んでおこう。口入れ《くちい》（籐《とう》べらともいう。**写真2**）という金属製の道具を使用すると簡単に作業ができる。

かなり使い込んだ弓の場合は、矢摺籐の矢が当たる部分がすり切れてしまうことがある（**写真3**）。また、ねらいの印と誤解を受けるような汚れやキズがあれば、それらは巻きかえが必要だ。自分でもできるが、少々手間なので、自信のない人は早めに弓具店で修理してもらおう。

弦の手入れも怠らずに

弦の手入れも、自分でしっかり行ないたい。弓弝《きゅうは》の高さ（弓と弦の間隔）と矢番《つが》えの位置を頻繁に確認し、いつも一定の条件で練習するようにしよう（**写真4**）。弓弝が低くなってしまったら、弦輪《つるわ》を結び直して調整する。上の弦輪で修正するのが基本だ。

中仕掛けのサイズは、矢筈《やはず》の溝に合う太さにしよう。細すぎると番えた矢が動きやすく、筈こぼれの原因になったり、空筈《からはず》（＊）が生じることもある。太すぎると矢筈が入りにくく、たたき込むようにしている人も見受けられる。これだと筈こぼれは防げるかもしれないが、矢の方向性や飛びに悪影響が生じるのでよくない。矢筈の当たる部分は中仕掛けが傷みやすいので、早めに接着剤を補充したり、麻緒《あさお》を巻き足して、万全な状態をキープしたい。

＊空筈……離れの瞬間に、筈が弦から外れて矢が落ちること。

■4＿弓弝の高さは約15センチになるように設定する

■1＿使用したあとは、タオルで弓をから拭きする

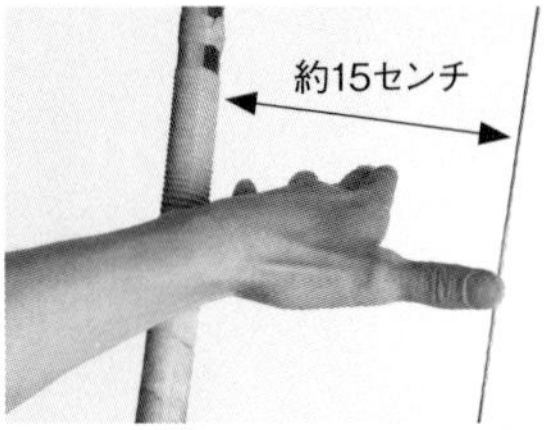

手のひらを
目安に測る方法

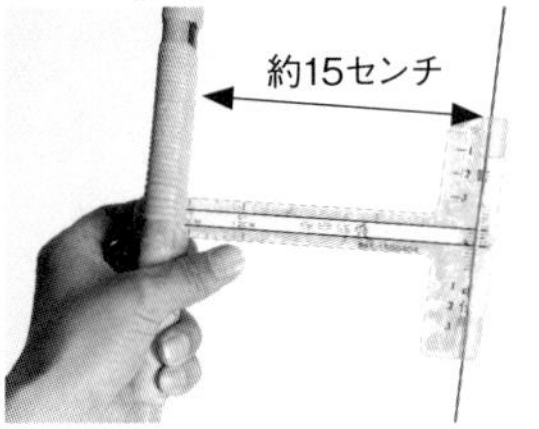

計測器を
使用して
測る方法

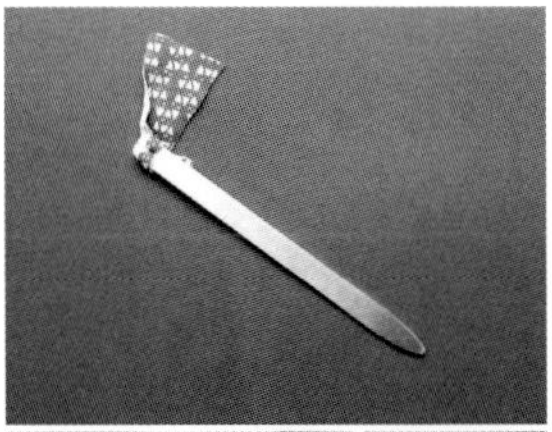
■2＿口入れ（籐べら）。握り皮を巻きかえる際にも使う道具

■3＿矢摺籐がすり切れた弓

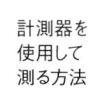

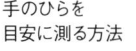

握り皮の巻きかえ方

下地を工夫して、手になじむように巻きかえよう

執筆＝松尾牧則

握り下地でサイズと形状を調整

古い握り皮をはがすと、握りのサイズと形を調節している下地があるはずだ。この下地を俗称で「まくら」または「あんこ」という。それまでのサイズと形状で問題があるならば、その下地を修正したり交換したりする。専用のゴム板も市販されているが、古葉書などの厚紙を折って使用したり、そのほかのもので工夫をしてもよい。

握り皮の巻きかえに必要な道具

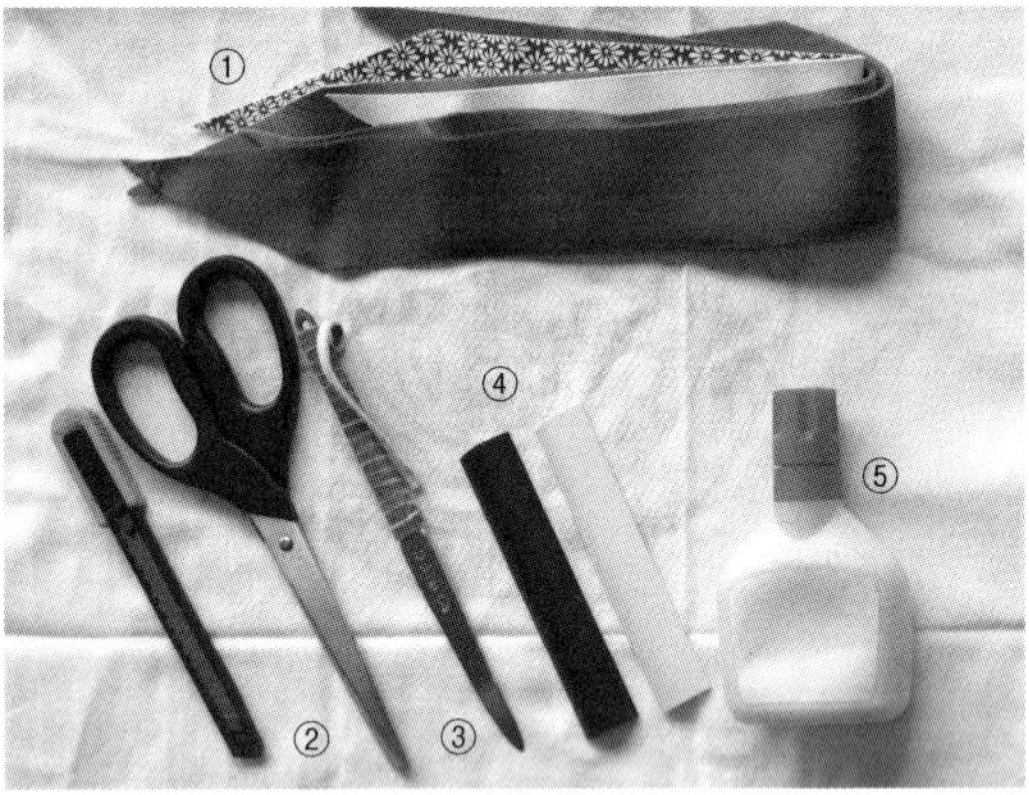

①握り皮
②カッター、はさみ
③口入れ（籐べら）
④握り下（あんこ）
⑤木工用接着剤またはくすね

＊接着剤は、木工用接着剤またはくすねを使用する。接着剤を皮に薄く塗り、巻きながら塗り足すか、好みによって最初と最後だけ使用してもよい

四角いタイプの握り皮。簡単に巻けるというメリットがあるが、接合部分がはがれやすい。接合部分を丁寧に処理したい

握り皮の巻き方

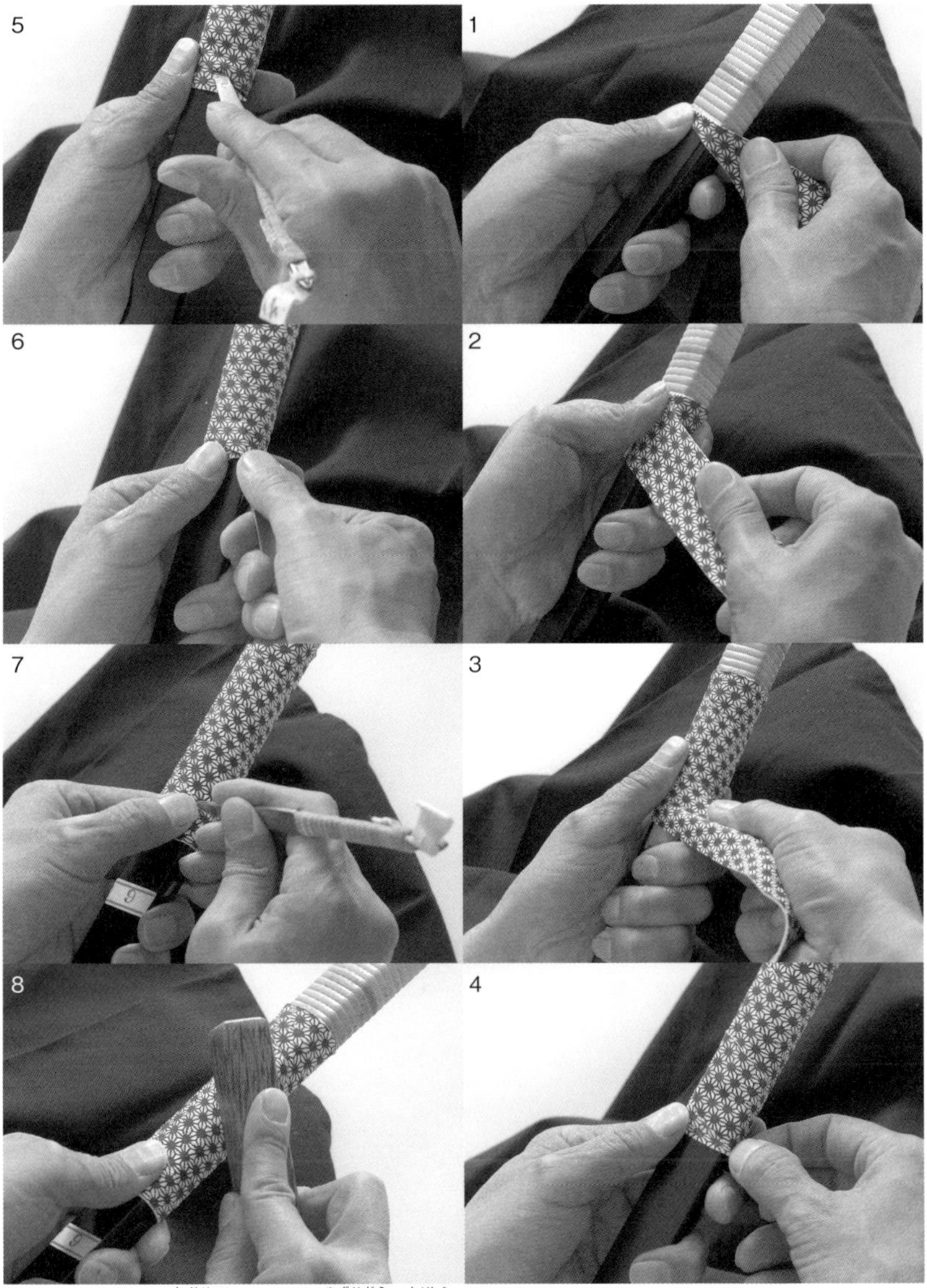

1＿巻きはじめは、外竹《とだけ》側から見て、矢摺籐《やずりどう》の籐頭《とがしら》左角端から右方向に巻き下ろす。古来は、流派や弓などによって巻数も決められていた。現在はこだわる必要はないが、市販の握り皮では4～5巻きになるだろう
2＿巻きはじめは少しだけ重ねて巻き、あとはすき間をつめるような力を加えながら巻いていく
3・4＿巻き終わりは、外竹側から見て右角端で終わるようにするのが望ましい。余った握り皮は、差し込む部分の長さを考慮して、ハサミで適当な長さに切る
5・6＿差し込む部分に接着剤を補充し、口入れ（籐《とう》べら）で、切断した皮の先端を巻いた皮の下に差し込む
7・8＿口入れで全体の形を整え、表面の凹凸もなくす。道宝《どうほう》やガラスの瓶などでこすると簡単に作業ができる。木工用接着剤を使用した場合は充分乾いてから使用する

籐《とう》の巻きかえ方

籐の端を丁寧に薄くすることがポイント

執筆＝松尾牧則

まずは必要な長さの籐を準備する

弓に巻かれる籐は、3カ所、または5カ所と、慣例により奇数だ。矢摺籐《やずりどう》には幅が一定の「一文字《いちもんじ》」、先端が次第に細くなった「杉成り《すぎな》」がある（**写真1**）。籐を自分で巻きかえるのは少々むずかしいが、できるようになれば「弓道部内の弓具屋さん」として、部員から頼られる存在になるだろう。依頼が多くなれば、自分の巻きかえ練習にもなる。

まずは、古い籐を丁寧に取り除き、きれいにする。次に籐を準備するが、矢摺籐の一文字の場合は、6〜8センチ程度（＊）、杉成りは9センチ程度に巻き納めるため、弓の周囲を約9センチと仮定して、一文字の籐幅約4ミリが20巻き程度と考えると、使用する矢摺籐は長さが約180センチのものが必要だ。

上質の生籐であれば、水につける必要はないが、籐が乾燥している場合には、水またはぬるま湯につけておくと、籐が割れにくく、作業もしやすい。20〜30分程度つけておくとよいだろう（**写真2**）。

＊競技規定では、矢摺籐は籐頭《とがしら》より6センチ以上が条件とされている。

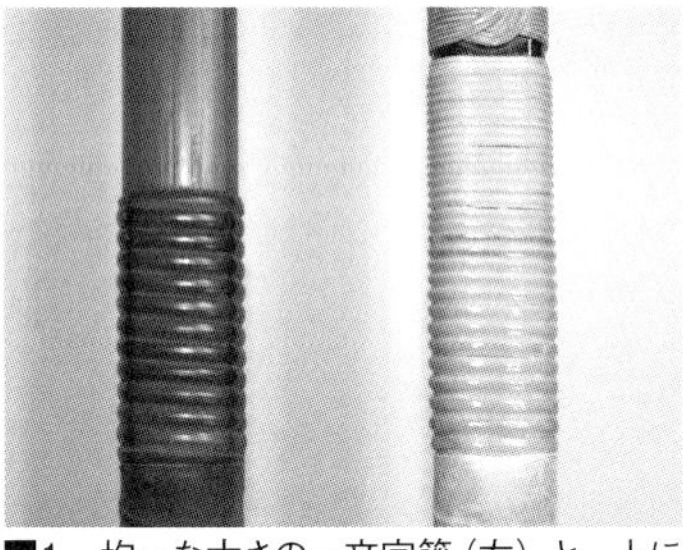

■1＿均一な太さの一文字籐（左）と、上に行くにしたがって細くなる杉成り籐（右）

■2＿籐を水に浸すと癖がとれ、割れにくく、作業しやすくなる

■図1＿籐の厚みと幅の落とし方

籐の巻き方

1〜3＿巻きはじめの部分を削ぎ、籐の厚みと幅を落として薄く加工する。1と2、どちらか削りやすい方法で行なう。削る箇所は**図1**参照
4＿巻きはじめの籐の裏に薄く接着剤を塗り、握り皮に近い方の外竹側から巻きはじめる
5・6＿1周目は重ねて巻き、以後らせん状にすき間なく巻く
7＿最後は外竹（とだけ）側で巻き終えるように長さを調整する（切る）
8＿巻き終わり部分も細く薄く削る
9・10＿接着剤を薄く塗ってから、口入れ（籐べら）を使って巻いた籐の下に先端を差し込み（1周程度）、固定する

＊接着剤は最初と最後だけつければいいが、素人作業で籐が外れてしまっては困るので、必要に応じて接着剤を補充する。切詰籐の巻きかえも同様の手順で行なう。

1
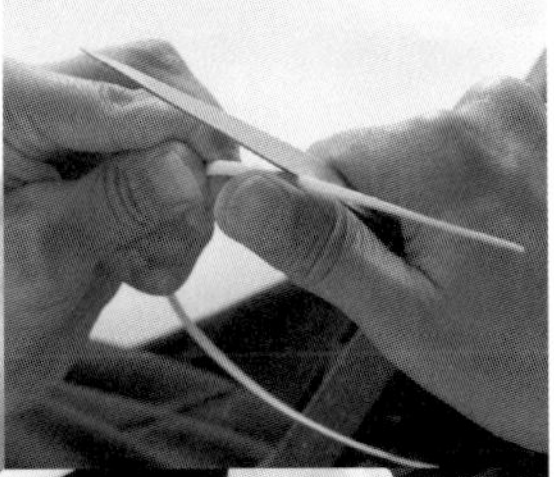

2
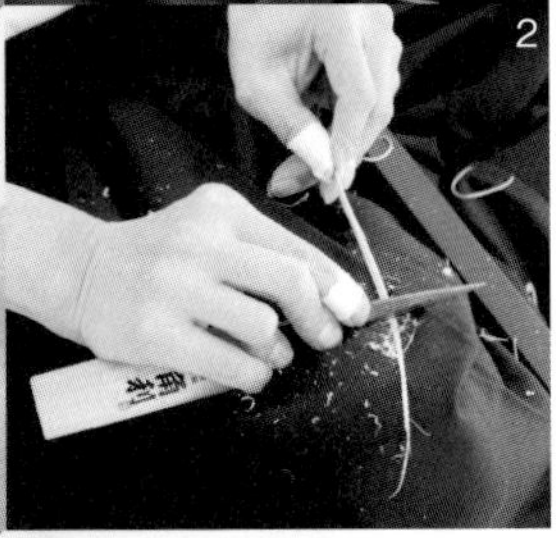

3
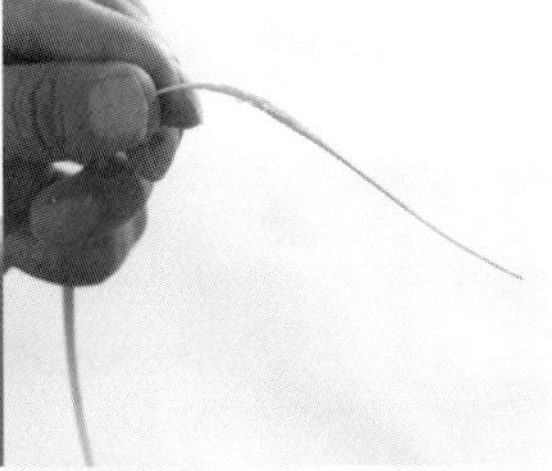

4
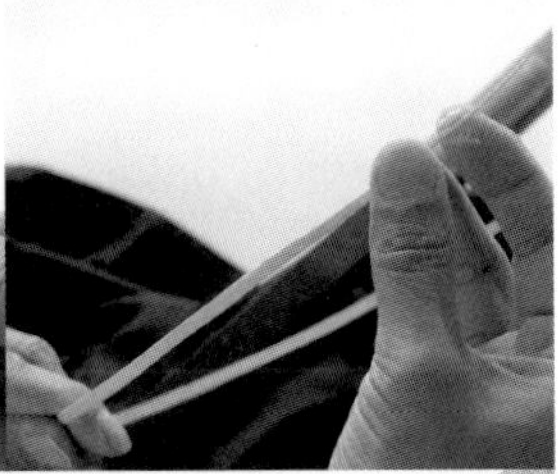

5
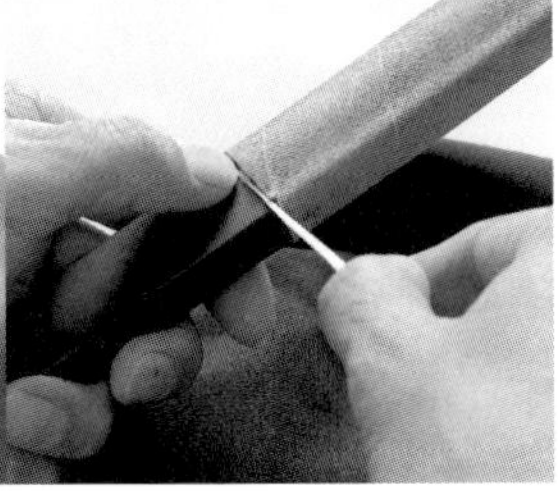

6
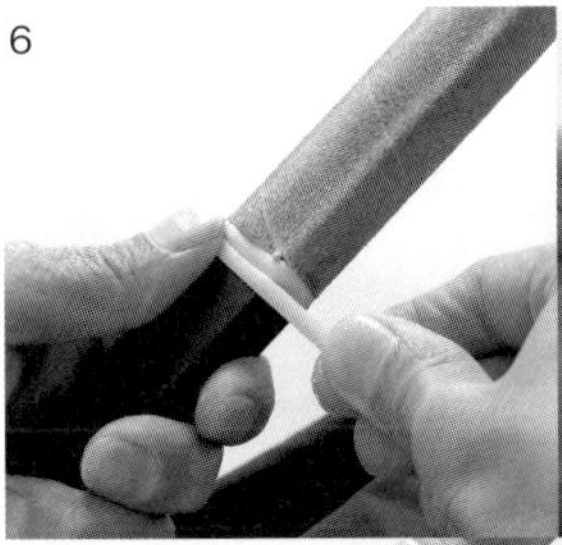

7
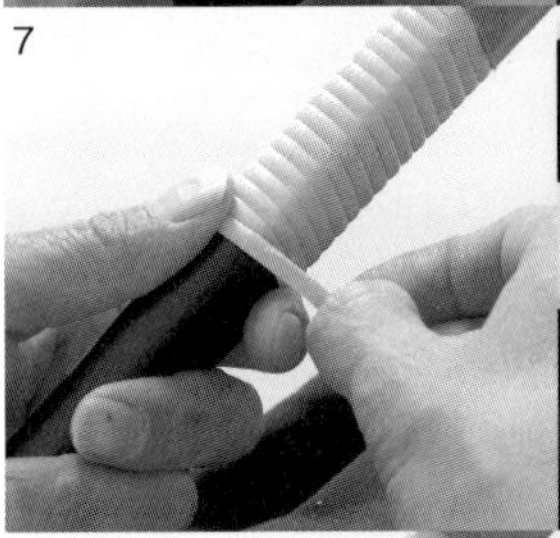

8
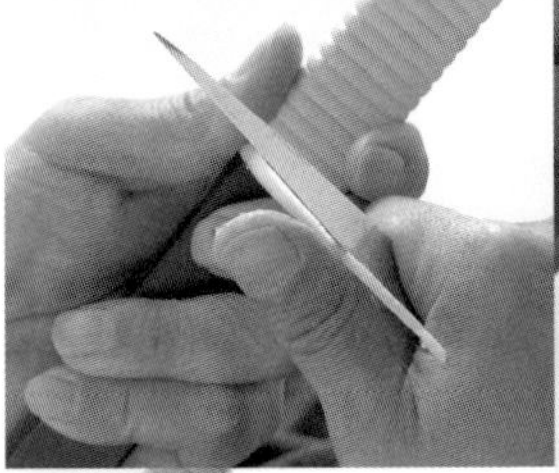

9
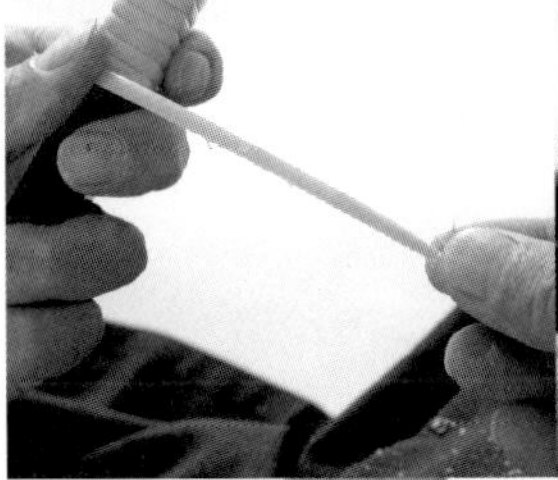

10
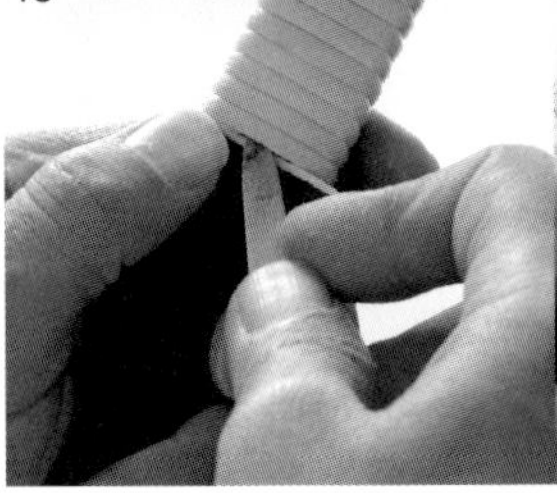

籐巻きは頻度が少なく慣れない作業になる。指先を痛めやすいため、テーピングを上手に活用するとよい。右手人さし指第2関節あたりと親指先端、左手親指爪先などに巻いておくとケガ防止になる

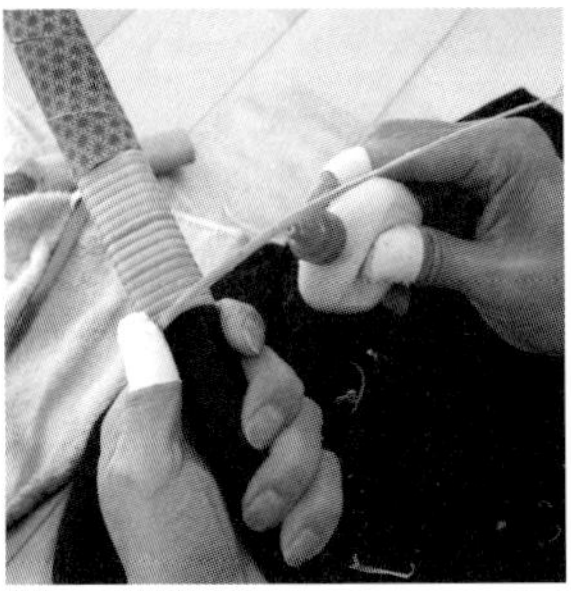

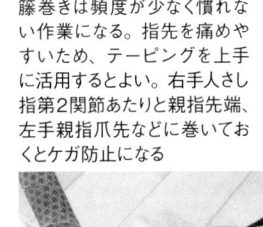

中仕掛けのつくり方

筈溝のサイズと、弽の弦枕に合わせて調整しよう

執筆＝松尾牧則

矢筈に合わせて太くし 9～10センチに仕上げる

弦の矢筈《やはず》を番《つが》える部分は、矢筈の溝のサイズに合わせて太くする必要がある。その部分を中仕掛けというが、長さは9～10センチ程度になるように仕上げればよいだろう。

中仕掛けの太さは自分の矢筈に合うようにつくることはもちろんだが、弽《ゆがけ》の弦枕《つるまくら》の当たる部分も適度な太さに調整する（**写真1～5**）。

矢を番える位置を一定にするための印入れ

太さの調整ができたら、矢を番える位置が一定にできるように印を入れておく。矢番えの位置は、籐と握り皮の境目から弦に垂線を下ろした点Rよりも矢1本分程度（約8ミリ）上に矢を番えるのが基準となる（**写真6**）。印は、矢を番えたときの上端など、自分でわかりやすい位置に入れればよい。ただし、弦が伸びたり、弦輪《つるわ》を結び直したりすると、本来番えるべき位置から印がずれてしまうので、番えるべき位置を測定し直し、万全な状態をキープしよう。弓弝《きゅうは》の高さ（弓と弦の間隔）と矢番え位置を確認する専用の定規も販売されているので（**写真7**）、それを活用してもよい。

使用して毛羽立ってきたら、麻《ま》ぐすねをかけてくすねを補充したり、接着剤を補充して早めに補修することも大切である。傷みが生じたら、麻緒《あさお》を巻き足して道宝《どうほう》（＊）で整える。

＊道宝……拍子木のようなもの。考案者・吉田重賢《よしだしげかた》（1463～1543）の号に由来する。

中仕掛けをつくる手順

1__矢筈を番える位置より1～2センチくらい上から木工用接着剤（またはくすねなど）を塗る

2__20～25センチの麻緒（仕掛麻）の両端をナイフなどで細くする。その麻緒を弦の向こう側に位置させ、右に5センチ程度出し、弦の縒（よ）りと反対方向（上から見て時計回り）に巻き下ろす

3__左の長いほうの麻を、弦の縒りと同方向（反時計回り）に巻き下ろす

4__長さと太さを整えて巻き終える

5__道宝を使って、中仕掛けを締めるように弦の縒りと同方向にこき下ろす。太さの良否を確認し、細ければ麻を巻き足して、再度道宝をかけて締める

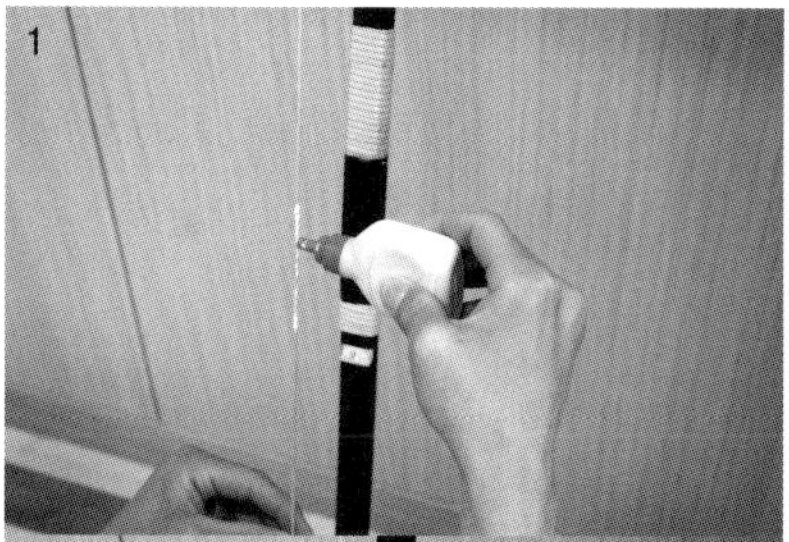
1

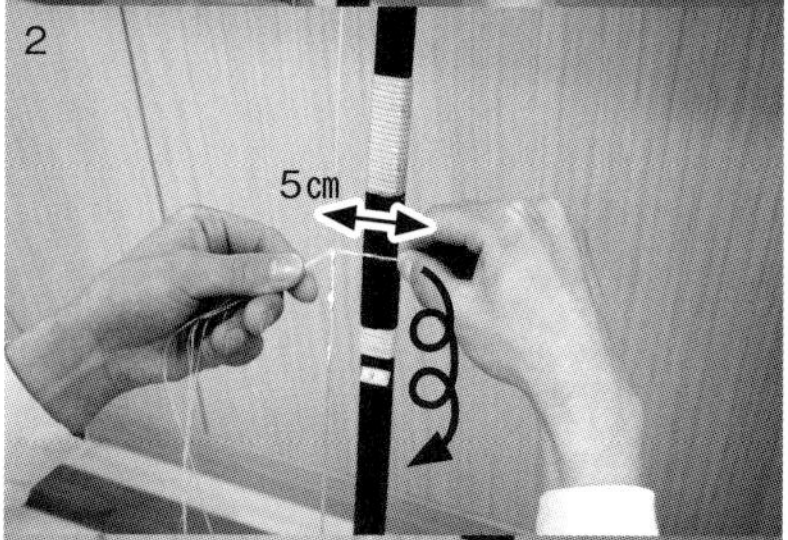

2

3

4

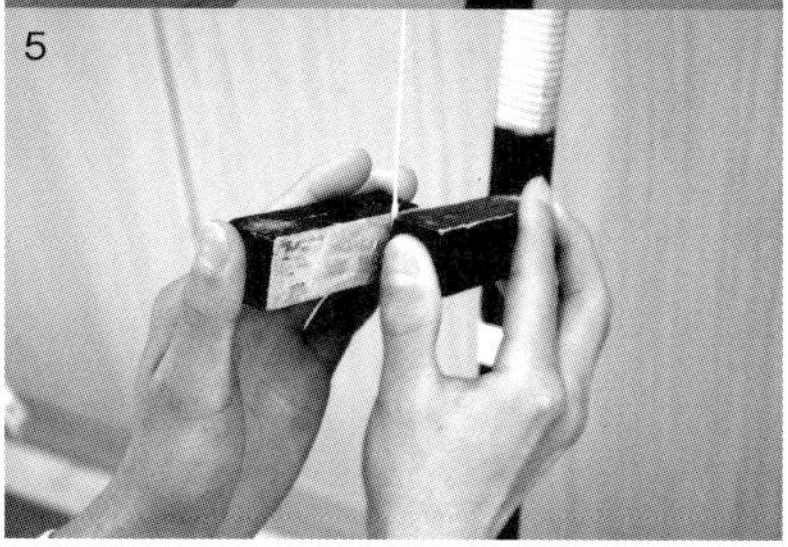
5

■6__矢番え位置の基準
点Rよりも矢1本分程度（約8ミリ）上に番える

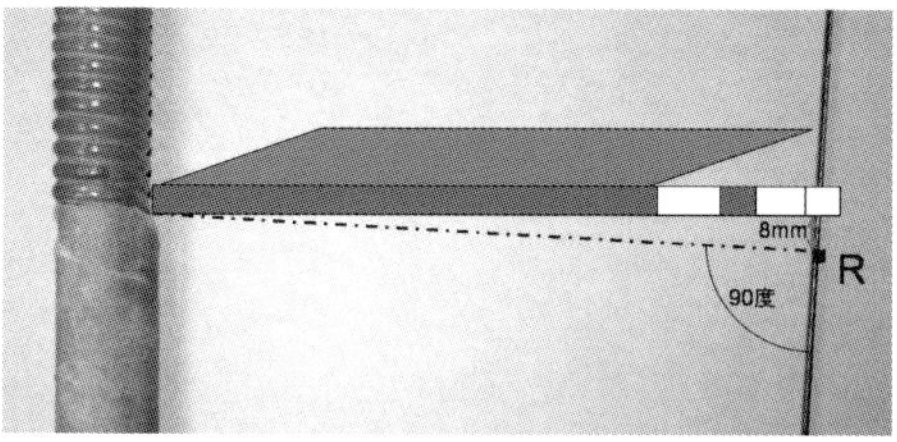

■7__矢番え位置を計測するための「的中定規」

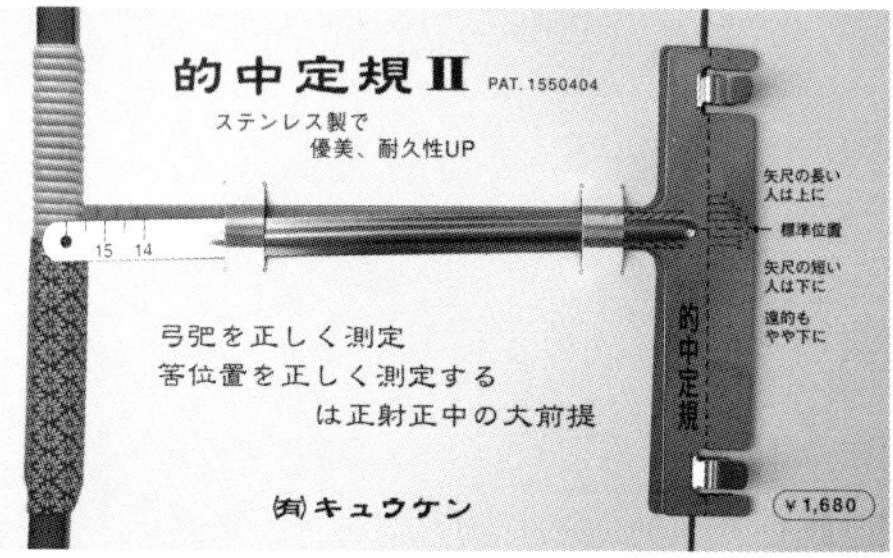

弦輪《つるわ》のつくり方

しっかりと締めながらつくることがポイント

執筆＝松尾牧則

弓弭に合った大きさに仕上げよう

市販の弦は下輪《しもわ》が完成されているので（**写真1・2**）、上輪《かみわ》を自分でつくって弓に合わせるようにする。弦輪の結び方には一重結びと二重結びがあるが、弦輪のずれの少ない二重結びがよい。市販の弦の下輪は二重結びとなっている。ただし、二重結びだと関板《せきいた》と弦の間が広くなる場合や、出木弓《できゆみ》に裏返しに弦輪をかける場合（P156参照）には、一重結びを用いることがある。

つくる際は、しっかりと締めてつくるようにする。締まりがないと伸びやすく結び目がずれてしまうし、頻繁につくり直すことは弦の寿命も短くする。

また、弦輪は自分の弓の弓弭《ゆはず》に合わせてつくることが大切である。大きすぎると弦は伸びやすく、弓がひっくり返る原因にもなる。小さすぎると弦輪が切れやすくなったり弓弭を傷める原因にもなる。

■1＿市販の弦

■2＿弦下輪
（二重結び）

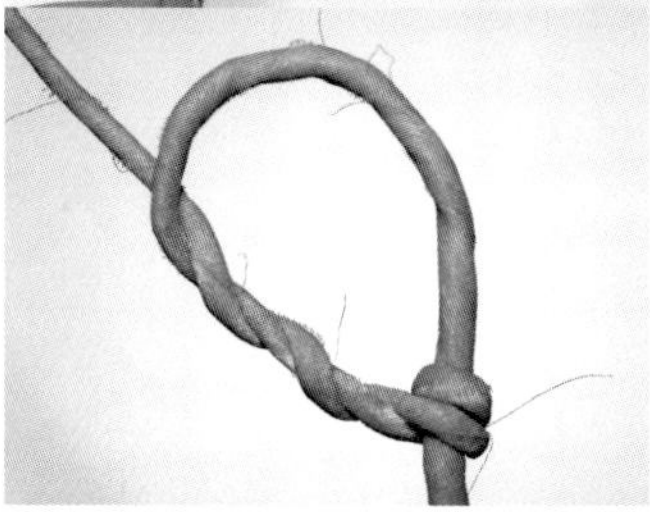

完成した弦上輪（二重結び）

表（上）は結び目が×印のように重なっていて、裏面（下）は平行に並んでいることを確認しよう

二重結びの手順

1＿弦の先端が上側にくるように交差させて輪をつくる
2＿交差させたところがずれないように注意して、弦の先端を輪に通す
3＿輪に通した弦の先端を引っぱって結び目をしっかりからめてから、弦の先端を左下に向ける
4・5＿先端をもう一度輪に通してしっかり締める
6＿さらに2〜3回輪にからめながら引っぱって締め、完成。輪と弦の先端をしっかりからめ合わせるのもポイント

1
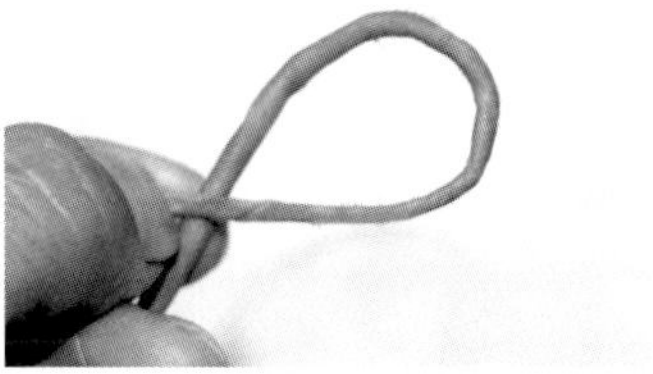
2
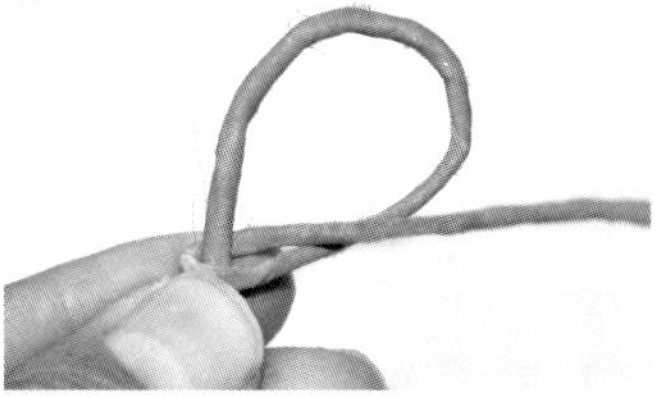
3
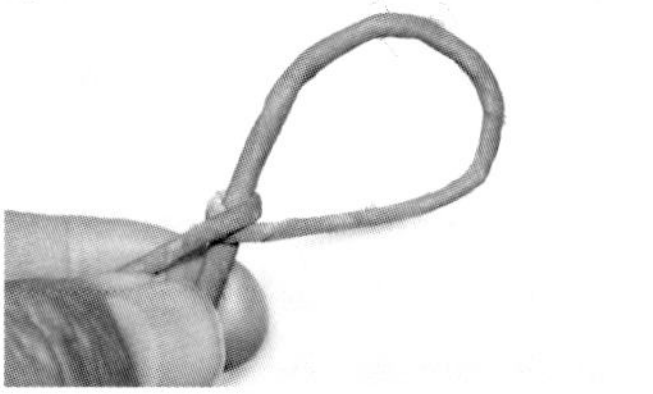
4

5

6
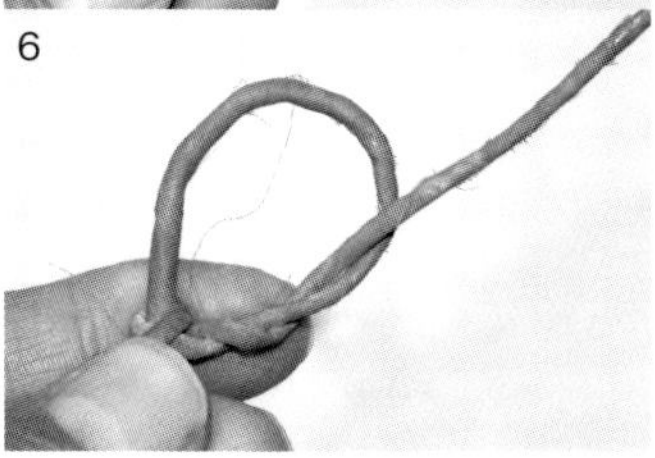

一重結びの手順

1＿二重結びと同じ手順で交差させて輪をつくる
2・3＿交差させたあとは絡ませるだけで完成

1
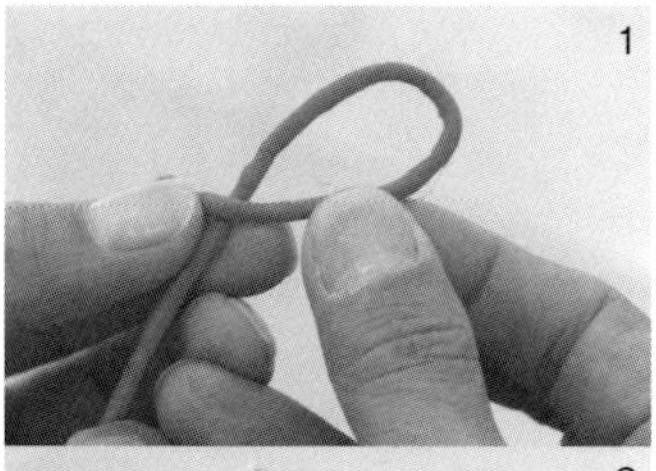
2
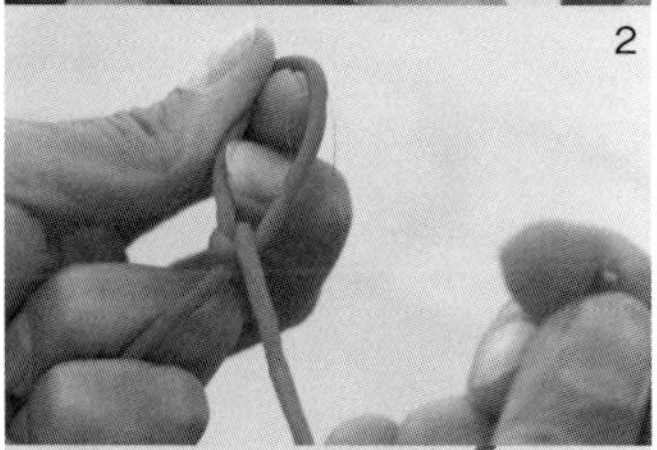
3
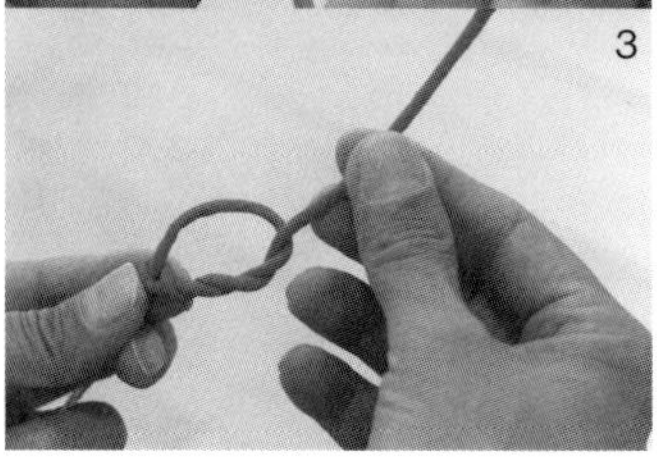

出木弓《できゆみ》を入木弓《いりきゆみ》にする弦の裏技

気休め程度の裏技だが、合わせ技の効果は期待大!?

執筆＝松尾牧則

弦輪を返して入木にする方法

和弓《わきゅう》は、入木傾向の弓（**写真1・2**）が望ましい。竹弓ならば、出入りはある程度矯正《きょうせい》できる。しかし、カーボン弓やグラス弓はほとんど修正することができない。いずれの弓かにかかわらず、弦輪《つるわ》で出木弓を入木にする裏技（?）がある。それは通常の弦のかけ方でではなく、上の弦輪をひっくり返してかける方法だ（**写真3**）。輪の結び方を逆にしてもよい。あるいは一重結びという単純な弦輪の結び方にして、上輪《かみわ》を同じくひっくり返してかける方法である。

しかしながら、どの方法を用いても、わずかながら弦の位置を入木傾向にできるだけで、弓の性質が持つ根本的な部分は変わらない。残念ながら、物理的な面での解決にはいたらず〝裏技〟というには微妙なところだ。まあ〝気休め〟になる程度だろう。精神的な要素が重要となる弓道において、その気休めは重要な意味を持つわけではあるが、もっとよい方法はないのか?

弓弭を削って調整する方法

弓の弭《はず》の形状と向きも出入りに関係している。そこで、弦輪が入木傾向に納まるように弓弭《ゆはず》を削って調整してみたらどうだろうか。どこをどう削ったらよいかは弓それぞれで、単純にはいかないが、弓弭と弦輪の位置をよく観察して、解決できそうな削るポイントを見つけだそう。「ここを削れば、弦の納まりは入木になる!」という場所を発見したら、そこをほんの少し削って様子をみよう（**写真3**）。

根本的な解決はできないが、弭を削っての修正と弦の裏技を合わせれば、〝大いなる気休め〟となることだろう。

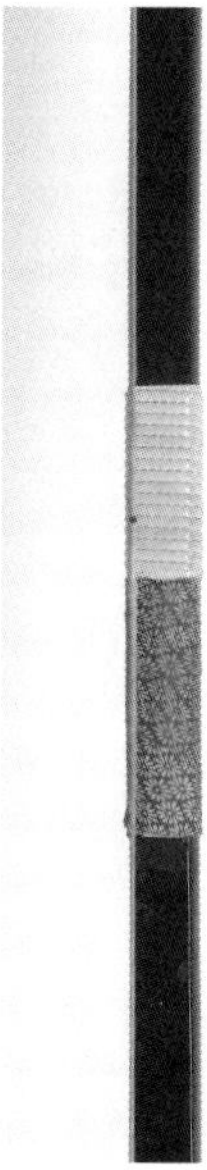

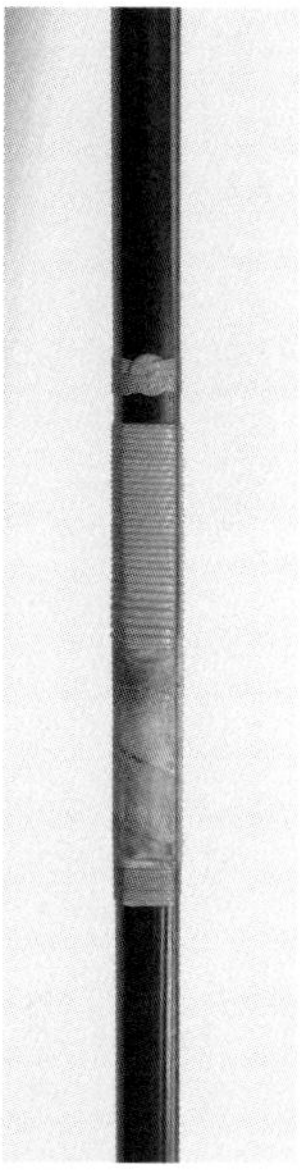

■3__弭を削り、裏返して弦輪をかけたところ

■1__出木と入木
右＝【入木弓】張った弓を弦のほうから見たとき、弦が右側を通っている弓
左＝【出木弓】張った弓を弦のほうから見たときに、弦が左側を通っている弓

■2__出入りの確認方法
出入りの確認は、本弭をお腹の前に差し出して、弦を上に、弓幹（ゆがら）を下にして見通す

弓幹に対して弦が上成節から下成節あたりでは弓の右側を通っているのが通常

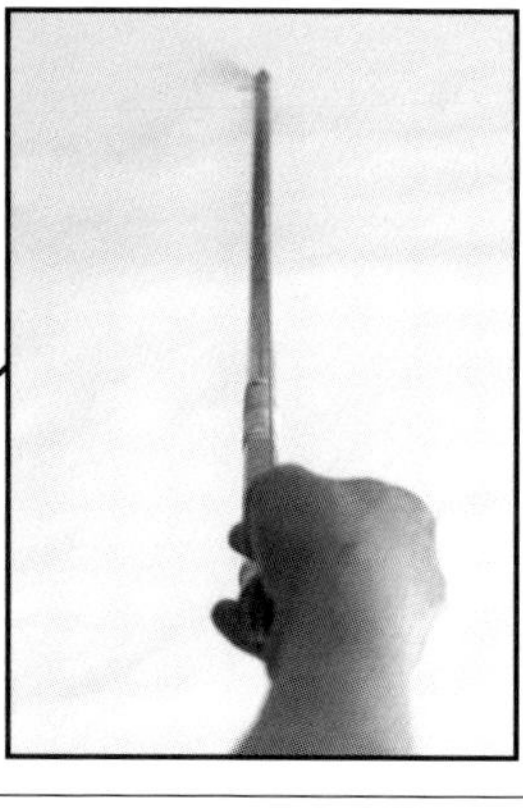

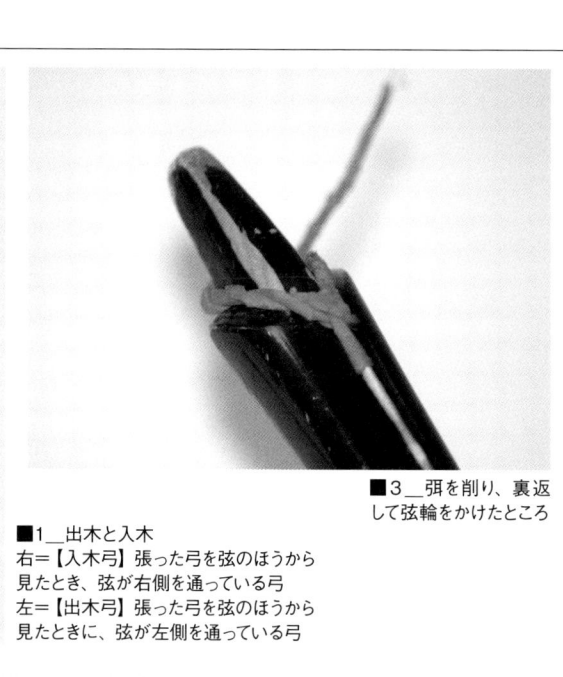

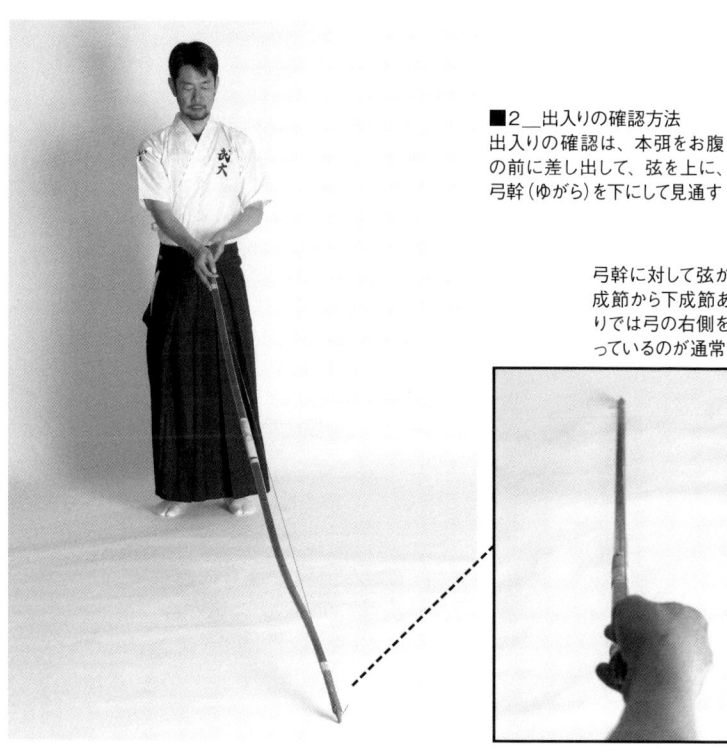

手になじむ握りをつくる工夫

基本の「かまぼこ形」を自分流にアレンジしよう

執筆＝松尾牧則

幅や硬さ、厚みなど、手になじむ調整を

手の内は上手にできているだろうか？　手の内がうまくととのえられずに悩んでいる人も多いだろう。「弓の握りが、手の内の形になっていたら……」と考えたことはないだろうか？

なんと、大まじめに研究として実験してみた人がいる。結論からいうと、きれいに形はととのえられても、角見《つのみ》が働かないという現象が生じたそうだ。おそらく、弓道で必要な、弓にねじりを加える働きができなくなってしまったのだろう。たしか、断面が三角形、四角形、丸などについても実験していたかと記憶しているが、その実験結果ではオーソドックスな「かまぼこ形」がもっともよい結果だったようだ。

したがって、自分の手になじむ握りの基本はオ

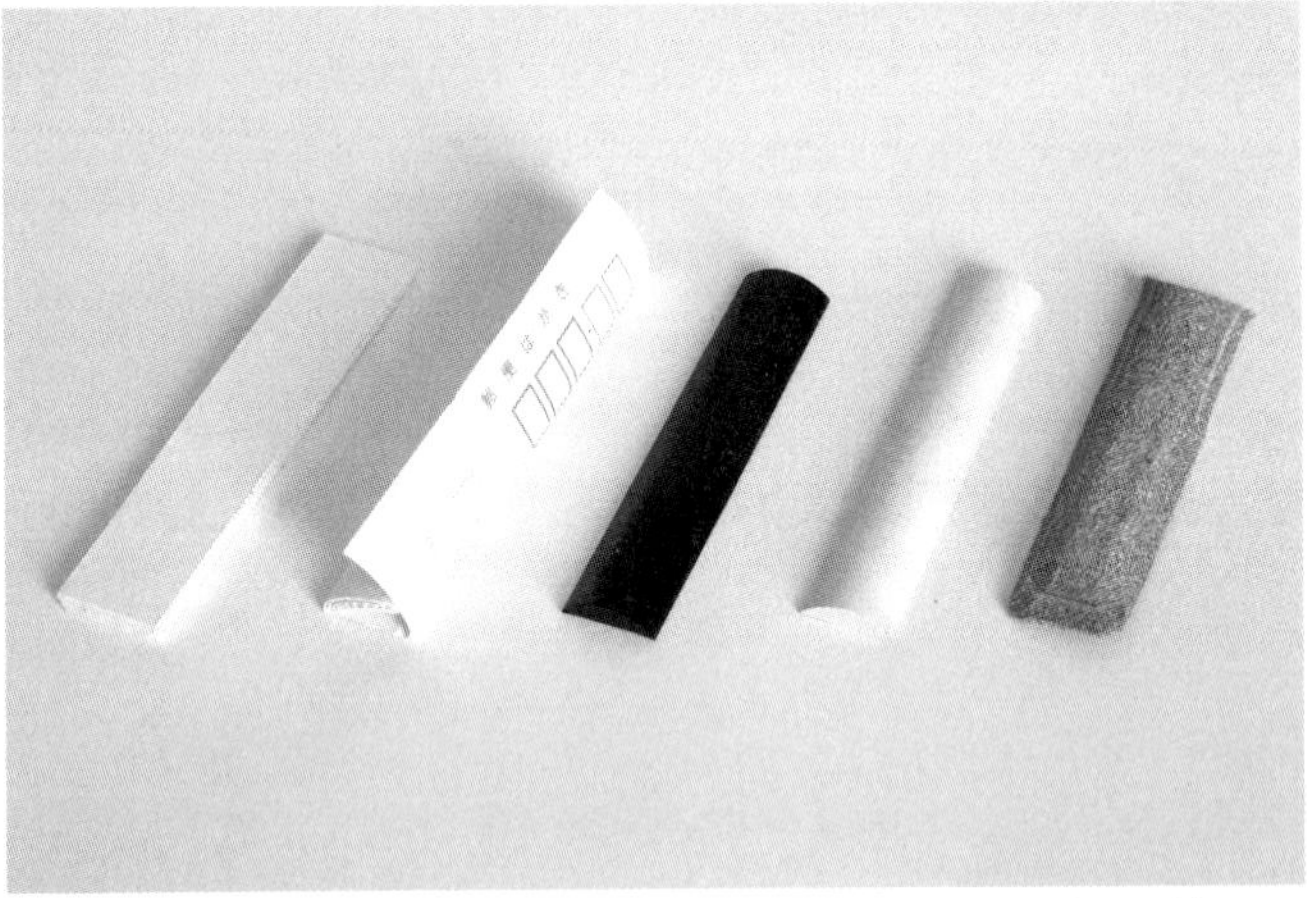

■1＿握り下地にはさまざまな素材がある
右から、
牛皮
ゴム（柔らかめ）
ゴム（硬め）
葉書
厚紙（重ね貼りしたもの）

ーソドックスな「かまぼこ形」にしながら、細部は自分の手に合わせて調整するのがよいといえるだろう。手になじむかどうかは、握りの幅や厚みなどのサイズ、形状のほか、皮の質、下地（「まくら」「あんこ」ともいう）の硬さ、軟らかさなども関係してくる（**写真1**）。

手の内を痛める人は握りを再チェック！

もっとも弓力《きゅうりょく》を受ける弓手《ゆんで》親指の付け根付近にタコができてしまうのは、練習量が多ければ仕方のないことだ。しかし、そのほかの部分に局部的にタコができたり（**写真2**）、皮膚が硬くなって割れてしまう人もいる。手の内のととのえ方や働かせ方（射術）に問題があると予測できるが、射術だけではなく、弓の握りの形状などが関係している場合もあるので注意してみよう。握りは角張っていないだろうか？

握りの形状と握り皮を変更したら「タコができなくなった」というケースもある。手の内をよく痛める人は、握りをひと工夫してみることをおすすめする。

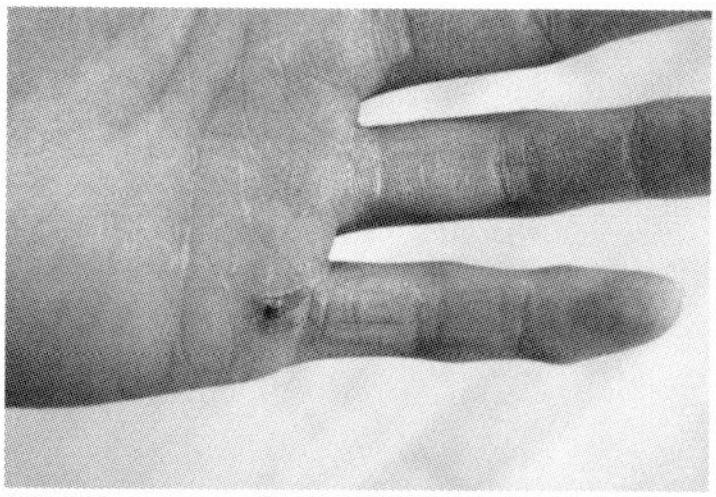

■2＿弓手親指以外の場所にタコができるときは、握りの形状を見直してみよう

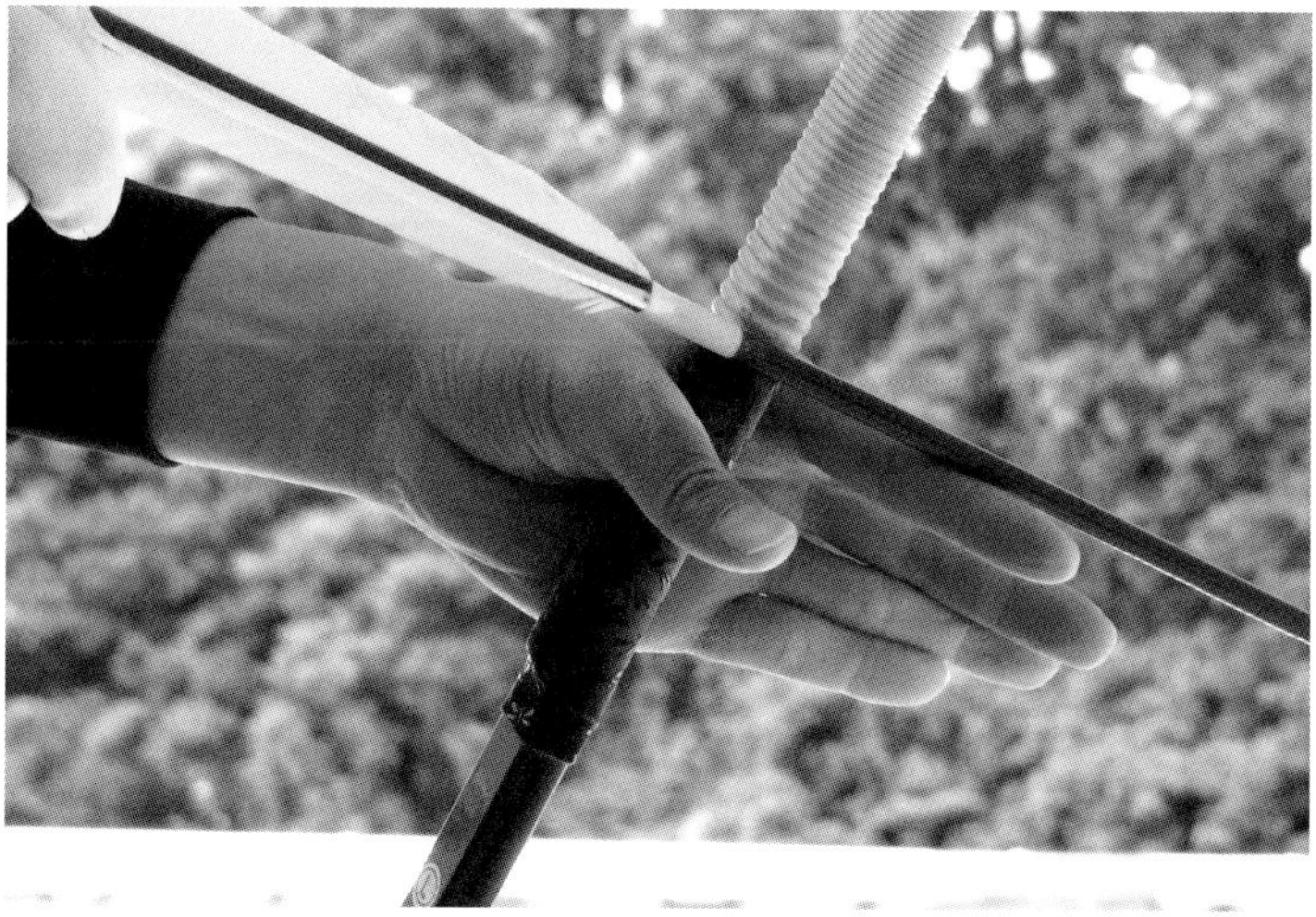

自分の手にぴったりなじむ握りをつくろう

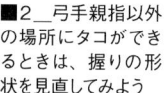

弓の握りを細くする裏技

下地や握り皮を薄くしてもダメな場合は……

執筆＝松尾牧則

弓を購入する際は握り心地も確認しよう

近年のカーボン弓、グラス弓は、弓体《きゅうたい》が細めのものも販売されるようになり、手が小さい人にも使いやすい弓が増えた。弓の握りは太く調整はできるので、ある程度、小は大を兼ねるが、手が小さい人は、弓を購入する際に握り心地に注意して選びたい。そのうえでもう少し細いほうがいいなと感じている人や、学校や道場の弓を借りて練習していて握りが太すぎると感じる人は、裏技で握りを細くしよう。

握りを細くするためにまず試したいこと

握りを細くするには、当然ながら、握り皮の下地「まくら（あんこ）」の厚みを薄く調整しなければならない。市販のゴムでは駄目な場合は、厚紙などで自作するしかない。土台が低くなれば、握りがかなり細くなった気がするはずだ。

ここまでは裏技ではなく、当然行なうべき方法である。それでもダメな場合は、握り皮の選択を考えよう。まずは弓具店に行って、多くの握り皮を見せてもらい、その中で一番薄い握り皮を購入しよう。通常は、あまり薄くて伸びるような握り皮はよいものとはされ

■1＿薄手のセーム皮

ない。しかし、背に腹はかえられない。薄い握り皮を購入して巻いてみよう。薄いとはいえ、皮の厚みは数ミリも変わらないはずなのに、どうだろう、細くなった気がするはずだ。手というものは何と鋭敏な感覚をもっていることか。ほんのわずかな厚みのちがいをはっきりと感じとれるのだ。

驚くほど細く感じる最後の手段！

？？？まだ駄目？　では、とっておきの裏技を！
……握り皮を使用するのをあきらめよう！

自動車を洗車する際に、水滴をふき取るためのクロスとして「セーム皮」が販売されている（**写真1**）。これも鹿皮だ。サイズが豊富で質の良否もあり、価格もさまざまだ。この中から握り皮よりも薄いタイプを探して購入し、握り皮サイズに切って握りを巻きかえてみよう。握り皮1枚と比較すると価格は高く感じるかもしれないが、数枚～十数枚とれるので、握り皮としては格安なはずだ。また、弓具店では「弓拭き」用のセーム皮も販売されている（**写真2**）。握り皮より薄めのものが見つかればそれを利用してもよい。

巻いて使用した感触はどうだろうか？　びっくりするほど細く感じるだろう。しかしながら皮が薄いので、下地をしっかりつくらないと角張った握りになり、痛かったりする。また、皮が薄いということは、傷みも早い。取りかえ頻度が増加するかもしれないが、どうしても細い握りを必要とする人は、試してみるといいだろう。

■2＿弓拭き用に
販売されているセーム皮

弓手《ゆんで》が弱い人のための握り皮の裏技

巻き方や素材を工夫してオリジナルに仕上げる

執筆＝松尾牧則

巻き方に関する古くからの工夫

日置流《へきりゅう》の伝書の中に、手の内の強い射手は柔らかできめの細かい握り皮を使用するのがよいという記述がある。反対に、手の内の弱い射手は、硬くて荒めの握り皮を使用するとよいらしい。摩擦力を大きくできるからだろう。

また、握り皮はすき間なくぴったり巻くのがよいのかと思ったら、かならずしもそうではないようだ。手の内が弱い人は、握り皮を巻く際に3ミリ程度すき間をあけて巻くとよいとのことである。一方、重ねて巻く流派もある。目的は同じで、手の引っかかりを大きくして摩擦力を増やすものだ。弓手が弱い人のための裏技として古くから用いられていた。

また、現在は印傳《いんでん》の握り皮も販売されている（写

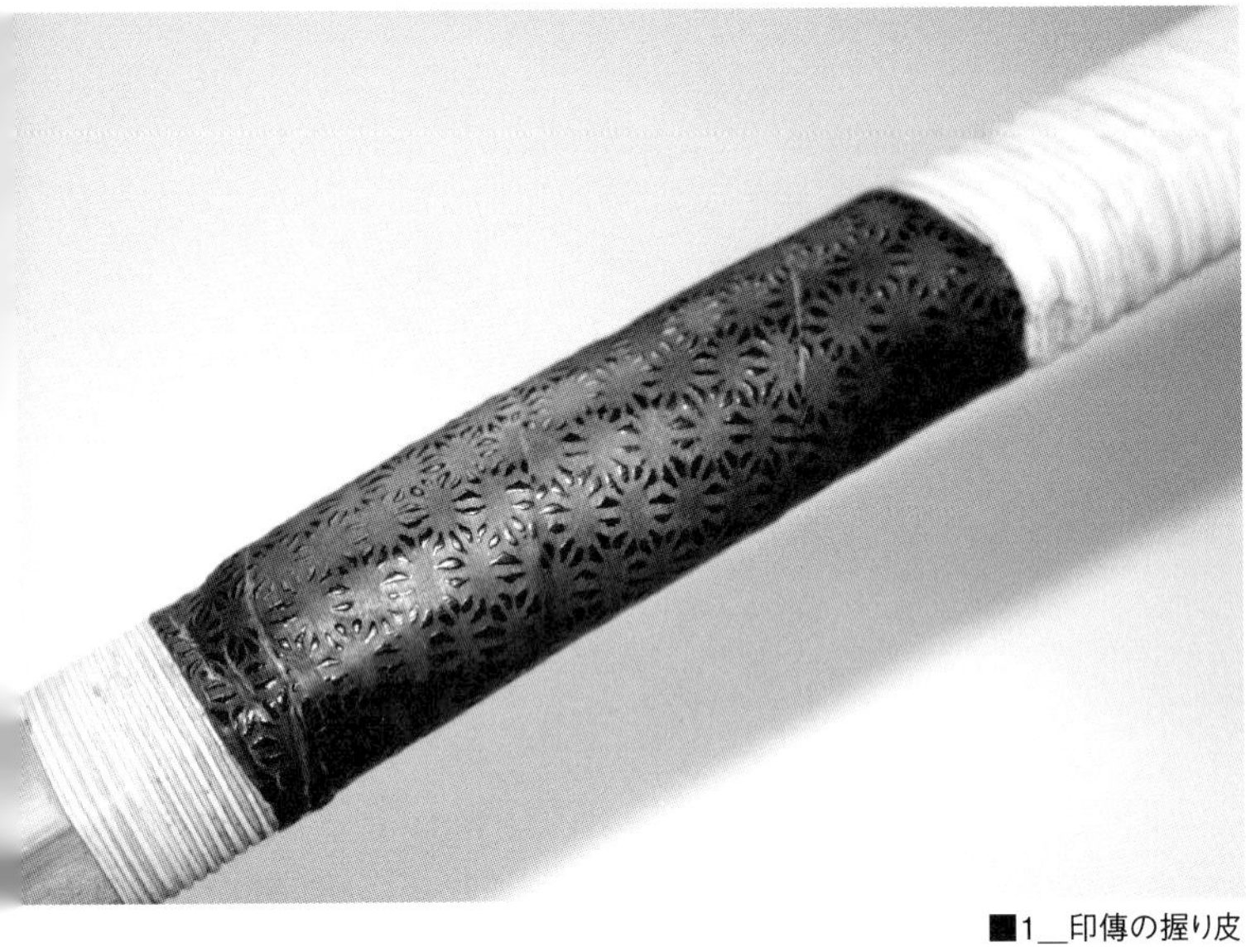

■1＿印傳の握り皮

真1）。これは、プップツの引っかかりがあるので滑りにくい。価格は高めだが、かなり長持ちもするので、絶対的に高いというわけではない。「好きではない」という人もいて、使用感は意見の分かれるところだが、好みに応じて使ってみてもよいだろう。

新しい素材にも挑戦してみたが……

余談だが、昔は、握りには皮だけではなく、紐《ひも》なども使用されていたようで、古物《こぶつ》の弓に散見《さんけん》される。握りは「皮」と思いがちだが、よりよい新素材を求めて、試してみる必要があるのかもしれない。

筆者も常識にとらわれてはいけないと思い、バドミントンやテニス用のラケットグリップラバー（**写真2**）や、テーピングテープなども試してみた。……結果、特別な場合を除いては一般的にはやはり鹿皮がベストであろう。しかし、各自の手の内の状況や季節に応じて工夫するのも楽しみである。こだわりをもって工夫をしている弓道家もいる。自分だけの裏技を見つけてみたらどうだろう。

■2＿バドミントンとテニスラケットのグリップ。よりよい素材を求めてみたが、結果的にはやはり鹿皮がベストだった

弓力《きゅうりょく》を強くする裏技

使用できる弓に限りがあるとき役立つ技

執筆＝松尾牧則

戦場でも弓力を変える方法が使われていた

昔、戦場などで臨機に対応する方法として、弓を強くも弱くもする方法があった。ふだんよりも弱い弓を使用せざるを得ない場合は、「握りを取り下げて」射て、強い弓の場合はその反対にする。握る位置を変えることにより、弓が強く感じたり弱く感じたりする。じつはこれ、感じるだけではなく、実際にも引き絞ったときの弓力が変わってくるのだ。サムライ弓引きの臨機の心得である。

あがり弦を使って弓力を強くする

新入部員が次第に上達してゆき、初級者用の弱弓から次の段階へ弓力を上げようとするとき、使用できる弓は充分備えられているだろうか。現在の学校部活動では、弓具も比較的揃っていて、あまり問題はないのかもしれないが、弓具が不足する場合の裏技を紹介しよう。弓を弱くすることはむずかしいが、強くするには、簡単な方法がある。

通常の使用と比べて、弓が破損する確率は高まるが、弓の上部、または下部を丈夫な紐《ひも》で縛る方法だ。縛る紐は、切れた弦（あがり弦）を使用すればよい。適当な位置で弦を紐でひと結びし（**写真1**）、その上を何回か固く巻いてから、ほどけないように結ぶ（**写真2・3**）。縛りやすいのは弓の上部（上関板《うわせきいた》）だが、引き心地により上下どこを縛るかを調整すればよい（**写真4**）。いずれを縛るにしても、もとの弓とは少し引き心地が変わってしまううえ、弦音《つるね》や弓の冴《さ》えも劣ることは避けられない。

破損率の上昇と、引き心地の変化等があっても強い弓で練習をしたほうがよいのか、それとも弱いまで練習するか、天秤にかけざるを得ないが、方法としてはこのような裏技もあるので、覚えておくと何かのときに役立つかもしれない。

また、「射流《いなが》し」といって、矢を飛ばして飛距離を試す競技があるが（**写真5**）、射流しで飛距離を出すには強い弓が必要である。射流しを行なう際に、このように弓を縛って弓力を高めて行なうこともあったようだ。

■1＿まずは弦をひと結びする

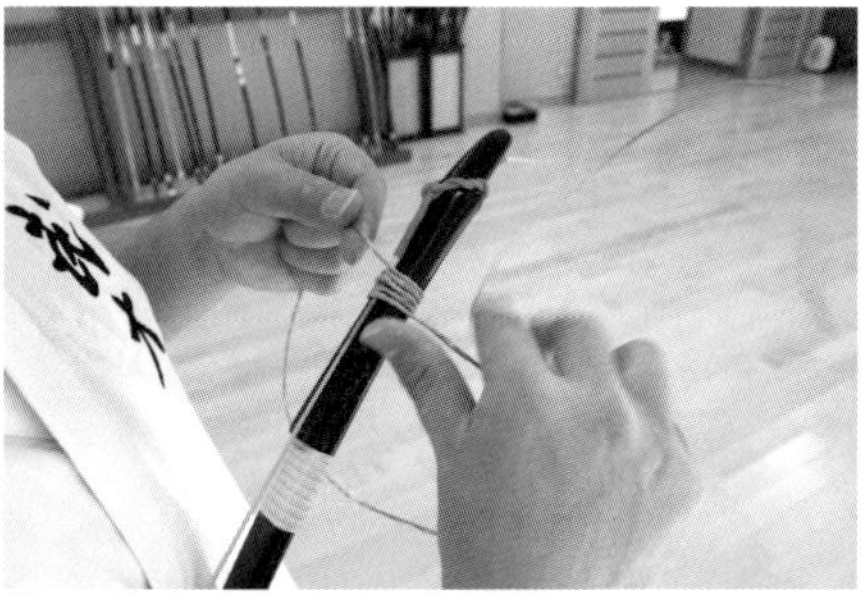
■2＿結び目の上を何周か巻く

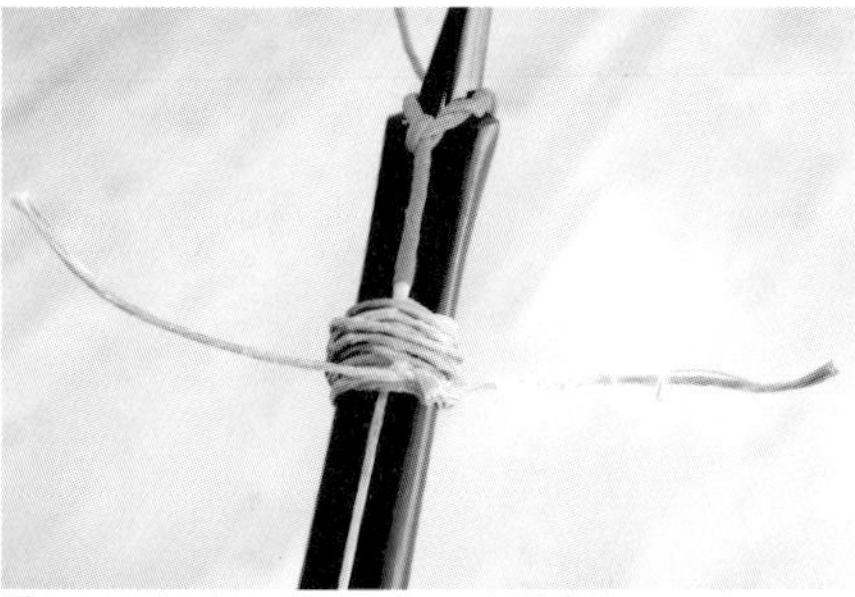
■3＿ほどけないようにしっかりと固定する

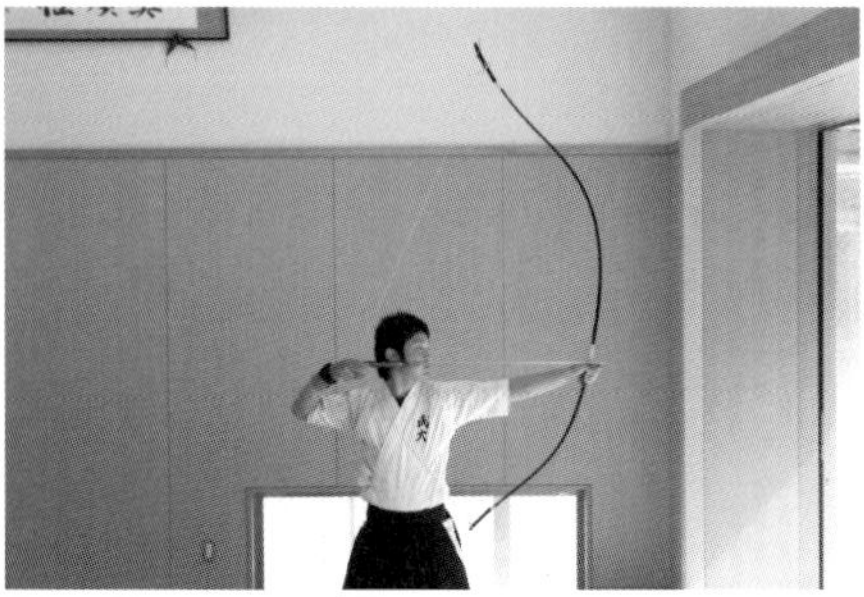
■4＿縛った弓での練習。
引き心地によって、どのあたりを縛るか調整する

■5＿射流し
（写真提供／中村匡希）

的中を左右する弓の不具合

機能に問題はないか、自分に合っているか、ここに注意しよう！

執筆＝佐藤 明

的中を左右する要因は、ひとつには弓の機能的な欠陥があるが、一方で、射手の体力やほかの道具とのアンバランスが考えられる。

機能上の問題

①出木弓《できゆみ》

出木弓は、発射過程で矢が弓の右側面を擦《こす》る度合いが大きいので、横振れをしながら飛行し、的の右に飛ぶ傾向となる。

②弝《は》の高さ（弦と弓との間隔）が高い

弝が高いと、弦と矢の分離する位置が弓から遠く、矢を押す距離が短くなるため、矢飛びが悪く、矢は下がる。弓返《ゆがえ》りも遅い。

③弓の下部が強い

下部が強い弓は、発射過程で下部が的方向へ出る度合いが大きく、矢先が上がる傾向になる。

④新弓

新弓はバネが強いので矢飛びがよいが、矢を集中させるためのコントロールはむずかしい。

射手やほかの道具とのバランスの問題

①射手の体力と弓の強さ

最大筋力の半分を目安として弓の強さを選ぶことがよいとされている。同じ強さの弓二張を肩入れ（弦が耳を越すまで引くこと）できるのであれば、その1張の強さを使うことができる。体力を超えた弓の使用は、射形《しゃけい》がととのわず的中は困難であり、早気やゆるみなどの病癖がでる。

②弓の強さと矢の重さ

弓は引く長さに比例してバネの強さを増していき、内部に弾性《だんせい》エネルギーを蓄えていく。発射過程で、矢はそのエネルギーを受けて速度を増していく。

矢の重量と速度の間には関係があり、矢が軽いほど速度は速くなる。軽い矢は速度が速いため、手の内で弓の動きを制御することがむずかしくなる。

③弦の重さ

②と同じことが、弦にも当てはまる。軽い弦ほど冴《さ》えるが、コントロールはむずかしいといえる。

④手の大きさと握りの太さ

的中させるための技に「角見《つのみ》の働き」があるが、これは、拇指根《ぼしこん》（親指の付け根）で弓の右角を的に向かって押し、弓幹《ゆがら》にトルクを与える（＊）ものである。適切な回転力をすばやく作用させるためには、拇指根と弓の右角が正しく対面していなければならない。親指と人さし指との間を虎口《ここう》というが、虎口の広さは個人差が大きいため、各人に適した握りの幅を適正に調整する。親指と人さし指の間隔が狭い人は、幅の狭い細い弓を使うことが大切である。

⑤弓の冴えと射手の技量

よい弓は軽量でバネが強く、矢飛びの冴えるものだが、使いこなすためには射手の技量が要求される。バネの強さと復元の速度が速いので、射手側には筋力と筋の収縮速度の両面が求められる。とくに、会までは筋力が、離れでは筋の収縮速度がより求められる。負荷が最大筋力に近いほど収縮速度は遅くなるという生理学的な性質がある。力と速度を兼ね備えた能力を筋パワーという。高い技量の射手は最大の筋パワーを発揮できるような弓の強さを選び、それに適した射形を整備し、筋骨格系と弓の力学的特性をマッチングさせていると考えられる。

＊トルク……回転力。回転軸からの距離dに作用する力fの積fdで表わす量。

適切な手入れをすることだけでなく、体力や技術力に合った用具を使うことも大切

第3章

取り扱いのマナー

新しい弓具の選び方から保管・運搬時の注意点まで

扱い方ひとつにも射手の心持ちが表われる!?
弓具を知り、正しい扱い方を実践することは
射技の向上にも欠かせない要素。
これだけは知っておきたい、取り扱いのマナーとは?

破損を防ぐための弓の扱い方

破損を誘発する原因はさまざま。弓を取り扱う際はここに注意しよう!

執筆=佐藤 明

予測のつかない竹切れ、他人の弓は断りなく引かないこと

弓の竹切れ《たけぎ》(*1)を予測することはできない。たとえ引きが少なくても切れることがあるし、大三や引分けの途中で切れることも珍しくない。寿命が来れば切れるのである。また、たとえ新弓であっても、材料が部分的に弱いもの、薄い(分落ち《ぶお》)ものなどで切れることもあるだろうし、張り込み(*2)が不充分な弓では、引くことによって外竹《とだけ》の伸び率が大きくなり、切れることがある。自分の弓ならあきらめるほかないが、他人の弓をさわっていて切れてしまった場合、取り返しがつかないことになる。持ち主に無断で弓にふれたり、弓力《きゅうりょく》を調べたり、引きの味を確かめるなど、もってのほかである。

*1 竹切れ……竹表面が割れたり、節のあたりから一部が切れはがれて跳ね上がること。

*2 張り込み……一定期間弦を張り続け、裏反りを減少させること。

弦を外した弓は弱い とくに切詰には要注意!

弓は、竹や側木《そばき》やヒゴ、あるいは関板《せきいた》など、、多くの材料が貼り合わされてできている。外竹側は上端から下端まで一枚の竹が通っているが、内竹《うちだけ》側は上下の関板と内竹とが接合部を形成している。この接合部を「切詰《きりつめ》」といい、弓の弱点となっている(**図1・写真1**)。弓は、内竹側から外竹側に向かって力を加えて曲げるようにできているが、逆に外竹側から内竹側に向かって力が加えられることは想定していない。仮に加えられた場合は、切詰の接合部が開いてしまうか、折れることも考えられる。

では、どのような状況でそのような力が加わるだろうか。あってはならないことだが、弦を外して逆

さまに、つまり、末弭《うらはず》を床に立てかけたようなときに外力が加わると、上の切詰は危ない状況になる。張った弓も逆さまに立ててはいけない（**写真2**）。

また、弓を運搬するときは、物に当てないように気をつけなければならない。エスカレーターを昇る際、張り出した天板に弓の上端がつかえたり、電車の中で天井と床との間に挟んでしまったり、空調のファンに先端を挟むなど、思いがけないところに危険はある。ラッシュアワーの電車やバスの中など、人混みはもっとも危険な場所といえる。

直射日光や熱にさらさない

弓は熱に弱い。鰾《にべ》（膠《にかわ》の一種）で貼り合わせた弓は、とくに熱と湿気に弱いため、夏場の炎天下の車中や、直射日光の当たる場所に置くのは避けるべきである。合成接着剤で貼り合わせた弓であっても、

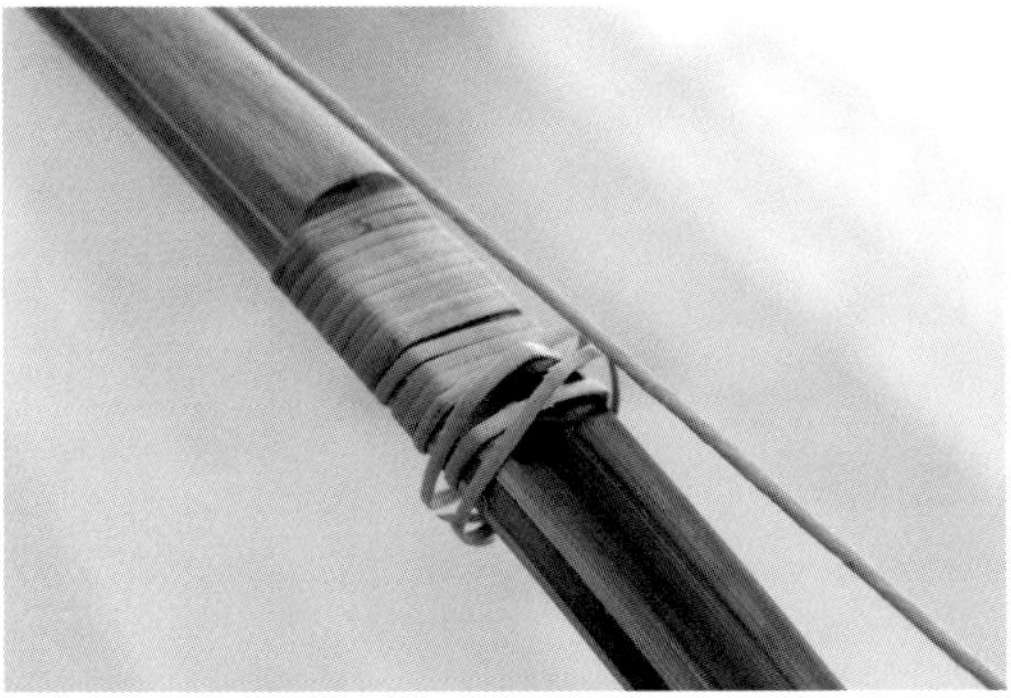

■1＿切詰には、補強のための籐が巻かれている。籐が外れるなどしたら、早めに修理しよう

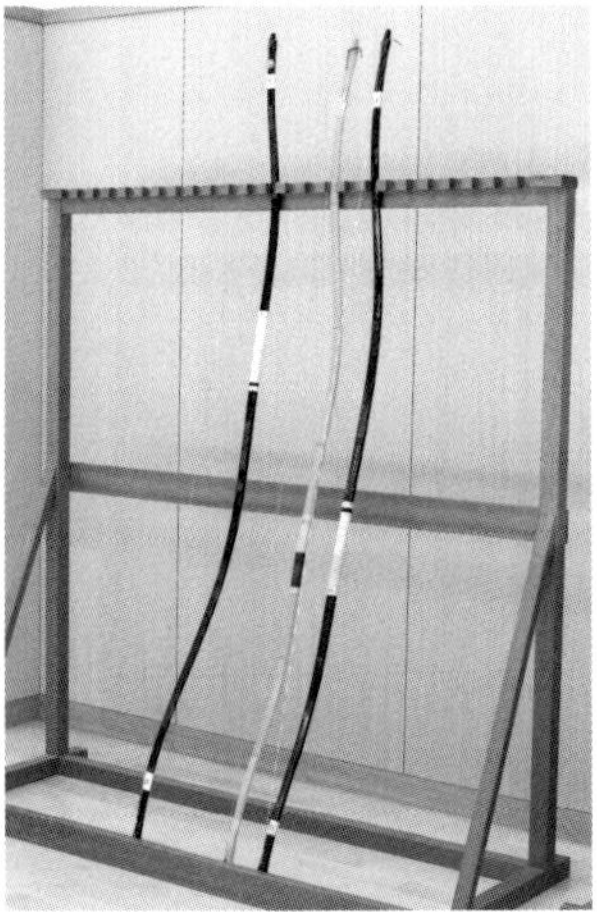

■2＿あり得ないことだが、末弭を床につけ、逆さまに弓を立てた状態（左端）

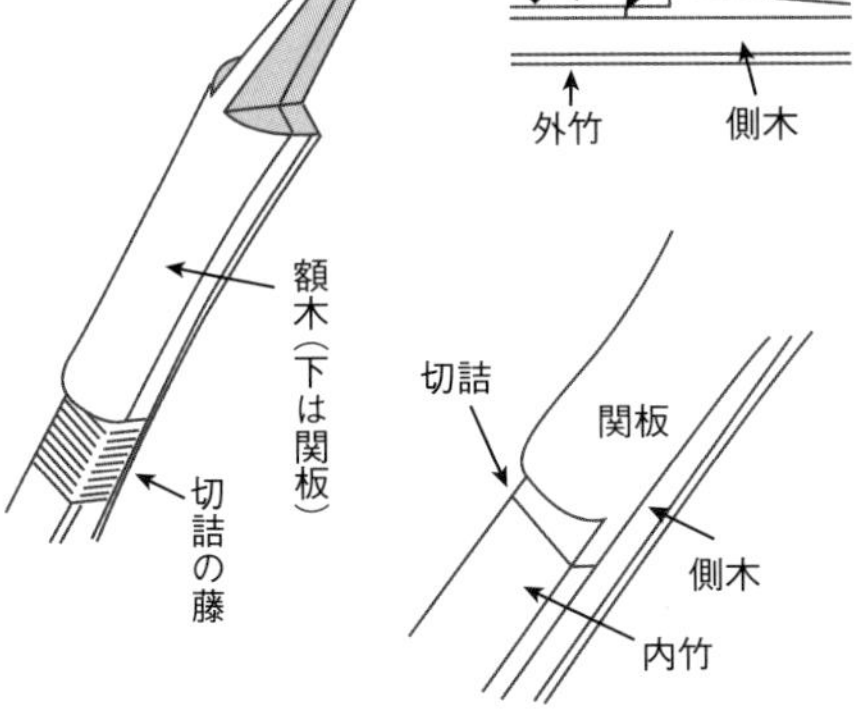

■図1＿竹弓の上関板

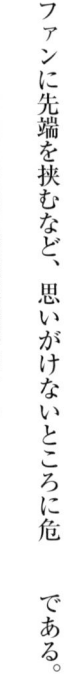

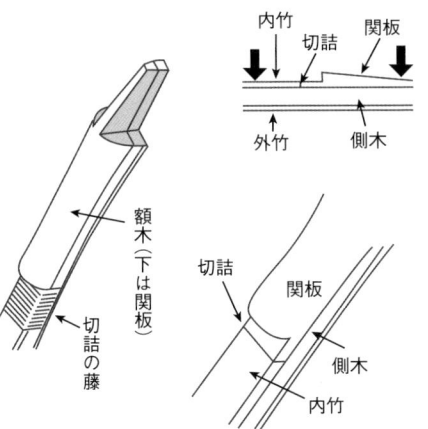

破損を防ぐための弓の扱い方

熱膨張の異なる材料が高温にさらされれば、接着面のはがれや竹が割れるなどの危険がある。

弦を張ったままの状態で部分的に日光が当たるようなときは、成《な》り（弓の姿、形）の変形が起こることも考えられる。白木《しらき》の弓（＊）の場合は、屋外で長時間日光にさらすことは慎むべきである。

＊白木の弓……削ったままの、漆を塗らない弓のこと。

引き尺の限度を超えると破損の原因になる

弓は、各自の引き尺《ひじゃく》（＊）に合った長さのものを使うことが大切である。並弓《なみゆみ》は二尺七寸五分（約83センチ）、伸び弓《のゆみ》は三尺（約91センチ）が適当な矢尺《やじゃく》とされていて、それを超えた引き尺は、竹が切れる可能性が出てくる。壊れないまでも弓には大きな負担となるので、限度を守りたい（**写真3**）。

＊引き尺……実際に引く長さのこと（「矢束」は本来引くべき長さのことをいう）。

■3＿合成弓の場合も、引き尺に合わない弓を使用すると、破損の原因になる

弓の形に悪影響が出る引き方

引き方によって、弓の形にさまざまな悪影響が出るので注意しよう。

1 胴が抜ける引き方

引分けで捩《ねじ》りをかけずに押すだけだと、胴《どう》が弱くなる（**図2**）。

2 上部が弱くなる引き方

強い上押しをかけながら引くと、鳥打《とりうち》が弱くなる（**図3**）。

3 出木《でき》になる引き方

引分けのはじめから強い捩りを加えて引くと、出木になる（**図4**）。

張《は》り顔《がお》、引成《ひきなり》のアンバランスをそのままにして使うと、弱い部分がますます弱くなる。弓の形は毎日確認し、手入れを怠らないようにしたい。

適度に切れる弦で弓の疲労を回復する

弓の強さと弦の太さのバランスは、とても大切である。弦が太いと切れにくいが、弓は消耗し、疲労する。一般的に300本を引いたくらいで切れる弦が望ましいとされている。弓は、弦が切れることによって裏反りが戻り、バネの強さが回復するからである。

細い弦は切れやすいが、あえて細い弦を使うことで冴《さ》えを楽しむこともあるだろう。強い弓に軽い弦、あるいは軽い矢を使うと、矢飛びはよくなるが、弓から矢に移行するエネルギーが小さくなり、余ったエネルギーが弦への負担となるため、切れやすくなる。技が未熟な段階では、重めの弦と矢を使うのが無難である。

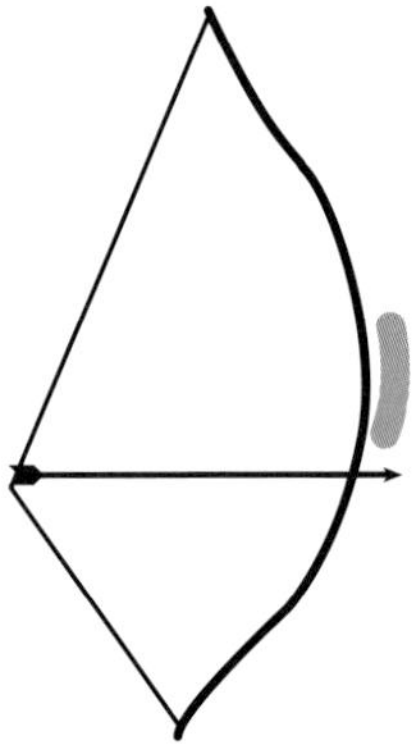

■図2＿胴が弱い弓

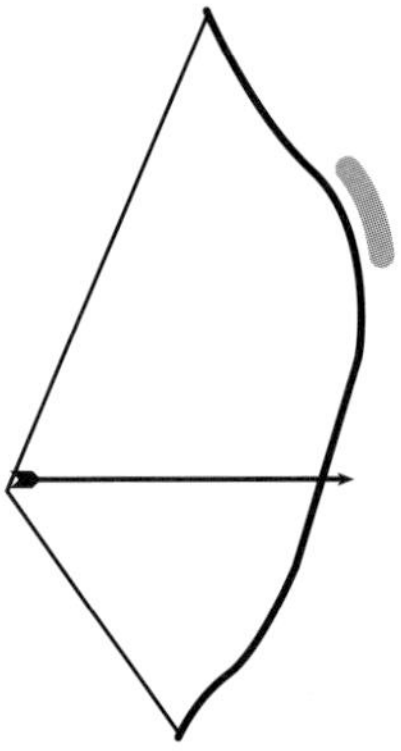

■図3＿鳥打が弱い弓

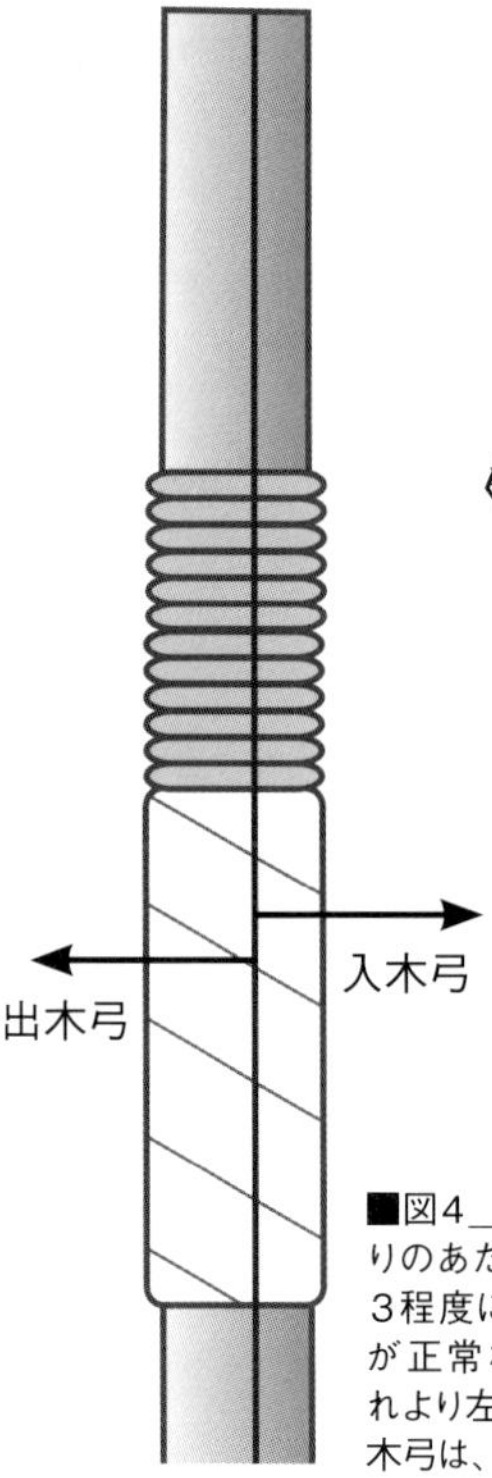

■図4＿弦通りが、握りのあたりで左7：右3程度になっているのが正常な入木弓。これより左に位置する出木弓は、調整が必要

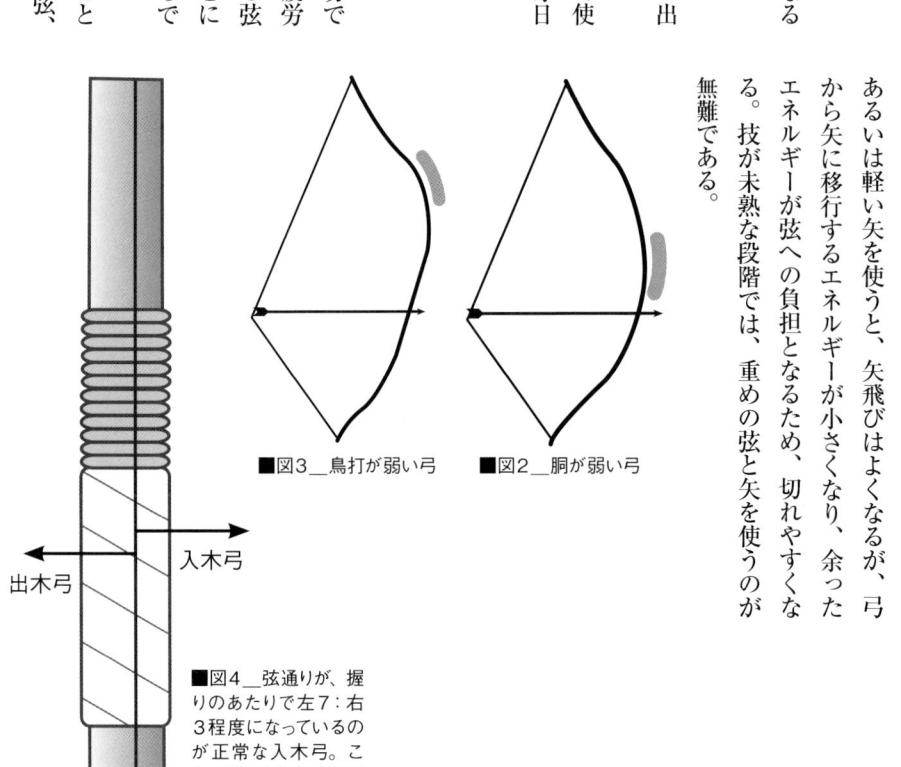

弓を保管する際の注意点

天然素材を使用した竹弓の保管には、充分な注意が必要

執筆＝佐藤 明

竹弓の場合

①高温、乾燥する場所を避ける

弓は高温を嫌う。竹が乾燥し、割れが生じたり（**写真1**）、形の変化が起きる。接着剤が鰾《にべ》（膠《にかわ》の一種）の場合は、接着力が緩むので注意が必要である。

②湿気に注意する

湿度が高いところでは、カビの発生、虫食い、籐《とう》の緩み、シミの付着などが起こりやすい。保管の際は、風通しのよいところを選び、密閉した場所であれば、定期的に風を通すようにしたい。

③防虫剤を入れる

長期にわたって保管する場合は、弓袋《ゆぶくろ》に入れ、中に防虫剤を入れる。

④張り込むときは太い弦で

新弓で裏反りが強い間は、形が安定するまで弦を張り込む。張り込むときは、形の変化と弦の断裂を想定して、対策を立てておこう。

出木《でき》や入木《いりき》の傾向が強い弓は、弦の通りが弓の正《せい》中線《ちゅうせん》を外れる度合いが大きくなるにしたがって、弦が外竹《とだけ》側にひっくり返る危険が出てくるため、弦と

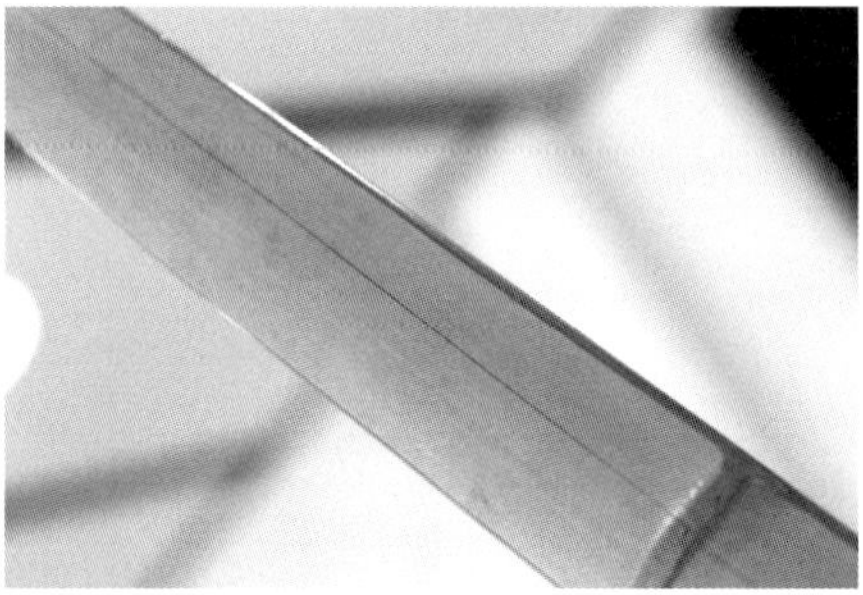

■1＿割れが生じた竹弓

■2＿上切詰を、弦と一緒に麻弦などで縛る

弓とを切詰《きりつめ》のところで切れ弦などで縛っておく（**写真2**）。また、張り込む弦は太く丈夫なものにし、2本かけるのがより安全である。張り込みの日数が長い場合は、ときどき成《な》りの変化を観察して、適宜調整する。裏反りが24センチ以下になったら、弦を外して保管する。

⑤長期の保管は縦置きより横置き

長期間使用しない場合は、転倒防止や切詰への負担軽減、あるいは裏反りの回復などを考えると、横置きしておくのがよいだろう。天井下などに棒を二本渡し、姫反《ひめぞり》と小反《こぞり》あたりをかけておく。関板が、渡した棒にかからないようにすることが大切である（**写真3**）。

グラス弓、カーボン弓の場合

グラス弓は裏反りがほとんどなく、内竹《うちだけ》に相当するグラスシートが両端まで通っているので、切詰部は強い。湿気にも強く、成りの変化もあまりないので、長期に保管した場合でも変化が起きることはない。取り扱いはより簡単といえるだろう。

■3__長期保管する場合は、横にしておくとよい（撮影協力／小山弓具）

弓の強さを上げる時期の見極め方は？

弓射の力学的・運動生理学的な視点から――

執筆＝佐藤 明

射手に作用する「弓力」と「重力」

弓を引くとき、人体には「重力」という鉛直《えんちょく》下方の力と、「弓力《きゅうりょく》」という水平方向の力が作用する（**写真1**）。

「重力」に対して、私たちは直立姿勢を保持しなければならず、前傾《ぜんけい》すれば倒れないように背筋群《はいきんぐん》が緊張し、後傾《こうけい》すれば腹筋群《ふっきんぐん》が緊張する。また、右に傾けば左側が緊張するという具合に、姿勢保持のために、筋肉は自動制御されている。

身体の傾きやねじれなどの歪《ゆが》みが大きい場合、筋の緊張のアンバランスが大きくなることは容易に想像できるだろう。行射《ぎょうしゃ》においては、会までの静的な

■1＿
弓を引くときに作用する重力と弓力

力の均衡状況《きんこう》では、形のアンバランスが筋力のアンバランスと相殺《そうさい》されて安定的に見える。しかし、離れの動的な局面では、筋緊張のアンバランスが顕在《けんざい》化《か》し（はっきりとわかるようになり）、動きのアンバランス、つまり不均衡な動作として現われる。これら力学的・生理学的な背景から、射は足の踏み方から矢の発射まで、すべて規矩《きく》（＊）にしたがうことが要請される。規矩は、自然の法則に適するような身体の使い方を、弓術の天才たちが発見し編み出したものといってよい。これらの要請は、誰か人からというのではなく、自然からの要請であると考えるべきである。規矩に適合した射から生まれた離れを「自然の離れ」というが、じつに味のある表現である。

＊規矩……考えや行動の基準とするもの。

弓力と体力の釣り合いが大切 初級者は弱い弓で稽古しよう

弓の強さは、その人の体力に釣り合った強さが必要であり、肩入れ（＊1）のできる半分の強さが適当とされている。同じ強さの弓二張の肩入れができれば、その一張分がその人に相応の弓力ということである（**写真2**）（＊2）。

■2＿二張の肩入れ。強さのわかっている弓を二張肩入れし、その最大の強さの半分を基準にする方法

しかし、初級者の場合は、合理的な身体の使い方が身についていないので、弱い弓を使用して正しい射形《しゃけい》を学んでいくことが大切である。合理的な形ができるようになると、骨格で弓力を支えるようになり、筋力を使う要素が少なくなっていく。このようにして姿勢が正しくなっていくと、背骨と弓との距

弓の強さを上げる時期の見極め方は？

離が接近して、小さな背筋力で弓力に対抗できるようになる。

＊1 肩入れ……弦が耳を越すまで引くこと。
＊2 このほか、バネばかりを使った弓力の測定方法はＰ２３６参照。

射の習得過程では手の内や取懸けに意識が向きやすい

弓を引く動作では、弓を持つ左手と弦を持つ右手があり、その間に、腕や肩や胸・背中など、多くの骨格系が連結されている。これらの骨格を動かす筋肉は極めて多い。さらに、腹部や腰・臀部《でんぶ》、下半身も使う熟練した射では、身体全部の筋肉を参加させてその調和を図っているといえる。

新たに動作を学ぶときは、身体の末端、つまり手の動きがもっとも注意を向けやすく、調整が容易である。これは、運動を司る脳の運動野と呼ばれる領域で、手を制御する細胞の占める割合が、体幹《たいかん》を制御するものよりも大きく、複雑かつ精密な運動ができるようになっているからである。このことから、弓を持つ手の内や、弦を持つ取懸けの方法には意識を向けやすく、習得もしやすいといえる。

深層部の小さな筋群を働かせて熟練の射を身につけるために……

一方で、上腕《じょうわん》と肩甲骨《けんこうこつ》で構成される肩関節のコントロールはむずかしく、胸郭《きょうかく》と肩甲骨との接点である仮性関節部《かせいかんせつぶ》の制御はさらにむずかしい。視覚のフィードバックがきかないところでもあるので、この箇所に弱点を持っている射手は多い。また、目には見えない脊柱《せきちゅう》を起立させるインナーマッスル（身体の深層部《しんそうぶ》にある筋肉／**図1**）の働きも軽視されやすく、同じように、股関節《こかんせつ》や下腿《かたい》の制御は射にほとんど影響がないと感じている射手も多い。このように、身体の末端部から中枢部《ちゅうすうぶ》にかけて、制御の精密さは甘くなる。

正しい姿勢や精密な動きは、身体の深層にある小さな筋群の働きによるものであり、それらの基盤の上で、身体の表層《ひょうそう》にある大きな筋群（**図2**）は、正しくパワーを発揮することができる。

学習初期（初級者）の段階で強い弓を引くときには、骨格を組む小さな筋肉がパワー不充分で正しく働くことができず、表層の大きな筋肉を使って、歪んだままの姿勢で引くことになる。

「骨合筋道《ほねあいすじみち》」という教えの中では、のびのびと矢束《やつか》いっぱいに引き収めることをはじめに教えることが肝心であるとしている。そして、縦と横が無理なくいっぱいに伸びて引くことができ、伸合いの時間も充分とれるようになったら、1キログラム程度強めの弓に上げていく。けっして急に強くしてはいけない。

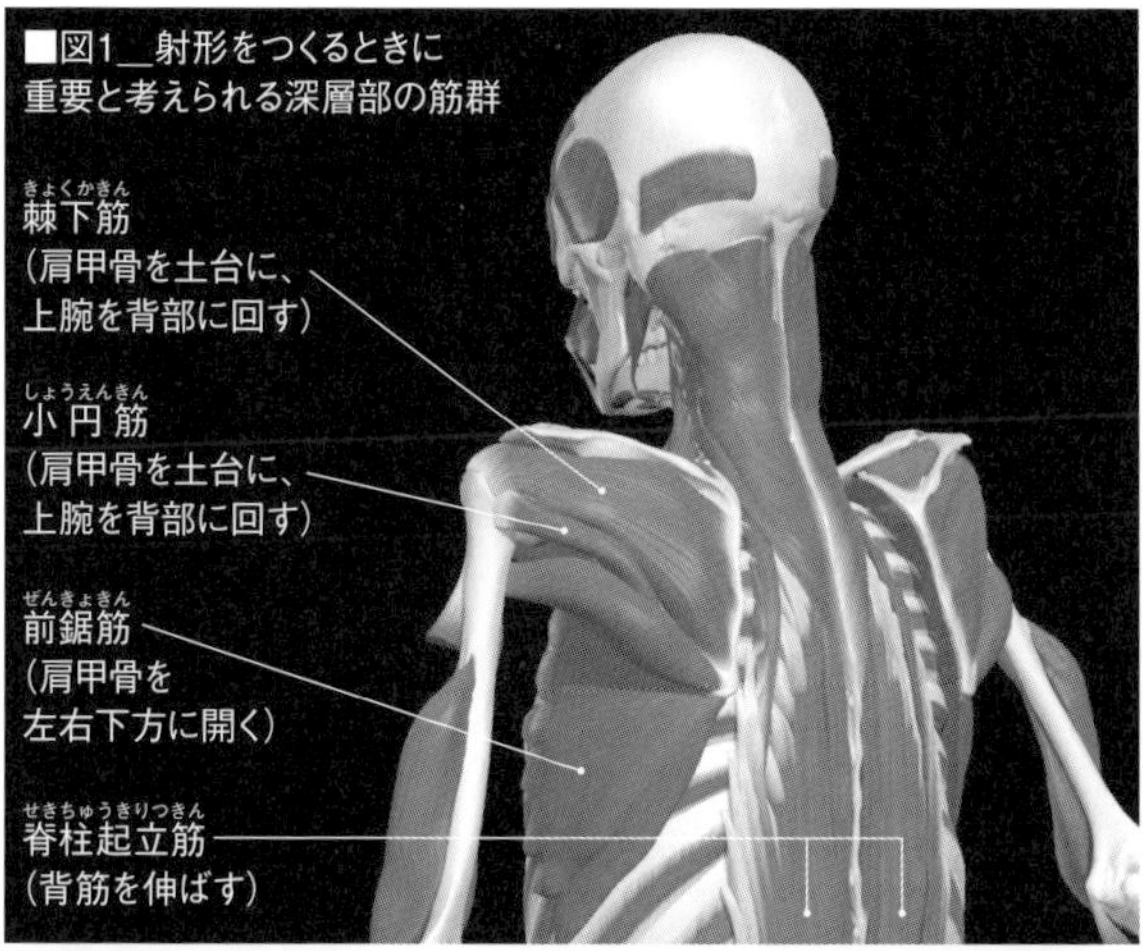

■図1＿射形をつくるときに重要と考えられる深層部の筋群

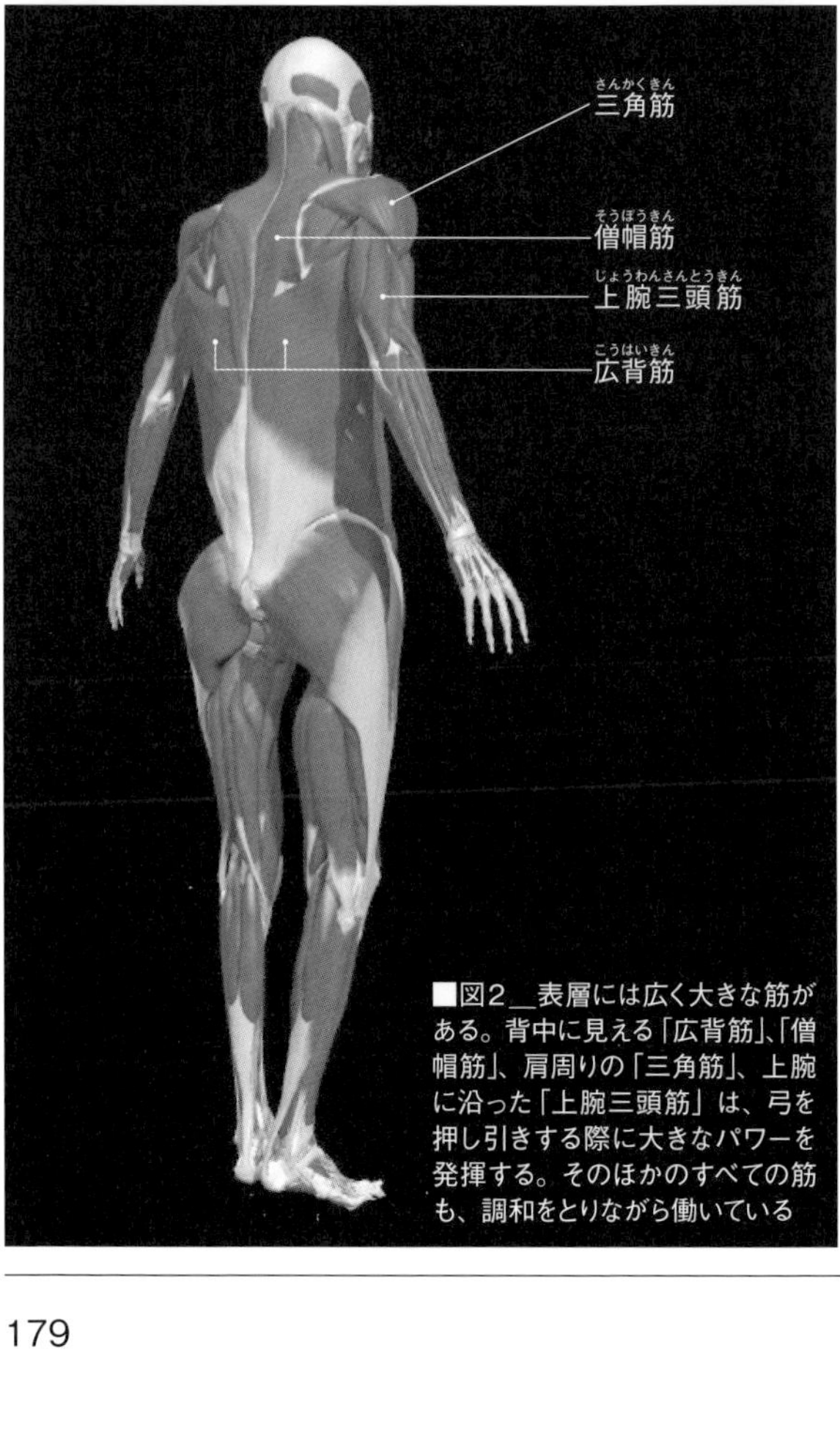

■図2＿表層には広く大きな筋がある。背中に見える「広背筋」、「僧帽筋」、肩周りの「三角筋」、上腕に沿った「上腕三頭筋」は、弓を押し引きする際に大きなパワーを発揮する。そのほかのすべての筋も、調和をとりながら働いている

新しい竹弓の扱い方

新しい竹弓を最初に使うときの注意点とは?

執筆＝佐藤 明

竹弓が誕生するまで

弓は、弓師が材料を接着剤で貼り合わせ、直後に接着の固定と弓の裏反りの形をつくるために、藤蔓《ふじづる》またはロープを巻き、湾曲《わんきょく》をつけながら藤と弓との間に楔《くさび》を打ち込んでいく。接着が完了した時点で藤を弓から外したものを「藤放し《ふじばな》」という。藤放しの裏反りは50数センチあり（**写真1**）、店頭で見る弓の裏反りの2〜3倍以上はある。

この弓の両端に、弦輪《つるわ》をかけるための弭《はず》を鋸《のこ》で切り、弓張り台を使って弦を張る（**写真2**）。藤放しは成形していないので幅が広く、裏反りも大きいので非常にバネが強い。手で張ることは極めてむずかしいため、専用の張り台を使う。その後、鉋《かんな》や小刀を使って左右を削っていく。弓師によって削る寸法が決まっており、これを村準《むらかね》という。弓の厚さと幅の組み合わせで、滑らかな湾曲が描かれるように慎重に削られる。弓全体のバランスがととのったところで、関板《せきいた》や弭を成形してしばらく張り込み、3カ所に籐《とう》を巻き（**写真3**）、握り皮を巻いて店頭に並べられる。

使いながら弱点を見極め、形を仕上げていく

このときの弓は「荒村《あらむら》」という段階で、完成形とはいえない物である。実際に射手に渡り、引く数を重ねていく中で弱点が現われてくる。射手の射技上の癖や弓自身の個性などが影響して、弓の成《な》りに強弱が出てくるのである。

弱点があるということは、強すぎるところがあるということであり、弱い箇所を助けるために強い箇所を弱める調整が必要になる。これにはふたつの方

法があり、ひとつは、強い箇所を熱であたため、押すあるいは踏むなどして弱める方法で「火入れ」という。もうひとつは、強い箇所を刃物で削って弱める方法で「村《むら》」という。いずれの方法も経験者の指導が不可欠で、素人は手を出さないことである。調整が必要と感じたら、早めに弓具店に相談することをおすすめする。

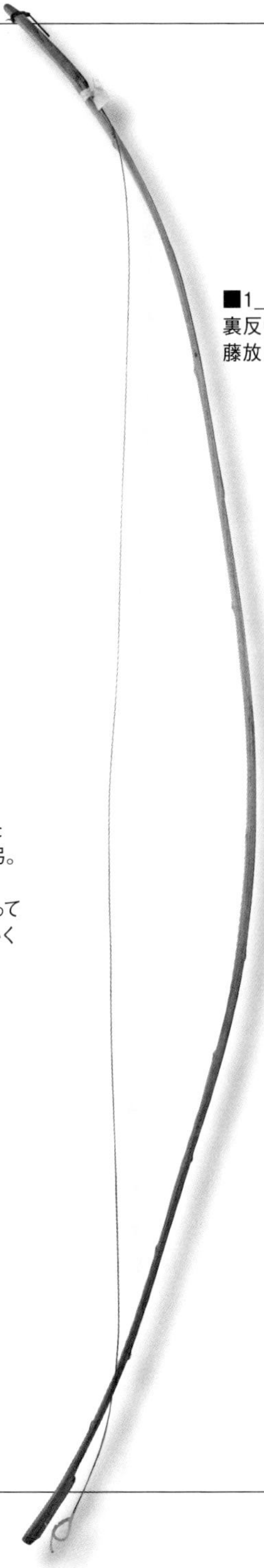

■1__
裏反りの強い
藤放しの弓

■2__
弦を張った
藤放しの弓。
この後、
左右を削って
成形していく

■3__成形され、籐が巻かれた弓

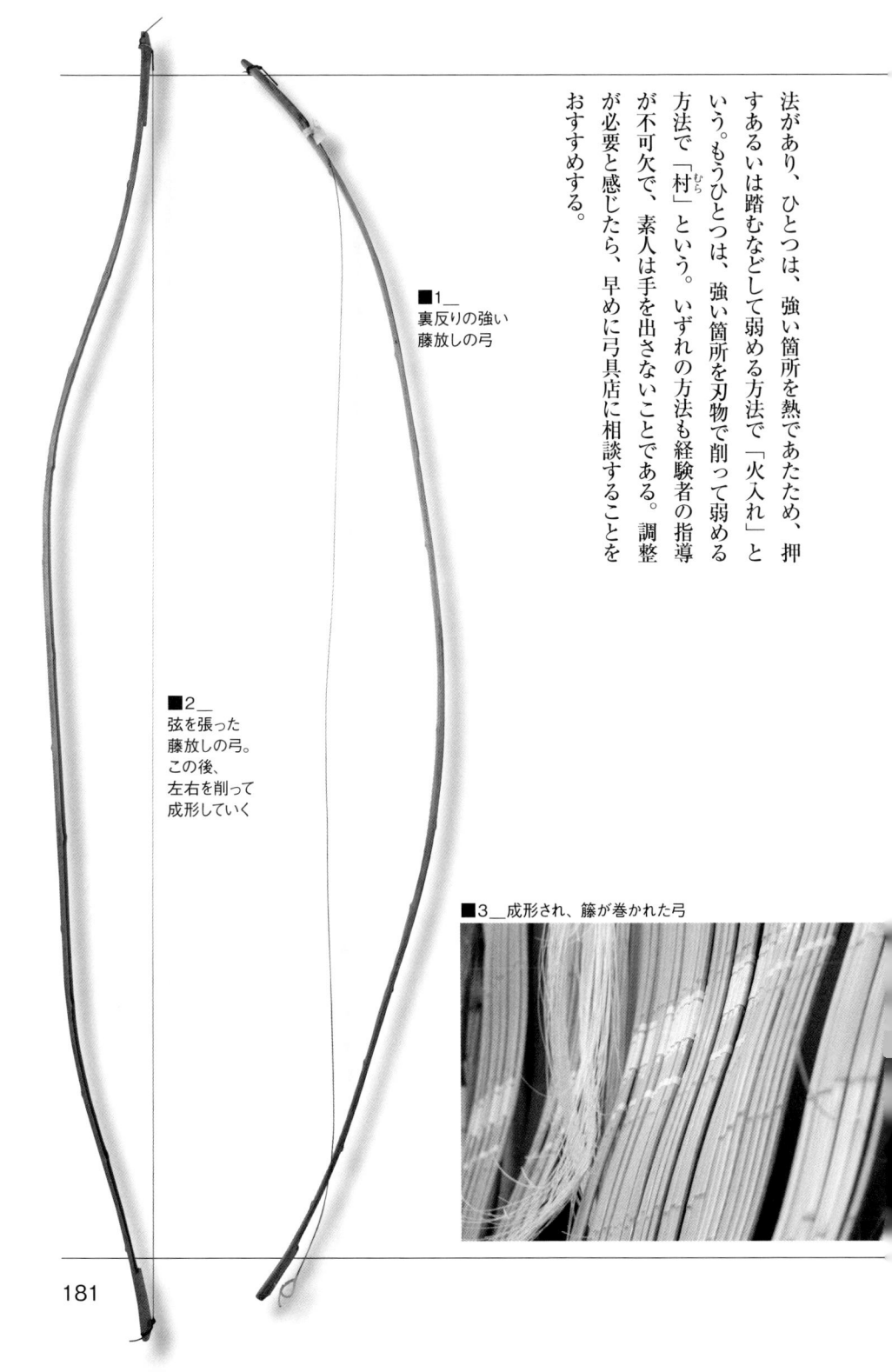

新しい竹弓の扱い方

弓は「荒村」から「中村《なかむら》」（＊1）を経て、「小村《こむら》」（＊2）あるいは「射手村《いてむら》」（＊3）によって、安定した弓に仕上がるのである。

＊1 中村……数千本射込んだあとの調整。
＊2 小村……2～3年使用したあとの、最後の仕上げ。
＊3 射手村……射手自身が行なう「村仕上げ」。

裏反りが大きいときは引かずにしばらく張り込む

弓の裏反りの大きさを確認し、八寸（約24センチ）以上ある場合（**写真4**）は、安全管理上、使用を控えてしばらく張り込むようにしたい。

竹弓は大変デリケートなため、とくに新弓は形が変化しやすい。弓が新しく製作され店頭に並べられた時点で、どれだけの期間弦が張り込まれていたかが、弓の安定性に関係する。つくられた直後の弓は裏反りが大きく、弦を長く張ることによって自然に裏反りが少なくなっていくからである。

反りの大きい弓は、加えられた力に強く影響を受

裏反りを確認するには、弦を張らずに弓の上下を床につけ、弓の中央部分の、床からもっとも遠い距離を測る。手のひらを目安に測定するとよいだろう

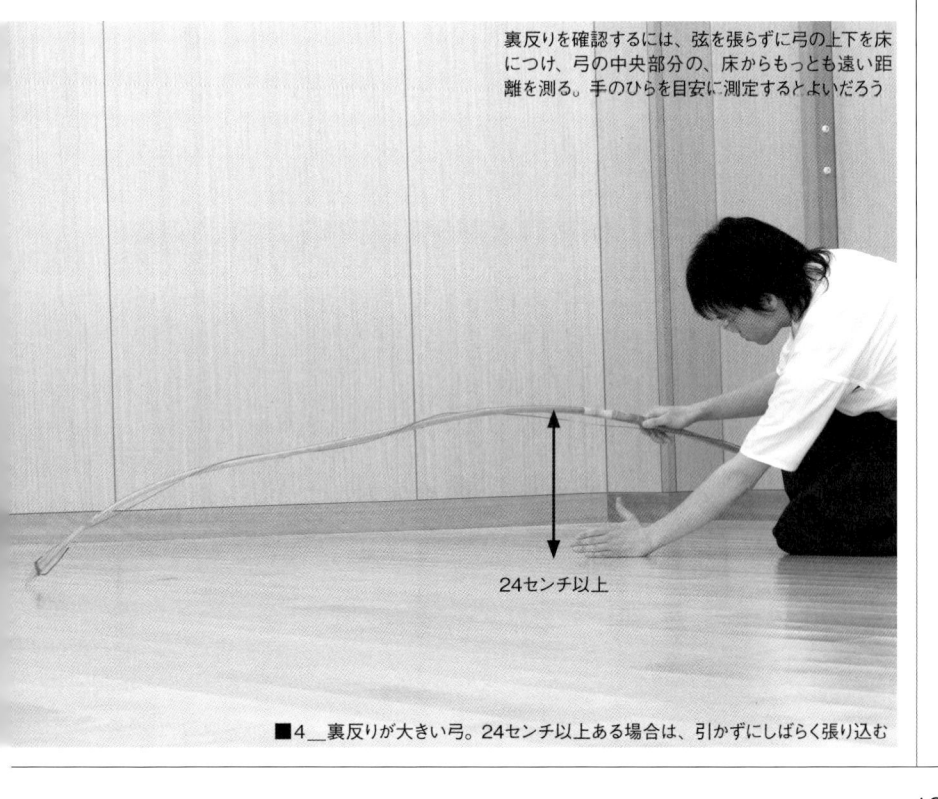

■4＿裏反りが大きい弓。24センチ以上ある場合は、引かずにしばらく張り込む

け、形を変化させるため、張り方を誤ると押した箇所だけが強く変形し、滑らかなカーブが失われることがある（P136参照）。

使用前は1時間程度張り込むようにする

弓を張った直後は、引かずに1時間程度は張っておくとよいだろう。新弓であればあるほど長く張り込むことをおすすめする。張るほどに荒々しさが薄らぎ、弦音《つるね》も出るようになる。

矢数は少しずつ増やしていく

引くことによって外竹《とだけ》は引き伸ばされ、内竹《うちだけ》は圧縮される。反りが強い間はその伸縮率が大きく、竹の繊維が切れやすいということになる。反りが少なくなれば、繊維への負担も小さくなるので切れにくくなる。1日10本程度をかけながら、反りの程度を見つつ、矢数を増やしていくとよいだろう。

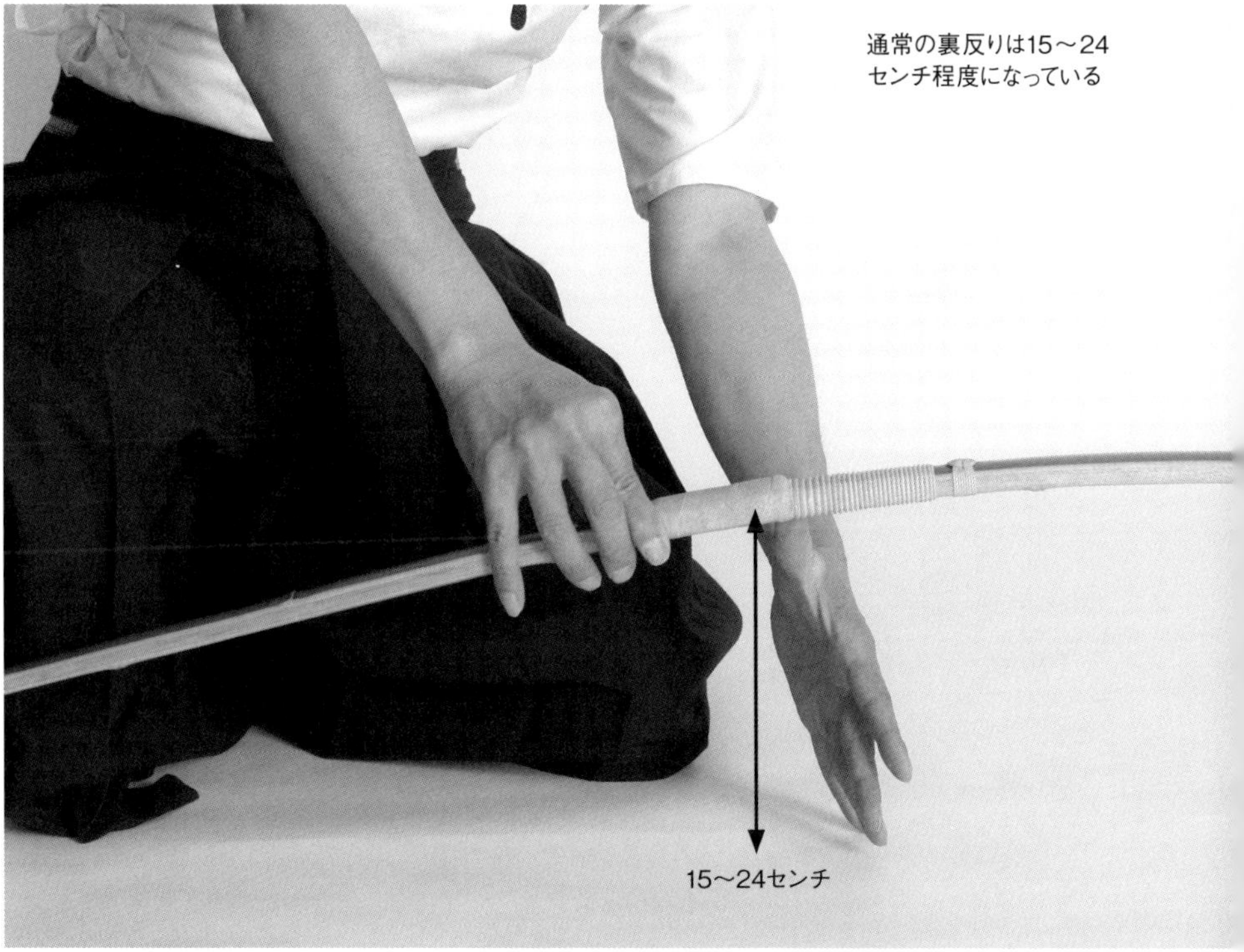

通常の裏反りは15～24センチ程度になっている

新しい矢の選び方

太さ、長さ、重さ。弓に合う矢を選ぶためのポイントとは？

執筆＝佐藤 明

矢をつくる際は6本または8本組で

矢は、一組の本数が4本となっていることが多いが、癖のある矢が含まれていたり、使用途中で破損することも考えられるので、できれば6本組あるいは8本組を選ぶのが望ましい（**写真1**）。とくに竹矢の場合は、同じ特性の箆《の》や羽根を持つものを新たに制作することは、ほとんど不可能だからである。

矢の長さの決定方法

自分が引く矢の長さを矢束《やつか》という。矢束はおおよそ身長の半分とされ、腕を水平に伸ばして、首の中心（のどのところ）から中指の先までの長さが基準である（**写真2**）。この長さは、会のときの内竹《うちだけ》から弦までの長さに相当する。したがって、矢全体としては、矢束に指3～4本分（3～6センチ）足した長さが安全である。初級者の場合は、毎回矢を引く長さが安定しないため、10センチ以上足した長さを矢尺《やじゃく》（矢の全長）とする。

的前に適した形状は「一文字」矢の太さと弓のバランスも大切

矢の太さは、弓の強さと釣り合うことが重要である。太い矢は、箆張《のば》り（＊）が強く重量も重いので、強い弓に適している。

矢尻から筈《はず》までの太さが同じ一文字《いちもんじ》の矢（**図1**）は、的前《まとまえ》に適している。矢尻のほうが太く、筈側が細い杉成《すぎなり》（**図1**）の箆は巻藁矢《まきわらや》に使われることが多いが、箆張りが弱い欠点がある。矢の発射時には、弦からの力を受けて筈と重心との間に強い曲げが生じるが、箆張りが弱い箆は、大きく曲がりが生じるので矢飛びに不利である。

遠矢《とおや》に使われる矢は麦粒《むぎつぼ》（**図1**）といい、両端が細く中央が太くなった流線形をしており、飛びはよいが前に外れやすく、的矢には適さない。

＊篦張り……矢を曲げたときの固さ（剛性《ごうせい》）のこと。スパイン。

矯めと篦張りの確認法（竹矢の場合）

竹は節のところで曲がって生育するため、矢をつくる際は、その曲がりに火を入れて矯正《きょうせい》し、まっすぐにする。矯《た》め（曲がっているものを伸ばすこと）が不充分な場合は、やがて狂いが出てくるため、すべての矢の曲がりを調べることが大切である。

矢の曲がりを確認するには、2本の矢を転がす方法が簡単である。**写真3**のように、一本の矢を左手に持ち、調べたい矢を右手に持って、左の矢の上を転がして筈がなめらかに回るかどうかを観察する。

矯めを調べるときに、左手の爪の上で矢を回転する方法（**写真4**）もあるが、自分の矢でない場合（購

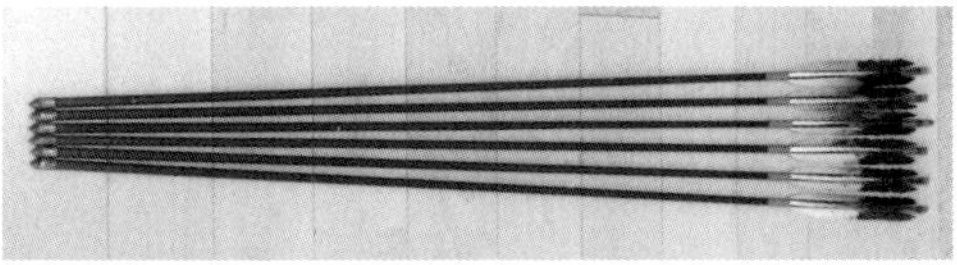

■1＿6本組の矢

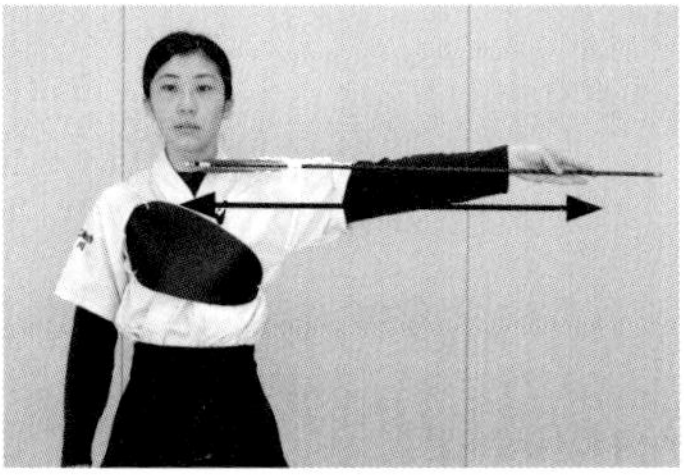

■2＿矢束の測り方

■図1＿篦の形状

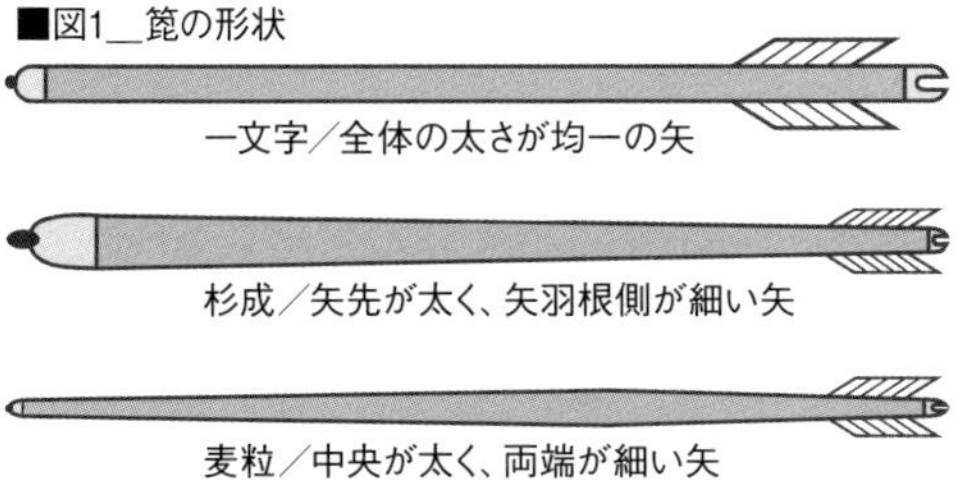

■3＿右手に持った矢を、下へ滑らせるようにして確認する

■4＿爪の上で回転させて確認する方法。自分の矢でない場合は避けるべきである

入前の矢の場合）、爪で商品を傷つける危険があるので避けるべきである。

篦張りの強さも調べたいところだが、矢に負荷をかけることになるので、弓具店の許可を得ることが必要である。確認方法は、板付《いたつき》（矢尻）を床につけ、筈を持って片手で袖摺節《そですりぶし》近辺を軽く押して弾力をみる（**写真5**）。篦の周りを一周押してみて、弾力に偏りがないかどうかを確認しよう。

矢の重さは弓の強さで決定する

矢の重さは、使用する弓の強さと釣り合うことが重要である。各流派の推奨する数値は多少異なり、弓の厚さ六分《ぶ》（約18ミリ）に対して、矢の重さ六匁《もんめ》（約22・5グラム）あるいは七匁（約26・3グラム）といわれている。軽い矢は矢飛びがよいが、弓の復元速度が速くなるため、その動きを的確に制御しなければならず、技術的にはむずかしくなる。逆に重い矢は、飛びは遅いが矢所は集中する。

弓の強さは、並弓《なみゆみ》であれば85センチ引いたときの

■5__袖摺節あたりを軽く押して篦張りをみる

張力《ちょうりょく》を、伸《の》び弓《ゆみ》であれば90センチの張力を、キログラムで表わす。一般弓道家に推奨される矢の重さは、弓の強さの1000分の1に10グラムをプラスしたものである。つまり、15キロの弓であれば、15グラム+10グラムで、25グラムということになる。

技が未熟な間は重めの矢を、上達するにしたがって軽めの矢に挑戦していくことがよいとされており、道具によって技が鍛えられるのである。

さまざまな矢羽根の種類

的矢の羽根には、鷹《たか》や鷲《わし》の猛禽類《もうきんるい》が用いられていたが、現在はワシントン条約により捕獲や売買などが禁止されていることもあって、入手はむずかしく、価格が高騰《こうとう》している。最近は、猛禽類の代わりに、七面鳥の羽根を脱色、着色加工したものが安く販売され、普及している。

羽根には尾羽根《おばね》と手羽根《てばね》があり、さらに羽軸《はじく》を境として外側を貝方《かいかた》、内側を開きといって区別している。部位によって硬さやカーブのちがいがあり、尾羽根は手羽根より硬く、貝方は開きよりカーブが強い（＊）。尾羽根の両端にある貝方は、とくに石打《いしうち》といい、一羽から2枚しか取れないので珍重され、値段は別格である。価格的には、手羽根の開きが安い。

羽根は、矢の飛行を安定させる役目を持ち、空気の抵抗を受けて矢の方向性を維持しているため、硬く広いほど安定性を増すことができるが、減速するので矢飛びは悪い。

＊矢羽根の種類や名称についての詳しい解説は、P198参照。

ジュラルミン製の矢を選ぶ目安

ジュラルミン矢は、太さと厚さを4桁《けた》の数値で表わしている。「2015」の矢の場合、はじめの2桁「20」は太さを表わし、64分の20インチ＝約8ミリである。後ろの2桁「15」は肉厚《にくあつ》を表わし、1000分の15インチで約0・38ミリである（＊1）。さまざまな数値があるので、各自の弓力《きゅうりょく》や長さを考慮し、適したものを選びたい。

たとえば、弓力は弱いが矢束の長い人は、篦張りを得るために太いものがよいが、軽くするために薄いものを選ぶとよいだろう。

カーボン製の矢を選ぶ目安

カーボンはジュラルミンより篦張りが強く、かつ軽量なので矢が前に行きやすく、コントロールはややむずかしいが、遠的などには適している。シャフトの数値は、太さをミリ単位で表わすものや、4桁の数値の場合は、はじめの2桁が太さをミリで、終わりの2桁が重さをグラムで表記している（＊2）。

＊1・2／シャフトの数値についての詳しい解説は、P210参照。

新しい矢の扱い方

一組の矢でもその特性はさまざま。まずは個々の癖を把握しよう

執筆＝佐藤 明

それぞれの矢の特性を観察し、傾向をつかむことが大切

竹矢は天然素材を加工しているため、一組の中に不揃いのものがある場合もある。

矢の特性を表わす要素としては、重さ、太さ、長さ、篦張《のば》り、肉厚《にくあつ》、節《ふし》の位置、火色《ひいろ》（＊）、重心の位置、筈《はず》の切り込み、羽根、削り、矯《た》めなどがあり、矢師は材料を選定して、特性が揃うように加工する。

しかし、実際の飛行ではいくつかの要素が関係し、すべての矢が同じように飛ばないことも考えられるため、それぞれの矢がどのように飛ぶのかをよく観察し、傾向をつかむことが大切である。明らかな傾向が出るようであれば、その原因を突き止め、弓具店に加工や修理を依頼するなどして問題を解決しなければならない（**写真1**）。

＊火色……火のあぶりの強さで篦の色が異なる。

矢の癖を見つけるには？

竹矢にしても、ジュラルミン矢、カーボン矢にしても、矢の個性や傾向は、何度も引いてみた結果として見つかる。それぞれの矢に番号などの印を付けて日頃から矢所を記録し、確認するとよいだろう。また、重さ（**写真2**）や重心にバラつきがないかもチェックするようにしたい（＊）。

＊矢の重さと重心の確認方法についての詳しい解説は、P98参照。

弓摺羽が傷む場合の加工方法

矢は発射のときに押される力と、進行方向右側に曲げられる力とを弦から受ける。発射の前半に曲げ

られた矢は、進行しながら反対方向へ曲がりが戻り、羽根が弓を通過する時点では、弓を巻き込むように羽根が弓にふれずに飛んでいく（**図1**）。

角見《つのみ》が働く射手は羽根が傷まないが、角見の弱い射手は、弓摺羽《ゆずりば》（頬摺羽《ほおずりば》）が傷むとされている。弓摺羽がすり減ってしまう場合は、筈を回して、筈の溝と走り羽《はしば》、弓摺羽の先端を結ぶ線が平行になる「2枚頬摺《まいほおずり》」（**写真3**）に加工すると傷みが少なくてすむ（＊）。

＊2枚頬摺についての詳しい解説は、P92参照。

■1＿矢師による矯め直し。火であぶり、矯め木を使って曲がりを修正する（撮影協力／小山弓具）

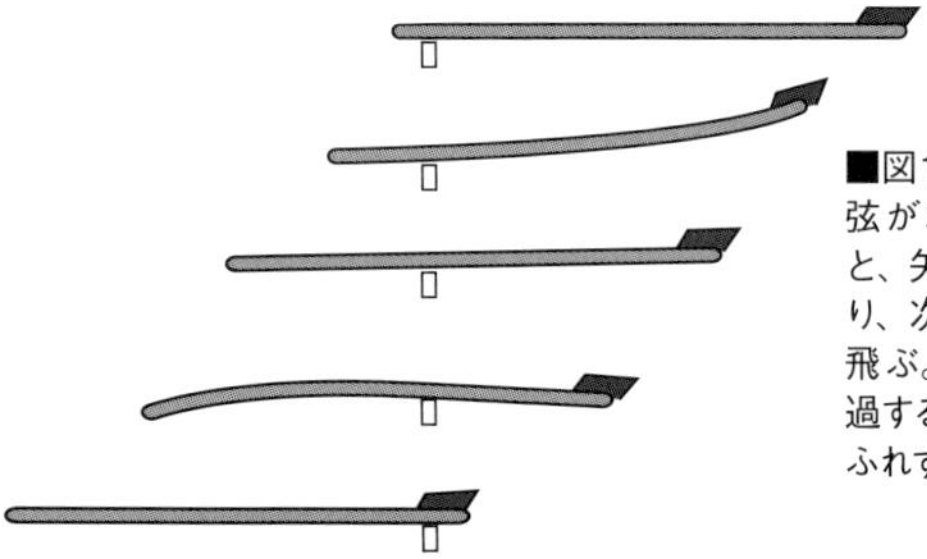

■図1＿
弦が右手から離れると、矢は一度右に曲がり、次に左に曲がって飛ぶ。羽根が弓を通過する時点では、弓にふれずに飛んでいる

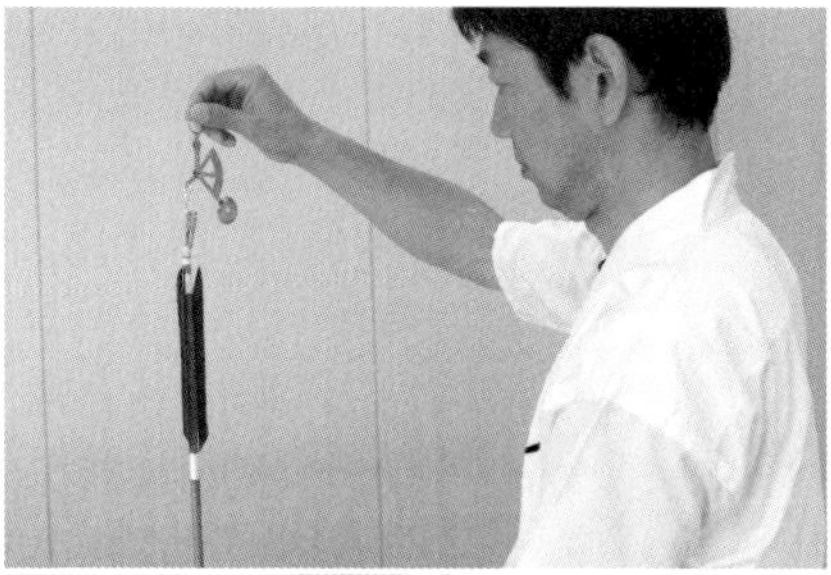

■2＿
ポストスケールを使って、矢の重さを測定する

■3＿
2枚頬摺の矢

新しい弽《ゆがけ》の扱い方

執筆＝佐藤 明

手になじませて使いやすくするために、最初にしたいこと

弽は、弓や矢に比べて慣れるまでに時間がかかり、俗に「矢は3日、弓は3月、弽は3年」などといわれる。それだけに簡単に買いかえることができないので、丁寧に扱い、長く使用したいものである。

まずは一の腰をもみほぐし帽子の付け根を保護する

弽でもっとも壊れやすい箇所は、帽子の付け根である。帽子の中には角《つの》（木製の筒）が入っているが、付け根のところからは厚手の皮につながっている。この継ぎ目の部分に繰り返し大きな力が加わると、折れて弾力を失い、発射のときに弦が帽子の先に当たって、矢飛びに悪影響が出てくる。

この継ぎ目を折らないようにするためには、使いはじめのときから、一《いち》の腰《こし》全体に湾曲《わんきょく》をつけながら柔らかくしていく（**写真1～4**）。帽子に加わる力をこの湾曲のバネで受け止めるようにすれば、継ぎ目には過度の力が加わらず、折れることはない。さらに、一の腰のバネが働くため、発射のときに帽子が軽快に復元することができる。

新しい弽で一の腰が強いものは、毎日少しずつもみほぐし、柔らかくなるまでの1カ月から3カ月ほどの期間は、紐《ひも》を緩く巻き、継ぎ目に負担をかけない注意が必要である（**写真5**）。紐が緩いと、離すたびに帽子が手から抜けそうになるが、再度着け直して引くようにする。革が柔らかくなるにしたがって紐を少しずつ締めていき、数カ月から1年をかけて手になじませていく。

弦のこすれによる腹革の傷みを防ぐ

帽子の腹革《はらかわ》は、弦がこすれていく場所であり、表

面がささくれ立ったり、段差ができることもある。こうしたトラブルを防止するためには、くすねを薄くひき、ロウを塗って表面を保護すると長持ちする。

一の腰のもみほぐし方

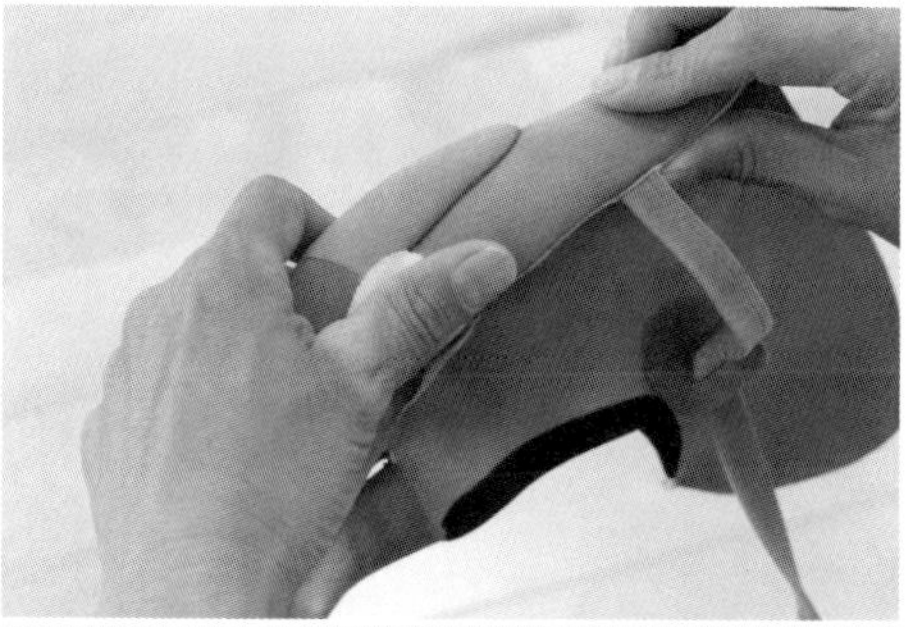

■1＿左手で帽子を握る

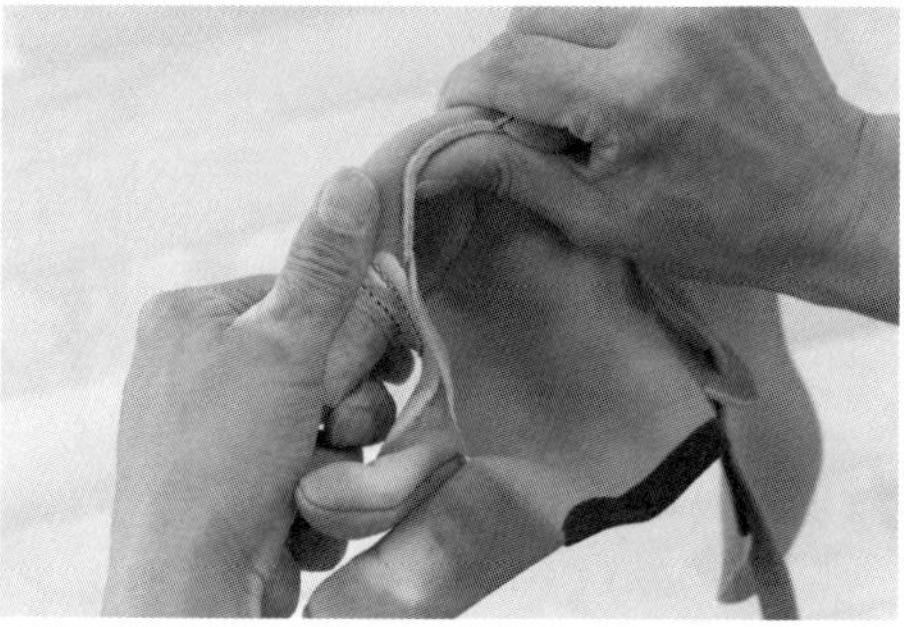

■2＿左手親指で帽子の付け根を押さえながら、右手親指を一の腰上部の裏側にあてて押し、よくもみほぐす

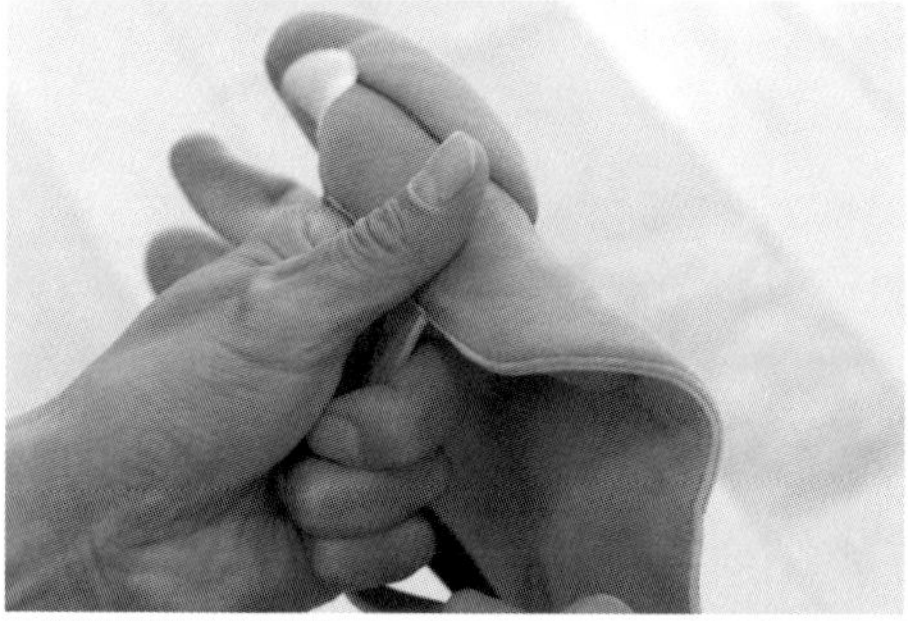

■3＿左手で小紐を持つ

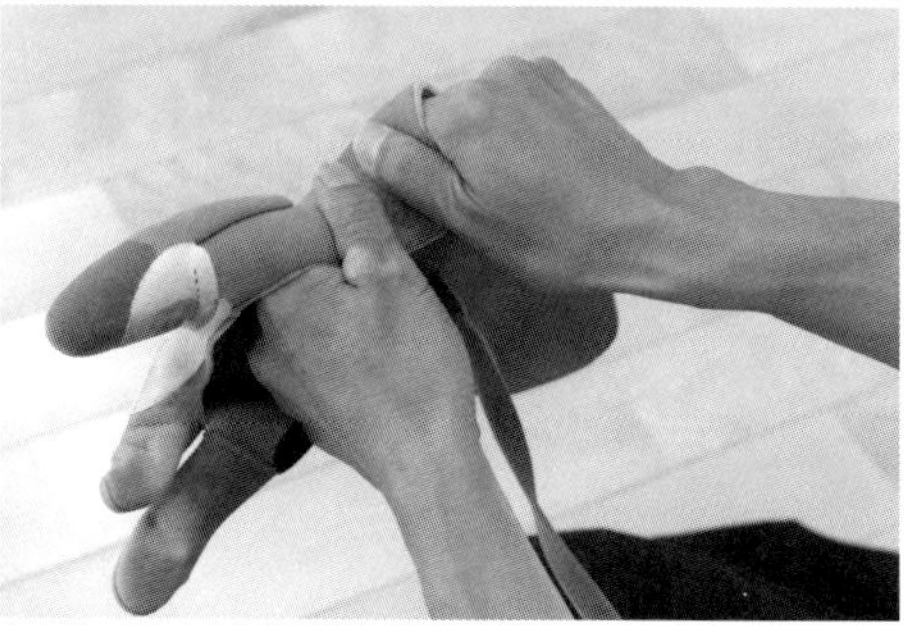

■4＿一の腰のくぼみを左手親指で押さえ、右手親指を一の腰にあて、内側に折りたたむようにもみほぐす

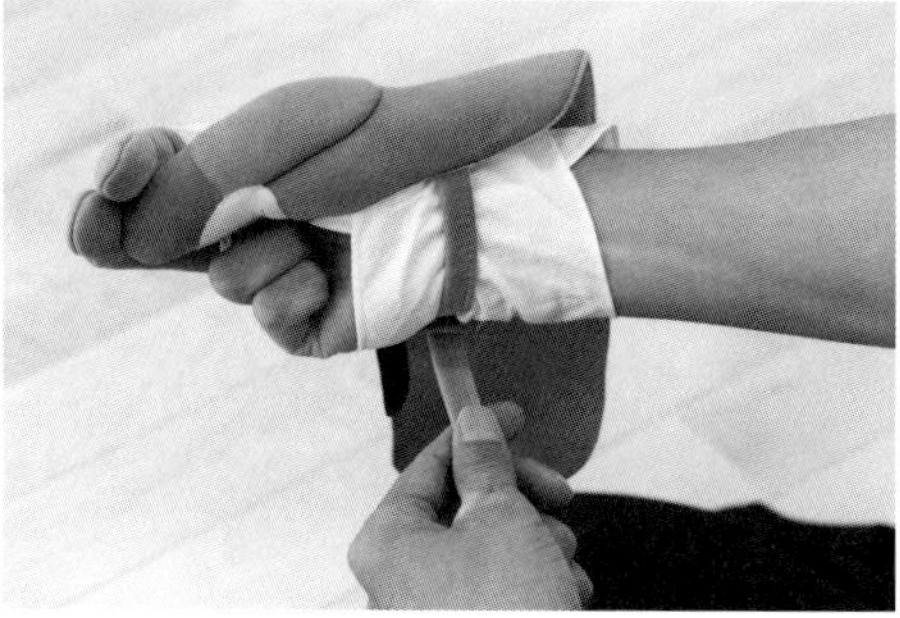

■5＿一の腰と手首との間に隙間をあけたまま、小紐を緩く締める

知っておきたいルールとマナー

弓具に関するマナーや道場内でのルール、これだけは知っておきたい！

執筆＝佐藤 明

マナーで大切なのは、他人が迷惑に思うことをしないことである。それぞれの道場のしきたりや慣習などもあるので、先生や先輩に教えてもらうとよいだろう。ここでは、弓具にまつわるものを中心とした、一般的なルールやマナーを紹介しよう。

①人の弓を無断で肩入れしない

人の持ち物に無断でふれることは慎まなければならない。中でも人の弓を肩入れすること（弦が耳を越すまで引くこと）は、絶対にやってはいけないこと。竹切れなどを起こしたらお詫びのしようがない。

②矢を爪繰るなどはしない

矢の矯《た》めを調べるときに、左手の親指と中指の爪を合わせてその上に矢をのせ、右手で矢を回し、曲がりの箇所を見つける方法を「爪繰《つまぐ》る」という。爪と矢とがこすれるので傷がつかないとも限らない。他人の矢を爪繰るのは控えるべきである。

③弽《ゆがけ》の弦道《つるみち》を見ない

弽の帽子の弦道には、弦の抜ける筋などが痕跡《こんせき》として刻まれている。ここから、射手の離れの癖や良否が見てとれるので、この場所を見ることは遠慮すべきである。また、弽を外して置く場合は、手の甲を上にして腹革《はらかわ》が見えないようにする。

④人に弓を向けて素引きしない

矢を番《つが》えずに引くことを素引《すび》きというが、手軽な準備運動として、弓に肩を入れることはよくある。しかし、矢がないからといって人のいる方向へ弓を向けてはいけない。向けられた人は危険を感じ、不快に思うものである。壁などに向かって行なおう。

⑤道具をまたがない

道具が床などに置いてあるときには、誤って踏みつけないように、それをまたがず、周りを回って通過しよう。また、床に置くことは人の迷惑になるので、所定の弓立てや矢箱、棚などに置くべきである。

⑥人のねらいを見ない

的の前に矢が出る射手は的の後ろをねらい、後ろに出る射手は前をねらうので、ねらいがその射手の技量を計る物差しになる。ねらいの修正を射手から依頼されたとき以外は、他人のねらいを盗み見ることは絶対に避けるべきである。指導する場合は、ねらいを確認する旨を射手に告げてから行なうようにしたい。

⑦落的の使用は控える

多くの道場では、落ちの的は師範や格上の射手が使う慣習がある。的が空いているからといって引くのは慎みたい。

⑧引き込んだ射手の前に入らない

本座から射位へ進むとき、後ろの的の射手が大三以後の動作に入っているときは遠慮し、離れた後に入るようにする。射手の集中を妨げない配慮である。

⑨上座《かみざ》と下座《しもざ》をわきまえて物を置く

道場では、上座と下座を意識した行動をとる。控え室に物を置く際にも、上座は控え、下座にまとめて置くようにしたい。射場の中には物を置いてはいけない。

⑩掃《は》き矢、幕打ちによる横矢《よこや》はすぐに矢取り

掃き矢や横矢は破損の危険が高いので、次の人は引いてはいけない。引いた人は直ちに矢取りに行かなければならない。

⑪弓と矢を置く場所を確認する

師範や指導者の弓を立てかける場所が決まっていたり、専用の矢立てが準備されている道場もある。知らずに道具を置くと恥をかくので、道場の利用者に聞いて置くようにする。

弓の梱包と運搬方法

宅配便や飛行機を使う際に知っておきたいこと

執筆＝佐藤　明

繊細な切詰部分はしっかり保護する

切詰《きりつめ》を保護する簡単な方法は、竹や木、あるいはグラスファイバーなどの板を、切詰の部分に当てて紐《ひも》で縛るやり方である。さらに安全を考えるなら、弓とほぼ同じ長さの竹を弓に添えて、数カ所を紐で縛る。可能であれば、2張以上を紐で縛るなどして補強するとよい。

荷重や衝撃がかかる可能性のあるときは……

運搬を業者に依頼する場合は、複数の荷物と混在して運ばれることを想定しなければならない。ほかの荷物が弓具の上に載せられたり、ほかの荷物とこすれ合うことなども考えられる。弓は弓袋《ゆぶくろ》に入れ、弓巻《ゆまき》で包み、さらに梱包材や緩衝材《かんしょうざい》（エアキャップ等）で巻くと、より安全である（**写真1**）。グラスファイバーの弓の場合、弦を外した弓はどれも同じ形をしているので、5～10本をまとめて収納・運搬できる弓袋を利用するとよい（**写真2**）。非常に丈夫で防水性もあるので、部活動など多人数の移動には有用だろう。

空港では手渡しを依頼する

航空機を利用する場合、一般の荷物はベルトコンベアで運ばれる。弓のように長いものは、曲がり角で引っかかり折れる危険性があるため、係員による手渡しを依頼することが必要である。ただし、万一破損があった場合は保証できない旨の誓約書にサインをさせられる。高価なものは保険に入っておくほうがよいだろう。

海外の空港では、カウンターで搭乗手続きをしたあと、「Bulky（大きな荷物）」のコーナーへ弓を持参すると、係員が安全に運搬してくれる。到着先では、同じくBulkyの受け取りコーナーに係員が持ってきてくれる。

国際便では、長さ超過でチャージがかかる場合も

海外への渡航に弓を持参する場合、航空会社によっては、運賃のほかに、別途弓の運送費が請求される。弓はスポーツ用具としての扱いで、2メートルを超える場合は、特別の料金が科せられるようになってきている。航空会社によって扱いが異なるので、事前に弓具の長さと重さを知らせて、費用を確かめるようにしよう。

海外では弓が届かないケースも……

海外では、ハブ空港から飛行機を乗り継いで目的地に行くことがあるが、小さな飛行機の場合、荷物室が狭く弓を載せられないケースがある。目的地に到着したときに弓が届かないという事態が起きるのである。中型の飛行機でも、乗客の荷物量によっては弓が入らないことがある。

弓が届かない場合は、航空会社のカウンターでその旨を告げて、弓の所在といつ到着するかを検索してもらうことになる。次の便で到着することもあれば、2～3日かかる場合もある。宿泊場所の連絡先を準備しておくことも必要である。

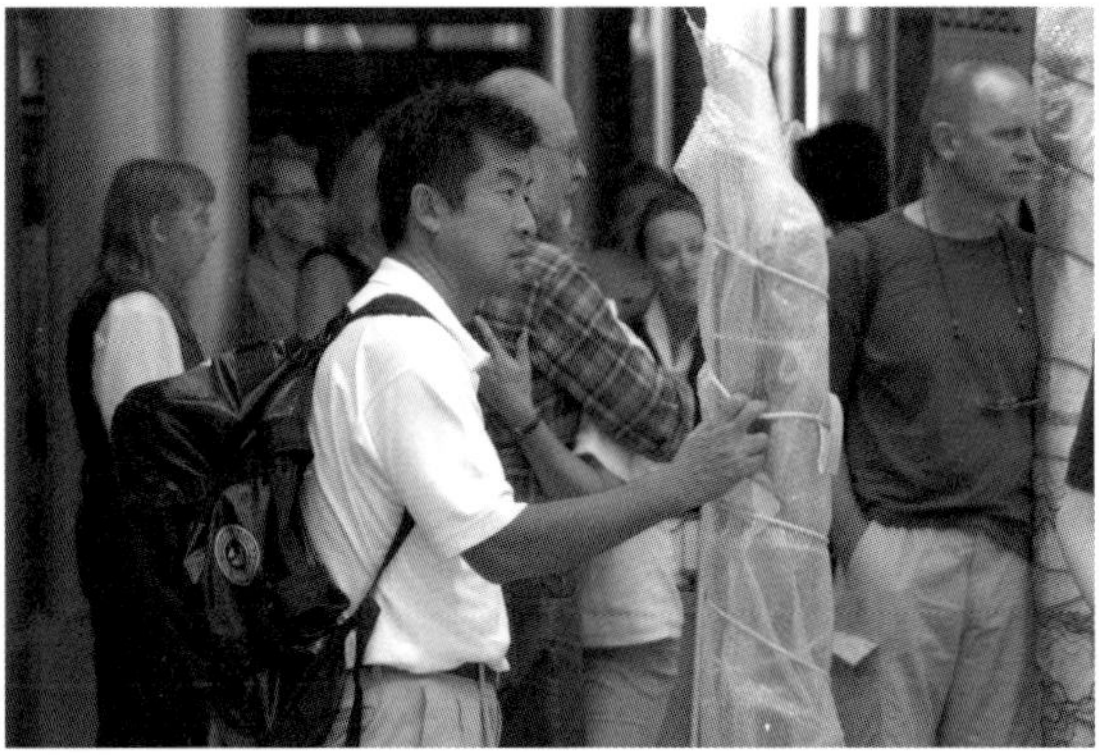

■1＿海外に出かけるときは、梱包も厳重にしたい。弓と矢筒をエアキャップで包み、ロープで巻いた様子

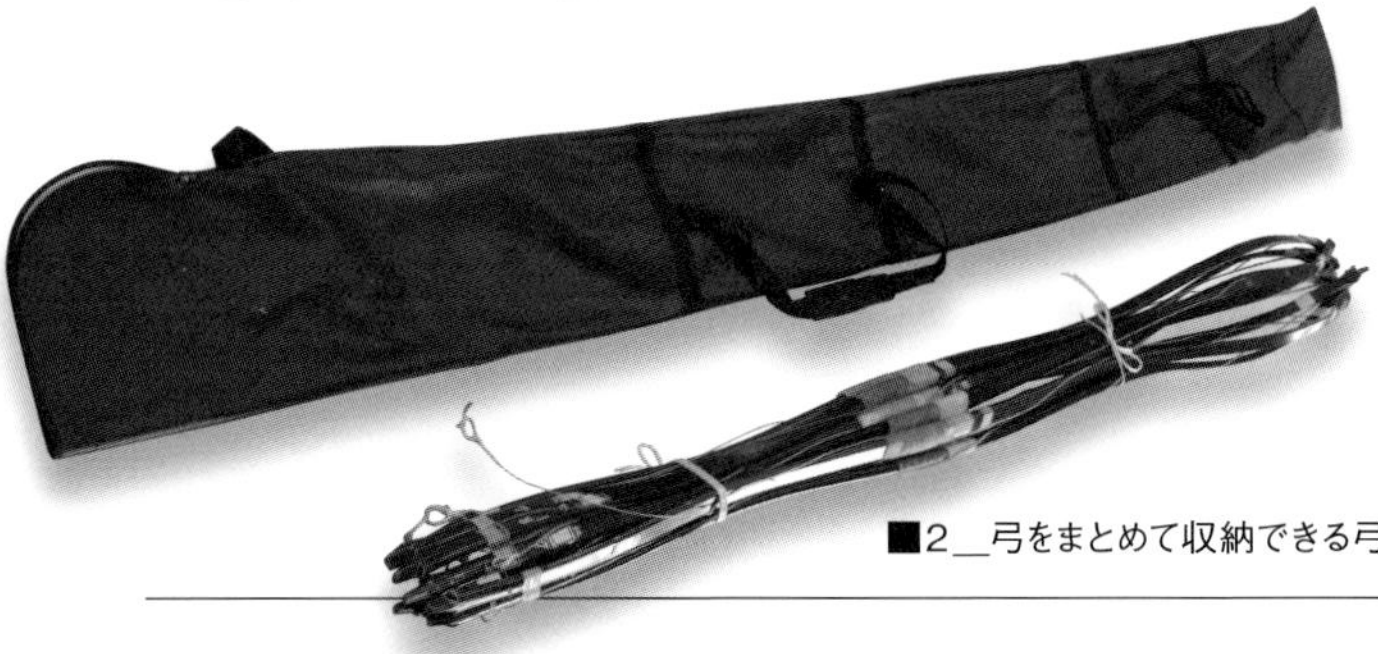

■2＿弓をまとめて収納できる弓袋

第4章

雑学

おもしろくてためになる雑学知識の傑作選

弓具の構造やその性能、的中に関する疑問など、
お役立ち＆おもしろテーマをピックアップ。
科学的データに基づく理論も充実で、
きっと誰かに話したくなることまちがいなし！

執筆＝森 俊男

矢羽根にはどんな種類がある？

鳥の種類だけでなく、使用部位によってもその種類はさまざま

鷲や鷹、七面鳥などの尾羽根や翼が使われる

古来、矢羽根として用いられる羽根は、鷲《わし》と鷹《たか》が主流である。いずれも尾羽根《おばね》は12枚、翼《はがい》は40枚程度使用される。大鳥は尾羽根14枚、翼は50枚ほどである。鷲の種類には、大鳥、磯鷲、犬鷲、熊鷲、粕尾《かすお》、薄美尾《うすびょう》などがあり、鷹には大鷹、蜂熊《はちくま》、熊鷹などがある（**写真1〜5**）。また、山鳥や雉《きじ》、白鳥などの羽根も用いられている。

しかし近年、猛禽類《もうきんるい》（鷲や鷹）の羽根は、狩猟はもちろん、国際的取り引きも規制があり、矢羽根の値段が上がっているため、七面鳥の羽根の使用も多くなってきている（**写真6**）。

矢羽根には、尾羽根や翼などが使われる。丸羽（2枚に裂いていない羽根）の左右の形は異なっており、中央の羽軸《はじく》を挟んで、外側の幅が狭いほうの羽根を「開き」、内側にあたる広いほうを「貝方《かいかた》（櫂方・形）」という（**写真7**）。矢羽根にする際は、1枚の羽根を羽軸から割いて二分し、それらを適当な長さに切り揃える。1組の矢に使用する場合、貝方ばかり、または開きばかりの羽根を用いる。一般的には、開きは柔らかく弱弓向きで、貝方は比較的硬いため、丈夫で強めの弓向きといえる。1本の矢には、3枚の矢羽根が矢の軸を中心に放射状に配置され、矧《は》ぎ糸と呼ばれる糸で篦《の》（シャフト）に取り付けられる。

このことにより、発射された矢は羽根の両面の空気抵抗の差によって回転を起こし、飛行の安定性を保つことになる。4枚の羽根をつけた矢もあるが、その場合は、矢を回転させないように羽根が矧《は》がれている。矢に矧がれた3枚の羽根には、それぞれ名称がつけられている（**図1**）。

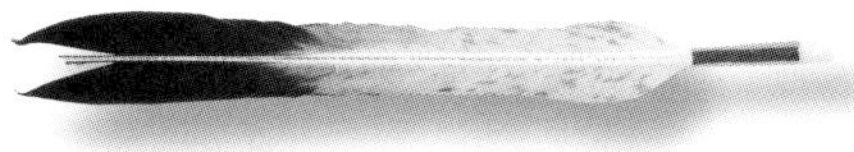

■1__石打（大鷲）

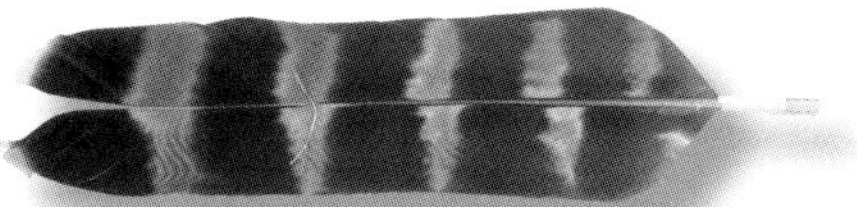

■2__尾羽根（鷹）

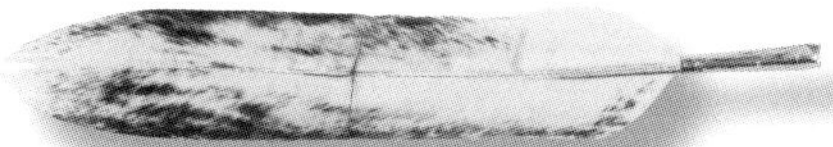

■3__尾羽根（大鳥）

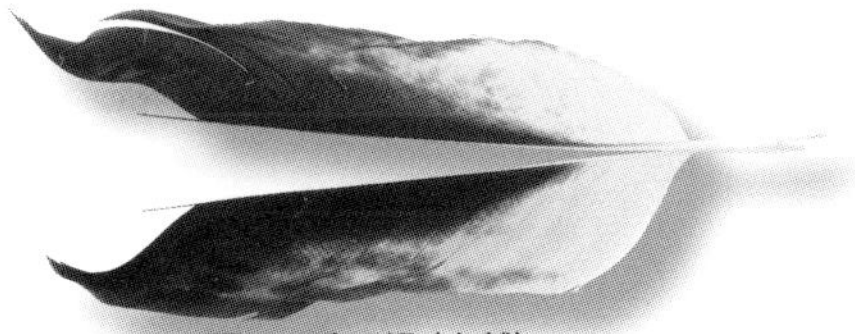

■4__手羽根（犬鷲）

■5__手羽根（粕尾）

■6__七面鳥の羽根
プリントを施したカラフルなものも増えている

■7__矧ぐ前の羽根

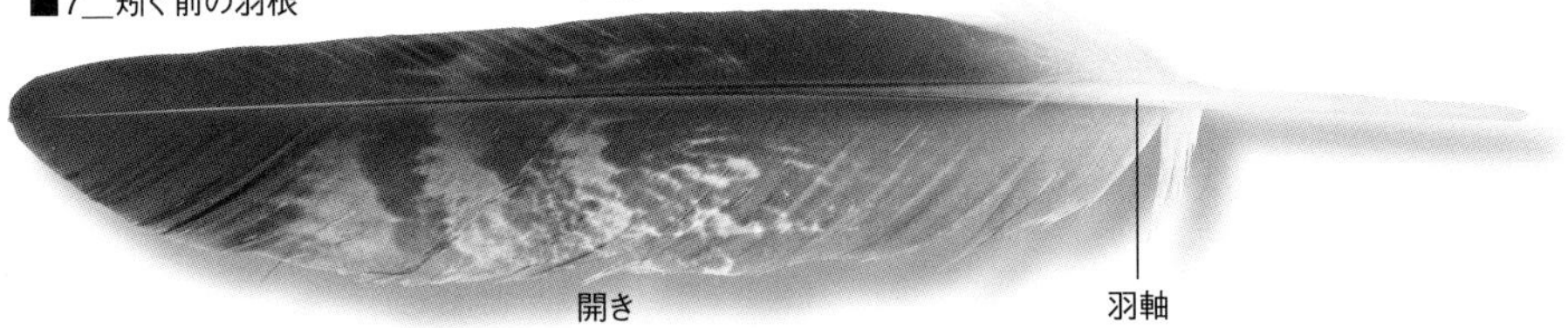

■図1__羽根の名称

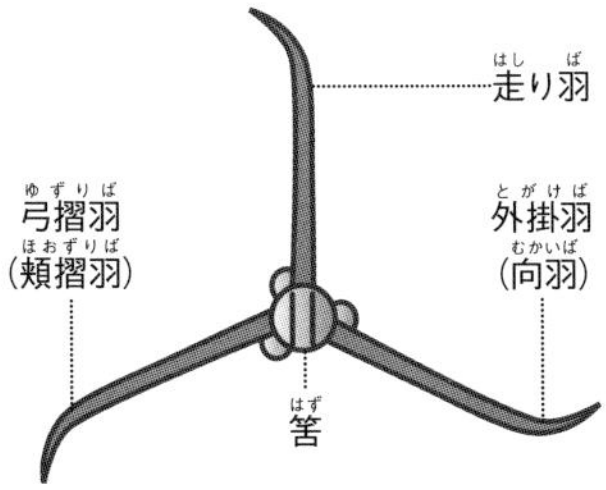

矢羽根はなぜ3枚？

矢を回転させ、直進させる羽根は、なぜ3枚になったのか？

執筆＝森 俊男

矢の回転と直進性は羽根の数で調整されている

矢に矧《は》がれた羽根は、矢をまっすぐに飛ばす役割を持っている。矢は、発射されると羽根の表面と裏面の空気抵抗のちがいによって回転し、回転がつくと直進して飛行するようになる。これは、回転しているコマが安定して立っているのと同じ原理である。

古来より、日本の矢羽根の枚数は、二立羽《ふたてば》、三立羽《みたてば》、四立羽《よたてば》の3通りが用いられた（**図1**）。二立羽は、筈《はず》通りの上下2枚のもっとも原始的なもので、儀仗《ぎじょう》（＊）にも用いられた。三立羽は、羽根の裏表を別々にして、筈通りの1枚と左右の2枚を120度の角度で等間隔に矧いである。四立羽は、矢を回転させないで飛ばす、鏑矢《かぶらや》や雁股《かりまた》などの矢のために矧がれたものである。「大羽《おおば》」甲乙2枚、「小羽《こば》」甲乙2枚の計4枚を使用しており、甲の羽根は右に回ろうとし、乙の羽根は左に回ろうとして、互いにけん制して回ることができない。

＊儀仗……儀式に用いる装飾的な武具。

飛行時の安定性にもっとも優れている3枚羽根

では、羽根の裏表を別々にして矧いだ矢羽根は、何枚であれば、矢の飛行、つまりは横風に対する安定性が大きく有利だろうか。2枚、3枚、4枚、6枚羽根では、それぞれ横風に対して一番影響の大きい位置と、一番影響の少ない位置とができる（**表1**）。1枚の羽根の大きさを1とすると、2枚羽根では最大抵抗が

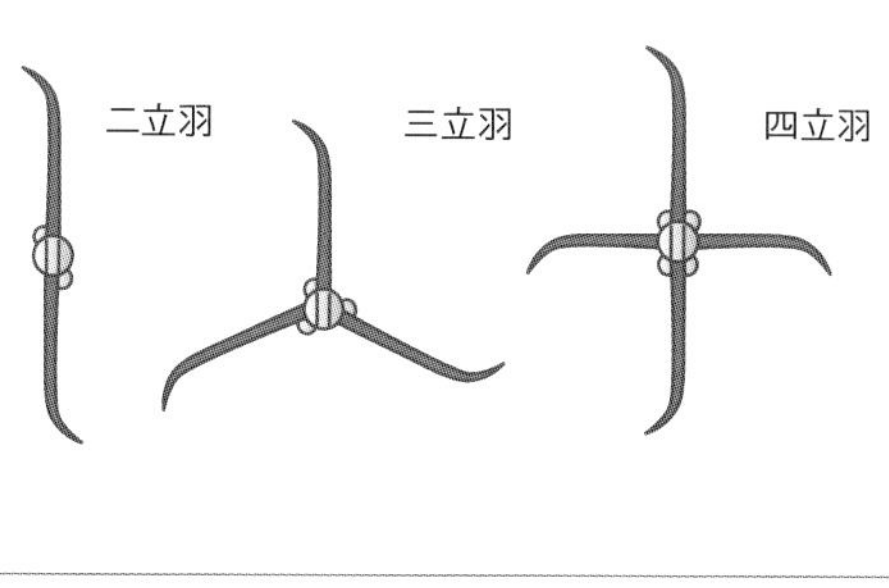

■図1＿二立羽、三立羽、四立羽の矧ぎ方

2・00（羽根が垂直の状態になったとき、横風の影響が最大になる）で、最小抵抗が0・00（羽根が水平になった状態。シャフトの太さはないものと仮定して）になる。つまり回転によって、0から2まで変化することになる。そして、3枚羽根では最大が1・73（√3）、最小が1・50になる。4枚羽根では最大が2・00、最小が1・41（√2）になり、6枚羽根は最大が2・00で、最小が1・73（√3）となる。

この結果から、2枚羽根は回転によって横から加わる風の抵抗が大きく、たとえば、風が左から吹いていると、羽根が垂直のときは矢が右に大きく振られ、羽根が水平のときはあまり振られないことがわかる。つまり、矢が左右に揺れながら飛ぶということである。

次に、3枚羽根と4枚羽根を比べてみると、3枚羽根は抵抗の変化が少ない。さらに、最大抵抗から最小抵抗、最小抵抗から最大抵抗へは、30度の回転で変化するのに対して、4枚羽根の場合は、45度の回転が必要となる。1回転するのに、3枚羽根は最小と最大が各6回来るのに対して、4枚羽根は最小と最大が各4回しか来ない。つまり、最大の抵抗に

さらされている時間が、4枚羽根のほうが長いのである。そのため、横風の影響を受けやすくなる。

では、6枚羽根はどうかというと、最大抵抗と最小抵抗の比は2対1・73である。

以上のことから、横風に対して矢が揺られないようにするには、3枚羽根と6枚羽根が有効で、次に4枚羽根、そして2枚羽根の順になる。2枚、3枚、4枚、6枚羽根の中では、3枚羽根がもっとも横風に対する安定性に優れているといえる。

	【最大】	【最小】
2枚羽根	2	0
3枚羽根	1.73（√3）	1.5
4枚羽根	2	1.41（√2）
6枚羽根	2	1.73（√3）

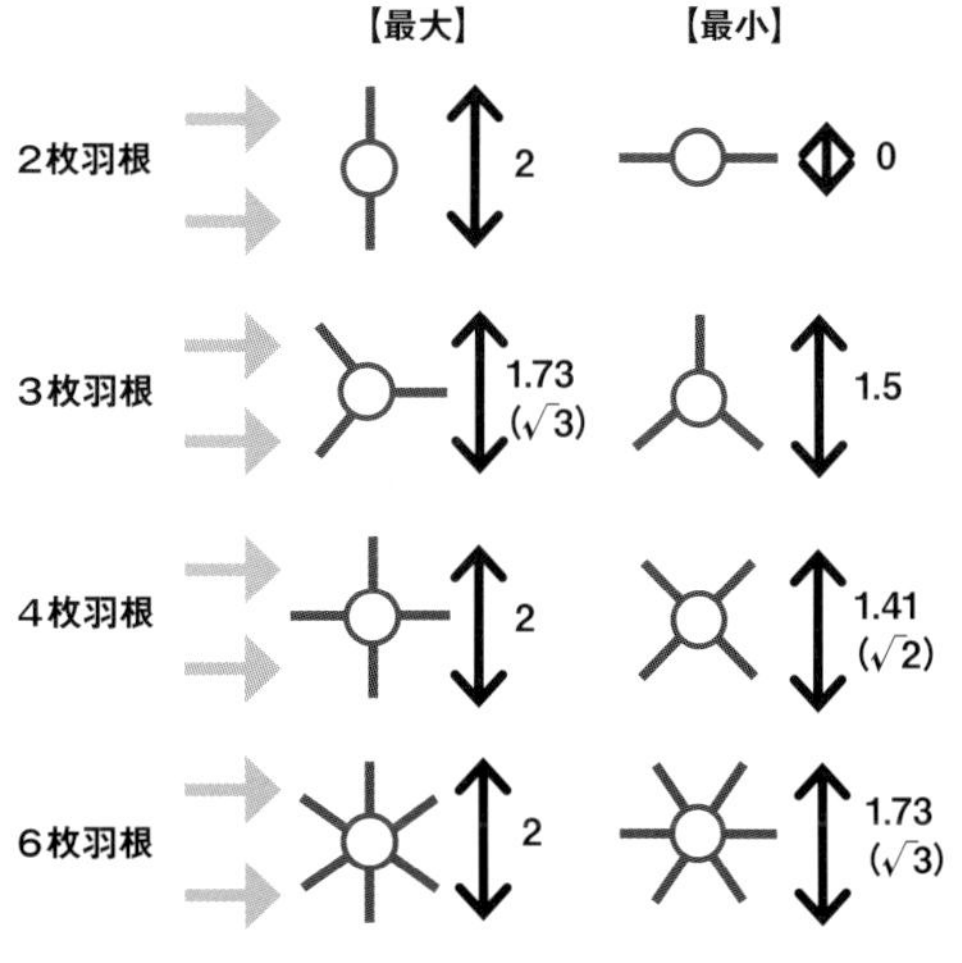

■表1＿羽根の数別にみる
最大抵抗と最小抵抗

羽根がなかったらどうなるの？

執筆＝森　俊男

羽根がないと、矢をまっすぐに飛ばすことができない⁉

羽根のない矢を発射するのは非常に危険なこと

どの民族の矢を見ても、そこには矢羽根に相当するものがついている。日本では昔から、おもに鷲《わし》や鷹《たか》の羽根が用いられている（P198参照）。矢を回転させないために、特別に羽根の表面を互いに反対向きに矧《は》いだ四立羽《よたてば》の矢（**写真1**）を除けば、通常は3枚羽の矢が使用されている。

羽根の表面は、甲矢《はや》の場合、筈《はず》側から見て右側で、乙矢《おとや》は左側にある。羽根の表面と裏側とでは、矢が飛行しているときの空気抵抗がちがうため、矢に回転が加わることになる。このことにより、甲矢は筈側から見て右回転で、乙矢は左回転をする。

的前《まとまえ》での矢の回転数は10回程度といわれている。矢が具合よく放たれて回転する結果、ジャイロ効果（＊）によって矢の直進性が高まり、まっすぐに飛行することになる。もし、羽根がついていない矢を発射すると、矢は回転せずに飛行するため、直進性を保つことは困難になる。その結果、飛行している途中で、矢は飛行方向を変化させることになる。羽根のない矢を発射することは非常に危険なので、試しにでも行なわないこと。もちろん、巻藁《まきわら》矢の棒矢のように、羽根のついていない矢であっても、巻藁くらいまでの近い距離の場合は問題ない。

史実にみる羽根の役割の大きさ

江戸時代、日置流《へきりゅう》で射手の技量を矢に尋ねるということで「尋矢《くりや》」という引き方が行なわれていた。尋矢とは、長さ四町《ちょう》（約432メートル）、幅一町（約108メートル）の広さのところで矢を発射し、四町に達するかどうかを試す引き方である。尋矢で使

用する矢には、鴨の肩部分のもっとも小さい羽根を用いる。さらに、伝書には「修業の規模に依て羽を少しずつ扱捨る事有」とある、これは、矢が四町に到達したら、矢の羽根の元を少しずつむしり取り、羽根の長さを短くして再度試みる、ということである。羽根が小さくなれば、離れのときのほんの少しのミスが矢の飛行に影響し、直進性を保つことができず、結果的に四町に達することができなくなってしまう。このように、矢をまっすぐに飛ばすために、羽根の影響は非常に大きいのである。

＊ジャイロ効果……物体が自転運動をすると、姿勢を乱されにくくなる現象。

■1＿四立羽を筈側からみたところ。垂直方向に幅の広い大羽（おおば）が2枚、水平方向に幅の狭い小羽（こば）が2枚ついている（撮影協力／小山弓具）

甲矢《はや》と乙矢《おとや》は回転が逆？

羽根の裏表が重要なカギ。甲矢を先に引く理由もここにある

執筆＝森　俊男

羽根は、滑らかな表側方向へ回転を起こす

矢羽根に使用される鳥の羽根は、尾羽根《おばね》であっても翼《けがい》でも左右対称の形状となっている。また、羽根には裏表があり、表側は裏側に比べて、滑らかで艶《つや》がある。矢に羽根をつける際は、一対になった羽根を羽軸《はじく》で左右に裂き、四つ矢の場合は甲6枚、乙6枚を準備し、羽丈《はだけ》（長さ）を揃え、末矧《うらはぎ》と本矧《もとはぎ》に巻き込むところをそれぞれ薄く削り、甲乙に分けて走《は》り羽《ば》、弓摺羽《ゆずりば》、外掛羽《とがけば》の、3枚の羽根を箆《の》に矧いでいく（P199参照）。

そのとき、甲3枚で矧いだ矢を筈側から見ると、羽根の表側は右側となり、乙3枚で矧いだ矢は表面が左側となる（**図1・写真1**）。甲矢《はや》、乙矢《おとや》を弓に番《つが》えて発射すると、甲矢は矢筈側から見て右回転しながら飛んでゆき、乙矢は左回転をして飛行する。これは、羽根の表側の空気抵抗が少なく、結果として空気抵抗の少ない表側の空気の流れがスムーズになって減圧され、表側方向に回転を起こすからである。

たとえば、半紙2枚を3〜4センチの間隔で持ち、その間に息をすばやく吹きかけると、2枚の紙は間隔が広がるのではなく、逆に寄せ合うように近づいていく。これは、紙の間の空気の流れが速くなり、紙の外側よりも内側の空気圧が低くなった結果起こる現象である。これと同じような原理で、甲矢と乙矢が逆回転で飛行するのである。

飛んでいる矢を目視《もくし》しても、矢の回転までは確認することはできないが、破損して使用できなくなった甲矢と乙矢があれば、次のような方法で回転を見ることができる。破損した矢を本矧《もとはぎ》近辺で切り、元矧の部分を糸で結びつける。その糸を持って矢を吊

り下げ、上からドライヤーで空気を吹きかけると、甲矢と乙矢の回転方向のちがいがわかるのである。

甲矢を先に引くのはなぜ？

前述のとおり、矢が前進したときに右回りに回転するのが甲矢（兄矢とも書く）であり、左回転をするのが乙矢（弟矢とも書く）である。甲矢と乙矢の一対で「一手《ひとて》」といい、射るときは甲矢から射る。

その理由は、矢羽根は、表面のほうが文様《もんよう》も鮮やかで美しいからである。礼儀上、上座《かみざ》には綺麗なほうの羽根の表側を見せる、ということから、甲矢をはじめに射ることになっているのだ（**写真2**）。

■図1＿甲矢は右回転をしながら飛び、乙矢は左回転をしながら飛んでいく

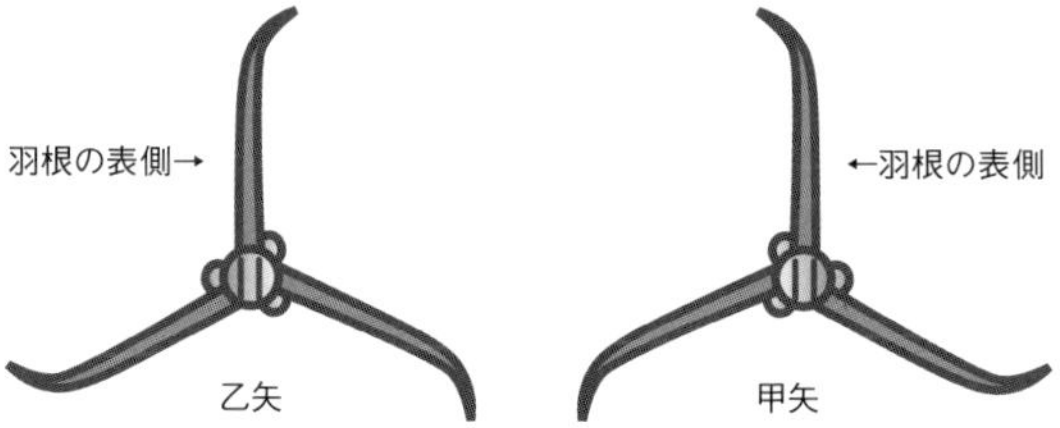

■1＿板付を左にしたとき、羽根の軸が手前にあるほうが甲矢、向こう側にあるほうが乙矢。この写真では、乙矢の走り羽が、表側の羽根である

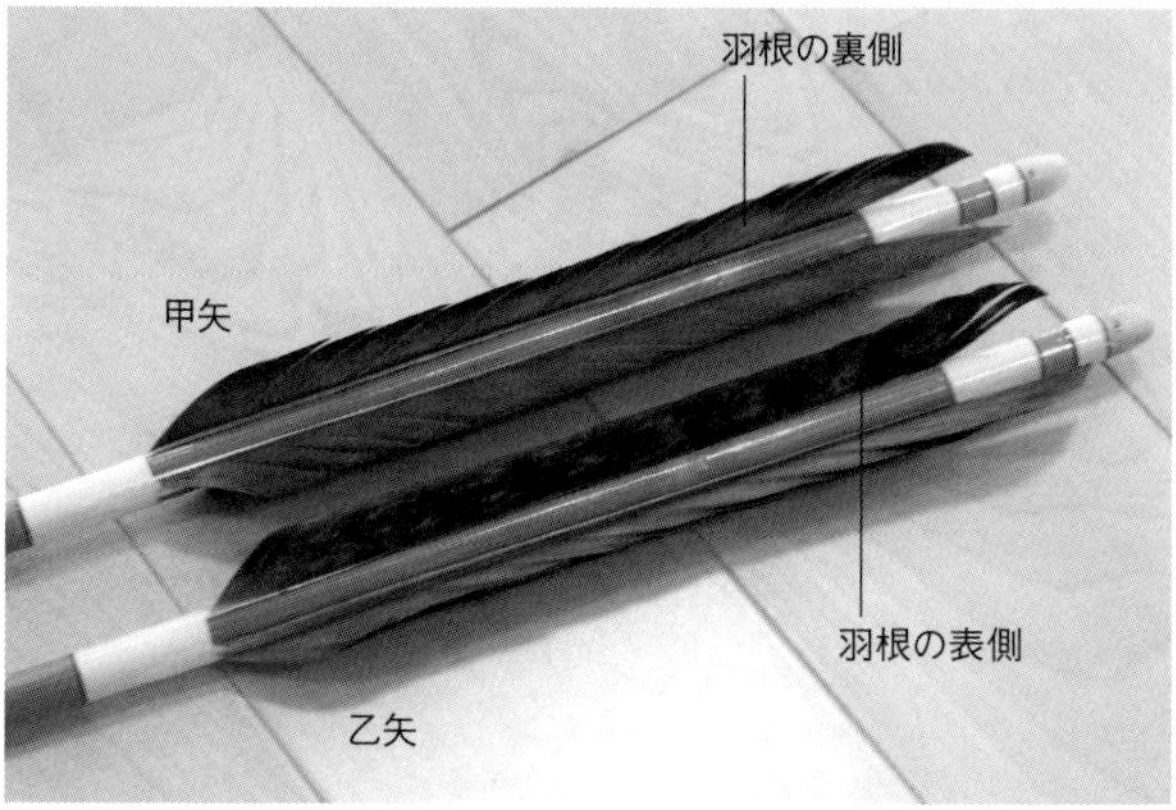

■2＿上座から見ると、甲矢は表側の美しい羽根が見える

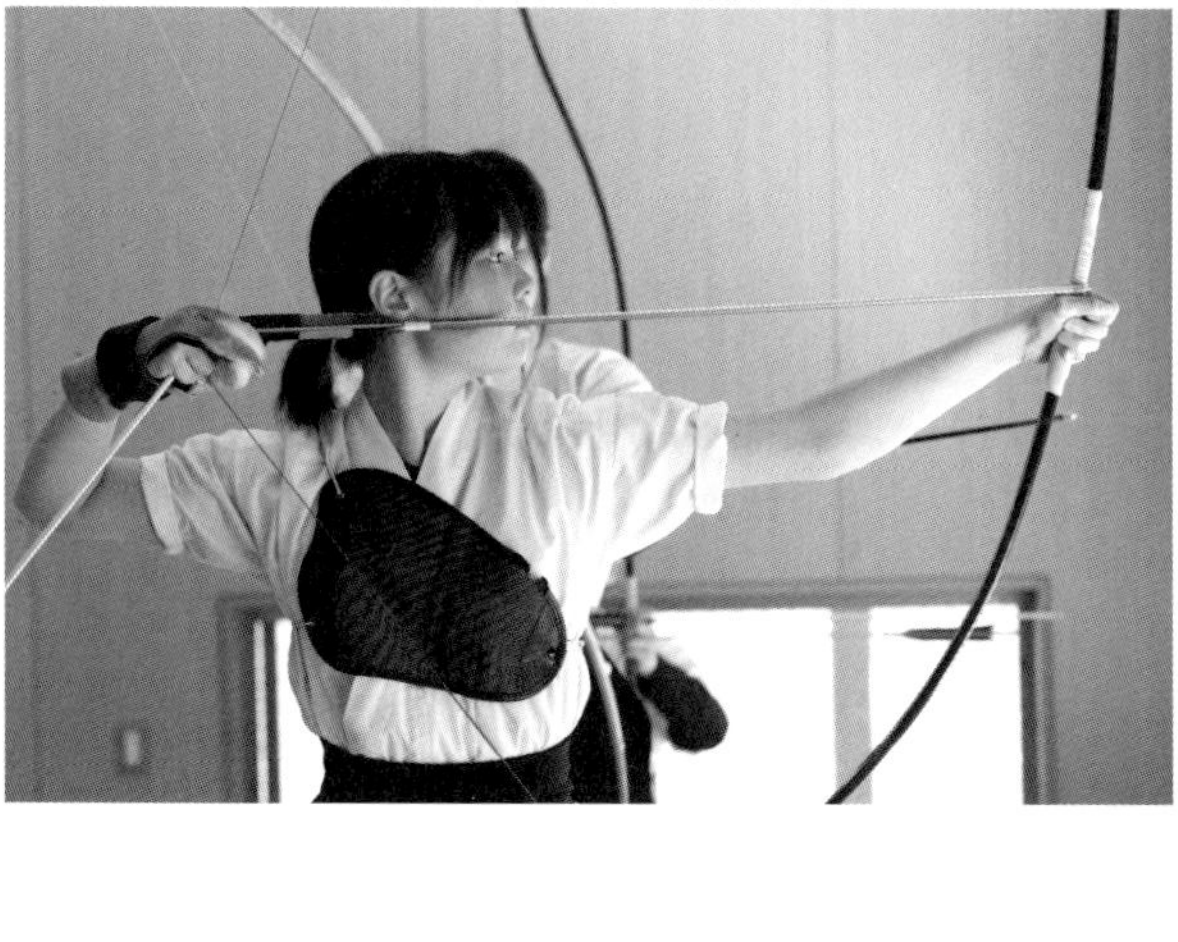

甲矢《はや》と乙矢《おとや》、どっちが中《あた》る？

回転方向がちがうと、中りやすさも変わるのか？

執筆＝森 俊男

大切なのは個々の矢のバランスとほかの弓具との兼ね合い

四つ矢は、貝方《かいかた》と開き（P199参照）を別にして、羽根の部位、文様《もんよう》などを合わせ、甲矢用の羽根6枚、乙矢6枚を使用してつくられる。4つ矢には、貝方ばかり、または開きばかりの羽根が使用されるため、甲矢、乙矢の相違点は、羽根の左右の位置のちがいだけで、その材質や形状、硬さなどは変わらない。したがって、甲矢、乙矢の羽根では、どちらがよく的中するかということの相違はみられない。

それよりも、たとえば4つ矢1組の矢の重量のちがい、篦張り《のば》（シャフトの曲げに対する強さ）の均一性のちがい、矢の重心位置のちがい、矢筈の弦持《つるもち》（弦を番える溝）の形状のちがい、シャフトの矯《た》め具合などの要因のほうが、的中に及ぼす影響は大きいといえる。また、的中には射手の技量と弓の強さ、矢の重さや篦張りの強さ、弦の重さ、弽《ゆがけ》の具合など、弓具と射手の技術のマッチング（釣り合い、バランス）が非常に重要であって、甲矢・乙矢の羽根の影響はほとんどないに等しいといえる。

4つ矢1組のバランスのちがいのほうが、的中に及ぼす影響は大きい

Close up! 羽根がのびる?

執筆＝松尾牧則

矢羽根は矢の方向性に重要な働きを持っているが、大切な羽根も、使用しているうちにカールしたり、曲がり癖が生じることがある（**写真1**）。曲がり癖のついた羽根は手で直してもなかなか直らないため、手入れをする際には、蒸気を用いる。

やかんに湯を沸かして沸騰させ、羽根に蒸気をあてると、曲がり癖のついた羽根が伸びる。注ぎ口に笛付き蓋がついているやかん（笛付きケトル）が便利である（**写真2**）。沸騰すると勢いよく水蒸気が吹き出すので、やけどをしないように注意しながら、羽根を蒸気にあてるとよい。笛付きケトルがない場合には、鍋蓋の蒸気穴から出る蒸気に羽根をあてるとよい。注ぎ口が広い通常タイプのやかんの場合、注ぎ口の上に5円玉を置いてもいいが（**写真3**）、注ぎ口の形状によってはうまく蒸気が出ない。

羽根が伸びる（曲がりが直る）程度は、羽根質によってもちがいがあり、油分の抜けた古い矢羽根はほとんど直すことができないため、早めの手当てをしたい。また、羽根に傷みや癖が生じないように、ふだんから丁寧に扱いたい。

■1＿曲がり癖のついた矢羽根

■2＿笛付きケトルで羽根の癖をのばす

■3＿5円玉を活用した方法

ジュラルミン、カーボン、竹、どの矢が中《あた》る？

素材のちがいによって、的中率は変わるのか？

執筆＝森 俊男

矢の素材以上に的中を左右するもの

ジュラルミン矢、カーボン矢、竹矢（**写真1**）には、それぞれ異なった特性がある。また、シャフトの規格のちがいによって、矢の重さ、太さ、重心位置、篦張《のば》りもそれぞれ異なり、さらに、射手によって矢《や》尺《じゃく》も異なってくる。それと同様に、射手の側にも百人百様のちがいがある。使用する弓、弦、弽《ゆがけ》のちがい、また、射手の体格や運動能力、弓道に対する適性などである。したがって、的中を得るためには射手の技量に適《かな》った弓の強さとその弓にマッチした矢の重さ、篦張り、重心位置などの要素が関係している。

篦張りの強弱と使用する弓との関係

たとえば、この3種類の材料の矢の篦張りを比較してみると、矢の直径が同じである場合、カーボン矢はジュラルミンの矢よりも強い。竹矢の場合は、篦張りにはさまざまな強さがある。弱めの弓を使用している射手が、篦張りの強めなカーボン矢を使用すると、矢所は的から大きく外れてしまう。逆に強めの弓を引いている射手が、篦張りの弱めな竹矢を使用すれば、やはり的中を得ることはむずかしい。したがって、この3種類の材料のどの矢が一番的中がよいかということを結論づけることはできない。それよりも、自分の使用する弓具と最適にマッチングする矢を選択することが的中にとって大切なことといえる。

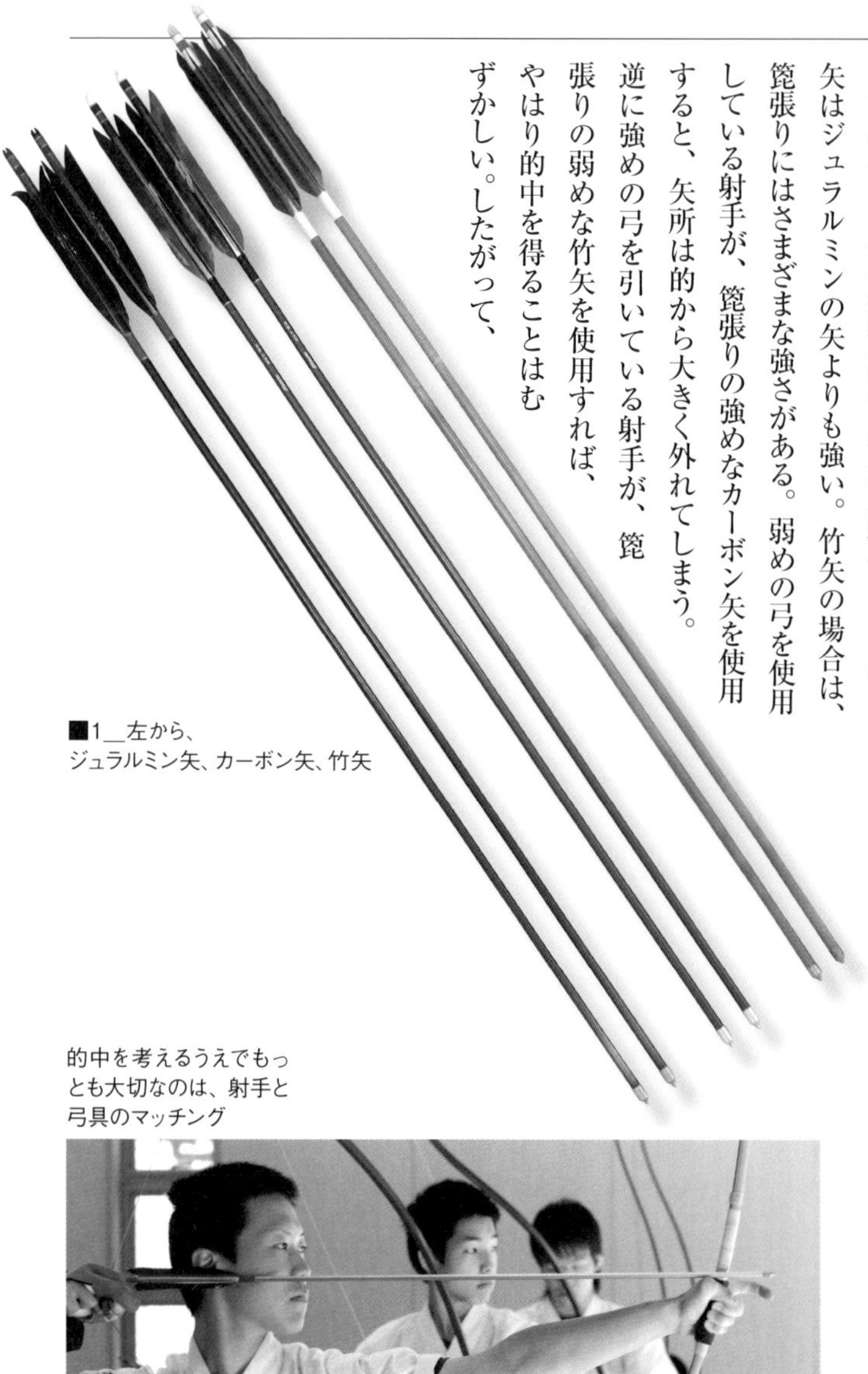

■1＿左から、
ジュラルミン矢、カーボン矢、竹矢

的中を考えるうえでもっとも大切なのは、射手と弓具のマッチング

ジュラルミン矢、カーボン矢の番号はどういう意味？

執筆＝森 俊男

矢選びの際に重要になる、太さや重さを表わす表示

メーカーによって表記はさまざま 比較の仕方も覚えておこう

一般的なイーストン社製のジュラルミン矢には次のような種類がある。

種類	重量 (g/m+5g【筈+板付+羽根】)	直径 (mm)	使用目的
1813	24.5	約7.1	遠的用
1913	27	約7.5	女子向き・男子遠的用
2014	29	約8.0	一般男子用
2015	29	約8.0	弓力強め用
2114	30	約8.5	長尺者用

このほかに、男子遠的用のシャフトとして、アルミカーボン矢（直径6・2ミリ）がある。

シャフトに表示されている数字は、前の2桁《けた》がシャフトの外径《がいけい》を表わし、後ろの2桁が肉厚《にくあつ》を表わしている。たとえば、2014シャフト（**写真1**）の場合、20は20／64インチ＝約8・0ミリであり、14は14／1000インチ＝約0・36ミリとなる。

また、篦張《のば》りの強さの順番は以下のようになる。

1813＜1913＜アルミカーボン＜KCカーボン

重量の順は以下の通りである。

1813＜アルミカーボン＜1913＜KCカーボン

［KCカーボン矢］（**写真2**）と［mizunoSST］（**写真3**）は、数字が矢の直径と重量を表わしている。

たとえば［ＫＣカーボン］の［ＫＣ－７５２２］では、直径7・5ミリ、長さ1メートルのシャフトの重量が22グラムということである。ただし、矢羽根と筈《はず》と板付《いたつき》の重量が約5グラムなので、完成した矢の重量は約27グラムとなる。［mizunoSST］も同様である。

［ＫＣカーボン］には以下のような種類がある。

ＫＣ－６５１７／ＫＣ－７５２１
ＫＣ－７５２２／ＫＣ－８０２４
ＫＣ－８０２５／ＫＣ－８０２６

また、［mizunoSST］には以下のような種類がある。

ＳＳＴ 75-18／ＳＳＴ 80-20／ＳＳＴ 80-24

これらの矢は、シャフトの形状も異なっている。［EASTON KYUDO CARBON］とジュラルミン矢は、一文字《いちもんじ》といわれるシャフトで、太さが端から端まで同じだが、［ＫＣカーボン］と［mizunoSST］は杉成《すぎなり》といわれる形状で、矢先側が太く、筈側は約0・5ミリほど細くなっている。したがって、たとえば［ＫＣ－７５２３］の場合、矢先側は直径7・5ミリなのに対して、筈側は約7ミリとなっている。

ちなみに、竹矢には、一文字と杉成のほかに、麦粒《むぎつぼ》といって矢の両端に行くにしたがい細くなっていく形状がある（**図1**）。これは、シャフトの重量は軽くしつつ、箆張りは弱くしない目的でつくられた矢で、おもに堂前《どうまえ》（通し矢）の矢に使用された。

■1＿イーストン社のジュラルミン矢「2014」

■2＿KCカーボン矢「KC-8025」

■3＿mizunoSST「SST 80-24」

■図1＿箆の形状

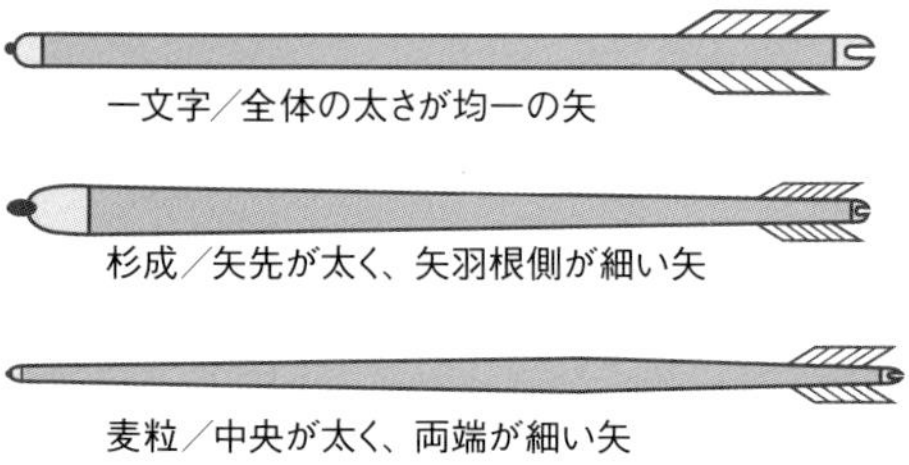

軽い矢は矢飛びが速く、貫徹力《かんてつりょく》が増すのか？

弓と矢のエネルギーは、物を貫くときにどう働くのか？

執筆＝佐藤 明

軽い矢はスピードがあり、威力があるように感じられる。一方、軽い物と重い物が衝突すると軽いほうは跳ね飛ばされるため、重さにも威力を感じる。

貫徹力とは？

貫徹力とは、矢が物にどれだけ深く突き刺さるかということで評価される。物理的には、矢が物に加える力と突き刺さる長さの積となる。力と長さの積を仕事という。つまり、矢が物になした仕事の量が、貫徹力ということになる（図1）。

仕事をするためのエネルギー

矢が仕事をするためには、エネルギーが必要である。矢が持つエネルギーは運動エネルギーと呼ばれ、矢の質量と速度の自乗をかけたもので表わされる（図2）。つまり、矢の重さと速度というふたつの要素の組み合わせで決まってくる。

矢のエネルギーは弓から分配される

矢の運動エネルギーは、弓に蓄えられた弾性《だんせい》のエネルギーが発射によって弓の運動エネルギーに変換される過程で分配される。つまり、弓の弾性エネルギーは、弓自身の運動エネルギーと矢の運動エネルギーに変換されるのである。

弓のエネルギーは射手のなした仕事

弓は、引く長さに比例して張力《ちょうりょく》を増していく。引く長さとその時点の張力との積を累積していくと、弓の弾性エネルギーとなる（**図3**）。

エネルギー変換の効率

矢の重さによって、矢の速度は変わる。軽いほど速度が速くなるのではあるが、運動エネルギーでみた場合、軽い矢は質量の要素が小さくなり、速度の要素は大きくなる。実験してみると、矢が軽いほど運動エネルギーは小さくなる。つまり、弓から矢へのエネルギーの変換効率（**図4**）は悪いのである。

物を貫くための征矢は重い

戦場で使われた、甲冑《かっちゅう》を射抜くための矢を征矢《そや》という。鋭利に研いだ鉄製の鏃《やじり》が付き、さらに鉄の芯が矢の中を通っている。矢の曲がりに対する剛性《ごうせい》を高め、この重さによって弓からのエネルギーを効率よく受け取り、物を貫くことができるのである。

軽い矢を使うと弦が切れやすい

征矢とは反対に、軽い矢は受け取るエネルギーが少ないため、余ったエネルギーは弦への衝撃の増加となり、切れやすいのである。

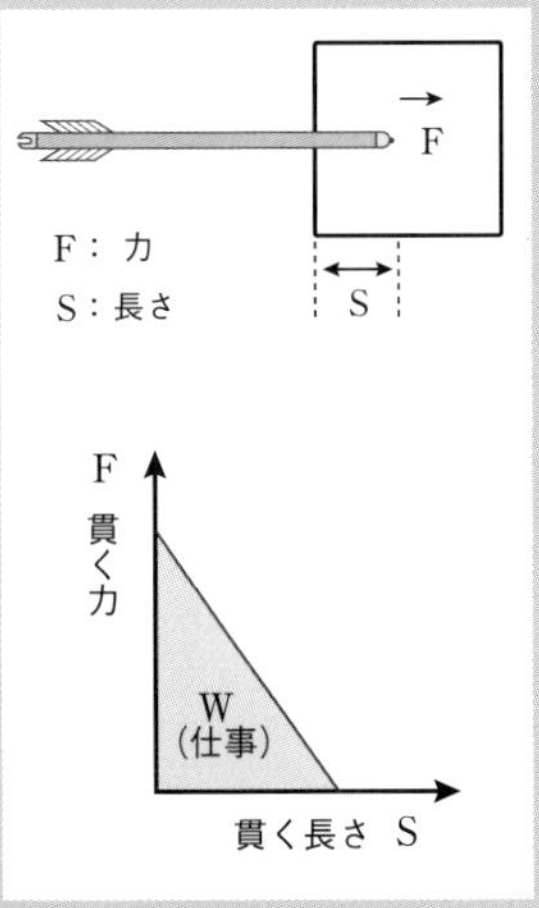

■図1＿貫徹力

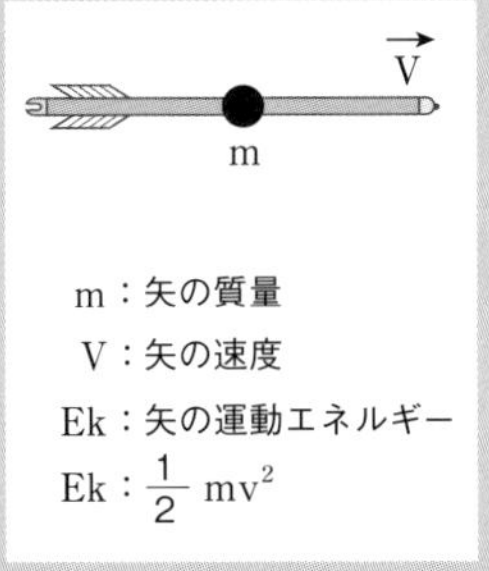

■図2＿矢の運動エネルギー

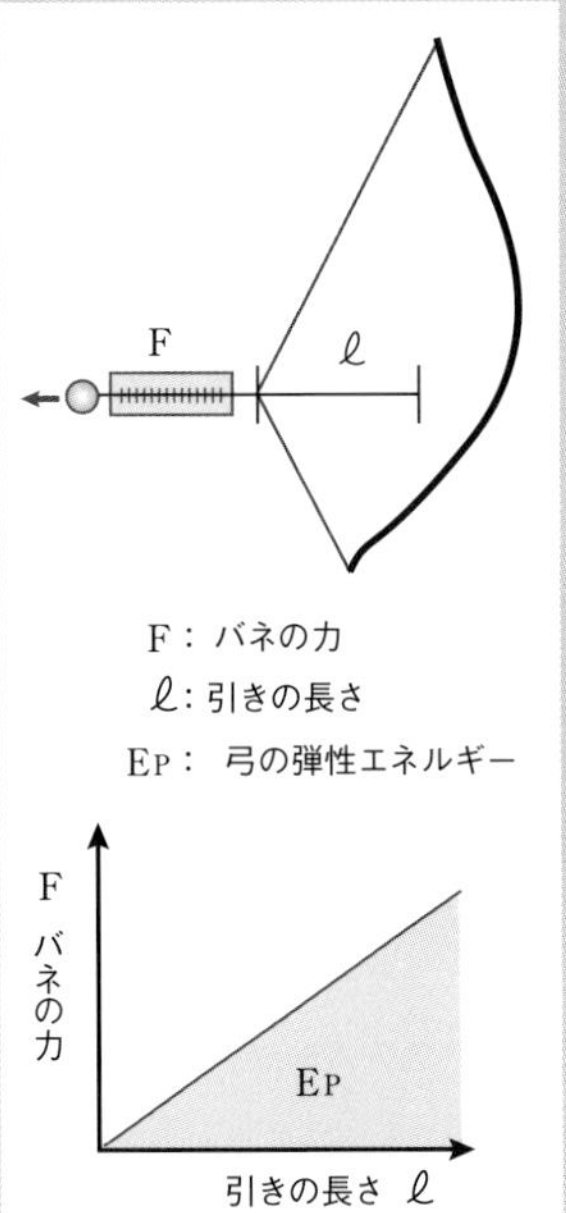

■図3＿弓の弾性エネルギー

$$効率 = \frac{矢の運動エネルギー}{弓の弾性エネルギー}$$

■図4＿エネルギー変換の効率

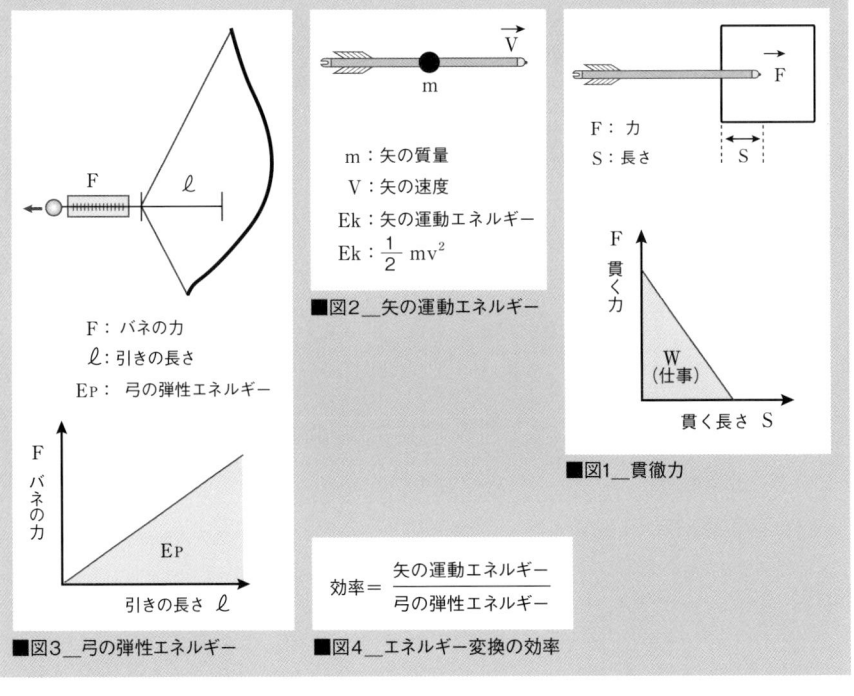

矢が飛ぶ速度は、時速何キロ？

弓歴と使用弓具が異なる11人の調査結果から

執筆＝森 俊男

弓力が強く、矢が軽くなると飛行速度は速まる

矢が飛ぶ速さは、使用する弓具（弓・矢・弦など）や、射手の技量によりそれぞれ異なる。また、行射《ぎょうしゃ》の良し悪しによっても相違する。**表1**は、弓歴も弓具も異なる、11人の射手の的前（射距離28メートル）での矢の平均時速（各自10射の平均速度）である。以下の表1から、弓力《きゅうりょく》が14～22キログラムくらいの場合、28メートルの平均速度は、160km／hから200km／hの速さといえる。

この表からもわかるように、弓力が強く、矢の重量が軽くなると矢の速度は速くなる。しかし、5番の射手は多少弓力が弱くても、2番、4番、7番の射手の速度よりも速くなっている。これらは、射手の

■表1＿弓具と矢の速度

射手	矢の時速(km/h)	弓歴(年)	使用弓	矢の重さ(g)	矢尺(cm)	弓力(Kg)
1	200.52	8	竹弓	24.8	88	22
2	178.92	8	グラス弓	31.9	96	21
3	177.12	7	グラス弓	28.1	90	19
4	183.24	10	竹弓	26.3	92	21
5	183.6	9	竹弓	27	89	19.5
6	161.64	4	グラス弓	30	86	16
7	178.92	7	グラス弓	26.6	88	22
8	171.72	16	竹弓	27.8	90	17.3
9	168.48	45	竹弓	23.3	80	14
10	162	21	竹弓	28	92.5	14
11	165.96	19	竹弓	28.1	83	17

技量、使用弓の冴《さ》え、弦の重さ、羽山（羽根の幅の広さ）などの相違により、矢の速度が弓力と逆転した結果ということができる。だが、一般的には、弓力が強い弓で軽い矢を使用するには、体力的にも、技術的にも修練されていなければ道具を使いこなすことができず、的中を得ることもむずかしくなる。

使用する弓具だけでなく、射手の技量によっても、矢の飛行速度は大きく異なる

執筆＝佐藤 明

矢のスピードを測る裏技

ホームビデオの高速シャッター撮影で計測が可能に

矢のスピードは、どのように測ればよいだろうか。歩く速度は「時速4キロ」などというが、この速度は、4キロメートルの距離を1時間かけて歩く速度に匹《ひっ》敵《てき》することを表わしている。

速度の定義

速度にはふたつの要素があり、動く「距離」とそれに要する「時間」である。このふたつを測定することにより、その間の平均の速度が求められる。求め方は「速度＝距離／時間」である。

矢の速度は新幹線並み!?

矢の速度は、離れてから的に着くまでの時間がわかれば、28メートルをその時間で割り「秒速何メートル」と算出することができる。大雑把《おおざっぱ》な方法ではあるが、ストップウォッチで計ってみるのも面白い。

しかし、矢が的に到達するまでの時間は、1秒未満なのでかなりむずかしい。17キログラムの弓で30グラムの矢を使って測定すると、矢の速度は秒速50メートル程度だが、的への到達時間は0・56秒である。秒速から時速に変換するときは、秒速に3・6をかけた値となるため、「50m/s × 3.6 = 180km/h」となる。新幹線並みのスピードである。

より正確に測るにはビデオで高速シャッター撮影をする

より正確に速度を測るためには、ビデオなどを使用し、方眼紙や巻尺《まきじゃく》など、長さを示すものを背景にして、飛行する矢を撮影する。ホームビデオのコマ数は「1秒間に30コマ」などと決まっているので、コマ送りしながら、矢先が何センチ移動したかを測り、コマ数から時間を割り出せば速度が計算できる。ただし、矢の速度は速いので、画面には流れた映像が映る。シャープに写すためには、シャッター速度（露《ろ》光《こう》時間）を2000分の1秒以下の高速シャッターに切りかえ、光量が充分得られる快晴の屋外で撮影するとよい。

科学的な計測をするには？

矢の速度を科学的に計測するには、決まった長さの2点間を矢が通過するときの、それぞれの通過信号を電気的に計測する（**図1**）。計測器は「タイムカウンター」という1万分の1秒単位を認識できるものが使われ、2点間の通過時間を測定する。

通過信号に何を使うかはいろいろな可能性がある。矢に装着した磁石と、コイルを巻いたリングを用いて電磁誘導を利用する方法（**図2・3**）、光の幕をつくり、矢を通過させて光量の変化を利用する方法、通過場所に振動《しんどう》を感知する加速度計を設置する方法などがある。

■図1＿
2点間を矢が通過するときの通過信号を電気的に計測する方法

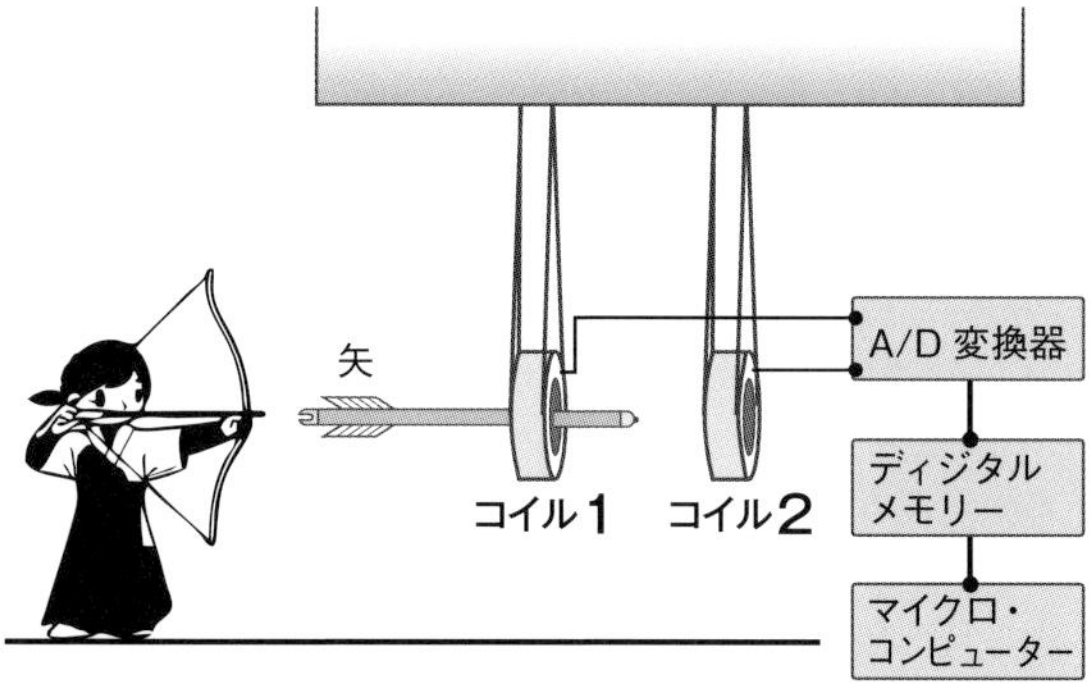

■図2＿
磁石がコイルに近づいたり遠ざかると電圧が生じるという原理

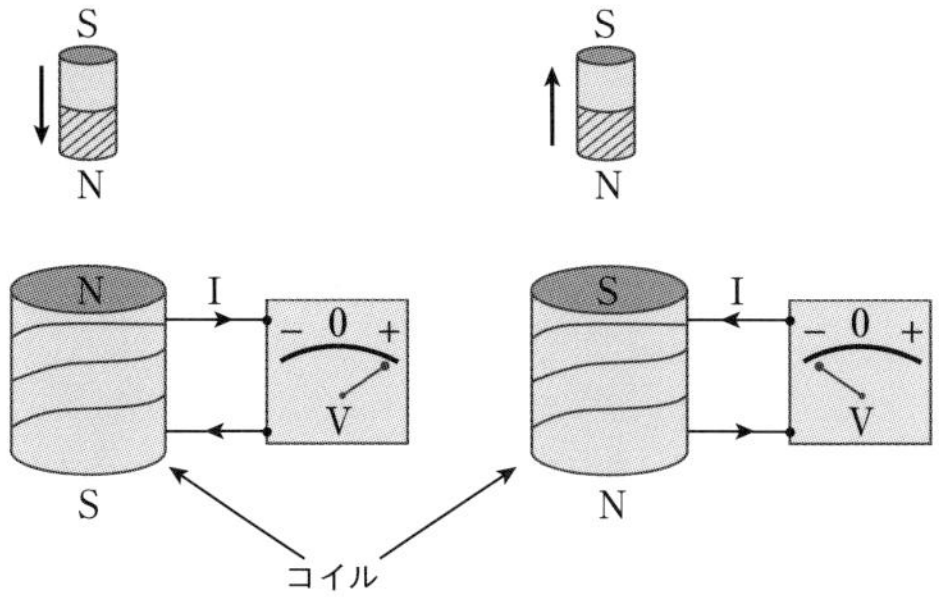

■図3＿
コイルの通過信号

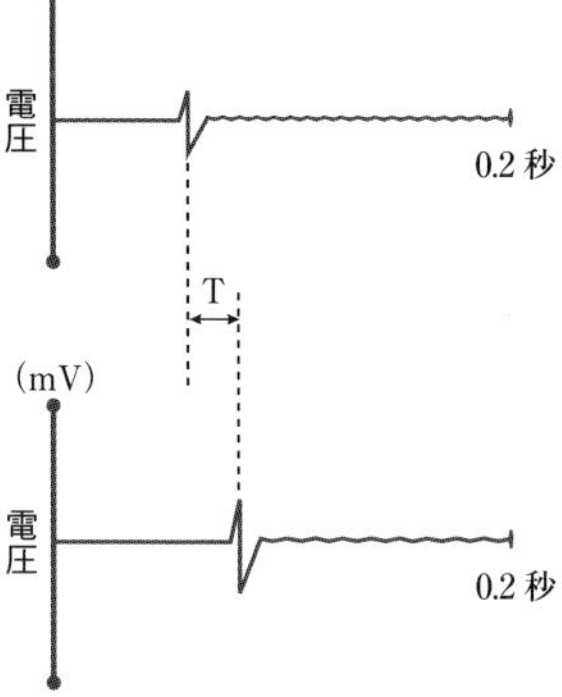

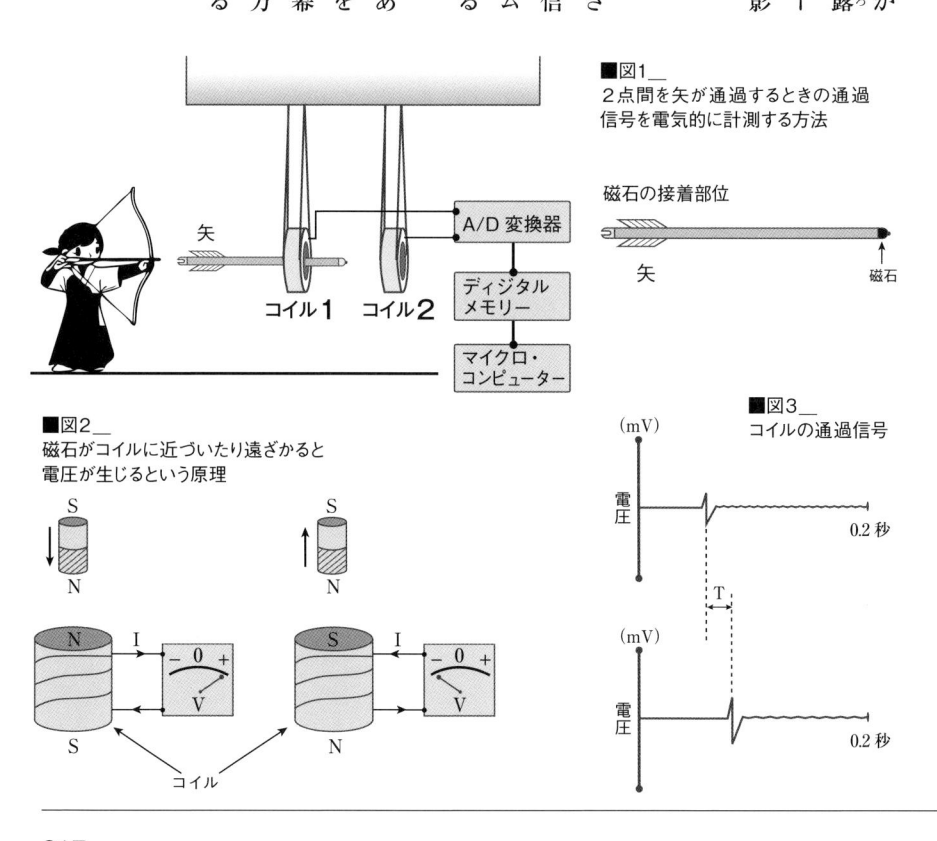

執筆＝森 俊男

矢は最長どれくらい飛ばせる？

明治以降の最長飛距離は385・4メートル

日置流伝書にみる明治時代以前の最高飛距離

明治以降の最長飛距離は385・4メートルで、射手は矢師であった曽根正康《そねまさやす》氏といわれている。明治時代以前の記録は残っていないので、正確な飛距離は知ることができない。ただ、日置流《へきりゅう》の弓術伝書には「遠矢射様の事」に関して、射術や弓具などのことが詳細に記されている。遠矢《とおや》を射て、矢に自分の技術の程度を尋ねるということから「尋矢《くりや》」と名づけられたという。

伝書に記載されている尋矢に関することをまとめると以下のようになる。

尋矢は長さ四町《ちょう》（432メートル）、幅一町（108メートル）の広さのところで矢を発射し、矢の飛距離が四町に達するかどうかを試すという引き方である。「風に心得有る事」といって、向かい風では失速し、横風は飛行方向が狂うので、尋矢は追い風で行なう。風が強めのときには、風が射手のところを吹き過ぎた頃に放つようにし、中風なら一町ほど吹き過ぎた頃離す。こうすると下り羽（矢の高さが最高になった後の矢の飛行状態）に風を含んで伸びるといわれる（P50参照）。

矢は麦粒《むぎつぼ》の篦《の》を用いる。麦粒は、発射時に一番力の加わる重心と矢筈《やはず》の中央（本矧《もとはぎ》の辺り）を太くした形状で、両端にかけての部分は削り、細く軽くした矢である。羽根には、鴨の肩のもっとも小さい羽根を用いる。羽根が揚力《ようりょく》を得ると同時に矢が回転し、飛行状態を安定させるため、羽根がなければ矢が浮かず、方向が定まらず、遠くに飛ばなくなる。ただし、羽山（羽根の高さ）が高すぎると、矢の飛行は安定するが空気抵抗が大きくなり、飛距離を伸ばすことができない。

また、伝書には「修業の規模に依て羽を少しずつ扱捨る事有」といって、矢の飛距離が四町に到達したら、矢の羽根の根元をむしり取り、羽根の長さを短くして、よりむずかしい条件で再度試みていくこと、と記されている。日置流印西派《いんさいは》の山口軍兵衛という射手は、羽根をすべてむしり取り、軸だけ残して四町を飛ばしたといわれている。

尋矢は弓が強くなればなるほど、また矢が軽くなり、羽根も小さくなるほどむずかしくなり、技術の差が大きく示されることから、射手の技量の判定法として行なわれてきたのである。したがって、明治以前の矢の最長飛距離は四町（432メートル）以上であったといえる。

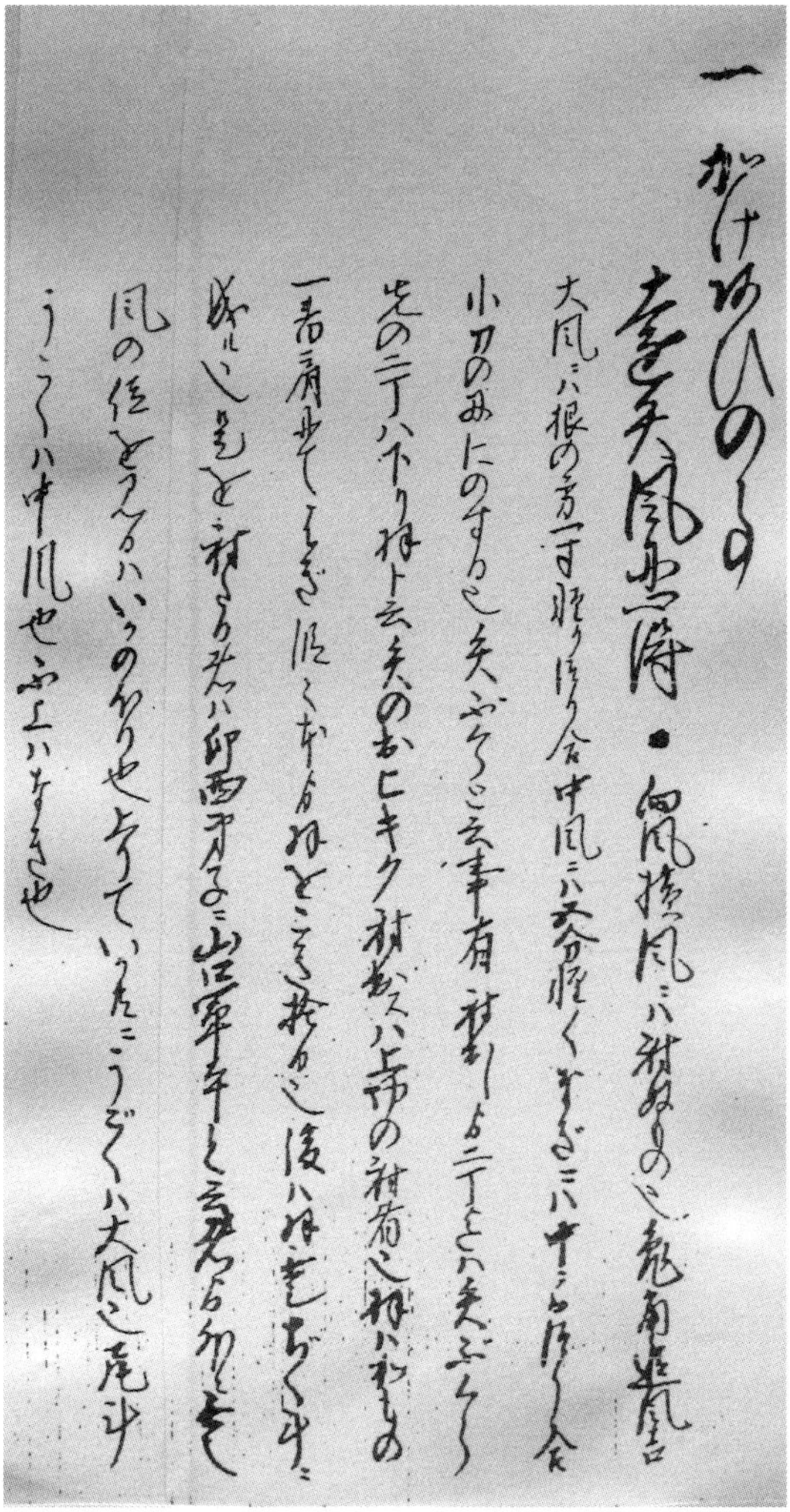
尋矢について記された日置流伝書

巻藁矢《まきわらや》は、的矢《まとや》とどうちがう？

執筆＝森 俊男

板付や篦の形状など、その相違点とは？

羽根の有無や篦の素材など巻藁矢にもさまざまな種類がある

的矢は、28メートルの距離の的に使用される矢のことである。竹製の的矢の篦《の》の形状には以下のような種類がある。

1杉成《すぎなり》／矢先のほうが太く、羽根のほうが細くなっている。

2一文字《いちもんじ》／どの部分も同じ太さの篦。

3麦粒《むぎつぼ》／矢の両端が細くなっている。

現在は竹だけでなく、アルミ軽合金製やカーボン製、アルミカーボン製などの的矢も多くつくられている。

巻藁矢は、近距離で巻藁に向かって引く矢なので、竹矢の場合は、折れにくいように篦は火入れを少なくし、おもに白篦《しらの》で少し太めのシャフトが用いられ

ている。羽根はつけない棒矢のことが多い。新弓の射込み用の巻藁矢は、さらに篦も太く、普通の巻藁矢よりも一匁《もんめ》（約3・75グラム）くらい重めの矢を用いるようにする。新弓は弓の復元も速いので、弦切れを予防し、弓自身に加わる衝撃に対する負担も軽減させるためである。巻藁矢の種類には、次のようなつくりのものがある（**写真1**）。

【篦の材料】　　**【羽根の有無】**

竹……………棒矢（羽根なし）
竹……………羽根付き
ジュラルミン……棒矢
ジュラルミン……羽根付き

的矢と巻藁矢との相違点は下の表のようになる（**写真2**）。

■1＿右から、
ジュラルミンの的矢
羽根付きの竹巻藁矢
羽根なし（棒矢）のジュラルミン巻藁矢

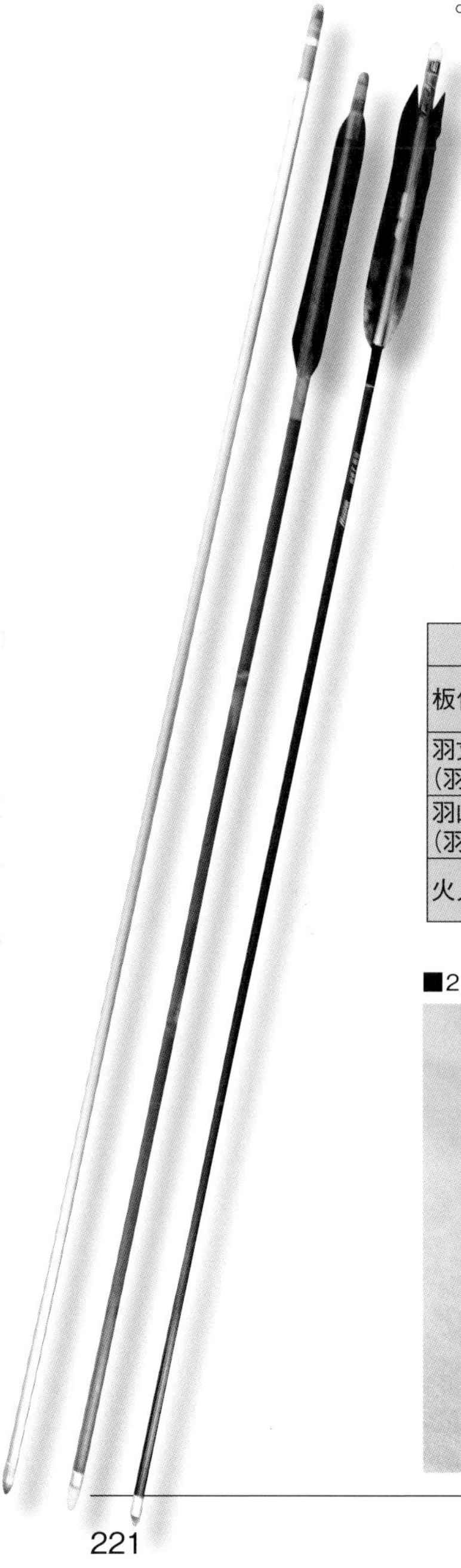

	的矢	巻藁矢
板付の形状	乳形《ちがた》	椎の実形 （巻藁を傷めない流線型）
羽丈 （羽根の長さ）	15cm前後	12cm前後
羽山 （羽根の高さ）	1.3cm前後	5mm前後または羽根がない
火入れ	枇杷《びわ》色、栗色など	的矢に比べて製造過程での「火入れ」が少なめ

■2＿下が的矢の板付（乳形）、上が巻藁矢の板付（椎の実形）

番《つが》える位置を変えると、矢の着点はどうなる？

ねらいを変化させるよりも、矢の着点を調整しやすい方法

執筆＝森 俊男

番える位置と矢所の変化を把握することが大切

矢番えの位置は、矢摺籐《やずりどう》と握り皮の境目から矢と弦とが直角になるところより、およそ矢の太さぶん上に番えるようにする。

番える位置をいつもより上にすると、矢の着点（矢所《やどころ》）は下になる。逆に下にすると、矢所《やどころ》は上となる。試合のときなどで矢の着点がいつもより上（または下）に行く場合などには、矢番えの位置で微調整するようにするとよいだろう。ねらいを上下に変化させるのは非常にむずかしいからである。そのためにも、普段の稽古で、矢筈《やはず》の位置の上下の変化と、矢所の変化の関係を試しておくことも大切である。

■グラフ1＿離れ直前のねらいの射癖

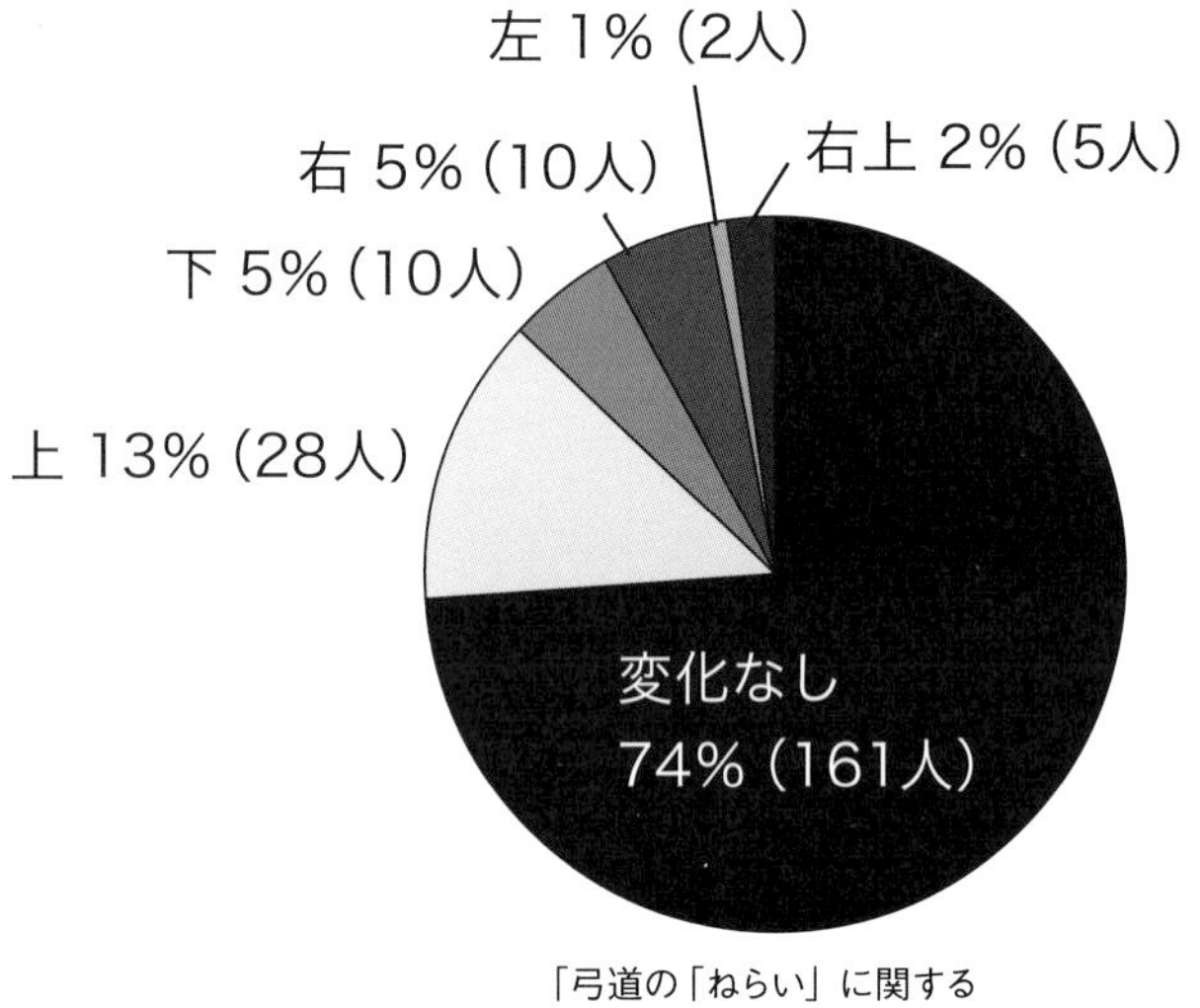

「弓道の「ねらい」に関する研究ー発射直前におけるねらいの変化とその矯正法ー」中川裕恵　筑波大学体育研究科修士論文

しかし、番える位置を上げすぎると矢が上下に振動しながら飛ぶようになるので、上にするのにも限界がある。また、矢と弦のつくる角度が、直角より下の位置に番えると、発射のときに矢が親指の根を擦《こす》って通過していくので、皮膚がむけて血が出るようになる。そのため、番える位置による矢の着点の修正には、上下ともに限界がある。

矢の着点の変動が大きく、ねらいの修正が必要な場合とは

また、弓や矢を変えたときには、番える位置の限界以上に矢の着点が上下に変動することがあるため、その場合には、ねらいを変えなければならない。信頼する指導者や先輩にお願いして、新たなねらいをつけてもらおう。的確に上下のねらいが修正されないと「切り上げ」や「切り下げ」という癖がついてしまうので、充分注意して修正を行なうことが必要である。切り上げの癖とは、普段矢が下に行くことが多い場合、下に矢が行かないように離れ直前にねらいを上に上げて発射する癖である。いつも一定の高さを切り上げることはできないので、緊張時には矢は的中しにくくなる。切り下げはその逆の癖である。

グラフ1は、ある県の一般社会人の県大会において、離れ直前のねらいの変化を調べた結果である。216人の選手のうち26パーセントにあたる射手が、ねらいを離れ直前で変化させている。その中でも、切り上げをする射手が半数を占めている。次に多いのが、切り下げとねらいを右に変化させる射手となっている。

ねらいの修正は的確に行なわないと、さまざまな癖を誘発してしまう

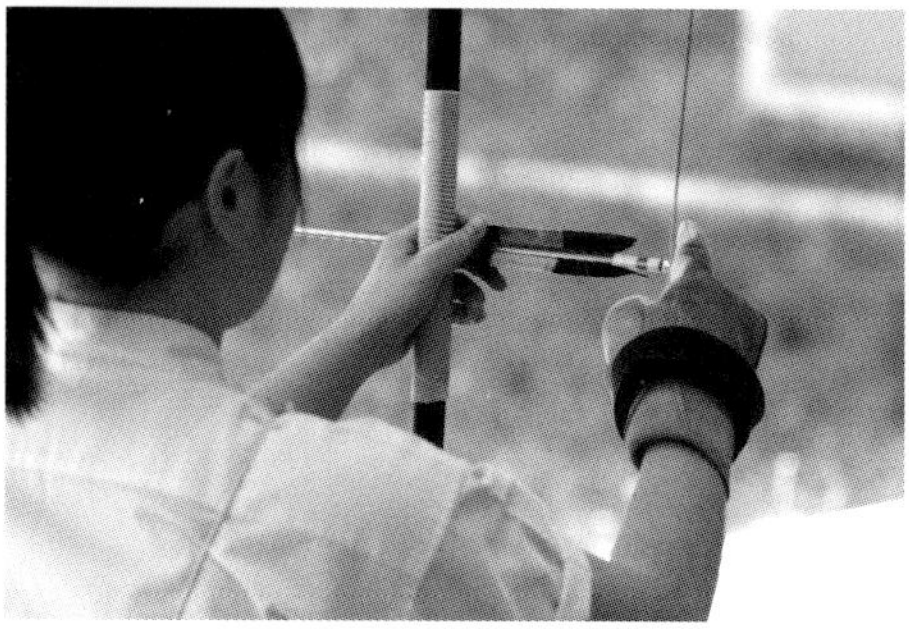

矢番えの位置と矢所の関係を把握しておくことが大切

「石打《いしうち》の矢」ってなに？

執筆＝黒須 憲

丈夫な羽根を使い、武士に好まれた矢

数が少なく、貴重な羽根として珍重された「石打」

「石打の矢」とは、石打の羽根のついた矢のことをいう（**写真1・図1**）。石打とは、鷹《たか》の尾羽《おばね》根、左右両端の名称であり、鳥類一般の名前ではなかった。しかし、今日では広義《こうぎ》に解釈され、鳥類尾羽根の一部を呼ぶようになった。

鳥は飛ぶときに尾羽根で舵《かじ》をとり、飛行を安定させる。降り立つときは尾羽根で地面を擦り、岩を叩いて、あたかもその様子は杉の梢《こずえ》のようだといわれる。両脇の羽根は、閉じるときに一番下となるため、もっとも強く打ちつけられて岩にこすることになる。このような状況から「石打」の名がつけられたといわれる。

石打の羽根は丈夫だといわれるが、数が少なく、一羽から左右2枚、もしくは4枚しかとれないため、貴重な羽根として古来から珍重《ちんちょう》された。

斑紋《はんもん》（*）はほかの部分と比較して不明瞭な場合が多いが、武士に好まれ、大将の羽根として人気が高かった。室町時代には、羽根の種類によってさまざまな規則が設けられ、石打の羽根は将軍の矢に用いられた。

石打の羽根を矢羽根に用いる場合、羽高が低いのでハサミは入れない。そのため、羽高が本矧《もとはぎ》から一定の高さになり、手ざわりも柔らかで空気抵抗が少ないといわれる。矢飛びもほかの部分と比べて非常によいといわれている。

＊斑紋……まだらの模様

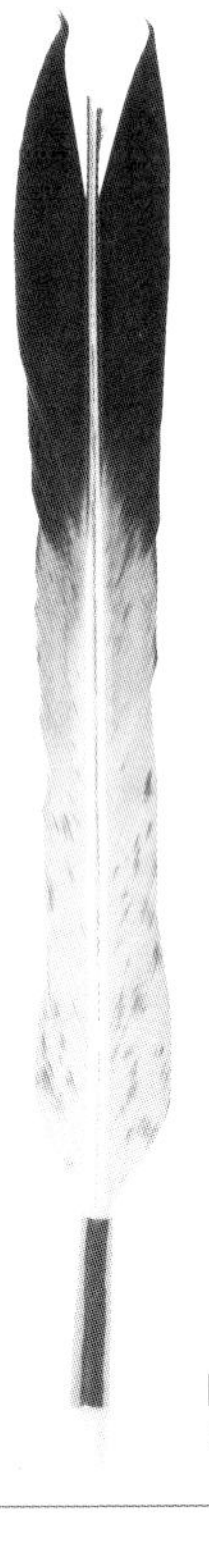

■1＿矢飛びも非常によいといわれる石打の羽根（撮影協力／小山弓具）

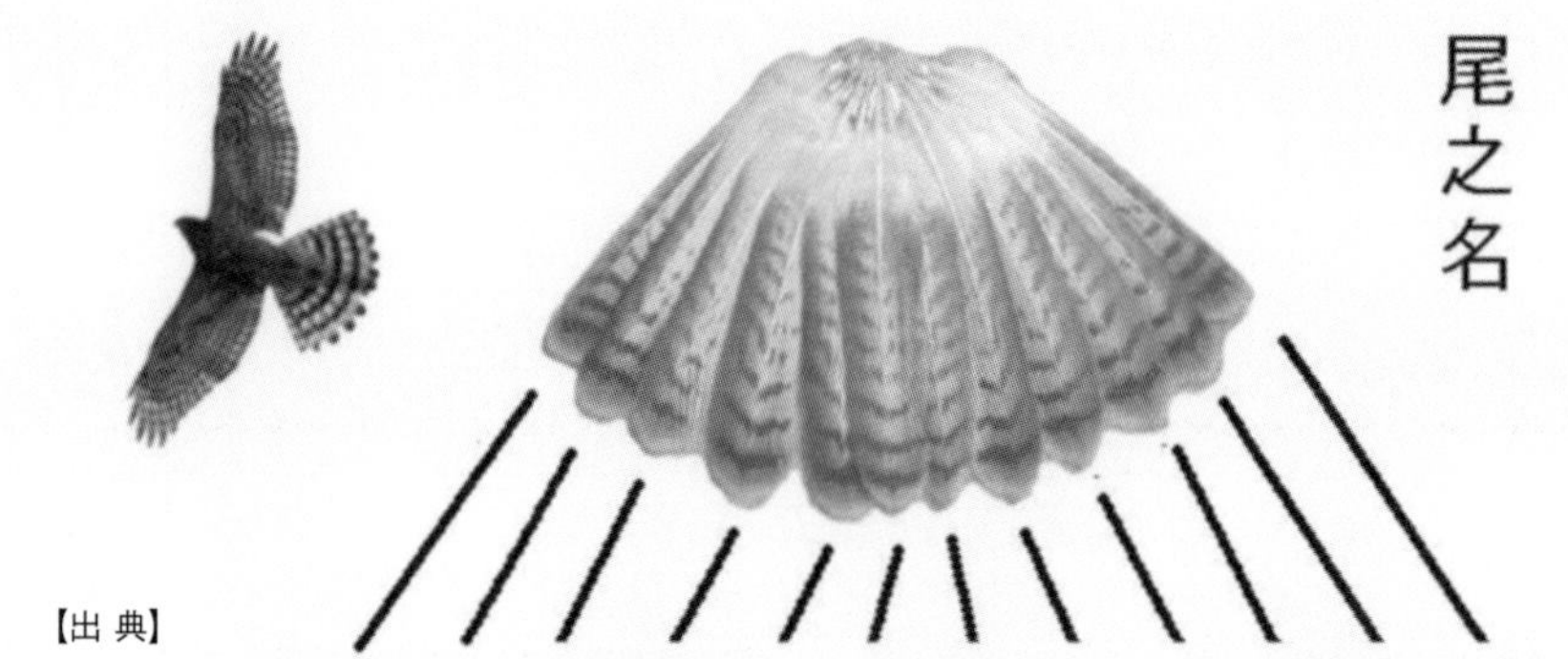

【出典】	1	2	3	4	5	6	7	8	9	10	11	12
『白鷹記』	柴引（シバヒキ）	石打（イシウチ）	鳴柴（ナラシバ）	瀬待（セマチ）	多助（タスケ）	尾魁（ビカイ）	尾魁（ビカイ）	多助（タスケ）	瀬待（セマチ）	鳴柴（ナラシバ）	石打（イシウチ）	柴引（シバヒキ）
『鷹口傳書』	小石打	大石打	ナラシバ	セバチ	タスケ	鈴付	鈴付	タスケ	セバチ	ナラシバ	大石打	小石打
『鷹當流次第』	小石打 シバヒキとも	大石打 石打とも	ナラシバ	ナラオ	タスケ	上尾	上尾	タスケ	ナラオ	ナラシバ	大石打 石打とも	小石打 シバヒキとも

■図1__羽根の尾の名称
羽根を閉じるときにもっとも下になる部分を「石打」という

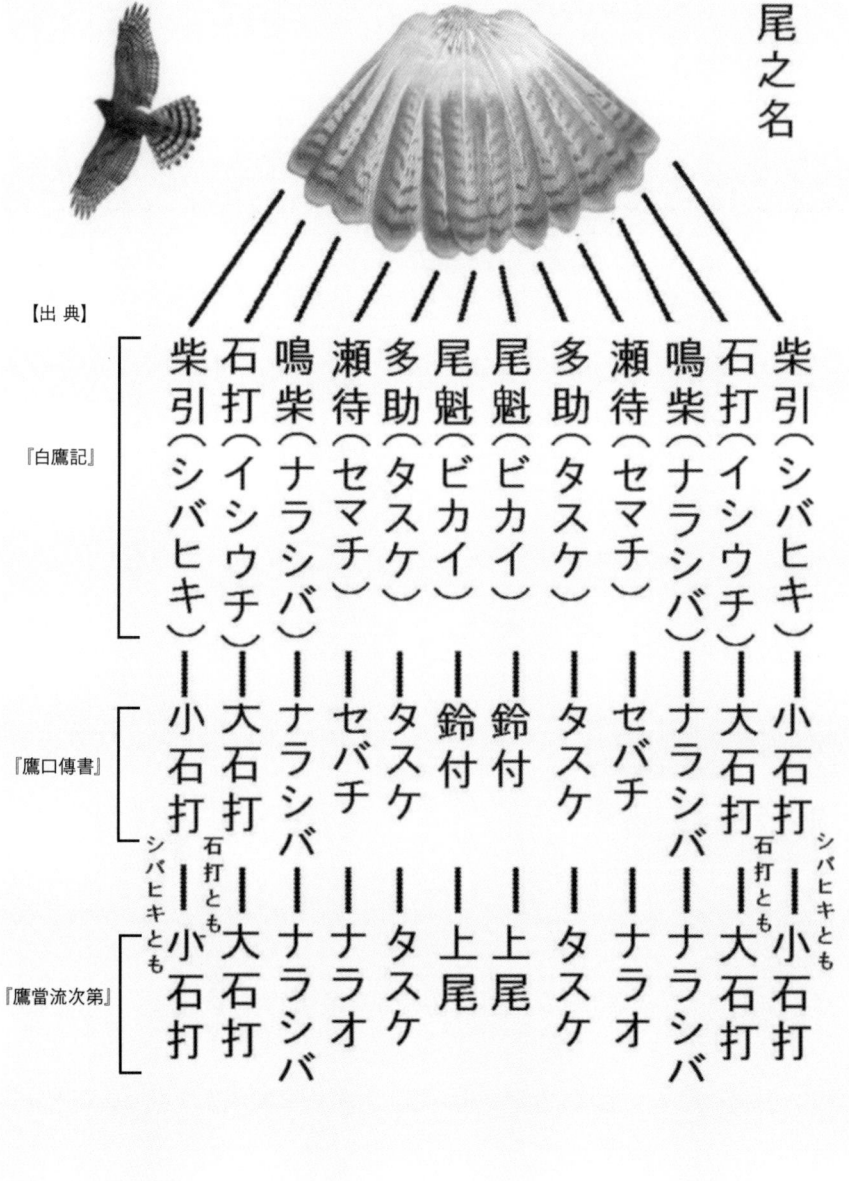

頭か尻か？

矢先で矢尻……はたして頭なのか尻なのか？

執筆＝松尾牧則

伝統的には矢尻が下で羽根が上だが……

英語で「arrowhead」を、日本では「鏃《やじり》」「矢の根」「矢尻」「板付《いたつき》」「矢先」と称している。英語では飛んでゆく矢をイメージして「arrowhead」と称するのだろう。中国語でも「箭頭」である。日本でも「矢先」という言い方があるが、はたしてこの部分は「頭」なのか「尻」なのか？（**写真1・2**）

矢羽根を上にして立てかけるので「板付」「矢尻」なのだろうか。しかし、最近は羽根を下にして立てかけるように指導がされている（**写真3**）。「床を傷つけないため」らしいが、通常重心が矢尻寄りにあるので不安定となる。大会の控え室などで、矢が見事に共倒れとなる光景は頻繁に見受けられる。羽根を上にして立てかけたところですべて防げるものではないが、伝統的には「矢尻が下、羽根が上」である。五月人形に付属する弓矢をみると、やはり矢尻部を下に飾っている（**写真4**）。ちなみに鏃に刻まれる作者銘には上下一定の法則はないが、記号の「矢印」は、鏃部がやはり「先」を指しており「頭」である（**写真1**）。矢の本質的な構造から考えるか、矢がもたらす効果から考えるかによっても異なってくるのだろう。

う〜む、頭なのか尻なのか……？　どっちなのだろうか？

■1_「一方通行」の矢印は、鏃部(<)が先を示していて、頭になっている

■2__神頭《じんとう》と称される矢は、鏃ではなく、神頭という木材などでできたものを矢先に取り付けている

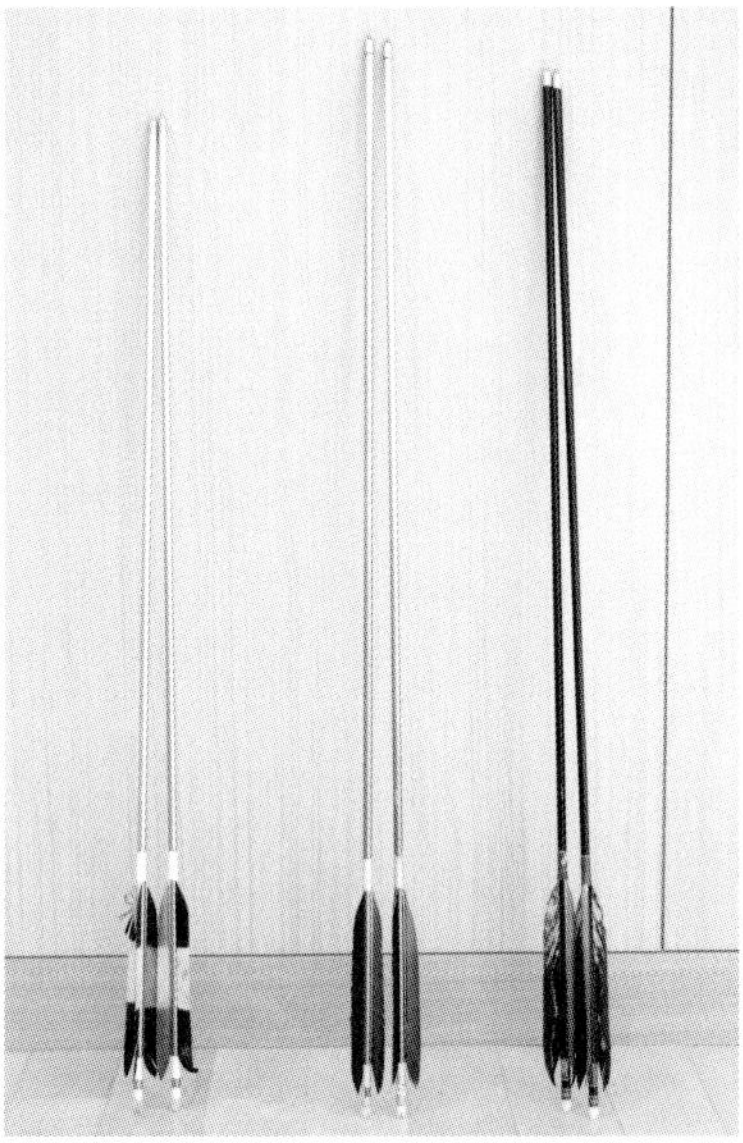

■3__最近は、矢羽根を下にして立てかけるよう指導されている

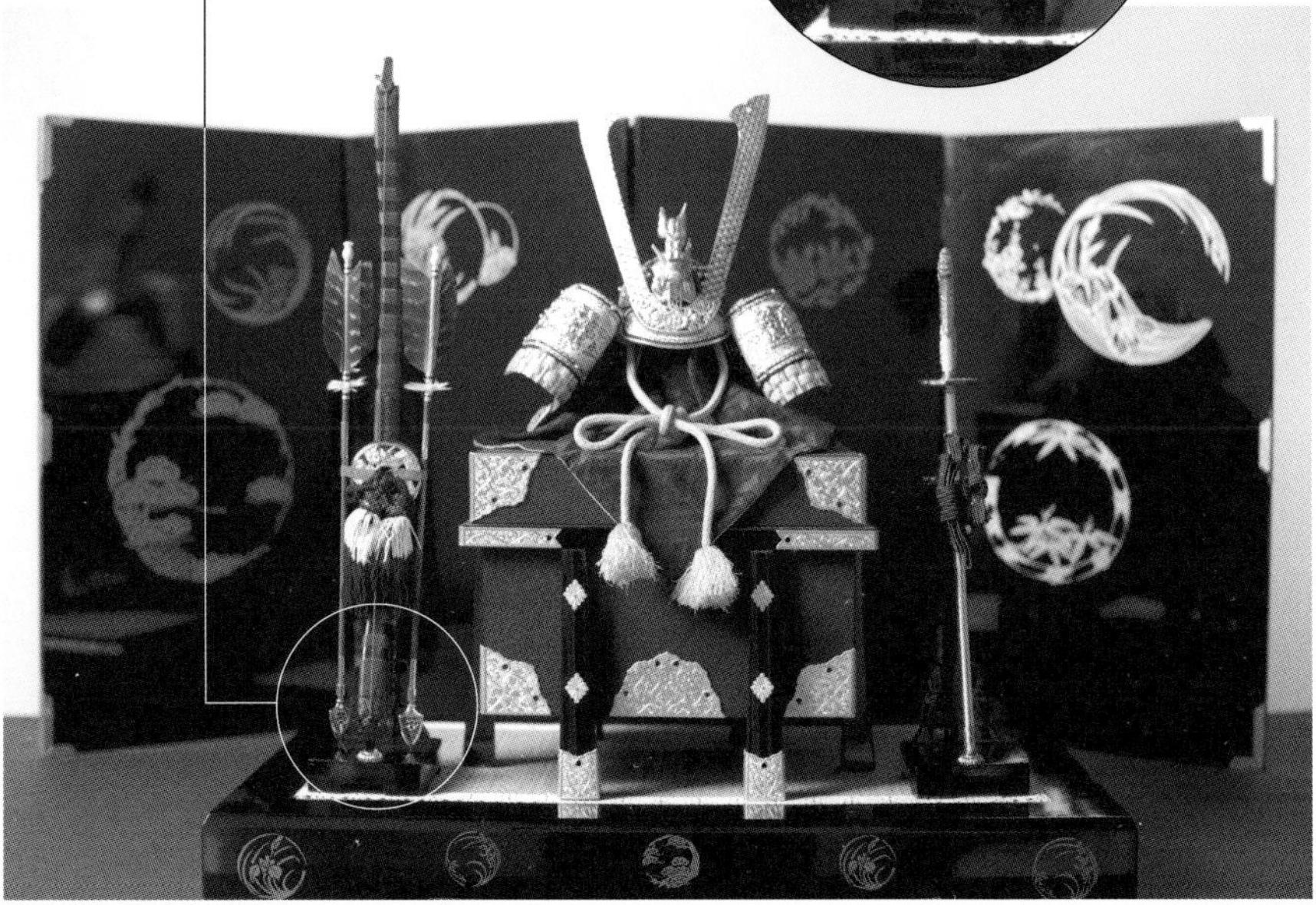

■4__五月人形の弓矢は、矢尻を下にして飾られている

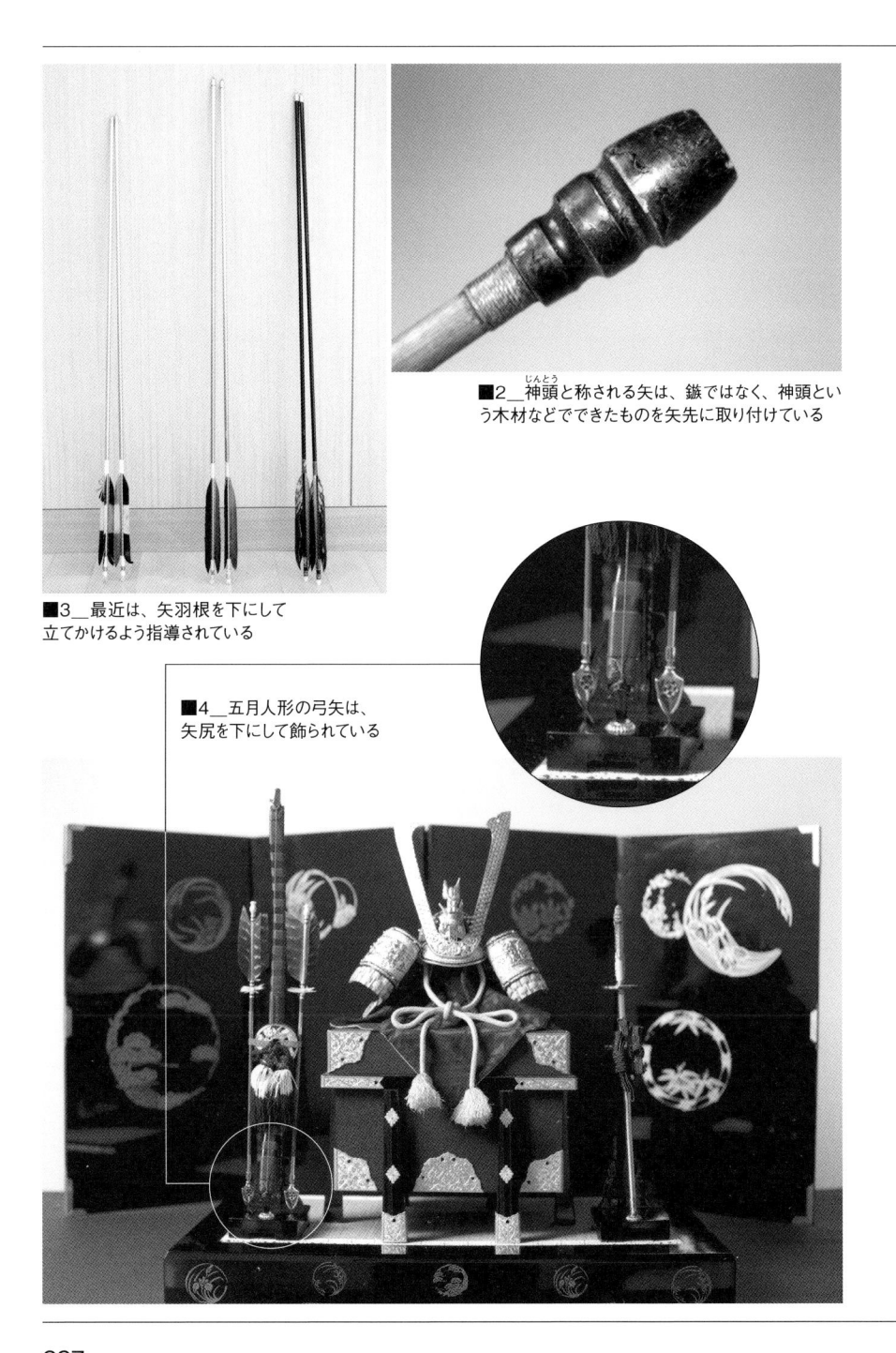

弓の長さに規定はあるの？

今後は規格に収まらないケースが出てくる可能性も……

執筆＝佐藤 明

競技規則で定められている弓の長さとは？

財団法人 全日本弓道連盟では「弓道競技規則」を定めている。その中の「弓具及び服装の規定」では、第23条に「競技には日本弓（和弓）を使用する」とあり「1・弓（ア）弓の長さは221cmを基準とし、若干の長短を認める」とされている。

若干とはどの程度をさすのかという点であるが、規則の解説によれば「普通日本弓の長さは七尺三寸で身長により二寸伸び・三寸伸びまたは四寸伸び等があり、また逆に一寸詰・二寸詰等がある。遠的競技では七尺程度の差矢弓を使用することもあるので、身長または、競技の種類により長短を認めたのである」となっている。このことから、最大で七尺七寸（約233センチ）、最小で七尺（約212センチ）ということになるが、近年、若者の身長が伸び、海外の弓道家も増加する中、この規格に収まらないケースが出てくることが考えられる。腕の長い人が和弓《わきゅう》を引くということになれば、その引き尺《ひじゃく》（＊1）に適した弓の長さが必要になってくる。

鉾《ほこ》に相応の矢束《やつか》

弓を破壊しないために、引き尺に対する弓の長さはどのようになるだろうか。七尺三寸（約221センチ）の弓には二尺七寸五分（約83センチ）の矢、七尺五寸（約227センチ）の弓には三尺（約91センチ）の矢が適しているとされている。弓が二寸（約6センチ）伸びたとき、矢は二寸五分（約7・6センチ）多く引けるということであるが、その割合でいけば、四寸伸びの弓では、三尺二寸五分まで引くことができる。これは約98センチだが、現在は100

センチを超えて引く人は少なくない。竹弓であれば、五寸伸び、六寸伸びが必要になってくる。

籐の長さにも規定がある

同じく「弓道競技規則」第23条の弓に関する規定の中に、「(エ) 矢摺籐の長さは、籐頭より6cm以上とする」とある。

自分の使う弓が、この規定を満たしているかどうか、確認しておこう（**写真1**）。全国大会などでは、控えの場で長さをチェックされることがあるので注意したい。

＊1 引き尺……実際に弓を引く長さのこと。
＊2 鉾……弓の別称。

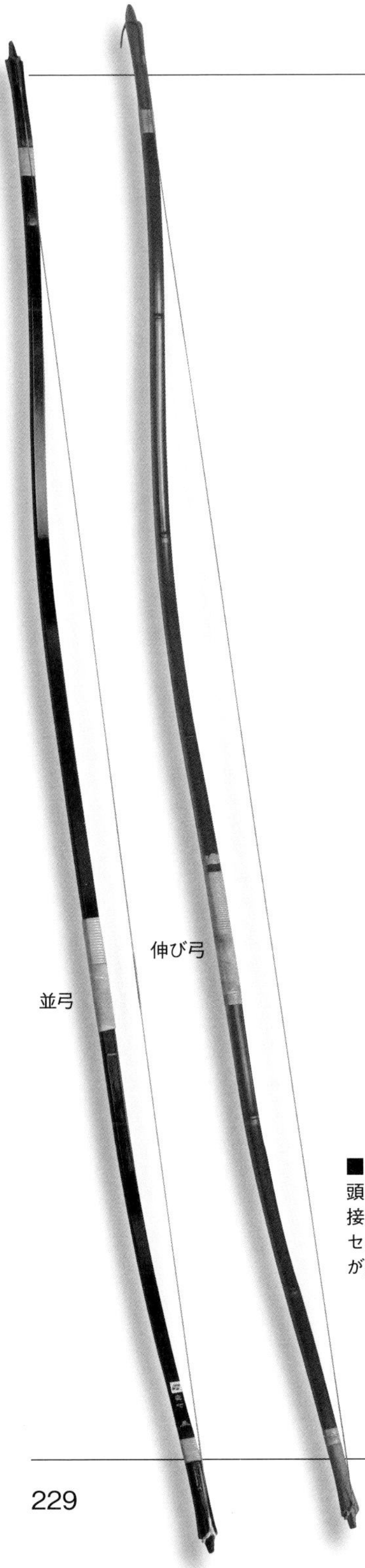

【鉾（＊2）に相応の矢束（竹弓)】

名称	弓の長さ	矢束
寸詰まり弓	七尺（212cm）	約72cm以下の矢束
並弓	七尺三寸（221cm）	約73～83cmの矢束
伸び弓	七尺五寸（227cm）	約84～91cmの矢束
四寸伸弓	七尺七寸（233cm）	約92～98cmの矢束
六寸伸弓	七尺九寸（239cm）	約99～106cmの矢束

＊グラス、カーボン弓は限界が数センチ広い

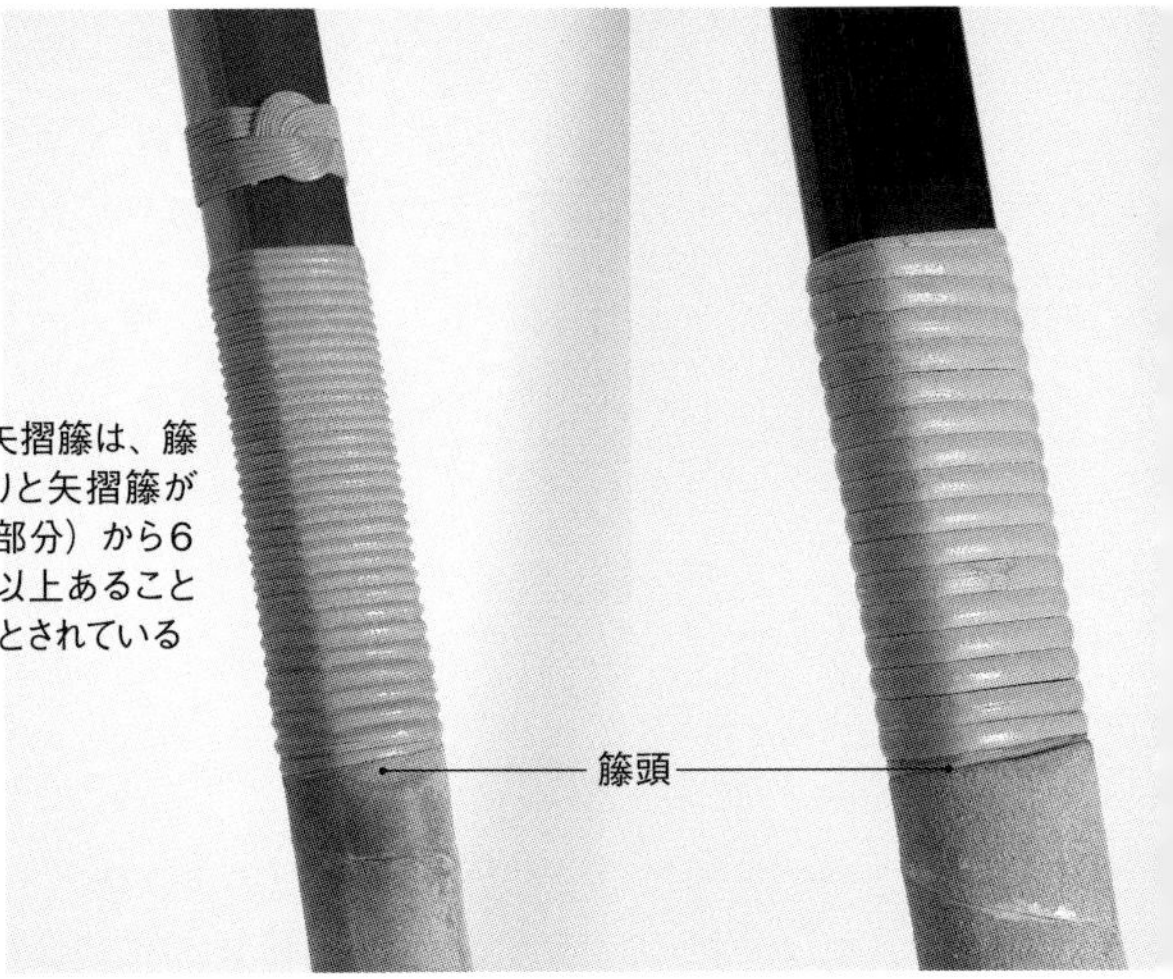

■1__矢摺籐は、籐頭（握りと矢摺籐が接する部分）から6センチ以上あることが条件とされている

日本の弓のように長いことによる利点とは？

執筆＝佐藤 明

世界でも最も長い部類に入る和弓。何かよい点はあるのだろうか？

弓の長さを決めるのは、材料の弾性限界《だんせいげんかい》、つまり破断《はだん》する限界が広いか狭いかが、ひとつの要因である。そして、射法がどれだけの引き尺《ひじゃく》（＊1）を求めるか、また、引いたときの引き心地、手応えや振動・音などの感性的な要素が加わる。

弓が長くなった理由とは？

日本の弓は、世界の中でも最も長い部類に入る。長いことの理由として『弓道教本』（財団法人 全日本弓道連盟発行）では、「尊崇性《そんすうせい》」を挙げている。材料の力学的な点からみると、弓の発生時に、丸木弓《まるきゆみ》という単体の木が使われた関係から、折れないためには一定の長さを必要としたと考えられる。和弓《わきゅう》の取懸け法が「モンゴル射法（＊2）」であるために引き尺が長く、これに対応するには長くせざるを得なかったのではないだろうか。

＊1 引き尺……実際に弓を引く長さのこと。
＊2 モンゴル射法……取懸け法の分類。ほかにピンチ（原始）射法、地中海式射法がある。弓道の取懸け法はモンゴル射法の範疇に入る。

弓が長くなるほど矢飛びは悪くなる!?

では、長くなったことによる利点はあるのだろうか。弓は板バネと同じように、引いた長さに比例して力を発揮する。弓には弾性のエネルギーが蓄えられるが、50センチ引いて10キログラムの弓と、100センチ引いて10キログラムの弓とでは、同じ強さでも、後者のほうが2倍のエネルギーを蓄える。このエネルギーは、射手が弓になした仕事であるため、射手はより多くの仕事をしたことになる。

弓が長いと、蓄えるエネルギーは大きくなるが、そのエネルギーを使って動く弓や矢も長く重いので、矢の速度が速くなるとは限らない。弓は、長くなるほど自分自身を動かすために多くのエネルギーを使う。したがって、矢に分配されるエネルギーは少なくなるため、同じ強さの弓の場合、四寸伸びよりも二寸伸びのほうが矢飛びがよく、並寸はさらによい。

現代の和弓の矢は、250メートル程度の飛翔距離だが、武士の時代でも400メートルほどだったようだ。一方、外国の弓矢は600メートル以上飛ぶものもあると聞く。韓国の弓は短弓だが、的競技の距離は140メートルである。日本の近的競技28メートルと比べると、大きなちがいである。

長い弓が好まれる感性的な要素

弓道場は的までの距離が28メートルで、的の中心が地上27センチに設定されているが、これは、長い弓を使ってほぼ水平に矢を構えて的に当たる設定である。射形《しゃけい》の水平と垂直の軸が直交し、いわゆる十文字が形成され、身体の歪《ゆが》みが起こらない条件を整えやすいと考えられる。修練を積むほどに、対称性の向上や筋力のグッドバランス、ひいては心身の調和、意識の集中など、メンタル面の充実にもつながっていくと考えられる。

①振動

弓は発射するとバネとして振動を起こす。しかし、振動の振幅《しんぷく》は弓の部位によって異なり、弓の中央は振幅が大きいが、握り付近は比較的小さい（**図1**）。

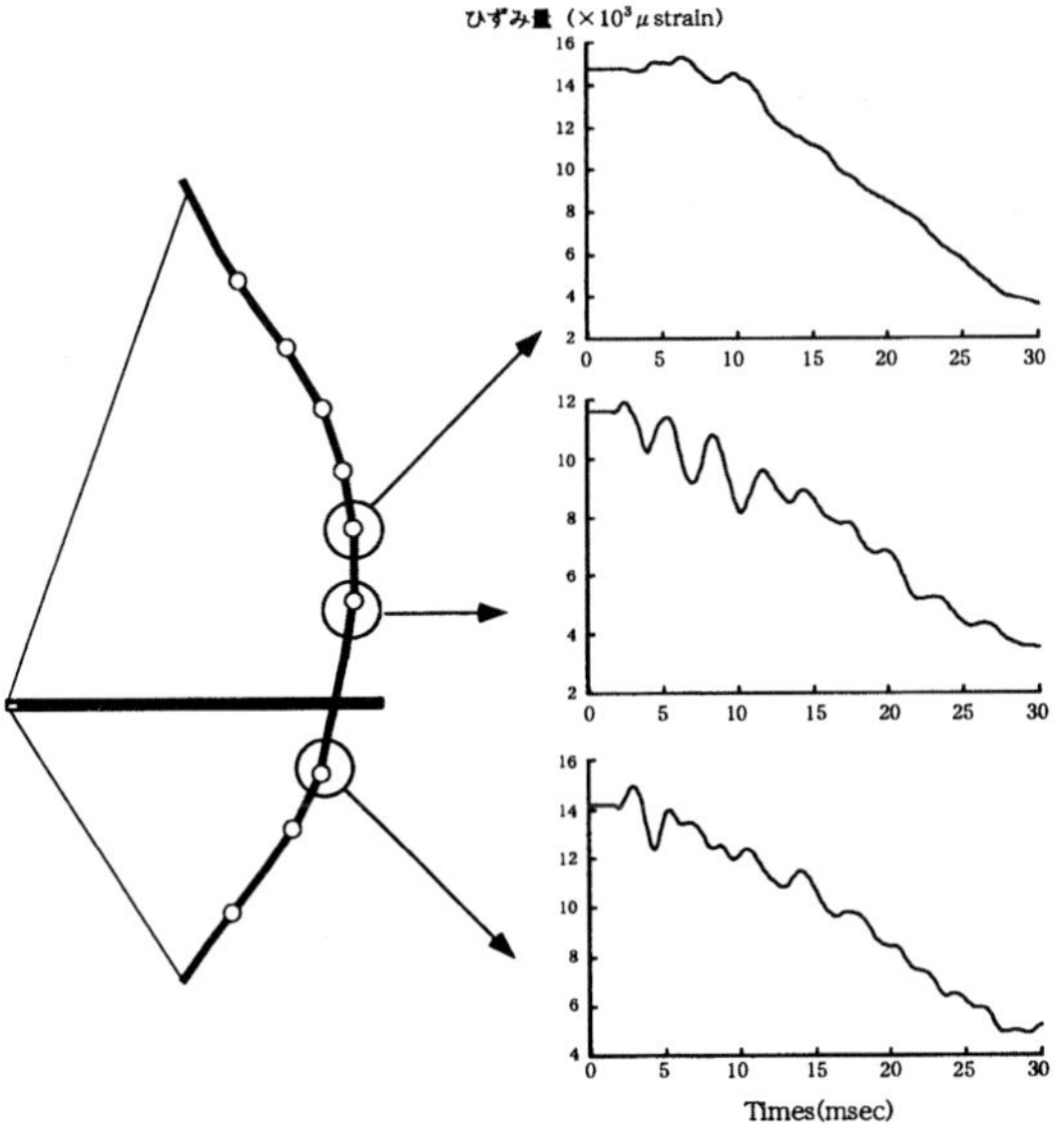

■図1＿弓の中央部の振幅は大きくその上下は少ない。振動の大きいところを「振動の腹」、上下の三分の一の振幅が小さいところを「振動の節」という（出典／細谷聡「現代弓と復元弓への力学的、生体工学的アプローチ」『武器の進化と退化の学際的研究ー弓矢編ー』 国際日本文化研究センター 2002年）

日本の弓のように長いことによる利点とは？

つまり、離れたあとの手への響きが少ないという利点がある。

長い和弓は、取り扱いのうえでも、膝を地に着ける折り敷きの引き方（＊1）のときに弓が地面を打たないことが必要であり、握りは中央より下のほうが合理的であった。さらに、黄金比という美しさを手に入れたのである。この比率は美人の顔にもあり、額の髪の生え際から鼻までの長さと生え際から顎《あご》までの長さの比が、和弓の末弭《うらはず》から握りまでと弓の全長との比とほぼ同じという、まさに自然の美しい造形に一致しているのである。

②弓返り《ゆがえり》

握りを中央から下にすることにより、発射の動的な局面では、弓の下部が強く的方向へ運動し、握り部に回転が生まれる。これに伏せる（前に傾ける）力が作用すると、弓には弓返りの方向に回転力が生まれると考えられる。この現象を「ジャイロ効果」という（**図2**）。弓の伏せと勝手のひねりが発射時に利けば、冴えた弓返りを楽しむことができる。この弓返りは、弓の振動が手指や手首に与える衝撃を緩衝《かんしょう》する。

③弦音《つるね》

弓を長くした理由のひとつに、姫反《ひめぞり》と小反《こぞり》の湾曲《わんきょく》が考えられる。反りをつけたのは、矢飛びをよくするためだろう。弓の両端の反りが強ければ、相対的に弓の中央に曲げの負担がくるので、長くするか厚くする必要がある。外国の湾弓《わんきゅう》（裏反りを持つ弓）は、中央が厚く、先端は薄くつくられているものが多い。

和弓《わきゅう》の構造や形状は、時代とともに進歩し、姫反をつけた結果として、関板《せきいた》と弦とが接近し、離れのときに音を発するようになる。この音が射の巧拙《こうせつ》と結びつき、弓を選定するうえでも、射を評価するうえでも重要な役割を果たすようになっている。冴《さ》えた射に同期した弦音の冴えは心に響くものである。

④引き心地

射は、規矩準縄《きくじゅんじょう》（＊2）にしたがって身体をいっぱいに伸長《しんちょう》し、会の最終形は天地左右に伸びて、自然と一体となる。自然との一体感を得るのは相当の腕の持ち主ということになろうが、身体の使い方の精緻《せいち》を極め、身体の持つ能力を最大限に発揮する段階まで進めば、感じ取れるのかもしれない。これは長い弓に与えられたよい点のひとつだろう。

＊1 折り敷きの引き方……片方の膝を地に着け、もう一方の膝を立てて腰を下ろした体構え。蹲い（つくばい）、割膝（わりひざ）ともいう。

＊2 規矩準縄……物事や行為の基準となるもの。

■図2-1__右手の法則

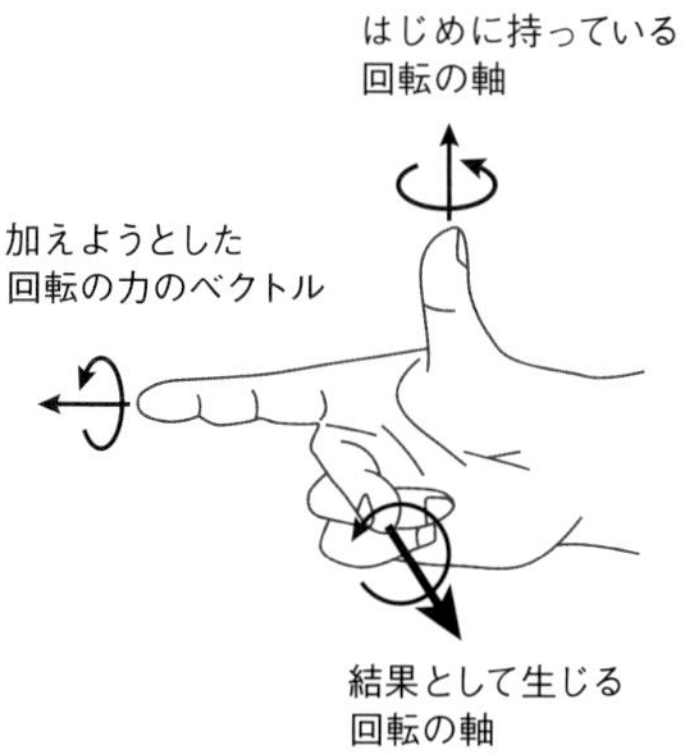

■図2__ジャイロ効果

右手の法則といい、親指、人さし指、中指で3次元の軸をつくる（図2-1）。指の向いている方向に右回りが回転の方向である。親指を軸とした回転が元の回転で、その回転体に、人さし指を軸とした回転を加えると、中指を軸とした回転が起きる現象である。

自転車で走り、車体を右に倒すと前輪は右にカーブを切る（図2-2）。弓の回転はタイヤの回転と逆向きなので、右に倒す、つまり弓を伏せると弓体は左回りに回転することになる（図2-3）。伏せの働きで、弓返り方向への回転が生じる（図2-4）

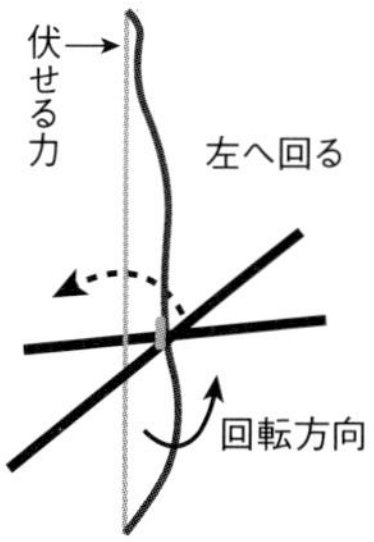

■図2-3__弓は伏せる（右に倒す）と左回りに回転する

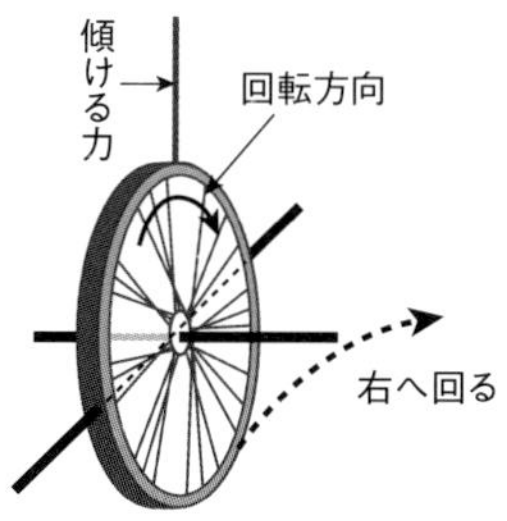

■図2-2__自転車は右に倒すと右にカーブを切る

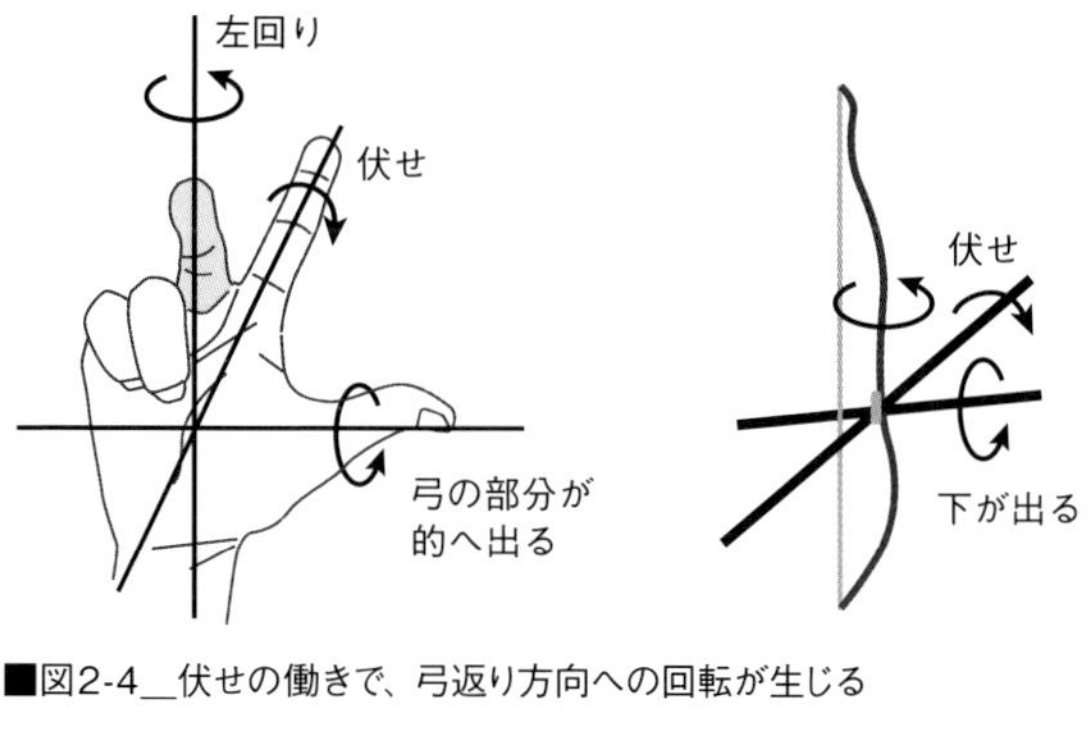

■図2-4__伏せの働きで、弓返り方向への回転が生じる

参考文献／小林一敏『弓道における手の内の力学』数理科学 1978年
小林一敏『スポーツの達人になる方法』オーム社 1999年

弝《は》の高さはなぜ15センチ？

弝の高さ（弓と弦の間隔）は、なぜ15センチがよいとされているのか？

執筆＝佐藤 明

発射時の弦の振動によって起きるさまざまな問題

発射の過程で、弦は高速で矢を押し、矢は静止状態から急激に動かされるので、弦に対して抵抗を示す。高速度ビデオを観察すると、矢を境に上部の弦と下部の弦とが交互に矢を押していく。このことは、弓の両端も交互に復元していることを示す。

矢が弦から分離する時点では、弓は大きく変形し、握り上部は弓と弦とが接近し、下部は弦から離れて大きく膨らむ。その後、弓幹《ゆがら》は大きく波打ち、それに同期して、矢を送った弦はさらに大きく波を打ちながら振動する（**図1**）。この現象はあまりにも速く、肉眼で見ることはできない。

このとき、弓と弦とが互いに波を打つために、弝が低い場合は極端に接近する時期があり、手首を打ったり、弦の上部が関板《せきいた》の横を通って反対側へ飛び抜け、ひっくり返るようなことが起きる。弦がひっくり返ってしまうと、運が悪ければ切詰《きりつめ》のところから折れてしまうことにもなりかねない。

しかし、弓返《ゆがえ》りの回転速度を考えたとき、弝《は》が低い状態（**写真1**）では、弓の重心が握りの回転軸に近いので、長軸周りの慣性《かんせい》モーメント（＊）が小さく、回転しやすくなっている。したがって、弓返りの回転速度は速くなり、冴《さ》えた感じになる。弝が高ければ安全ではあるが、矢飛びの冴えがなく、弓返りが遅く、面白みに欠ける。

これらの問題が起きない弝の高さということで、経験的に15センチ（五寸）がよいとされている。

＊慣性モーメント……回転のしにくさを表わす量。

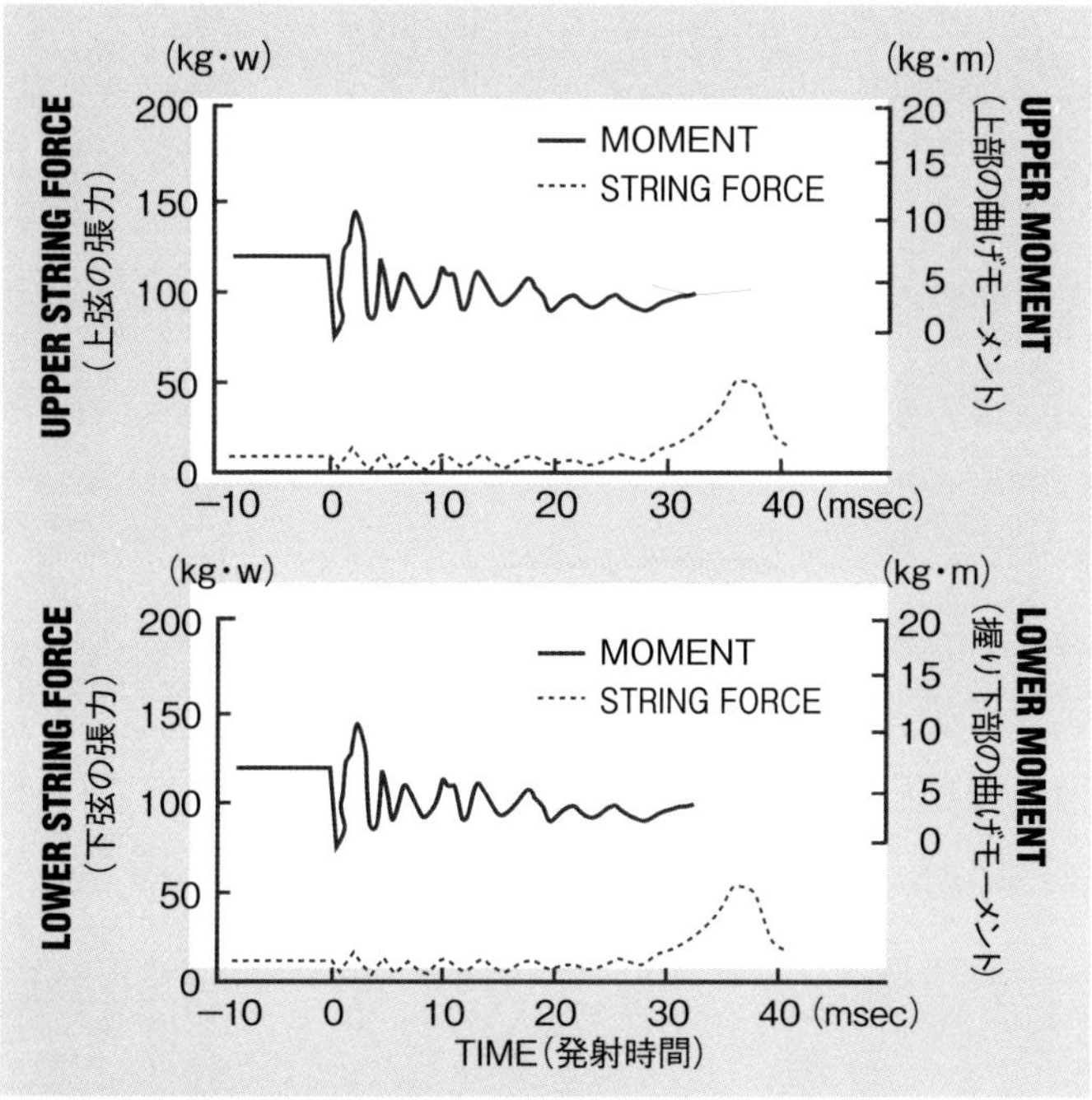

■図1＿弦の張力《ちょうりょく》を測定したデータ。発射の過程で、上の弦と下の弦が振動しながら矢を押していることがわかる

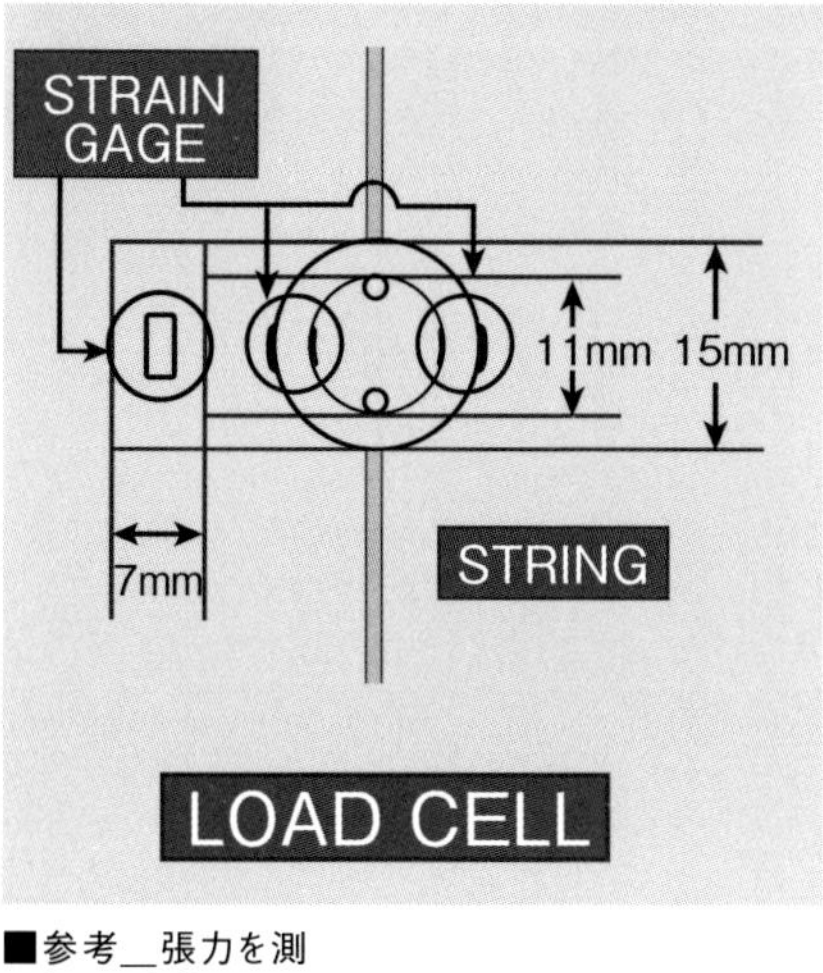

■参考＿張力を測るための自作のロードセル（張力計）

■1＿弝が低い例。弝の高さは、手の平を目安に測定する

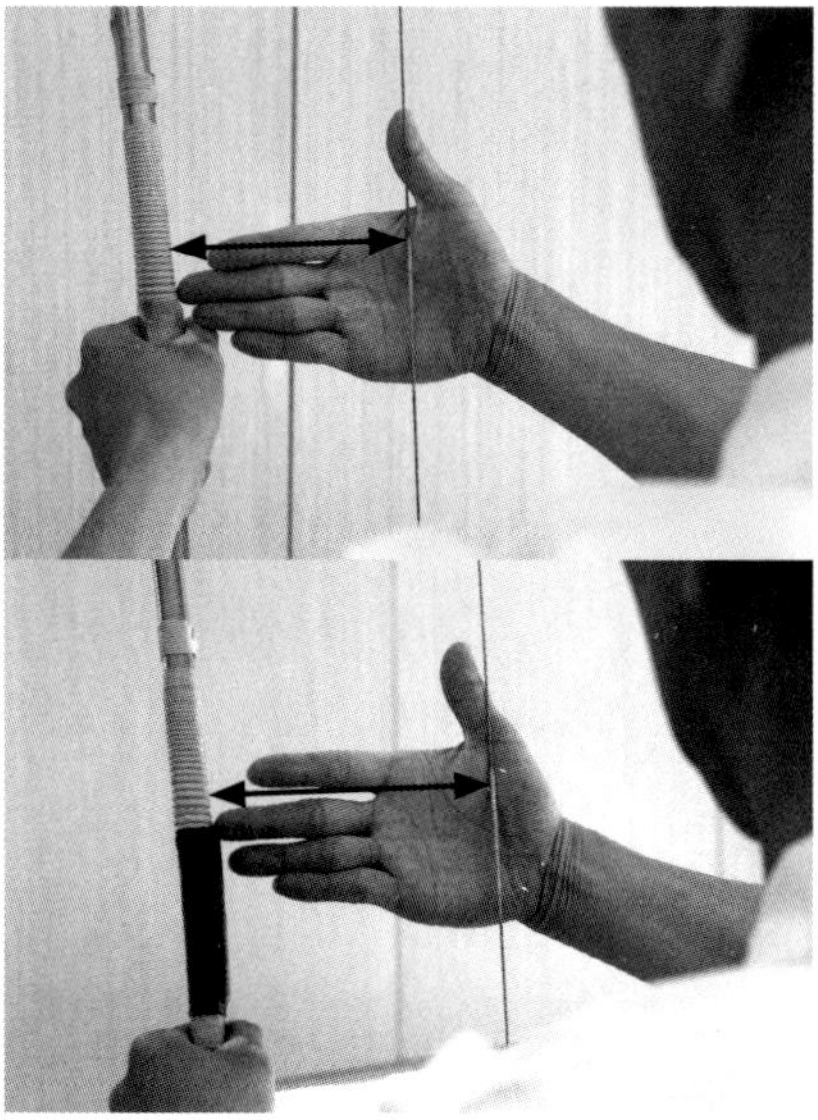

正常な弝の高さ
（約15センチ）

弓力《きゅうりょく》はどうやって測る？

自分の矢束を引いたときの弓力を知っておこう

執筆＝森 俊男

バネばかりを使った弓力の測定方法

弓の強さの表示は、並弓《なみゆみ》では85センチ、伸び弓《のゆみ》、四寸伸びの弓では、90センチの長さを引いたときに、何キログラムの張力《ちょうりょく》があるかを示している。しかし、各自の矢束《やつか》（引き込む幅）によって、実際に引いたときの弓力は異なってくる。自分の矢束を引いたときに何キロの強さであるかも知っておいたほうがいいだろう。弓力を測定するにはバネばかり（**写真1**）を使い、次のような方法を用いる。

①まずは自分の引く矢束を測る（**写真2**）。矢筈《やはず》をのどの中心に当て、左手を伸ばす。このときの中指先端までの長さが自己の矢束である。矢束にペンなどで印をつけておく。

②柱などに吊したバネばかりに弦をかけ、握り皮を片手で握って、ペンで印をつけた位置まで下に押していく（**写真3**）。

③印をつけた位置にきたときの目盛を確認する（**写真4**）。これが、自分の矢束を引いたときの弓の強さである。

材質や季節によっても弓力は変化する

グラス弓に比べて竹弓の弓力は気温や湿度の影響を受けやすく、冬に比べて夏のほうが弓は弱くなる。また、竹弓は、使用するにつれて弓力が1〜2キログラムくらい弱くなるのが普通である。したがって、購入に際してはそのことも念頭に入れて弓力を決める必要がある。

■1＿バネばかり。
1目盛りは0.2kgになっている

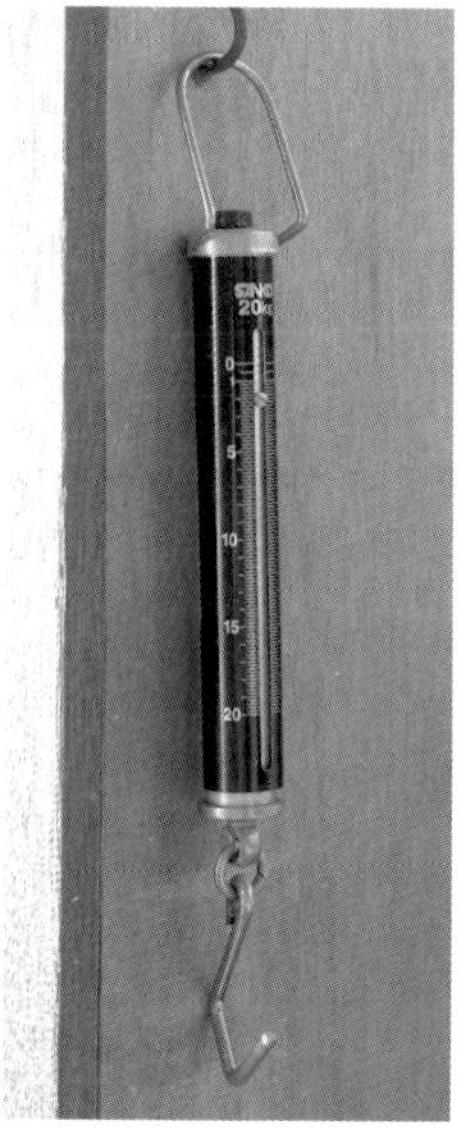

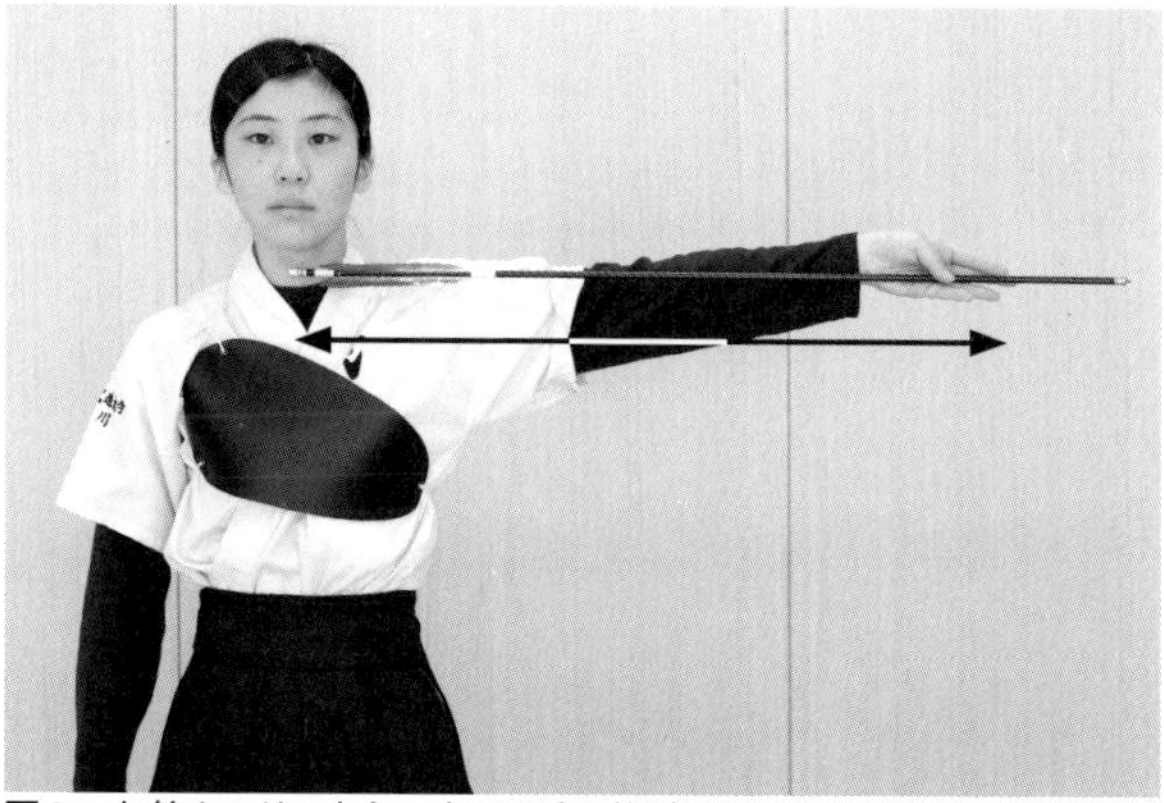

■2＿矢筈をのどの中心に当てて手を伸ばしたときの、中指先端までの長さが自己の矢束

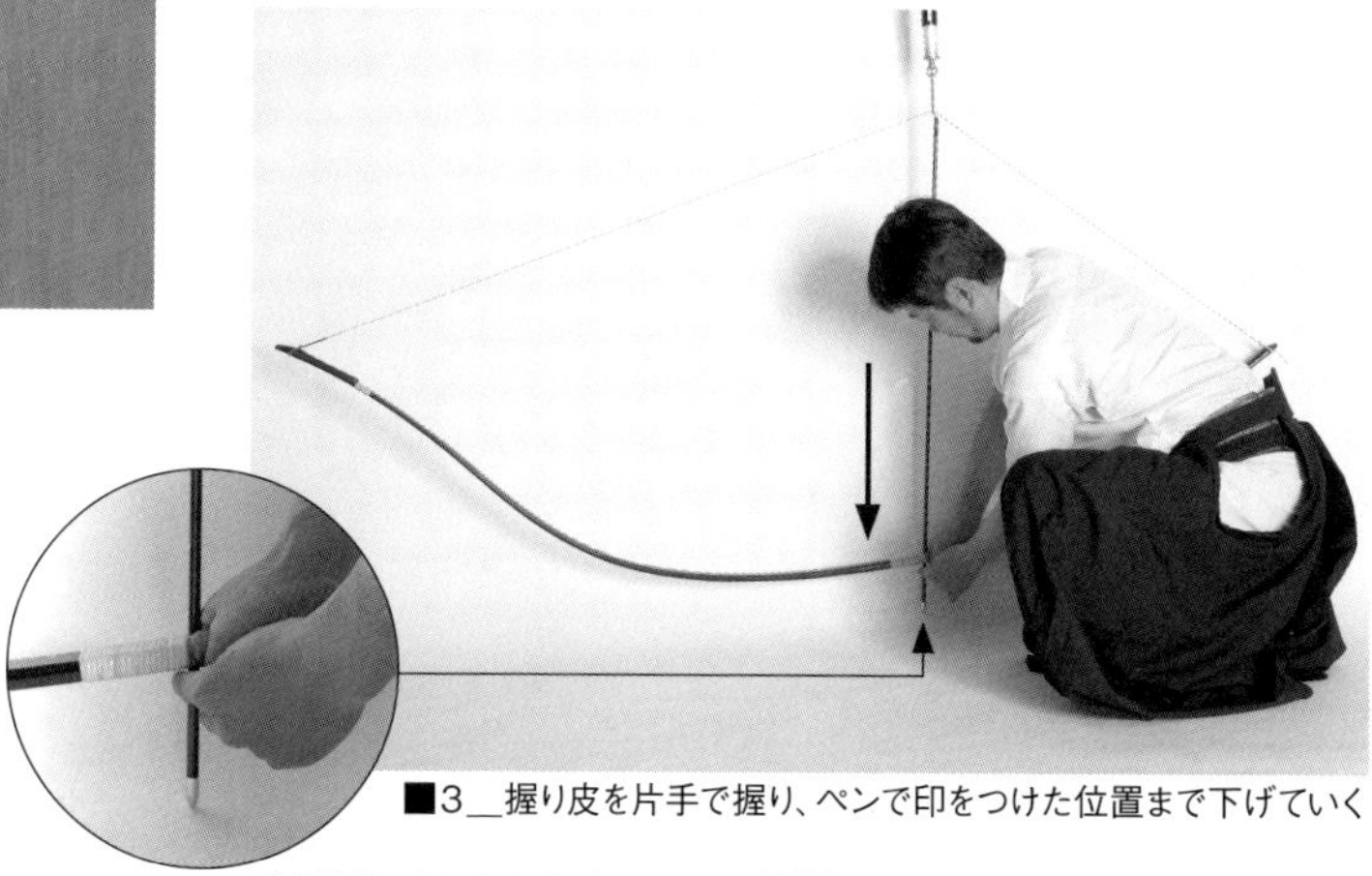

■3＿握り皮を片手で握り、ペンで印をつけた位置まで下げていく

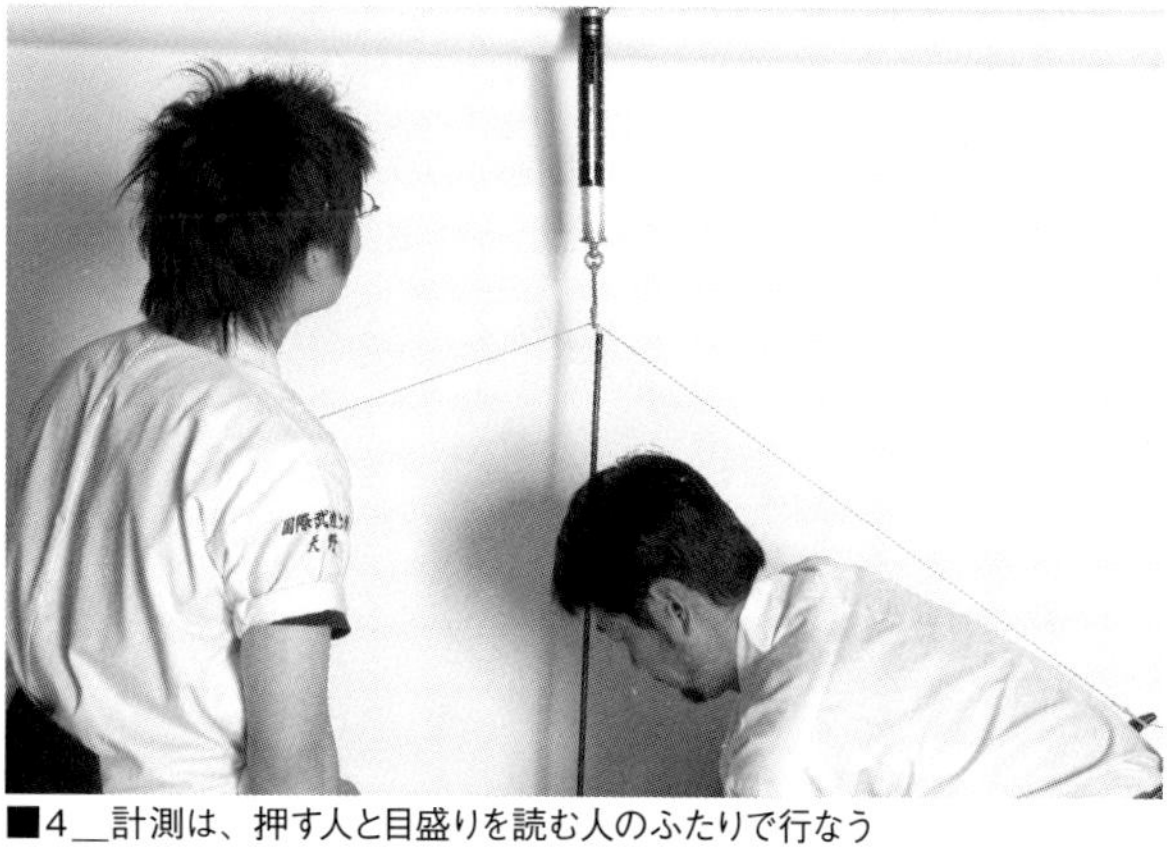

■4＿計測は、押す人と目盛りを読む人のふたりで行なう

籐《とう》はなぜ3カ所か5カ所に巻いてあるの？

補強を目的とした籐と、化粧の意味を持つ籐

執筆＝佐藤　明

弓のもっともデリケートな部分を守る切詰籐

弓は、いくつかの部品を貼り合わせてつくられている。上下の籐が巻いてある箇所は、関板《せきいた》と内竹《うちだけ》が接するところで切詰《きりつめ》といい、この箇所を巻いている籐を切詰籐《きりつめどう》あるいは鏑籐《かぶらどう》という（図1・図2）。

関板と内竹は側木《そばき》に接着されているが、外竹《とだけ》側に力が働くと、関板と内竹との接合部が開いてしまう危険がある。たとえば、弦が切れた瞬間には、頭の重い関板が外竹側へ振られることが起きるし、弦を外して弓立てに立てかけているときに弓に押す力が加わる場合も危険である。そのため、籐を巻くことによって、物理的に切詰を補強しているのである。

ねらいの目安としての役割も持つ矢摺籐

握り上の矢摺籐《やずりどう》は、その名のとおり矢が発射のたびに弓を摺《す》っていくので、弓体《きゅうたい》を保護する必要から巻かれている。この籐は、ねらいの目安としての役割も果たす。また、万一、握り部に竹切れ（＊1）が生じたときに、手を守る役目を兼ねている。握り部は曲げモーメント（＊2）が最も大きく作用するところであり、弓体で一番幅が広く厚みがあるものの、竹切れの危険性もあるのだ。

5カ所以上に籐を巻く理由

弓体を保護するという点では、最低この3カ所に

籐が巻いてあればよく、新弓で荒村《あらむら》（＊3）の段階の弓は、そのようになっている。この仕様の弓は、使いながら形の変化を見極め、必要に応じて強い箇所を削りながら、弓体全体がバランスよく働くように調整していく。この作業を「村取り《むらと》」という。村を取る際は、すべての籐と握り皮を外す。調整したあと、再び巻く作業があるので、巻く箇所は最低限に抑えておきたいのである。何度か村を取り、ほとんど手をかける必要がなくなったら、化粧の意味で矢摺籐の上に匂籐《におい どう》（飾籐《かざりどう》）を、握り皮の下に蟇目叩籐《ひきめたたきどう》（握下籐《にぎりしたどう》）を巻く（**図2**）。

奇数の3や5、あるいは7は縁起のよい数とされ、弓に籐を巻くときにはこれらの数が用いられる。

＊1 竹切れ……過度の曲げにより、竹が割れたりはがれたりすること。
＊2 曲げモーメント……弓に曲げを生じさせる力のこと。
＊3 荒村……弓として成形された最初のもの。

■図1＿竹弓の上関板

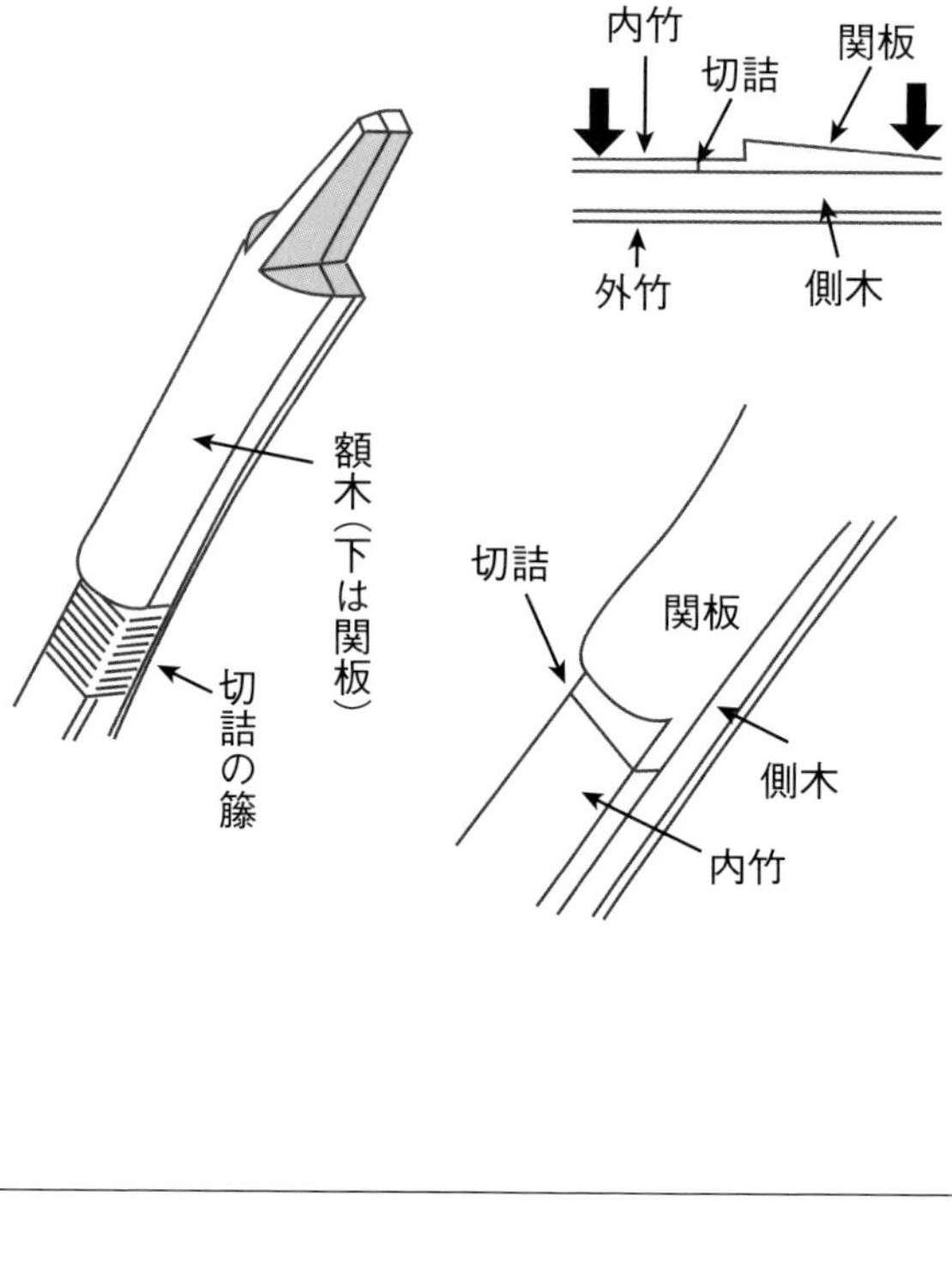

■図2＿籐の名称

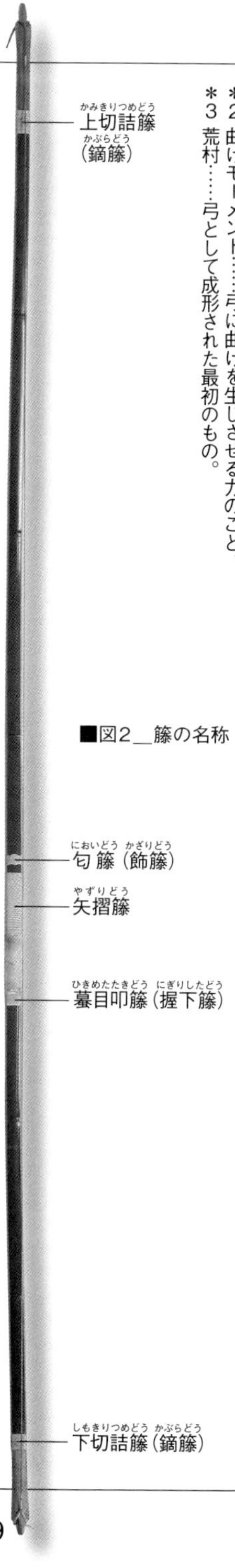

矢摺籐《やずりどう》にマークをつけたら、正確にねらえるのでは？

正しく的をねらうために、できることとは？

執筆＝佐藤 明

ねらいのマークはルール違反？

銃や洋弓《ようきゅう》では、ねらいをつけるためのサイト（照準）を装備している（**写真1**）。原理的には、和弓《わきゅう》であってもねらいのマークがあれば、正確性は増すことが考えられる。しかし、財団法人 全日本弓道連盟の「競技規則」第23条では「(ウ) 弓には、照準のための装置や目印をつけたり、類似のことをしてはならない」となっているので、マークをつけることは違反となる。残念ながらその理由についての解説はない。マークをつけることによって射術上望ましくない影響が現われるのか、射の向上を妨げることにつながるのか、あるいは弓道の理念に沿わないのか、何らかの理由があるとは思う。

正しい形と働きが実現すればねらいは自然に定まるというが……

日置流弓目録《へきりゅうゆみもくろく》には「当て拳《こぶし》」という箇条があり、名人の鍼灸師《しんきゅうし》が患部を的確に探り当てることをたとえにして、熟練の暁《あかつき》には、的に対したとき自然と拳の位置が定まることを教えている。つまり、修練によって的確なねらいが自然に定まるということだが、未熟な段階では想像もつかないことである。

射術の基本には「矢筋《やすじ》に従う準《かね》」というものがある。これは、規矩《きく》（＊）にしたがって、射形《しゃけい》全般を矢の向いているラインに合わせて整備し、筋骨《きんこつ》の働きをバランスよく合理的に機能させることである。

もっともベースになるのは、矢が的の中心を向いていることであり、矢の向いているラインと、主要な体幹部《たいかんぶ》である両肩、腰、足踏みの線が、平行に構築されることである。その上で、左右の上肢《じょうし》、手の内が矢筋にしたがって押し引きし、均衡《きんこう》を保つことである。

射術上の理念は、正しく構築された射形で矢筋に伸び、矢筋に角見《つのみ》が働いて離れれば、矢は自分の向いている的に向かって飛ぶ。正しい形と働きが実現すれば、かならず中《あた》るというものである。意識の注目するところが、的をねらうという視覚の問題以上に自分自身の姿勢を正すことであり、筋骨の合理的な働きに向けられる。

とはいえ、視覚的にねらいを定めなければ矢を的に正しく向けることはできないし、正しい射形をつくることもできない。視覚によるフィードバックがなければ、空間での身体の位置関係を正しく構築することは極めてむずかしい。したがってねらいは、矢摺籐のどの位置に的の中心があるときに正しい矢筋となるかを確認しておくことが重要である（**図1**）。

＊規矩……考えや行動の基準とするもの。

正しい射形で矢筋に伸びれば矢は的に向かうが、視覚的なねらいも大切な要素である

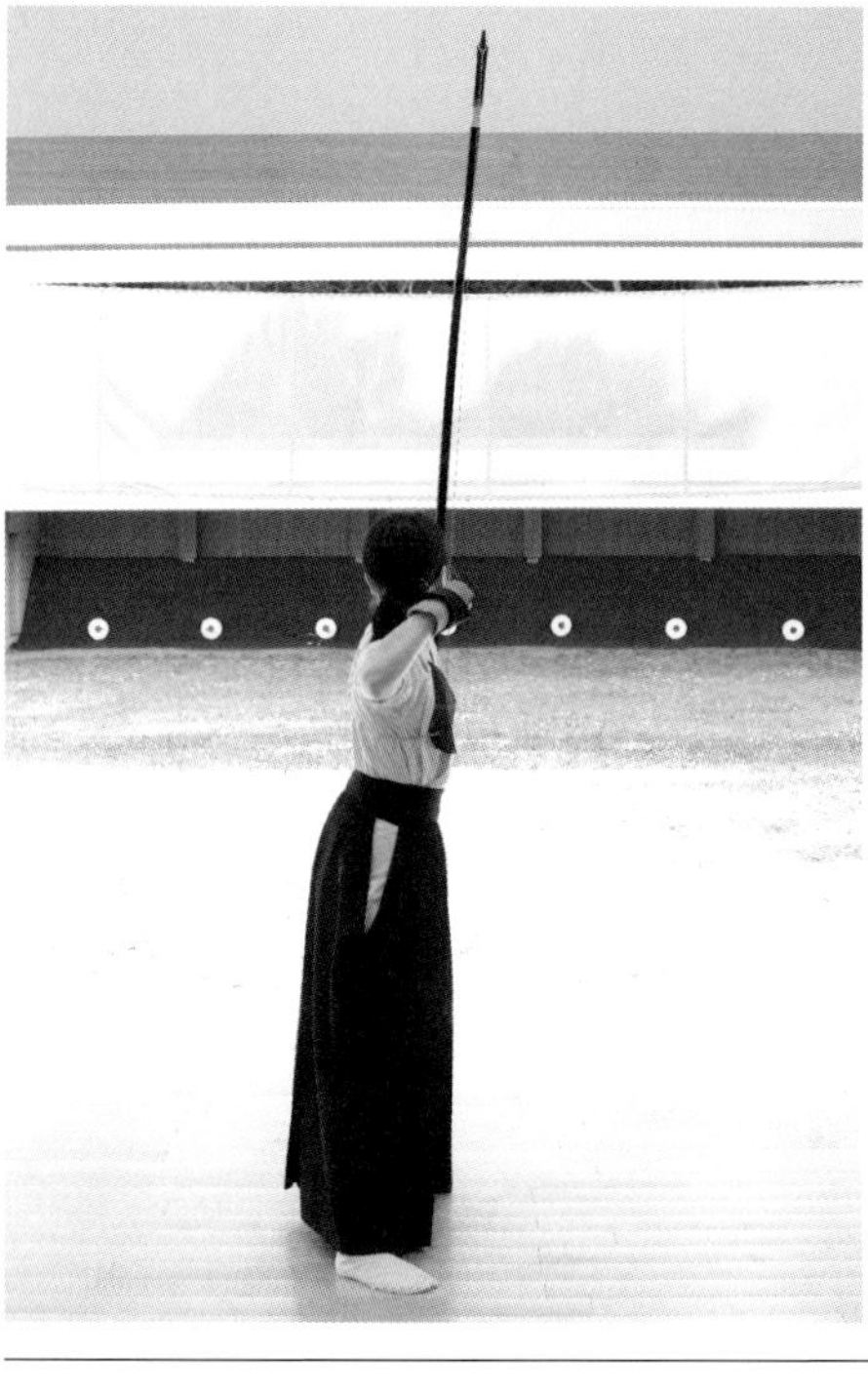

■1__洋弓のサイト（照準）

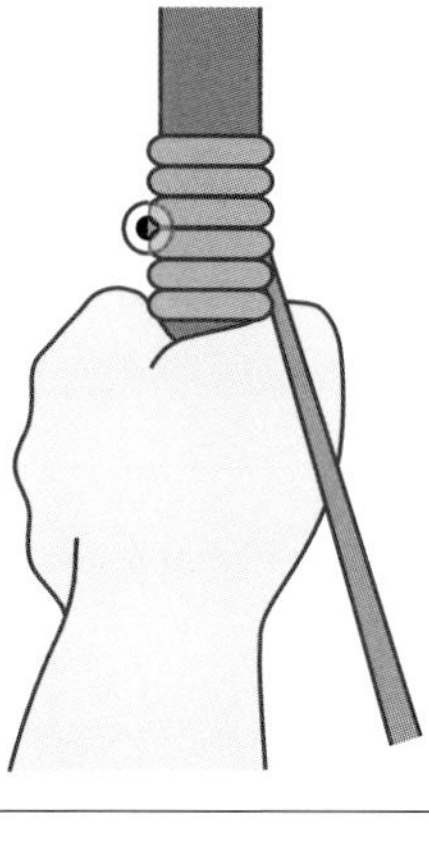

■図1__矢摺籐のどのあたりに的の中心があるとよいか、確認しておこう

グラス弓とカーボン弓、どっちがいい？

弓の復元速度は、カーボン製のほうが速いが……

執筆＝森 俊男

グラス弓とカーボン弓の特性

弓の材料は、古来は材木を用いた丸木弓《まるきゆみ》で、平安時代中期に竹と木を貼り合わせた弓が登場し、江戸時代には現在のような竹弓が完成した。昭和38年になって東京・神田の小山弓具によって「直心《じきしん》」というグラスファイバー弓がつくられるようになった。この弓は、通常の弓の中芯をグラスファイバーシートで挟んで接着することで、弓の復元力を増し、同時に曲げ弾性《だんせい》、ねじれ剛性《ごうせい》等が強化され、耐久性にも優れている。現在ではカーボンシートを使用した弓もつくられている。

グラスファイバー製の弓は「グラス弓」、カーボンファイバーを含んでいる弓は「カーボン弓」と呼ばれる。カーボン弓は全体的にグラス弓よりも優れた性能を持つとされ、グラス弓より価格も高い。

グラス弓やカーボン弓は、温度や湿度の影響が少なく、竹弓に比べると取り扱いが容易であり、値段も安いため、とくに高校生や大学生の間に普及している。最近では数多くの「銘《めい》（名前）」の弓が売り出されている。しかし、材料の関係上、竹弓ほどの軽さやしなやかさを持つ弓は少なく、また見た目の美しさも竹弓には及ばない。

弓の性能を比べるには？

弓は、使用される材料の特性や重量のちがい、張《は》り顔《がお》（弦を張ったときの弓の形状）・引成《ひきなり》（引いたときの弓の形状）により、復元速度や振動の大小などが決まってくる（P144参照）。弓の復元速度では、同じ弓力《きゅうりょく》でほぼ同じ重さの場合、材料の性質によりカーボン製の弓のほうが速いといわれている。弓の振動に関しては、張り顔や引成の影響や材料の重量配分の関係から、グラス弓とカーボン弓とでは単純には比較できない。グラス弓でも、カーボン弓でも、振動の大きい弓、小さい弓がみられる。また、同じ「銘」であっても、弓の復元速度のちがいや振動の大小の相違がある。

以上のことからすると、カーボン弓のほうが優れているように思えるが、弓を使用する射手の状況によって、どちらの弓がよいかも変わってくる。たとえば、射手がまだ比較的初心者の場合、弓の復元速度が遅めのほうが技を習うには都合がよい。また、軽めの矢や弦を使用している場合には、あまりに弓の復元速度が速いと、弓の復元に技が間に合わず、カーボン弓を使いこなせない状況となってしまう。したがって、簡単にどちらがよいということはできない。指導者や先輩に尋ねて、自分の技量や、使用するほかの弓具にマッチした弓を見つけることが大切である。

さまざまな銘柄のカーボン弓やグラス弓が販売されている（撮影協力／小山弓具）

執筆＝森　俊男

「振動《しんどう》の節《ふし》」ってなに？

手の内の働きを効果的に発揮させる、日本弓独特の形状

日本弓の握りの位置は振動を防ぐ効果がある

日本弓から矢が発射される様子を、16ミリ高速度カメラにより毎秒1000コマで撮影した映像を、時間の経過につれて重ねたのが**図1**である。この図をみると、AとBの2点が弓の復元時に動きの少ないところといえる。このように、発射時に振動が比較的少ない場所は「振動の節」と呼ばれ、逆に振動が大きいCの部分は「振動の腹」と呼ばれる。日本弓の握りは、振動が少ない位置となっているのである。

しかし、世界の諸民族に使用される弓の握りの位置は、すべて弓の中央部である。したがって、弓力《きゅうりょく》の強い弓を引く際には、強い振動が弓手《ゆんで》に加わる「振動の腹」を握って弓を引くこととなる。そのため、アーチェリーでは「スタビライザー」と呼ばれるねじ込み式のおもりを弓幹《ゆがら》に取り付けて、振動を吸収するようにしている（**写真1**）。

手の内を効果的に働かせるための「振動の節」の役割

日本弓の握りの位置が「上2に対して下が1」という割合になっているのには、日本の弓術でもっとも大切な技術である手の内の働きが深く関わっている。手の内の働きとは、具体的には次の3つである。

①発射時に、弓を水平面内で上から見て反時計回りにすばやく回転させる、捩《ねじ》りの働き（**図2-①**）。

②垂直面内で的方向に回転させる上押しの働き（**図2-②**）。

③射手の馬手《めて》側後方から見て、弓を時計回りに傾斜させる、伏せの働き（**図3**）。

この3軸方向への働きをすばやく、かつ同時に働

かせることである。この手の内の働きを具合よく効かすためには、発射時の振動が少ないほど効果的になる。そのため、経験的に現在のような握りの位置になったものといえる。

また、手首は、手のひら側にも、手の甲側にも、親指の側にも、そして小指の側にも自由に柔軟に曲げることができる。解剖学では一般的に、手のひら側に約85度、手の甲側にもほぼ同じく約85度曲げることができるといわれている。しかし、手の親指側と小指の側に曲げることができる角度は明らかに異なり、親指側より小指側のほうが大きく曲げることができる。その角度は、親指側へは約15度、小指側には約45度である。そして、親指側、小指側に曲げているとき、手の甲側または手のひら側へ手首を曲げる角度は最低の角度となる。したがって、手の内を中押しの状態に保つことは、手の内の働きがもっとも強く、効果的に働かせる手首の角度といえる。

さらに「振動の節」の位置を握ると、弓手の手首関節が、射手の正面から見たときに10〜15度の角度となり（**図2**）、中押しの手の内を保つことができれば、手首の関節可動域が最大となって、手の内の働きをもっとも発揮させることができるようになる。

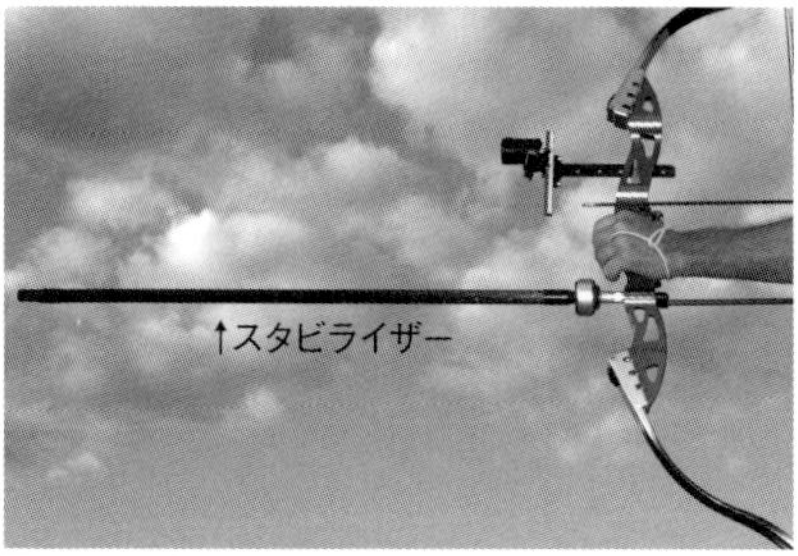

■1＿洋弓のスタビライザー

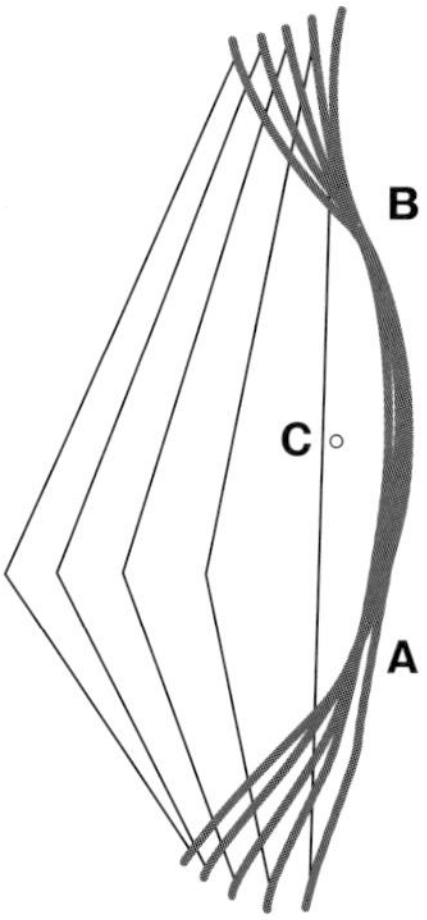

■図1＿A、Bはほとんど変位しない「振動の節」。Cは大きく変位する「振動の腹」である。（東北大学・佐藤明氏作成）

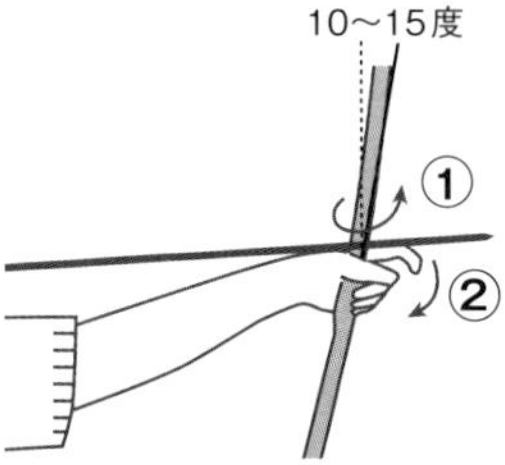

■図２＿発射時に、弓をすばやく回転させる振りの働き（①）と、上押しの働き（②）

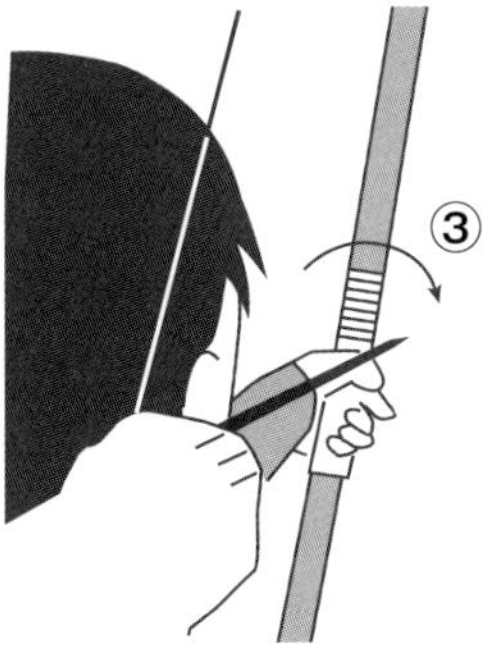

■図3＿弓を時計回りに傾斜させる伏せの働き（③）

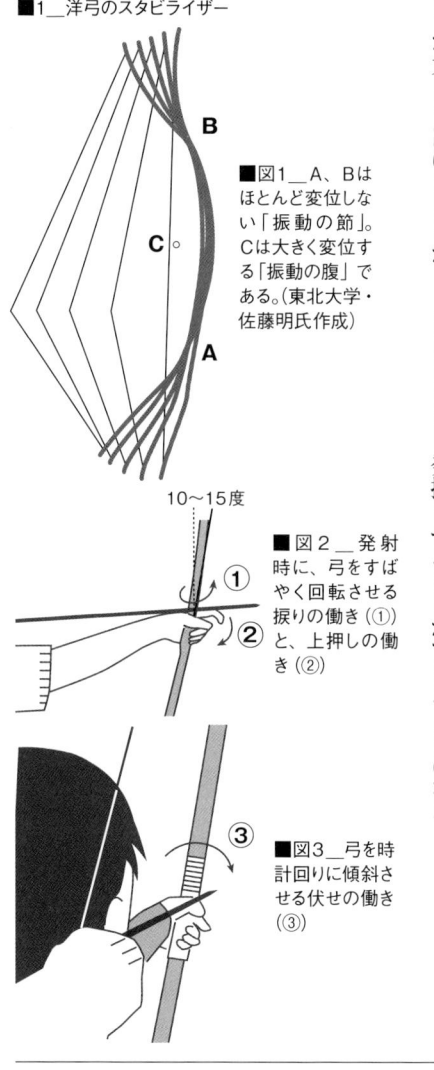

関板《せきいた》は弦音《つるね》を出すためにあるの？

弦音を出す以外にも、関板は大切な役割を持っている

執筆＝森 俊男

弦音で射手の技量が判断できる!?

離れの際、弦が額木《ひたいぎ》（上の関板）（**図1**）を打った音を弦音という。額木が弦音を出すためにあるというのは一理あるといえる。

弓術伝書には、弦音は「弦子《つるね》」、「弦音《つるおと》」、「弦拍子《つるびょうし》」の3通りに細分されるとある。それぞれの音の特徴は、次のようなものである。

1弦子

関板に向かって、弦が正面から何度にもわたって当たる音で、音が高く、濁り、長く響く。手の内の働きが弱い射手の場合である。

2弦音

弦が額木の側面から数回打つ音で、比較的音が短く澄んでいる。角見《つのみ》の働きがかなり効くようになった射手の音である。

3弦拍子

伝書には「上功の射手の音」と記されている。

このように、技量の良否が弦音に表われるので、射手自身にとっても、ほかの射手を評価する際にも重要な情報といえる。

弦音を出す以外の関板の最大の役割とは？

しかし、関板の最大の役割は、内竹《うちだけ》がずれるのを防ぐことである。弓を引いたとき、外竹《とだけ》は伸展して、内竹は圧縮される。圧縮された内竹には、ずれてはがれるような力が加わるため、両端に板を貼りつけて壊れるのを防いでいるのである。材料は櫨《はぜ》を用いるのが一般的である。まれに堅い木を使うこともあるが、弓の両端が重くなり、弓の冴《さ》えを殺してしまう

ことになる。

また、上下の関板と内竹との境目を切詰《きりつめ》という（**図1**）。この部分は、弦が張られていないときに外竹側に力が加えられると簡単に弓が壊れてしまうので、充分注意して取り扱わなければならない。さらに、切詰部分の境目にすき間があると、使用しているうちに内竹がずれて壊れてしまうこともある。しかし、この部分は切詰籐で巻かれているため、購入時にも、使用しているときでも不具合があるかどうかがわからない。偶然にでも見つけることができた場合は、堅い材料でそのすき間を埋めてしまえば壊れる危険性を防ぐことができる。

とはいえ、グラスファイバー製の弓などの場合には、関板は内竹の両端の上に貼りつけられているので（**図2**）、竹弓のように内竹を関止めるという役割はなくなっている。その結果、切詰部分に外竹側への力が加わっても壊れることはなくなった。

また、最近の竹弓には、内竹の上に関板を貼りつけたものもある。自分が使用する弓の切詰部分の構造は、最初に確認しておく必要があるだろう。

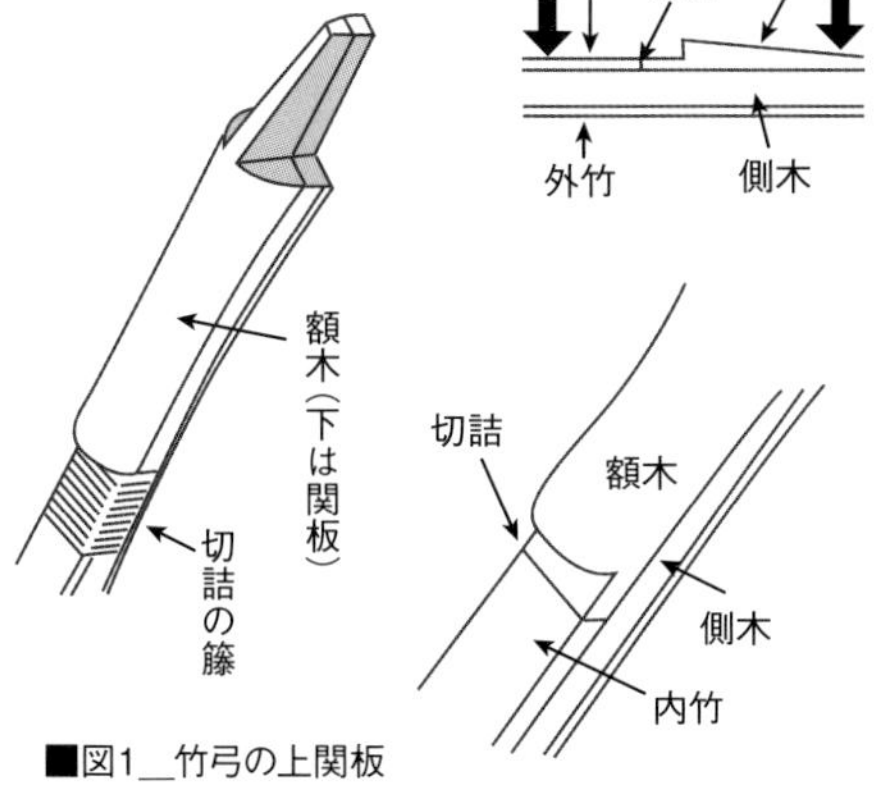

■図1＿竹弓の上関板

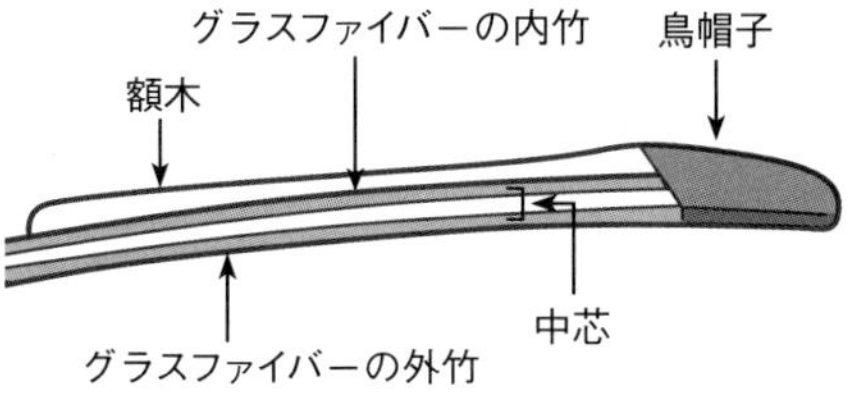

■図2＿グラスファイバー弓の上関板

弓はどんな木でつくられてきた？

執筆＝山田奨治

反発力があり、折れにくく軽い木が選ばれた

古来から用いられたさまざまな素材

「梓弓《あずさゆみ》　ま弓槻弓《つきゆみ》　年を経て　わがせしがごと　うるはしみせよ」という和歌が、平安時代の『伊勢物語《いせものがたり》』にある。この歌は、別れた夫が再婚する妻におくったもので、「さまざまな弓があるように、いろいろなことがあったが、新しい夫と仲よく暮らしてください」の意味だとされている。

この歌にもあるように、日本にはさまざまな種類の弓があった。梓弓の材料は、ミズメ（ヨグソミネバリ）（**写真1**）だという説が有力だ。また、ま弓（真弓）はマユミの木（**写真2**）で、槻弓はケヤキの木（**写真3**）でつくられている。

考古遺物の弓にはこのほかに、イヌガヤ材やカヤ材と比定《ひてい》されているものが多くみられる。アイヌの弓にはイチイ材が用いられる。通常「和弓《わきゅう》」と称されているものは、竹とハゼの木を貼り合わせてつくられる。これらのほかにも、クワの木は蟇目《ひきめ》（P38参照）というまじない用の弓の材料になる。

数多くの種類の中から特定の木が選ばれた理由

弓はその土地で入手できるものの中で、弓に向いた材料を使ってつくられる。入手できる材料は、気候などの環境の制約を受ける。ミズメやマユミ、ケヤキは、落葉樹で本州以南に分布するのに対して、イチイは常緑樹で日本の北部に自生している。ハゼの木は関東以西に生えていて、今では九州に多い。また、ハゼは和蝋燭《わろうそく》の蝋を採る木としても知られている。

弓に向いた材料の条件としては、まず反発力があ

ること、そして折れにくくて軽いことが挙げられる。カヤ、ケヤキ、ミズメについてその物理的な性質を調べてみると、これらの中ではミズメがもっとも弓に適した材料であることがわかる（**表1・2**）。

だが、数多い樹種《じゅしゅ》の中で、なぜ特定の木だけが弓材として選ばれてきたのか、その必然性については、植生や材の物理的な性質だけでは説明しきれないことが多く、研究の余地が残されている。

■1＿ミズメ(ヨグソミネバリ)

■2＿マユミ

■3＿ケヤキ

■表1＿弓の材料と反発力

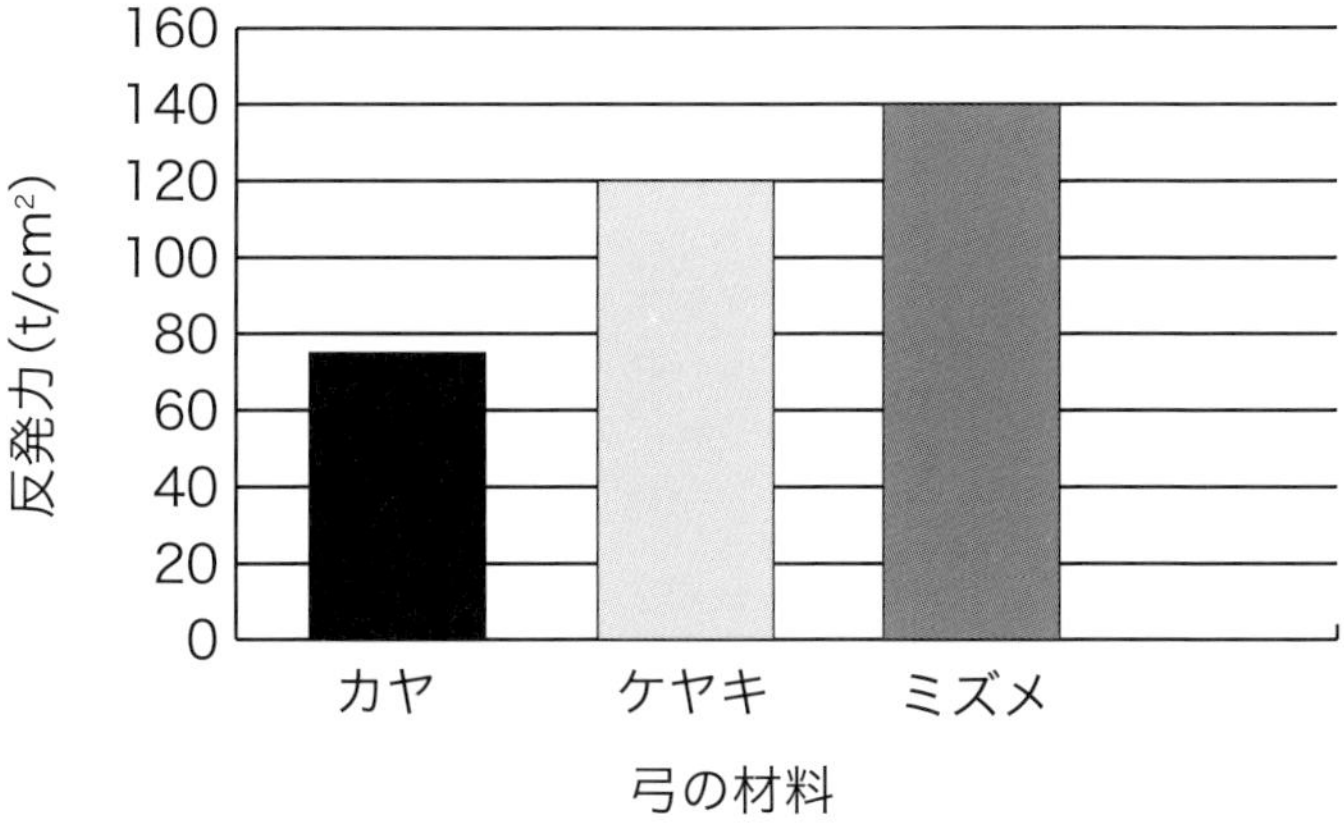

■表2＿弓の材料とせん断強さ（折れにくさ）

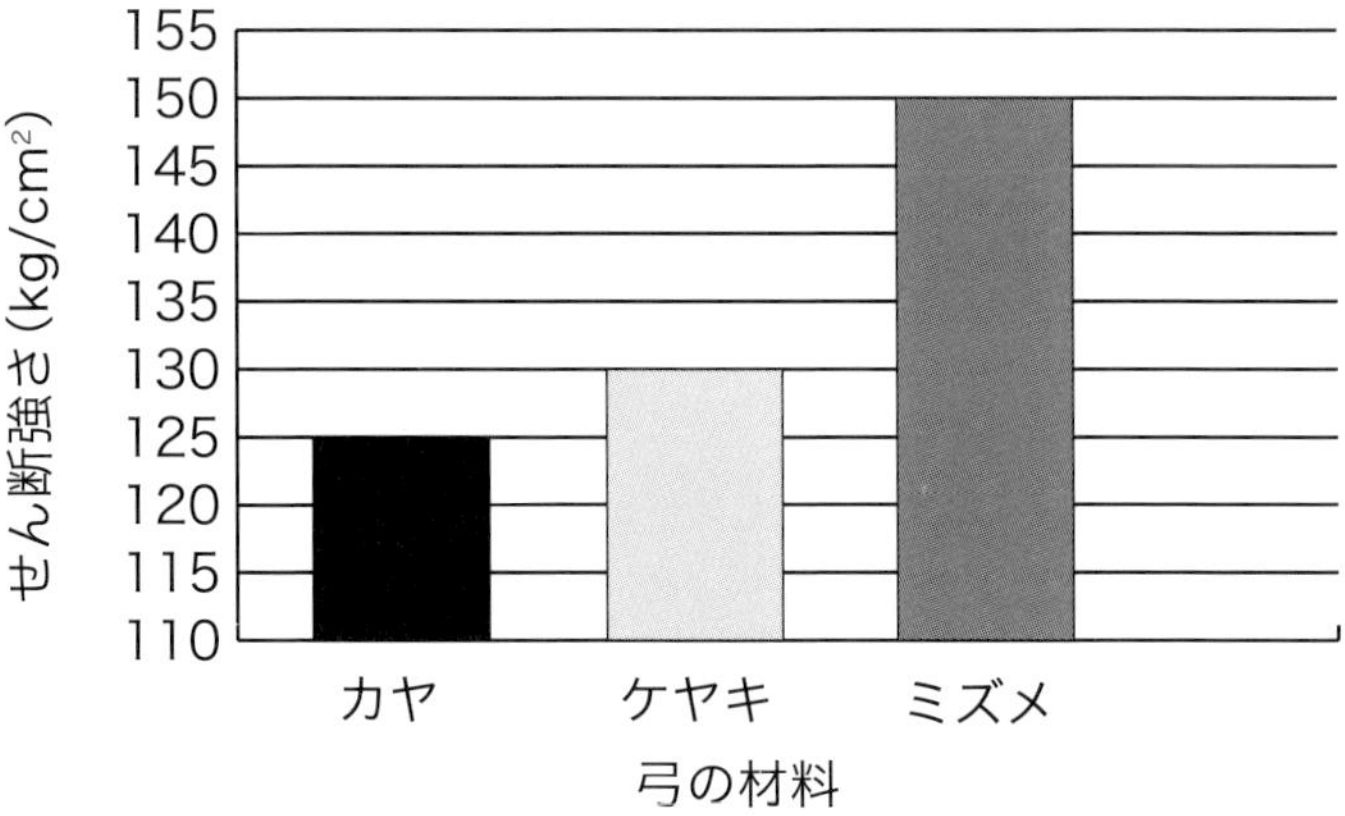

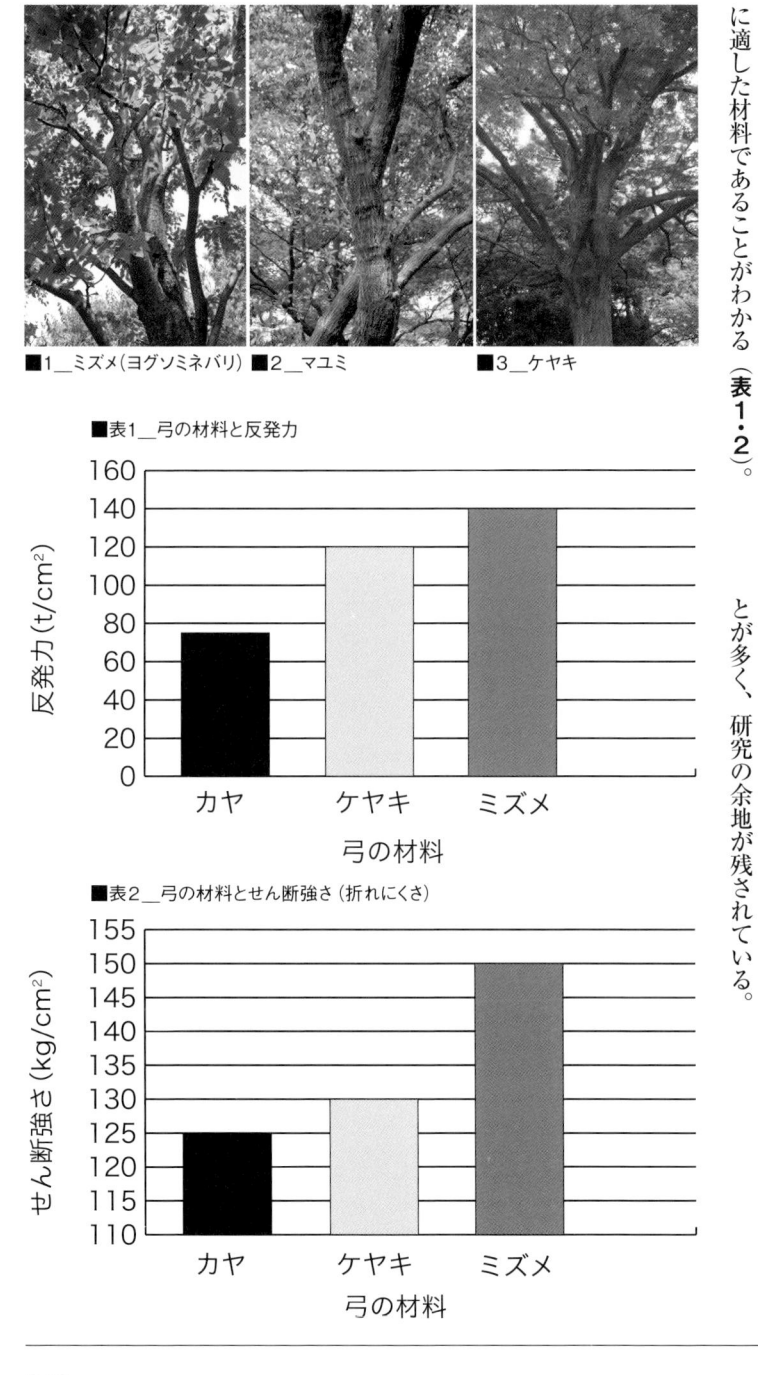

アイヌの弓はどんなもの？

執筆＝山田奨治

縄文時代の弓によく似たものだった!?

狩猟用に独特の進化を遂げたアイヌの弓矢

アイヌは日本の先住民族で、独自の文化を伝えてきた。鉄砲が普及した昭和のはじめ頃まで、アイヌの人たちは、弓矢で熊や鹿を獲っていた。

弓のことをアイヌ語で「ク」という。「ク」はイチイの木でつくる。直径2・5〜3センチ、長さ120センチほどの木の樹皮をむき、弭《はず》を削り出して、ツルウメモドキやエゾイラクサの繊維でつくった弦をかける。

「ク」の太さ・長さ・弭の形状は、縄文時代の弓にとてもよく似ている。弓矢以外でも、アイヌと縄文の文化が似ていることが、専門家の間で指摘されている。

狩猟用の「ク」には、湿らせた桜の皮をらせん状に巻きつける（**図1**）。乾燥するにしたがって、桜の皮が締まっていき、「ク」が強化される。アイヌの「ク」にはこのほかにも、男の子の遊び用の「ク」もある。

狩猟用の矢は、矢羽根、矢柄《やがら》、矢骨、矢尻の4つの部品からできている（**図2**）。矢羽根には鷹《たか》やカケスが、矢柄にはオニガヤが使われた。矢骨は鹿の骨でつくり、矢柄の先端に付けて矢の重りの役割を果たす。矢尻は矢骨の先に取り付けられる。

矢尻には鉄鏃《てつぞく》もあったが、おもに根曲がり竹を削ったものが使われた。矢尻の中心には溝が掘られ、

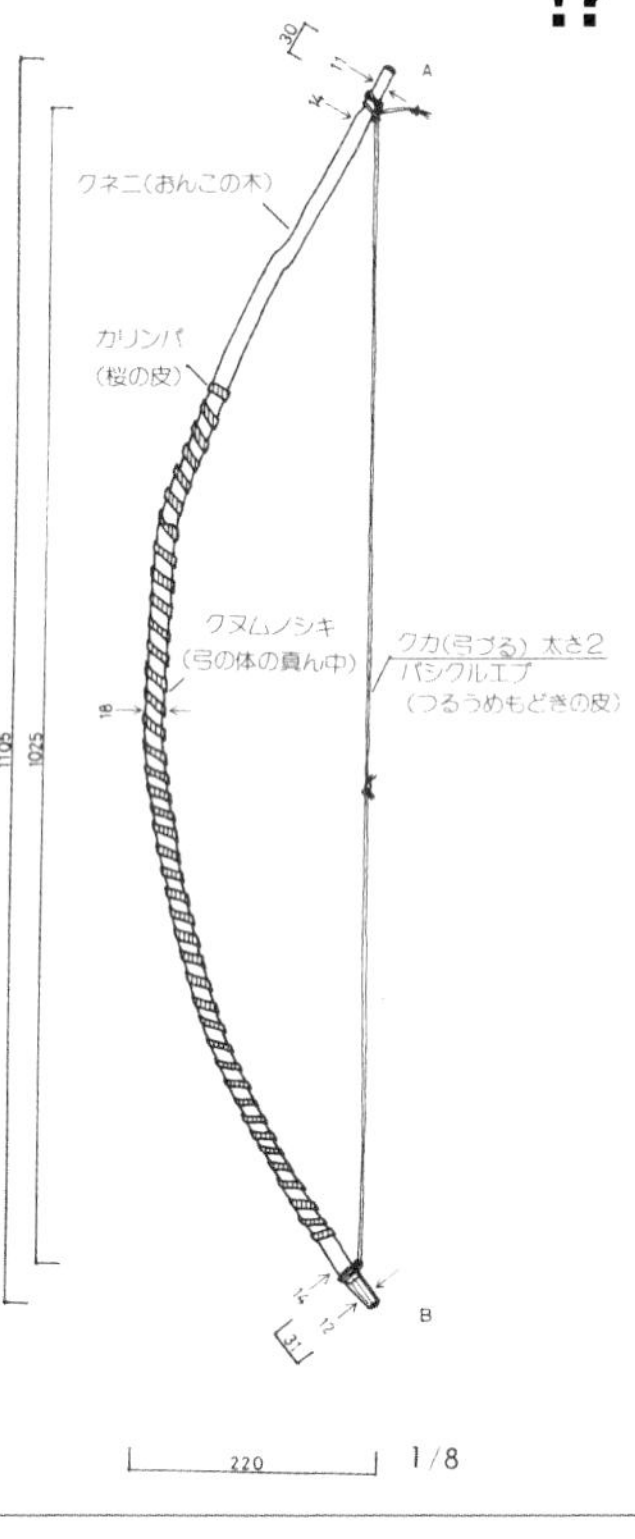

■図1＿桜の皮を巻いた弓
（出典／萱野茂『アイヌの民具』アイヌの民具刊行運動委員会編　すずさわ書店　1978年）

そこにトリカブトの毒を塗った。獲物に刺さった矢が抜けても、矢尻だけは体内に残る構造になっている。矢が当たった獲物は、次第に毒が回って死ぬ。

アイヌには、手に持って射る弓のほかに、仕掛け弓もあった。動物の通り道に糸を張り、それが引っ張られると矢が発射される仕掛けになっている（**図3**）。

アイヌの人たちにとって、弓矢は生活になくてはならない道具だった。昔は矢を上手につくれない男は、結婚できなかったともいわれている。

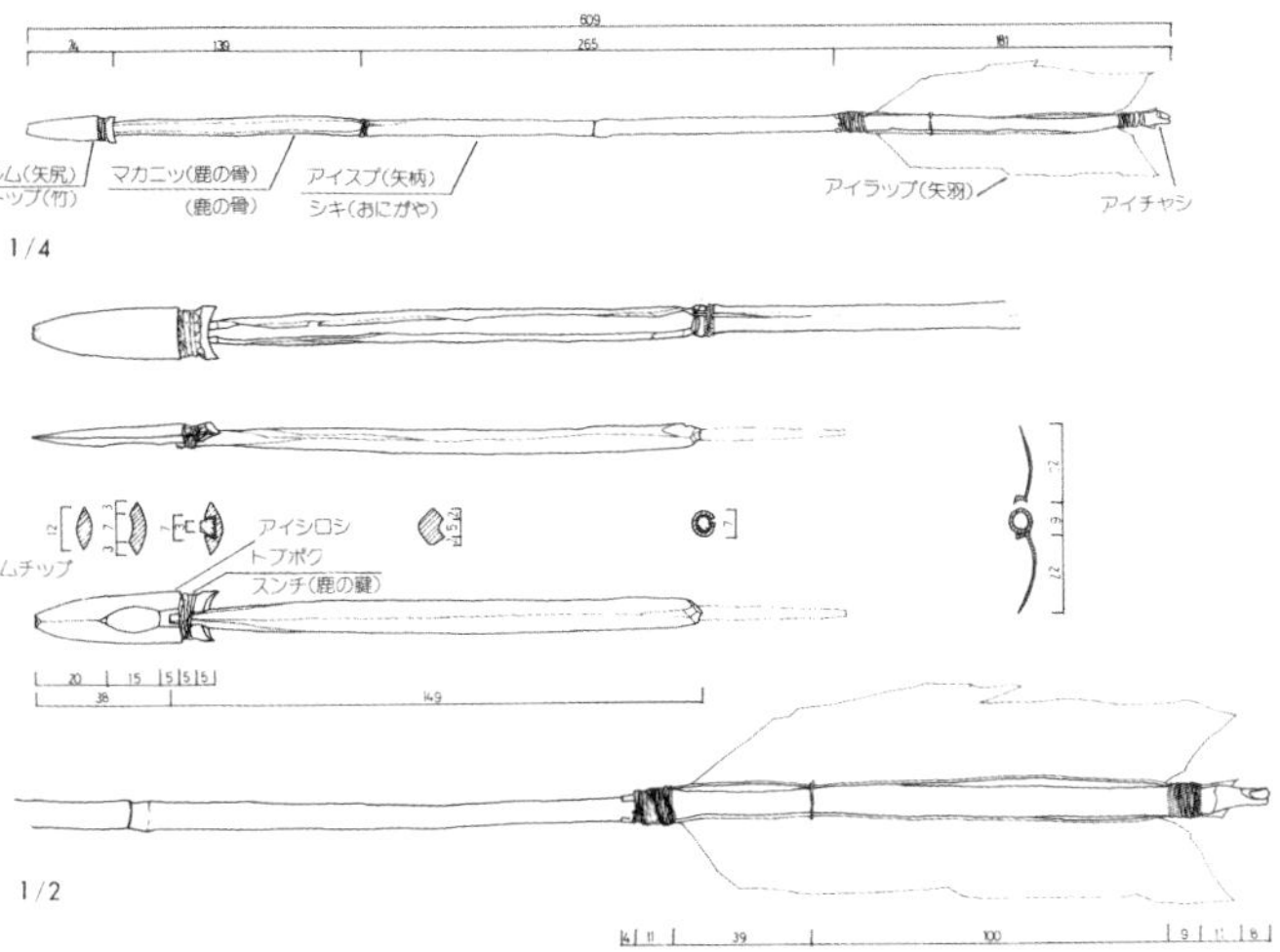

■図2　アイヌの仕止め矢（出典／萱野茂『アイヌの民具』アイヌの民具刊行運動委員会編　すずさわ書店　1978年）

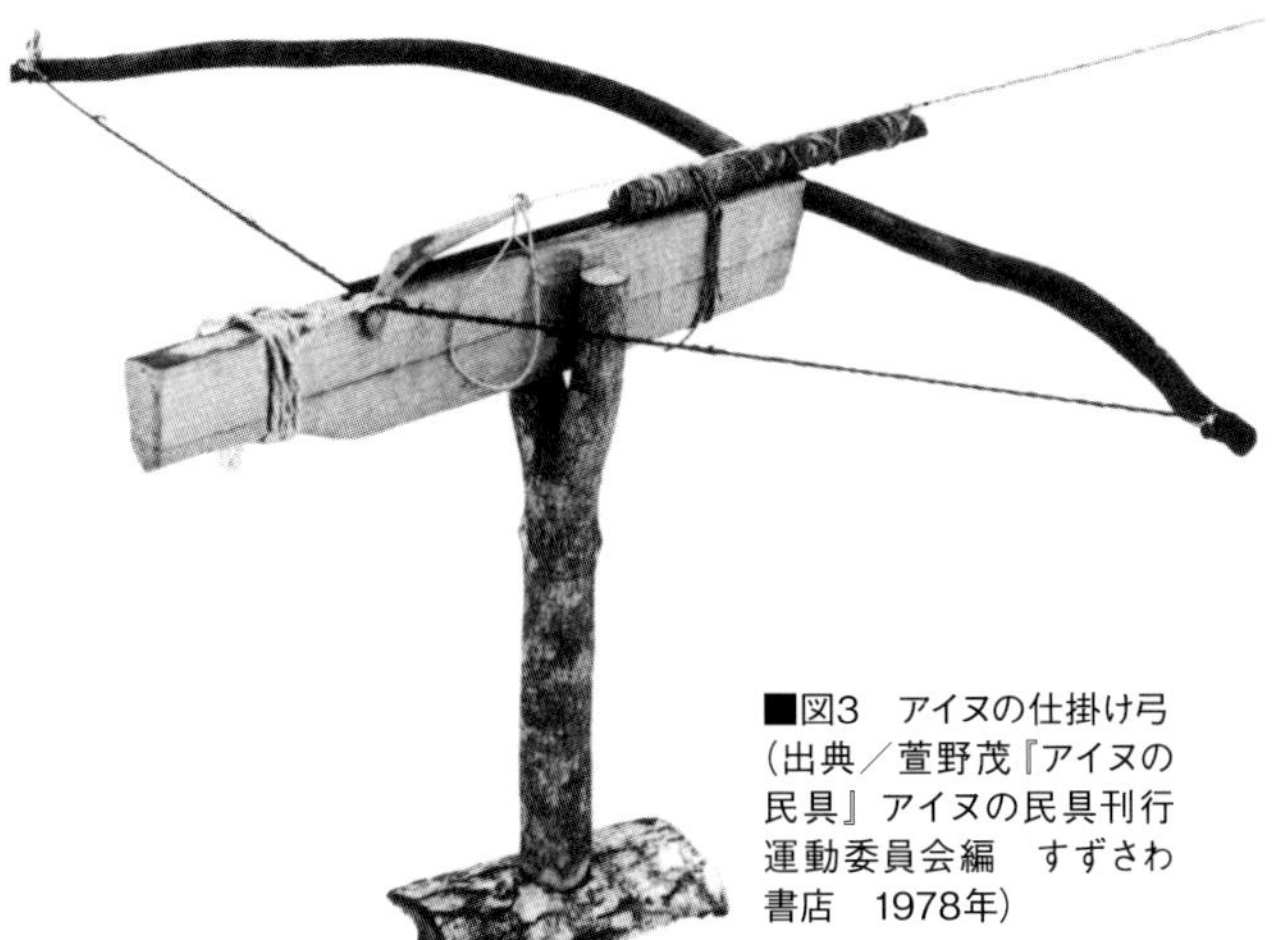

■図3　アイヌの仕掛け弓（出典／萱野茂『アイヌの民具』アイヌの民具刊行運動委員会編　すずさわ書店　1978年）

隠し銘《めい》ってどんなもの？

江戸時代、真贋を見分けるために入れた弓師の刻印

執筆＝黒須 憲

弓師によって入れ方はさまざま

現在市販されている竹弓はすべて、刻銘《こくめい》や焼き印などで制作者の銘が記されている。弓師は自分の制作した弓に責任を持って銘を入れている。

江戸時代には全国的な弓問屋が存在し、幕府の許可を得て、製造者（弓師）にお金や材料を提供して制作させ、一括して買い取り管理していた。京都、東京の「西川」には、つねに一万張ぐらいの在庫があったそうだ。

しかし、弓師は自分が制作した弓に自分の銘を入れる権利を持たず、問屋が全責任を持って焼き印を押し、各藩の注文に応じて販売をしていた。したがって、問屋の検査に合格しない限り、銘は入らなかったのだという。銘は長銘《ながめい》（姓入り）と平銘《ひらめい》（姓なし）の二種類に分かれ、不合格は「長銘無銘」と「平銘無銘」となった。

各藩は弓問屋から何梱《こり》か（一梱48張）を買い入れ、各藩の弓師（村師《むらし》）が弓を村《むら》して（削って）使用していた。「在銘長銘」は貴重であったため高価となり、にせ物が多かったといわれる。そのため、弓師は自分の作であることを示すために「隠し銘」を入れたのである。これを「鋸目《のこめ》」「挽入《ひきいれ》」といい、弓師によって入れ方や場所はさまざまだった。

『隠銘記』にみる隠し銘の入れ方

「隠し銘」の入れ方や場所を示した書物『隠銘記』に示されている図を紹介する（**写真1**）。

上作の部として、廣瀬彌市、岡太右エ門、柴田勘十郎、柴田籐十郎

中作の部として、高田助一、松田藤七、山本勘助、

山本勘九郎、上村左十郎、上村左市、今中吉十郎、広瀬喜一、曽根平五郎、曽根平十郎、大西早太、柴田又一、柴田又十郎、弥三郎、かん七、長十郎、家五郎、弥十郎、弥吉、源助、けん十郎、又吉、かん二郎

下作の部として、かん三郎、弥平、金七、かん平、吉三郎、藤三郎、又三郎、平三郎、源七、竹三郎、竹次郎、かん六、源三郎などの名前が紹介されている。

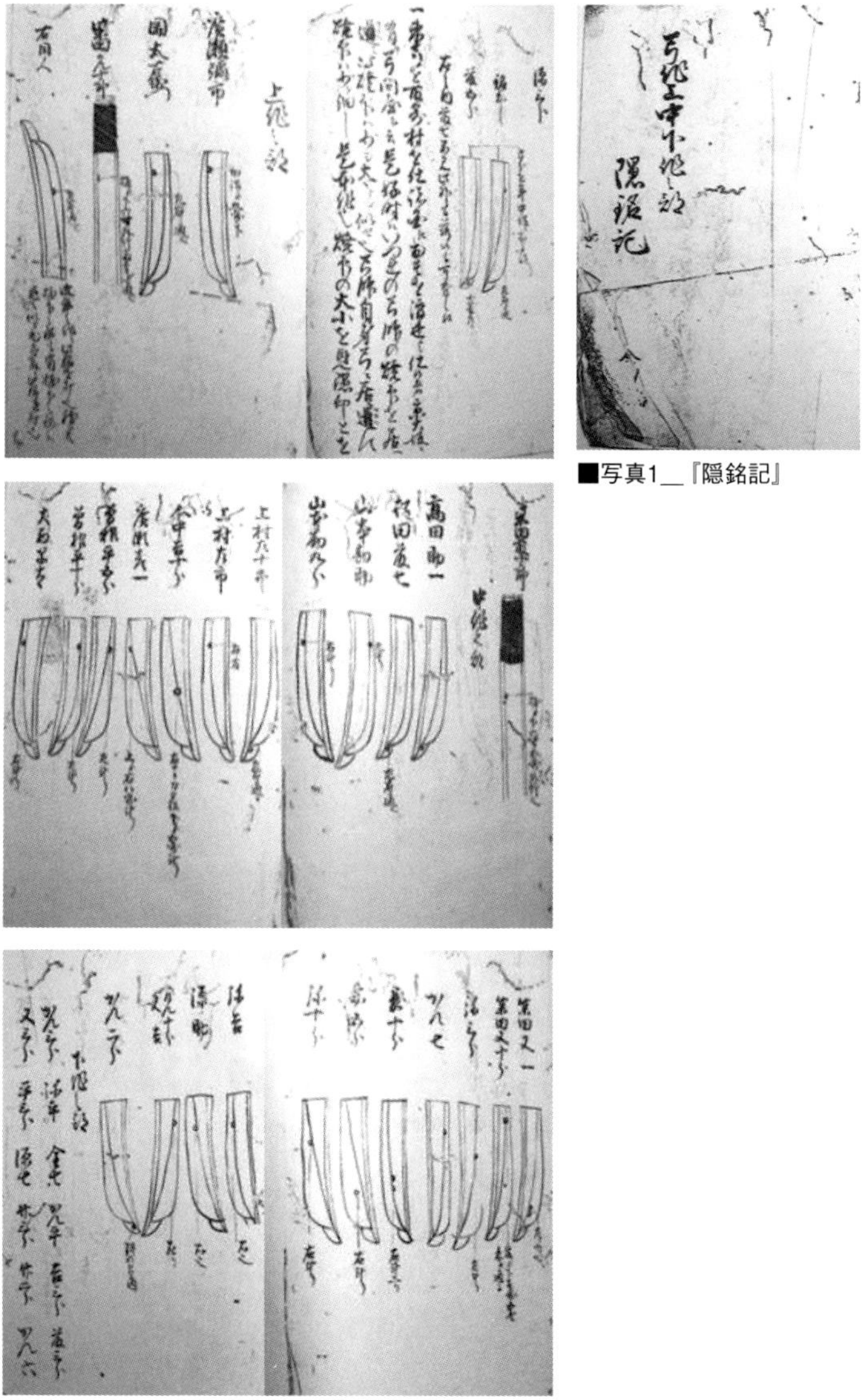

■写真1＿『隠銘記』

世界にはどんな弓がある？

民族特有の歴史に裏打ちされ進化した弓

執筆＝黒須 憲

ほとんどが伝統文化としてのみ残る世界の弓

現在、オリンピックではアーチェリー競技が行なわれ、得点を争って高性能の弓が使われている。また、スポーツハンティングの弓としてHunting Bowがある。しかし、世界の国々ではそれぞれの民族で、その民族特有の弓が使われていた。

写真1～5は2009年に行なわれたWTAF（World Traditional Archery Festival）世界伝統弓術祭典の様子である。

狩猟の道具や武器として用いられた弓は、その役割が鉄砲や大砲などに奪われ、現在は伝統文化として愛好者によってのみ行なわれている。スポーツとして発展し、組織的に行なわれているのは日本と韓国とモンゴルだけである。

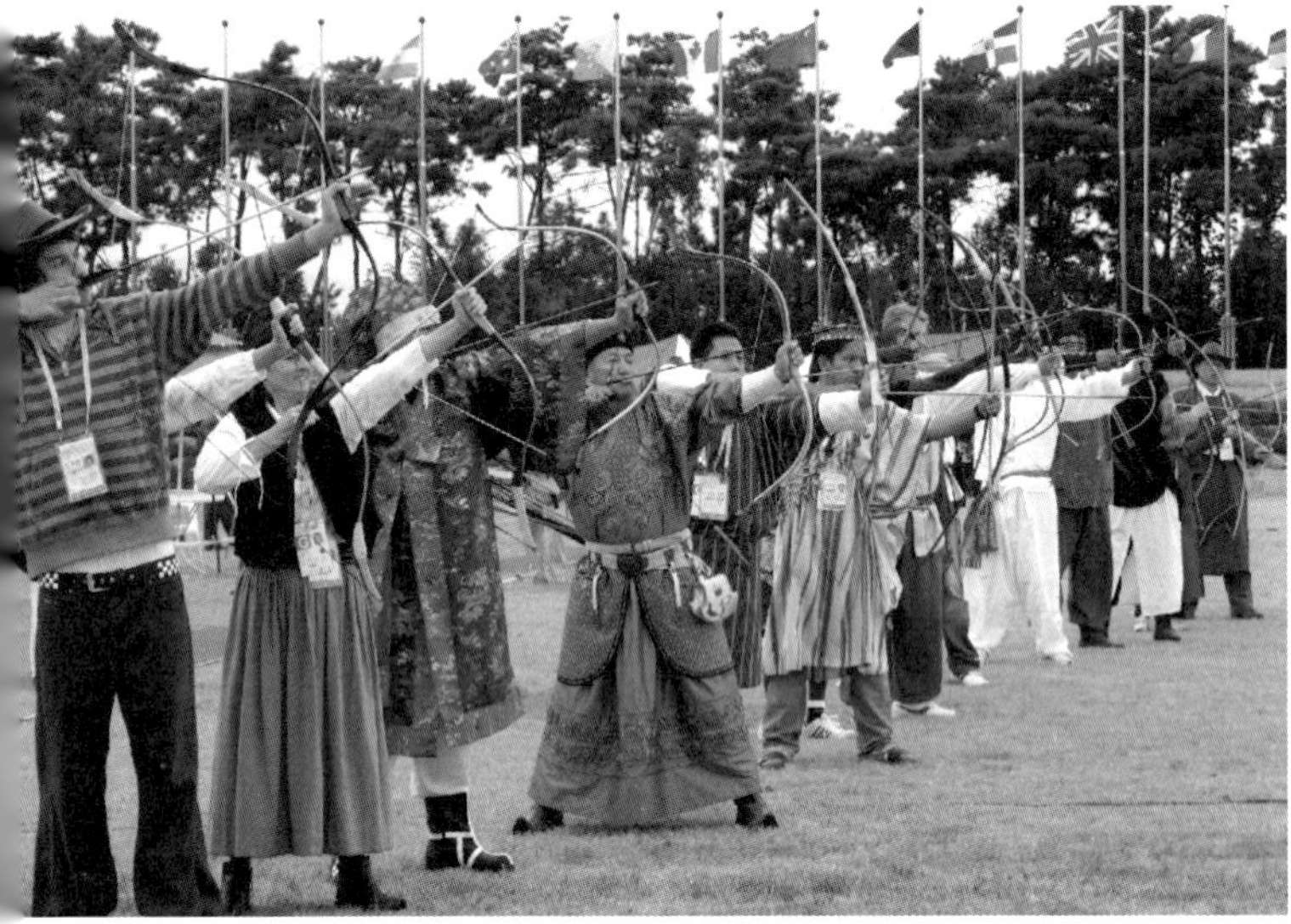

■1＿世界各国の選手が集まる「WTAF（World Traditional Archery Festival）世界伝統弓術祭典」

機動性重視の短弓と性能を高めた長弓

地域には、おのおの発展途中の弓がたくさんあり、削っただけの丸木弓《まるきゆみ》や竹だけを削って継ぎ合わせた弓、直線的な弓や、大きく湾曲《わんきょく》させた弓などさまざまである。それぞれの地域で特有の材料が使われ、利用目的や歴史によって異なった形態の弓がつくられた。

形をみると、大きく短弓《たんきゅう》と長弓《ちょうきゅう》のふたつに分けられる。材料に動物のアキレス腱《けん》や筋、水牛の角《つの》などを使い、機動性を重視した弓は短くなり、トルコの弓や韓国の弓のようになった。木や竹だけを使って性能を高めた弓は長くなり、イギリスのロングボウや日本の和弓《わきゅう》のようになった。モンゴルの弓はその中間ぐらいである。いずれも芸術的な要素が加えられ、弓として最高度に高められた完成品であるといえる。

■4＿韓国

■2＿トルコ

■5＿ペルー

■3＿モンゴル

弦はどんな繊維でできている？

軽量かつ強靭で、扱いやすい素材が主流

執筆＝森 俊男

高強度・高弾力の「スーパー繊維」とは？

弦は、苧《からむし》や麻などの植物繊維を束ねて、撚《よ》ってつくられる。苧はイラクサ科の多年生植物で、日本を含むアジア各地に分布しており、古来から植物繊維の材料とするために栽培されてきた。麻は大麻《たいま》の原料となることから、現在ではその栽培が法律で規制されているため、生産量は非常に少なくなってしまった。さらに、麻弦《あさづる》の製造は高度な技術が必要とされるうえに作業工程が多く、結果として高価になってしまう。射手にとってもその扱いには心得が必要となるため、現在では、麻の代わりにケブラー繊維などの合成繊維が用いられている（**写真1・2**）。

これらの繊維は、衣料用のポリエステルやナイロンなどの合成繊維と同じ高分子《こうぶんし》繊維の一種で「スーパー繊維」といわれ、同じ太さの衣料用合成繊維よりも約4倍以上強靭《きょうじん》で、切断するまでの伸びがほぼ1／10以下と伸びにくいうえ、耐熱性も通常の合成繊維より高いのが特長である。

ちなみに、金属繊維も同様の性能を有しているが、比重が大きいために非常に重くなってしまうのに対し、スーパー繊維の比重は衣料用合成繊維とほぼ同じなため、軽量かつ強靭ということを可能にした繊維である。たとえば、断面積1平方ミリメートルに対するナイロンの吊り下げ可能重量が約60キログラムであるのに対し、スーパー繊維はその5倍以上の物を吊り下げることが可能である。

高強度・高弾力《こうだんりょく》であるメリットを生かして、用途も幅広く、衣服などの日用品だけでなく、土木建築、農林水産、工業資材にも使われている。たとえば、ロープなどの産業用資材、消防服、宇宙服、防

弾チョッキなどの特殊衣服、スポーツ用具、通信機器、原子炉などは、スーパー繊維が欠くことのできないものとなっている。

また、最近では、高機能性テキスタイル（布地）として、スポーツやレジャー用ウェアなどにも採用されているほか、次世代航空機や自動車にと、さらに用途を拡大している。

このようなスーパー繊維で製造された弦の銘柄《めいがら》は、左の表のとおりである

材料名（メーカー）	銘柄
ケブラー（東レ、デュポン）	轟弦
	千本弦
	龍鳴弦
ベクトラン（クラレ）	鳳弦
テクノーラ（帝人）	直心弦
	飛翔弦
ザイロン（東洋紡）	直心Ⅱ弦
	弦音

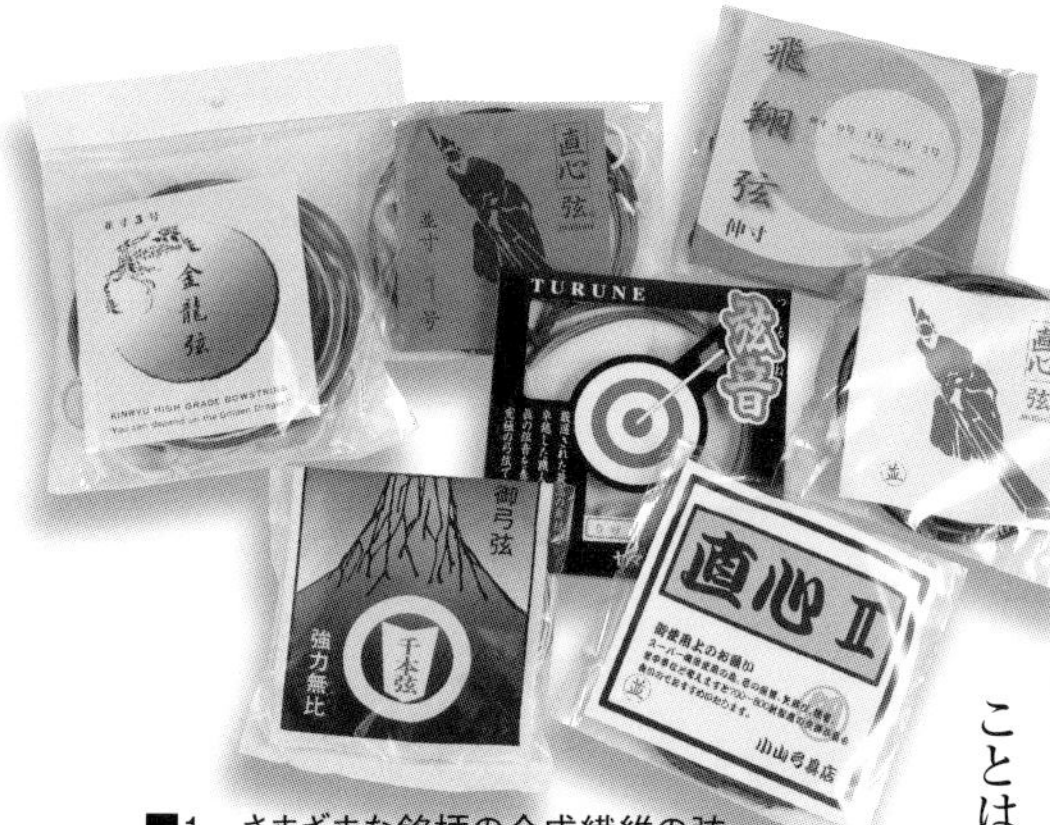

■1__さまざまな銘柄の合成繊維の弦

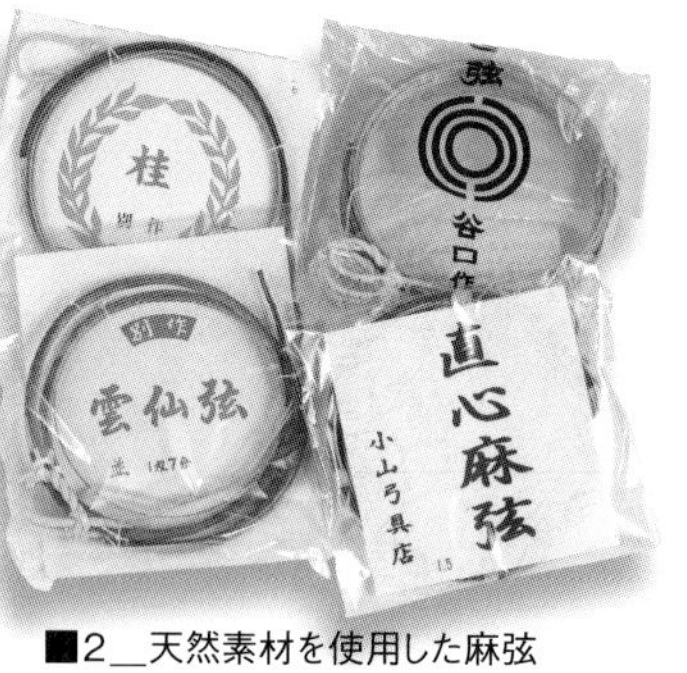

■2__天然素材を使用した麻弦

合成繊維製の弦の種類と選び方

合成繊維の弦の太さは、n号（0、1、2、3など）で示されている。弓の強さが強くなるほど、太くて重い弦（号数の多いもの）を使用する。しかし、銘柄別に比較すると、同じ号数でも弦の太さが異なることがわかる。2号弦の場合、「龍鳴弦」は1・70〜1・80ミリ、「飛翔弦」では1・60〜1・65ミリ、「弦音」では1・50〜1・55ミリとなっている。

現在の自分の弓力《きゅうりょく》や技量の状態に合った弦を選ぶことは大変重要である。まずはいろいろと試し、指導者とも相談するなどして、自分の弓具に合った弦を選ぶようにしよう。

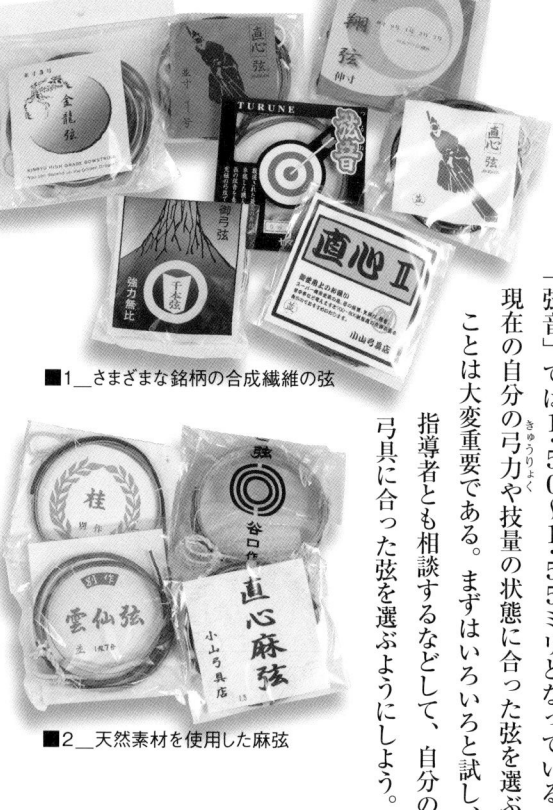

弦の太さや重さで矢飛びは変わる？

執筆＝森 俊男

矢の飛び方は左右されないが、飛行速度は関係する

弓力が強いほど重い弦を使用する

昔からの弦は、麻の繊維を撚《よ》って、くすね（＊）を補強のためにしみこませてつくられる。このとき、弦の撚りは右撚りである。現在、弦の材料には、ケブラー繊維などの合成繊維も多く用いられており（P256参照）、安価で丈夫なため、高校生や大学生の間で多く使用されている。

弦は、弓の強さによって太さや重さを選ぶ。麻弦《あさづる》の太さは重さで表わし、単位は「匁《もんめ》」で示される（**写真1**）。一匁五分《ぶ》（約5・6グラム）から二匁四分（約9グラム）くらいのものがつくられているが、通常一匁九分か二匁のものが多く使われている。

合成繊維の弦の太さの規格はn号（0、1、2、3など）で示されており、数値が大きくなるにつれて、弦の太さや重さが増す（**写真2**）。

一般的には、弓力《きゅうりょく》が強くなるほど、重い弦を使用する。しかし、射手の技量によっても、使用する弦の重さは変わってくる。技量の高い射手の場合、弓の強さに比べて比較的軽めの弦を使用しても弦の寿命は短くならないが、未熟な射手の場合は、弦が切れることが多い。

弓術伝書にみる矢飛びの条件

矢飛びについて、弓術伝書では矢通間《やづま》といわれ、次の4通りがあると記されている。

1延《の》び矢通間
弓手《ゆんで》、馬手《めて》、離れの具合がよく、矢がまっすぐに飛行していく最良の矢飛び。

2振る矢通間

馬手はよいが弓手の働きが悪く、矢が左右に振れて飛行する矢飛び。

3泳ぐ矢通間

弓手はよいが離れがよくない場合で、矢が上下に振動して飛行する状態。

4半円形をなする矢通間

弓手、馬手、離れがよくない場合の飛び方で、摺《す》りこぎ状態で飛んでいく矢飛び。

このように、矢通間は弦の太さや重さによって変わるのではなく、行射《ぎょうしゃ》の良否、弓手、馬手の働きによって変化するのである。

太さ・重さと飛行速度は密接な関係にある

しかし、矢飛びの条件の中に矢の飛行速度を含めると、弦の太さや重さのちがいも関係してくる。弦が細くなり、重さも軽くなるにしたがって、矢の飛行速度は速くなる。速度が速くなるということは、離れで弽《ゆがけ》から弦が離れ、矢と弦が分離するまでの時間が短くなることである。つまり、弓の復元速度が速くなるということで、弓手の手の内の働きのすばやい技術がなければ、的中を得ることはむずかしくなってくる。

また、矢飛びとは直接関係ないが、矢所《やどころ》（矢の着点）は、弦の太さや重さによっても変化する。弦の重さが軽くなるにつれて、矢の着点は的の前上（右上）方向へと変化するのである。

＊くすね……松やにを植物油で煮て練ったもの。

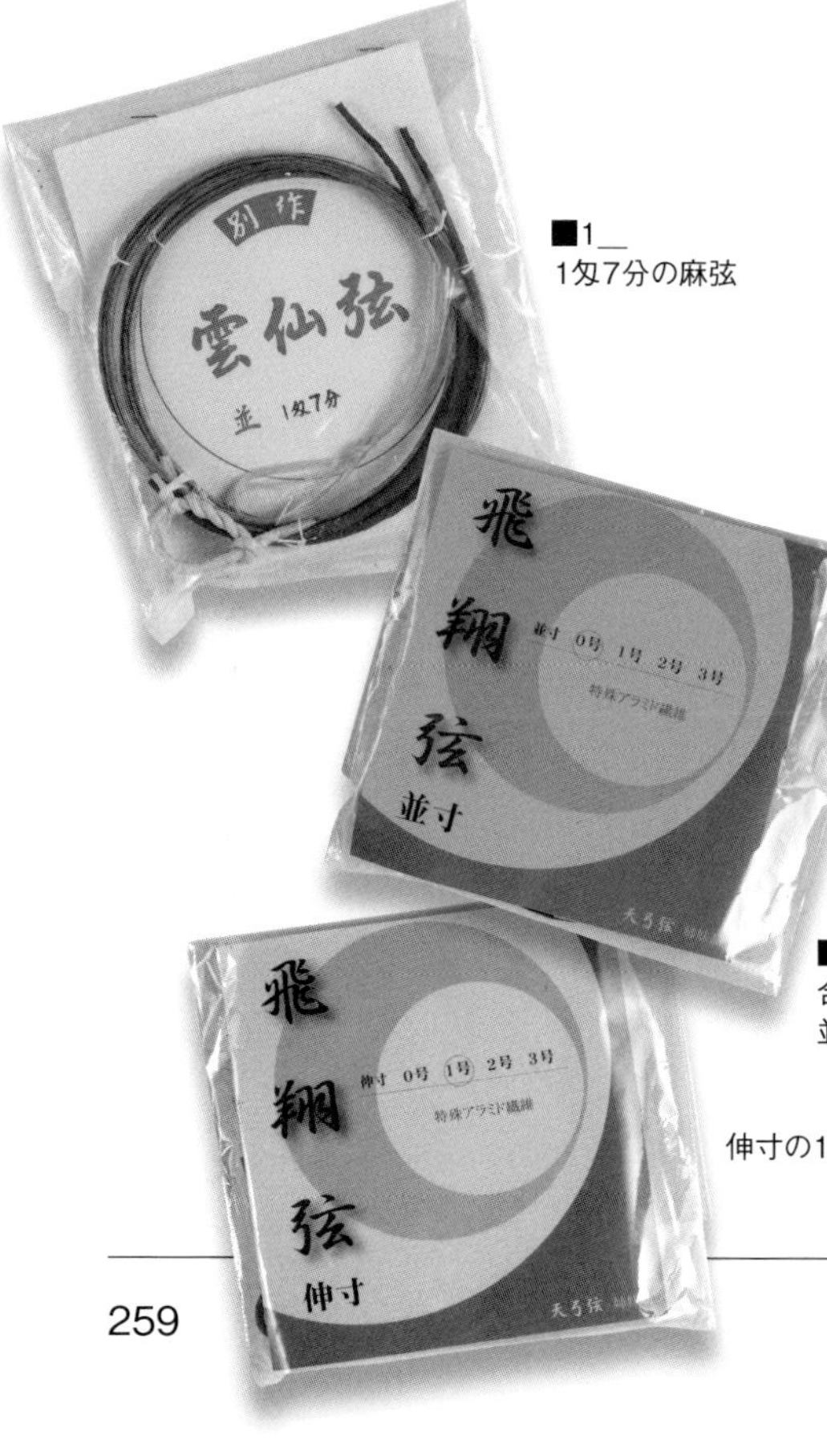

■1＿
1匁7分の麻弦

■2＿
合成繊維製の弦
並寸の0号弦

伸寸の1号弦

麻《ま》ぐすねのつくり方

弦の手入れに欠かせない道具「麻ぐすね」

執筆＝黒須 憲

弓を張ったときにはかならず使いたい

麻ぐすね（麻天鼠）（**写真1**）は、弦を摩擦《まさつ》してその熱でくすね（**写真2**）を溶かして弦にしみこませ、弦を丈夫にしたり、毛羽《けば》や粗毛をとったり、さらに中仕掛けをつくったりするためのもので、弦の手入れには欠かせないものである。弓に弦を張ったときには、かならず使うようにしたい。

麻弦《あさづる》だけでなく合成繊維の弦にも効果はあり、少量のくすねをつけてこすれば、毛羽や粗毛がとれて表面がきれいになる。また、新弦は熱で弦が伸び、締まって安定する。弦をつねに良好な状態に保つように心がけて手入れをしていれば、部分的な切れや折れ、伸び、ほつれなど、切れる兆候にも気づくことができる。このような気持ちを持つことも、射術が上達する秘訣ではないだろうか。

麻ぐすねのつくり方

麻ぐすねは、切れ弦を利用してつくる。本来はくすねがしみこんでいる麻弦がよいが、合成繊維の弦でもよい。その場合は、できあがってからくすねを塗って使うことができる。つくり方はいろいろあるが、そのひとつを以下に紹介する。基本的に草鞋《わらじ》の編み方と同じため、「わらじ」とも呼ばれているが、これは俗称で、麻でつくったくすねの代用品という意味で「麻ぐすね」というのが本当の呼び名である。

①まずは切れ弦を用意する。弦が固いと編みづらいので、道宝《どうほう》などで扱《しご》いて軟らかくすると編みやすい。

②直径5～8センチ程度の輪を2つつくり、交差する部分に弦を通して一度締め、ここを始点として編

みはじめる（**写真3**）。縦に通る4本の弦の上下を、交互に通していく（**写真4**）。

③しっかりと目を詰めながら編み進める（**写真5**）。弦が足りない場合は、その部分から切れ弦を継ぎ足して編み続ける（**写真6**）。大きさにもよるが、3本から4本分ぐらい必要だろう。ただし、中仕掛けは編み込まないようにするとよい。

④最後まで編み終えたら、形を整えて編み終わりを縛り（**写真7**）、余計な部分を切り取れば完成となる（**写真8**）。丈夫にするために、輪を4つつくり、縦弦を二重にするなどの工夫の仕方もある。

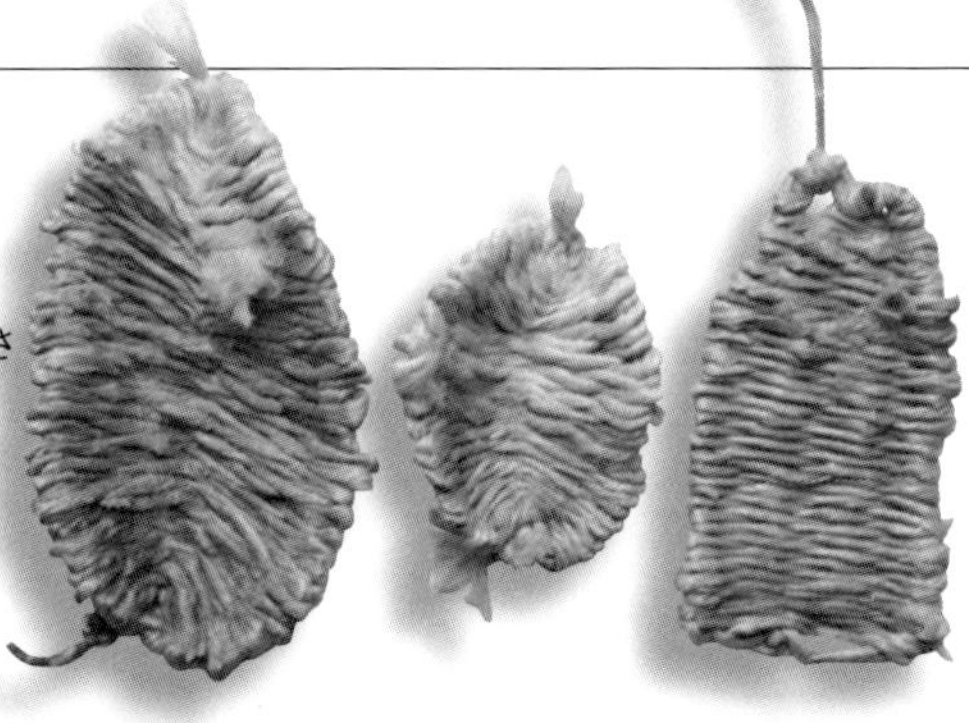
■1＿麻ぐすね。使いやすい大きさに仕上げる

■2＿くすねは、さまざまな接着剤として使われてきた。
右／出かける際にくすねを包んで携帯したくすね革。大きさは縦1寸6分、横2寸8分とされていた
左／竹べらにくすねをつけて使用するくすね棒。握りを巻くときや中仕掛けをつくるときに使用する

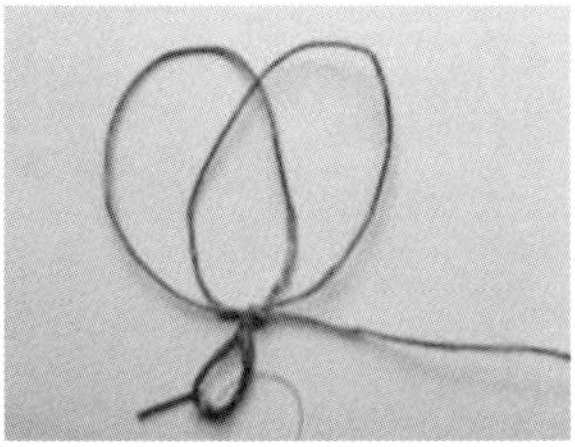
■3＿輪をつくって交差させ、一度締める

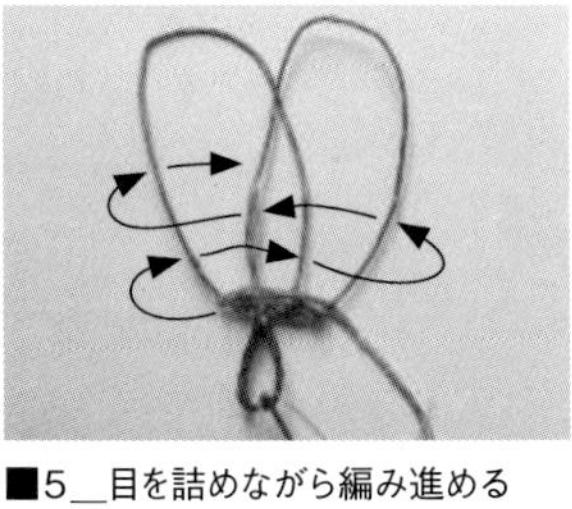
■4＿縦弦の上下を交互に通す

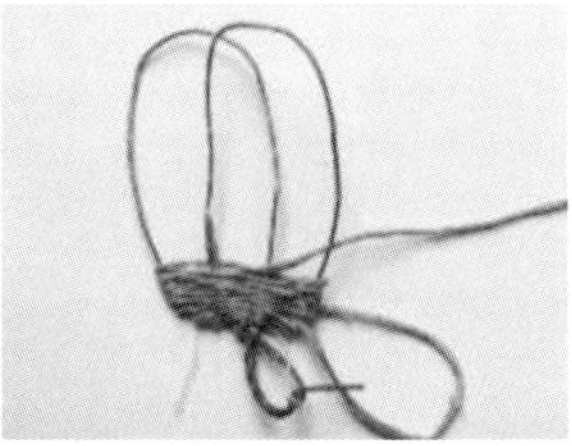
■5＿目を詰めながら編み進める

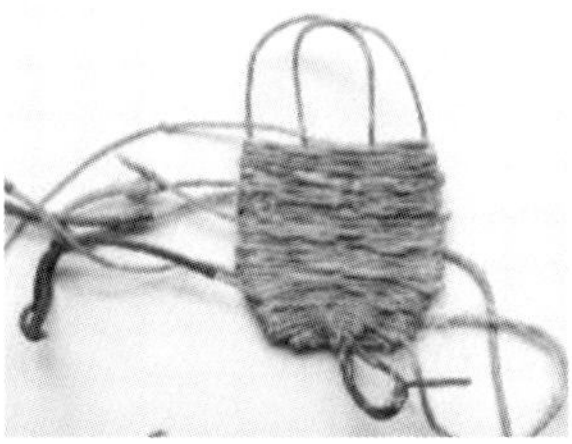
■6＿弦が足りない場合は、継ぎ足して編む

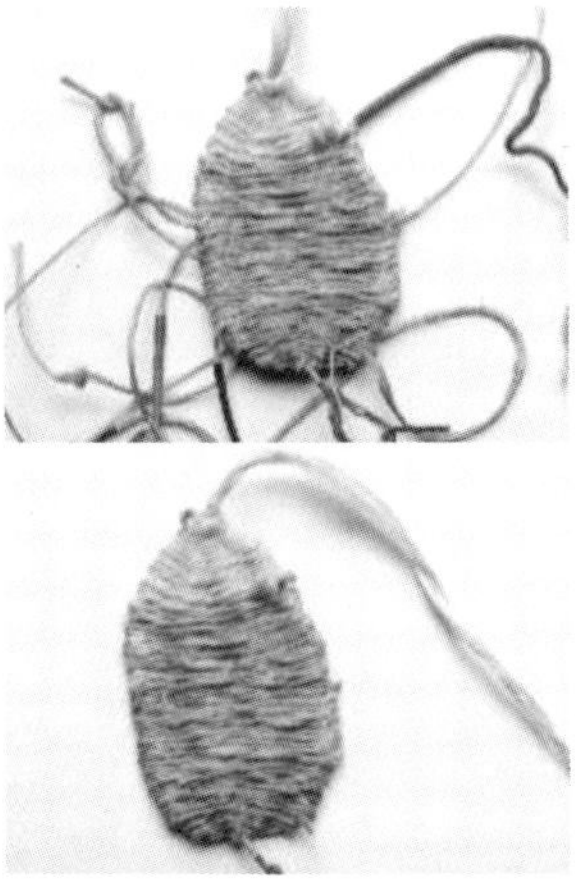
■7・8＿編み終わりを縛り、余計な弦を切り取る

的にはどんな種類がある？

色や形、サイズなど、さまざまなものがある

執筆＝佐藤　明

現代の競技用から、武士の余興《よきょう》に使われたものまで、的にはさまざまな種類がある。

①近的競技

近的競技で使われる的は、一尺二寸（約36センチ）の霞的《かすみまと》が一般的だが、学生弓道連盟では星的《ほしまと》を使用する（**写真1**）。射詰《いづ》め競技では八寸的（約24センチ）が使用されることがある。また、遠近競技では一尺五寸的（約45センチ）が使われることがある。

②遠的競技

遠的競技では、100センチ的、79センチ的、50センチ的が使われる（**写真2**）。100センチ的では霞的とカラー的が使われている（**写真3**）。霞的は的中制を、カラーは点数制を採用する。

③十段的

近的競技は、28メートルの距離で的を射るものだが、古来から「十五間《けん》（約27メートル）小的前《こまとまえ》」と称された範疇《はんちゅう》に入る。昔は、三寸的（約9センチ）から一寸ずつ大きくしていき、一尺二寸まで10段階の的を射る10段的（**写真4**）を稽古したとされ、各的10射を射て、100射55中以上をもって一人前の射手とみなしたといわれている。三寸的一中にはじまって、以下1本ずつ増加し、一尺二寸では皆中《かいちゅう》となることが目標とされていたのである。

④三的

三的は、大中小3つの的を並べるもので、小を上にかけ、中と大はその下に並べてかける。寸法にとくに定めはなく、たとえば四寸、六寸、八寸の組、あるいは五寸、一尺、一尺五寸の組など、射手の好みで用いられる。

⑤四季的

四季的は、春は青柳の絵、夏は水草の類い、秋は紅葉、冬は松笹の類いを描いて余興の的としたもの

である。

⑥月並的《つきなみまと》

月並的は武士の余興に用いられ、中《あ》てた射手がその的をいただくことになっていた。月毎の絵を12の的に描く。正月は露《つゆ》、二月＝雁《かり》、三月＝桜、四月＝青葉、五月＝早苗、六月＝御祓《みそぎ》、七月＝蓮《はす》、八月＝紅葉、九月＝菊、十月＝時雨《しぐれ》、十一月＝雪、十二月＝氷となっている。

⑦挟物《はさみもの》

挟物は、杉板を串に挟んで的とするものだが、板の代わりに紙片、桜の花、厚朴《こうぼく》の葉、鮑《あわび》の貝殻、芋の葉、木の葉、沓《くつ》などを串に挟んで射たようである。

⑧小笠原流《おがさわらりゅう》の的

小笠原流歩射《ほしゃ》では、大的式《おおまとしき》、百手式《ももてしき》、草鹿式《くさじしき》、三三九手挟式《さんさんくてばさみしき》、円物《まるもの》、振々《ぶりぶり》など、それぞれの式法に則り異なった的を使用している。騎射《きしゃ》では流鏑馬《やぶさめ》の的や笠懸《かさがけ》の的が用いられる。

■1＿右＝霞的、左＝星的

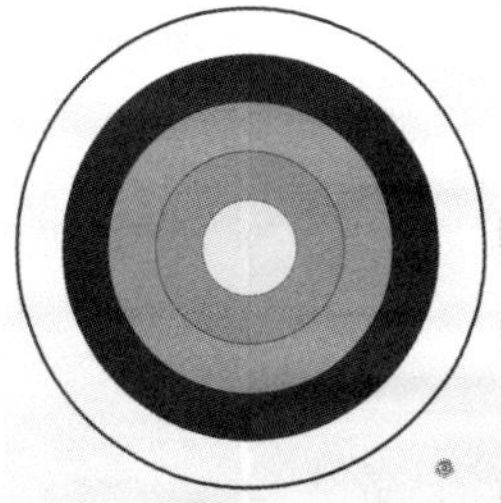
■3＿カラー的（100センチ的）
中心から、黄、赤、青、黒、白

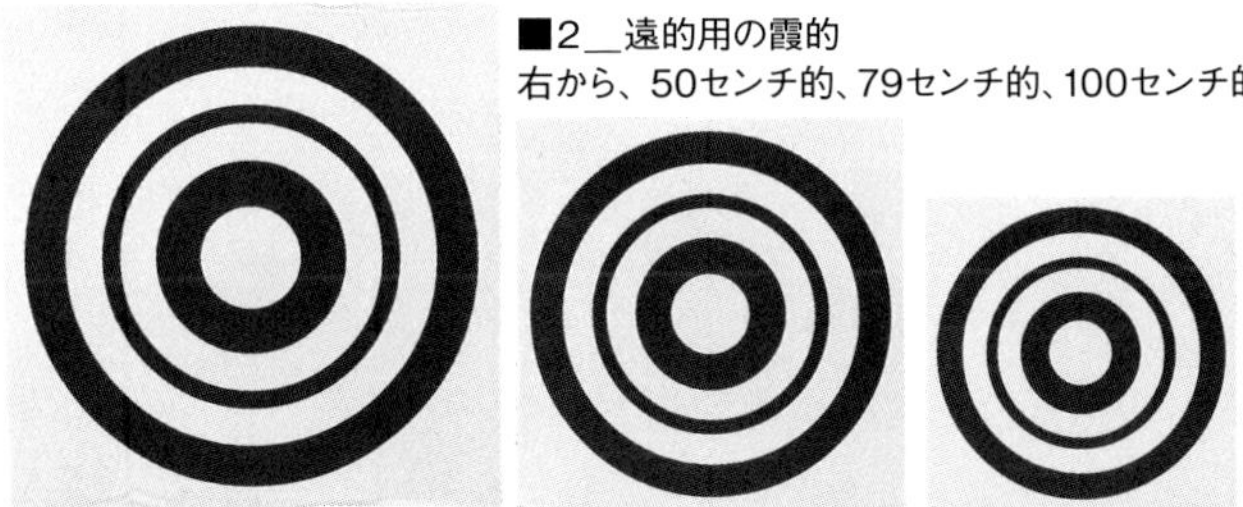
■2＿遠的用の霞的
右から、50センチ的、79センチ的、100センチ的

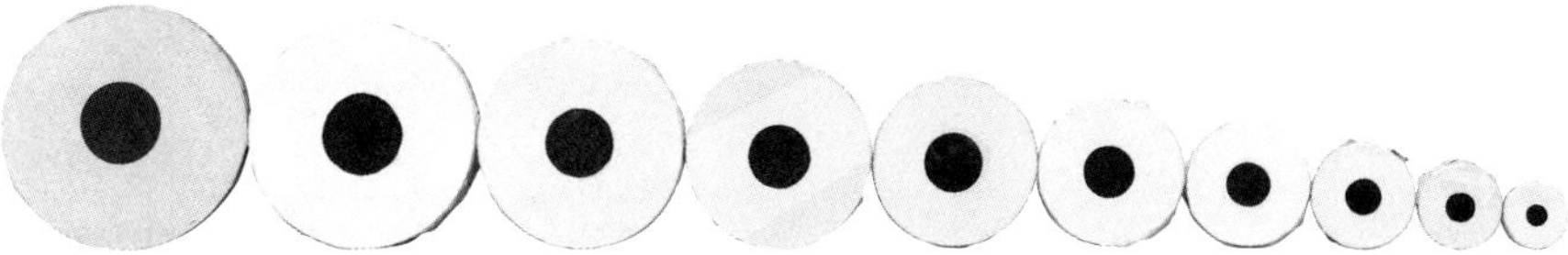
■4＿10段的
三寸的（右端）から一尺二寸（左端）までの10段階になっている

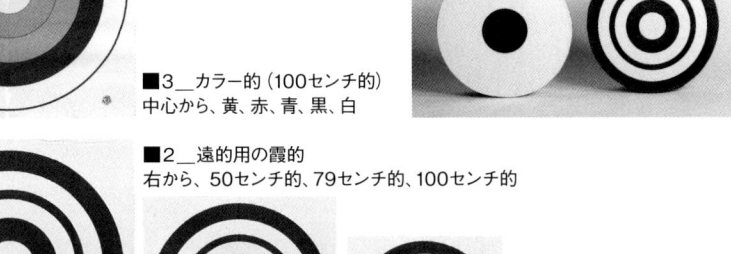

ぎり粉は何からできている？

その原料は、さまざまな用途で使われている

執筆＝松尾牧則

そもそもぎり粉は何のためにある？

弽《ゆがけ》に使用する黄色い粉「ぎり粉」（**写真1**）。その名称は音に由来する。弓を引き絞って伸び合ってゆくときに、弽の帽子（親指）とほかの指がわずかにずれ「ギリギリ……」「ギチギチ……」と音が生じる。その音から「ギリ粉」「ギチ粉」と称したのだ。

では、ぎり粉は何のために使うのだろうか？　簡単にいえば「滑り止め」だ。たくさん使いすぎてもかえって滑ることがあるし、弽が汚れる原因にもなるので、適量を使用するようにしたい。また、たくさん使うことに慣れてしまうと、射術に影響が出たり、頻繁にギリ粉をつけないと不安に陥るなどの悪影響も生じる。

ぎり粉の原料は？

野球の滑り止めとして「ロジンバッグ」というものがある。野球のピッチャーが手につけて放り投げると、白い粉が舞うのを見たことがあるだろう。「ロジン（Rosin）」とは、「松やにからテレピン油を蒸留した残留樹脂」（『英和中辞典』旺文社　1981年）とある。ロジンバッグは、実際には、炭酸マグネシウムとロジンが混合された滑り止めだ。松やにをもとにしたロジンは、ハンドボールで使用する滑り止めや、バイオリンなどの弦楽器で使用する弓にも使用されている（**写真2**）。これと同じように、じつはぎり粉も松やにからつくられている。

■1＿ぎり粉。ボトルに入れるなどして使用する

実際は市販のものを使用する人が多いだろうが、ぎり粉は自作することもできる。原料の松やには、漢方薬など医薬品にも使用されるようで、なんと薬局で購入できる。常備している薬局は少ないが、取り寄せてもらうことが可能だ。

自家製ぎり粉のつくり方

購入できる松やにはブロック状（**写真3**）か粉状だが、そのままぎり粉として使用するには油分（テレピン油）が多いので、べたつきやすい。べたつかないギリ粉をつくるには、土鍋（鉄鍋は火が入りやすく大変危険なのでかならず土鍋を使用する）に松やにを入れて、数時間から半日以上（火加減による）火にかけて、液状にして油分を抜く（**写真4**）。しかし、単に油分を抜いただけでは滑りやすいぎり粉になってしまうので、ごく少量の植物油を混ぜる。高温になると鍋に火が入るので、火加減には充分な注意を要する。また、室内では危険であると同時に煙の臭いが強烈である。屋外の安全な場所で、近隣の迷惑にならないようにしたい。

煮詰めた松やにには、冷えると固形となり、最初よりも色の濃いガラス状になる。乳鉢《にゅうばち》（**写真5**）ですりつぶして粉状にしてから使用する。

余談だが、固形の松やにはたいへんきれいなあめ色、薄い琥珀《こはく》色をしていて、まるで宝石の原石のようだ。そう、松やにが長い年月をかけて化石化したものが宝石の琥珀である（**写真6**）。

■3＿市販されている松やにブロック

■2＿バイオリンの弓には馬の尾の毛が張ってある。この毛に松やにを塗り、摩擦力を生じさせて弦をこする

■4＿松やにを火にかけ、液状にしていく

■5＿乳鉢（すり鉢）と乳棒を使ってすりつぶす

■6＿琥珀のジュエリー。もとはぎり粉と同じ原料だから不思議だ

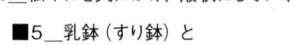

執筆＝松尾牧則

筆粉《ふでこ》は灰なの?

滑り止めの原料とその名の由来とは……?

灰色の筆粉、原料は灰なの?

弓手《ゆんで》に使用する灰色の粉「筆粉」(**写真1**)。ぎり粉同様、これも手汗によって弓手が滑らないようにするための滑り止めとしての役割がある。色は灰色だし、見た目も灰に見えるが、灰なのだろうか? 答えは「Yes!(はい!)」。藁《わら》やもみ殻《がら》を燃やした灰だ。藁が多ければきめの細かい灰となり、もみ殻が多いとざらざらした感じの灰になる。通常は藁ともみ殻が混ざっていて灰色だが、もみ殻のみを完全燃焼させた灰は純白に近くなる。主成分は、二酸化ケイ素という物質である。「白筆粉」として好む弓道家もある。

ところで、なぜ「筆粉」というのだろう? これは書道の筆を製作する際に、灰を使用することに由来している。筆の穂には動物の毛が使用されるが、その毛にもみ殻の灰をまぶして「灰もみ」という作業が行なわれる。その目的は、毛の油分を取り除くことにある。このような使用法に由来して、弓手に使用する滑り止めの灰を「筆粉」と称するようになったらしい(**写真2**)。

筆粉以外も試してみたい弓手の滑り止め

弓手に使用する滑り止めとして、筆粉のほかに、イカ粉も使用される。イカにもいろいろな種類があるが、コウイカという石灰質《せっかいしつ》の甲(貝殻)をもつイカ(**写真3**)がいる。その甲を干して乾燥させ、砕いて粉状にしたものも滑り止めとして使用する(**写真4**)。主成分は炭酸カルシウムである。あまり一般的ではないが、貝類の殻を粉状にして使用してもよいだろう。貝殻の主成分は炭酸カルシウムであるから同じような効果が期待できる。また、最近のチョーク（白墨）（**写真5**）には、「ダストレスチョーク」といって、粉が飛散しにくく、人体への影響の少ないものが製造されている。炭酸カルシウムなどを用いて製造されているが、これにはホタテ貝殻やカキ殻の粉が使用（廃物利用）されている。ちょっと試してみたい人は、貝殻を粉状にするよりもチョークをすりつぶして使用してみたほうが手っ取りばやい。

いろいろなタイプの滑り止めを使用してみて、好みに合ったものを見つけるのも楽しみだろう。

■1＿筆粉。原料のちがいによって、白っぽいものと灰色のものがある

■2＿「筆粉」の呼び名は、書道の筆に由来する

■3＿コウイカの甲

■4＿コウイカの甲を乾燥させ、砕いて粉末にしたイカ粉（烏賊粉）

■5＿黒板に文字を書くためのチョークも試してみる価値がある

冬にも滑らない冬用筆粉《ふでこ》の裏技

夏と冬、季節で筆粉を使い分けている？

執筆＝松尾牧則

握りが滑る原因は季節によって異なる

ここでは、弓手に使用する滑り止めを総称して「筆粉」と称することにする。さて、あなたは夏と冬で筆粉を使い分けているだろうか？ ほとんどの弓道家は使い分けてはいないだろう。手に汗をかきやすい人の中には、冬場はよいが夏場には筆粉をつけても足りないくらいに発汗が多く、握りがびっしょりになる人もいる。反対に乾燥肌の人は、夏はあまり問題はないが、冬場には握りがかなり滑りやすくなる。

個人差はあるものの、夏場と冬場では筆粉の使用感が異なることは体験的に理解できるだろう。夏も冬も「滑り止め」として筆粉を使用することにちがいはないが、じつは夏と冬では、握りが滑る原因はまったく異なっている。

すなわち、夏場は汗によって摩擦力《まさつりょく》が低下して滑りやすくなり、冬場は乾燥によって摩擦力が低下して滑りやすくなるのである。「あーっ、手が滑るっ！」という状況のとき、ぬれた手のひらをぬぐったり、「はーっ」と手に息を吹きかけるなど、日常生活でも経験することがあるだろう。手のひらの水分が多すぎたり少なすぎたりすることは「滑る」という現象に深く関わっており、最近は、ローションタイプの滑り止めも販売されている（**写真1**）。

冬の滑りを防ぐには筆粉を工夫するべし！

冬場の滑り防止には「適度な保水」がカギになるのだが、これがなかなか簡単には解決できない。そこで、冬場の乾燥による滑りを防ぐ手だてとして、筆粉を工夫して摩擦力を増加させる方法が考えられる。

たとえば、体操競技で使用される炭酸マグネシウムの粉、通称「タンマ」（**写真2**）を筆粉代わりに使用すると、冬場でもまったく滑らないのである。斜面打起しでは問題がなく使用できる。しかし、正面打起しの場合には、打起しから大三への移行に少々難が生じる。つまり「滑らなすぎる」のである。

これを解決するには、きめ細かなタンマときめの粗いもみ殻《がら》筆粉をブレンドすることがひとつの手である。ブレンド率を工夫すれば、こだわりの冬用筆粉が完成するかもしれない。体操競技部の友人がいたら、タンマを少し分けてもらって試してみてはどうだろうか。

■1__グリップコンディショナー（ローションタイプの滑り止め）

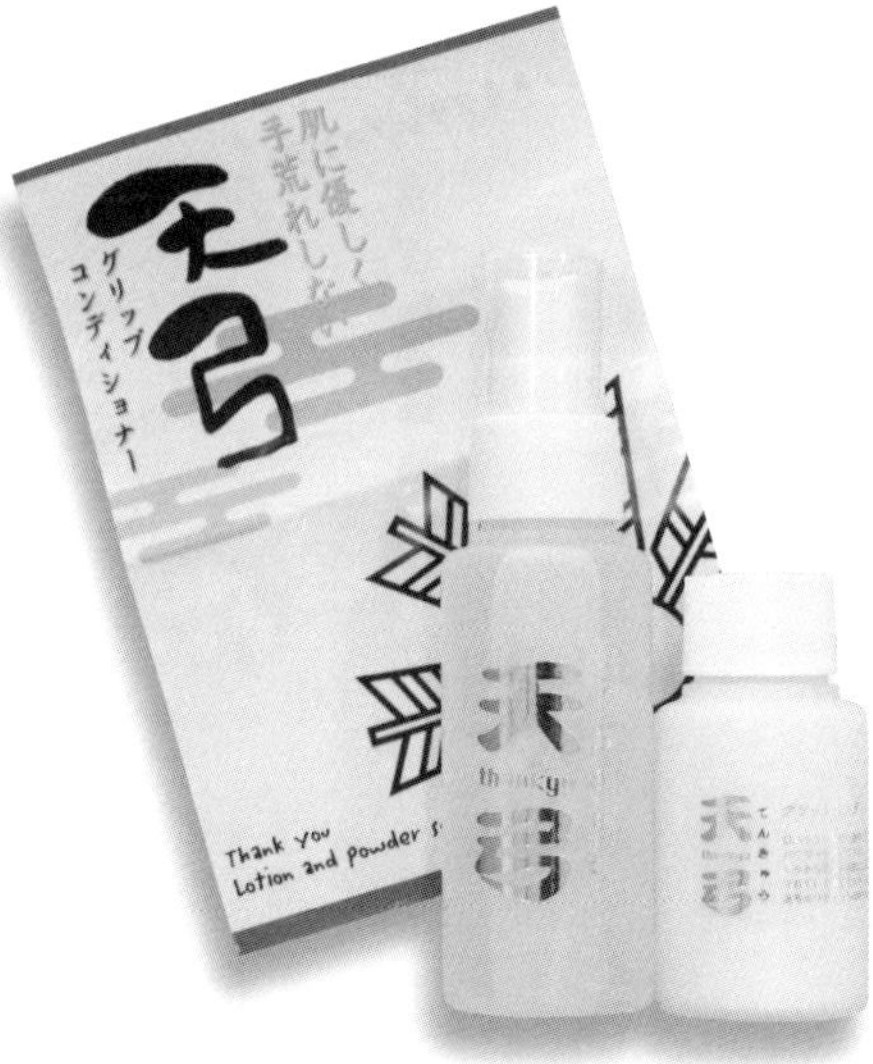

ロッククライミングなどで使用されるスポーツチョークも応用可能だ

■2__体操競技で使用される炭酸マグネシウム、通称「タンマ」

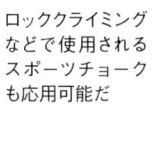

「かけがえのない」は𫞧《ゆがけ》が語源？

まさに「かけがえのない」ものではあるが……

執筆＝山田奨治

代わりになるものがないことを「かけがえのない」という。この「かけがえ」は漢字では「掛替」と書き、かけかえること、取りかえること、同じものを代わりとして用意しておくこと、の意味がある。

「掛替」の古典的な用例をみると、橋を架けかえることや、琵琶《びわ》の予備弦のことともに、弓の替え弦の意味で使われることがあった。ところが、𫞧を語源とする用例はみあたらない。

𫞧を「かけ」と呼ぶことや、弓道家にとって𫞧はまさに「かけがえのない」ものであることから、「かけがえ」の語源は𫞧ではないかと思うようになったのかもしれない。

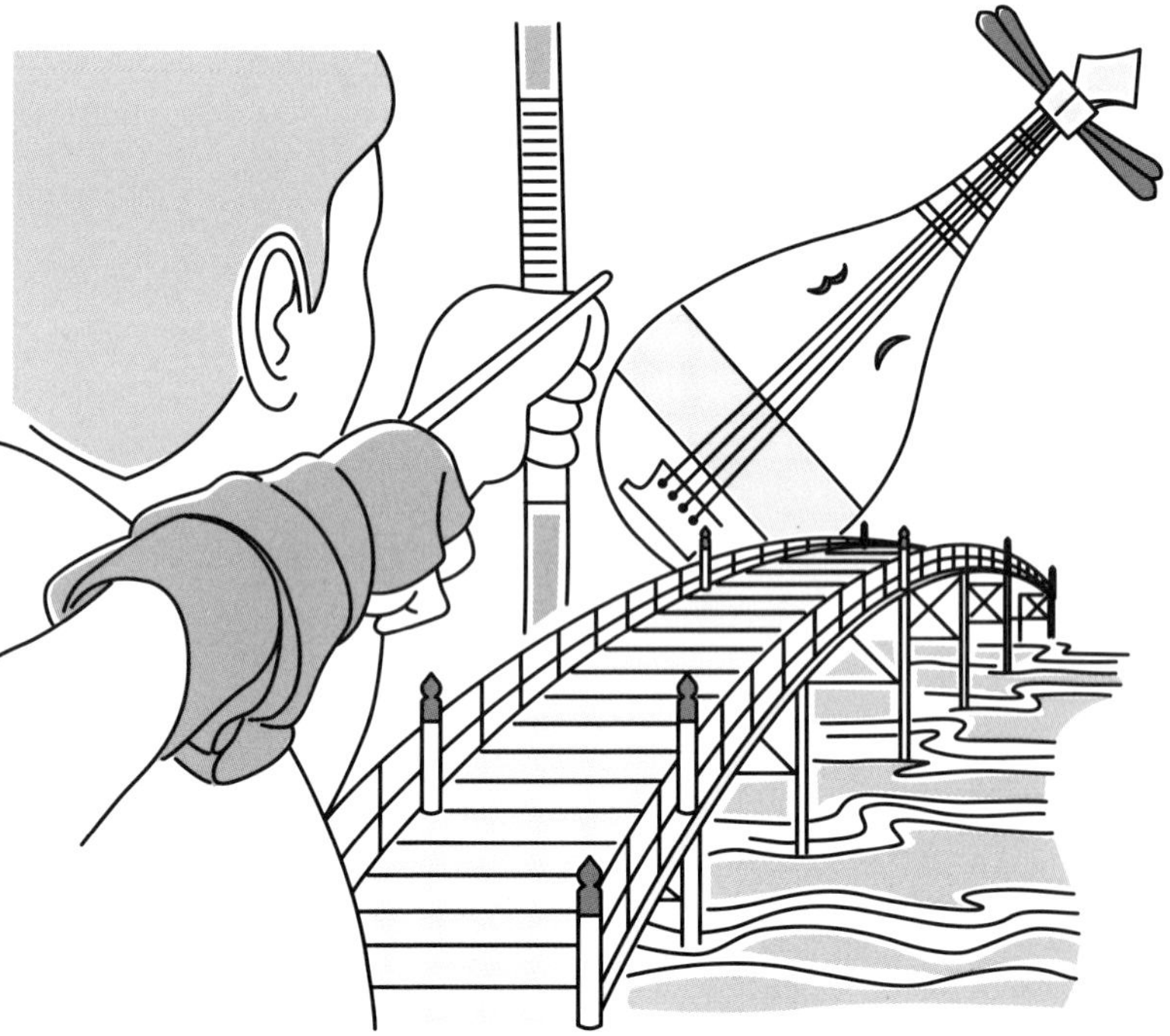

「手ぐすねをひく」の語源は？

昔は手にもくすねをつけていた⁉

執筆＝山田奨治

今か今かと待ちかまえることを「手ぐすねをひいて待つ」という。

「手ぐすね」は「手薬練」と書く。くすねは松やにを油で煮て練ったもので、麻弦《あさづる》に塗って強くするほか、弓手《ゆんで》に塗って弓を手に貼りつけ、弓返《ゆがえ》りを防いで速射をするために使う。この弓手に塗るくすねのことを手ぐすねという。

江戸時代の通し矢競技で、出番を待つ射手が手ぐすねをひいていたことに由来するとの説もある。しかし、この語の用例は意外に古く、1220年頃に成立した『保元物語《ほうげんものがたり》』に、射手が手ぐすねをひく様子が書かれている。

戦場にせよ通し矢にせよ、いずれにしても射手が準備を整える際に手ぐすねをひいたことから転じて「待ちかまえる」の意味が生まれた。

「手の内を明かす」は弓道が語源？

秘伝として大切に受け継がれた手の内

執筆＝山田奨治

紅葉重《もみじがさ》ね、三日月、鵜首《うのくび》、卵中《らんちゅう》……。弓手《ゆんで》の手の内は、古来より各流派の秘伝になっていた。的中や貫徹力《かんてつりょく》を生むため、矢飛びをよくするため、あるいは速射をするために、手の内のつくり方と働かせ方がとても重要だということだ。

「手の内を明かす」という言葉は弓から出たものだろうと弓道家は考えがちである。しかし手の内が大事なのは弓だけではない。剣術でも手の内は重要だし、三味線にも手の内はある。さまざまな芸事《げいごと》にある手の内のことを集約して「手の内を明かす」という言葉が生まれたのだと理解したほうがよい。

かつては秘伝だった手の内も、印刷物やビデオ、インターネットの力で、誰でも知っているものになってしまい、情報を得る苦労はほとんどかからない。手の内はとっくに明かされているのだから、わたしたちはそれを早く習得したいものだ。

「矢《や》継《つ》ぎ早《ばや》に」の語源は？

戦場でのすばやい矢番えから生まれた言葉

執筆＝山田奨治

戦場で、敵に向けて矢を立て続けに射るためには、矢番《つが》えをすばやく行なわなければならない。「矢継ぎ早」は、そのように矢を続けて早く射る技が巧みなことをいう。そこから転じて、物事を手早くさばくことや、たたみかけるように行動することを「矢継ぎ早に」というようになった。

古い用例としては、13世紀前半の『平家物語《へいけものがたり》』に「矢つぎばやの手きき大ぢからの甲の物」（矢継ぎ早に射る技に優れた怪力の勇者）という表現がみられる。強弓《ごうきゅう》を引けることだけでなく、矢継ぎ早に射る技術に優れていることもまた、射手にとって重要なことだったのだ。

さて、現代弓道では矢継ぎ早に射ることには、まったく価値をおかなくなってしまった。これは文化の継承の面では、問題ありとはいえないだろうか。

「はずが合わぬ」の語源は？

執筆＝山田奨治

筈が合わない〝はず〟がない!?

この語は矢筈《やはず》が中仕掛けの太さと合わないさまに語源がある。そこから物事がうまく適合しないことの意味が生まれた。古くは江戸幕府が誕生した頃につくられた『日葡辞書《にっぽじしょ》（＊1）』に、この用例が出てくる。

「はずがちがう」（予想が外れる）、「はずを合わす」（調子を合わせる）、「はずを取る」（手はずを整える）もすべて矢筈から生まれた表現だ。ほかにも、「〜なはずだ」「そんなはずはない」といった日頃よく使う日本語の中にも「筈」の語がみられる。

試合中に弦《つが》あがり（＊2）して、張りかえてもらった弦に矢を番えようとしたら、筈が中仕掛けに入らなくて「そんなはずは……」と内心あせったことが、弓道愛好家なら一度や二度はあるはずだ。「はずが合わぬ」の意味を、身をもって知る瞬間だ。

＊1 日葡辞書……日本語をポルトガル語で解説した辞典。
＊2 弦あがり……弦が切れること。

「弓を外す」の語源は？

「弓を伏す」と同様の意味を持つ古くからの言葉

執筆＝山田奨治

弓の弦を外すこと、つまり武装を解き戦意がないことを示す。9世紀終わり頃に成立した漢和辞典の『新撰字鏡《しんせんじきょう》』に、すでにこの用例がみられる。同じ意味の表現に「弓を伏す」（立ててある弓を横にすること）もある。弦を外した弓も、横に置かれた弓も、どちらもすぐには射ることができないので、弓を使うつもりがないこと、すなわち戦う気がないことを表わしている。

また、「弓を弓袋《ゆぶくろ》にす」という言葉もある。これは世の中が平和になって弓に用がなくなり、いつも袋に入れた状態になることをいう。

弓道人としては「弓を弓袋にす」では困る。かといって弦を張りっぱなしでは、弓の弾力《だんりょく》が失われる。持ち運びのとき以外は弓を弓袋から出し、稽古が終われば弓を外しておくのが、弓道人の心得というものだろう。

「弓をうつ」って正しい言い方？

執筆＝山田奨治

数え方や重さや強さ、正しい表現を覚えよう

道場などで、少しおかしな表現や言葉が使われているのを、ときどき耳にする。弓道経験のない人や初心者ならばまだしも、指導者クラスにも、正しい言葉の用い方を知らない人がいるようだ。

弓は「射る」「引く」が正しい言い方

「弓をうつ」はその代表的なものだろう。おそらく「鉄砲を撃つ」や、ゴルフの「打ちっ放し」などの連想から生まれた表現だろう。「撃つ」の意味は弾丸を発射することで、「打つ」は物と物をぶつけることだ。弓射《きゅうしゃ》をする行為は、「弓を射る」もしくは「弓を引く」というのが正しい。和弓《わきゅう》で「弓をうつ」と言う場合、それは「弓を製作する」の意味になる。同様に「矢を撃つ」「矢で撃たれる」という表現はボウガンでは使われているが、和弓の言い方としては正しくない。

張力は「強い」「弱い」と表現する

張力《ちょうりょく》の強弱のことを、「重い弓」「軽い弓」という表現も変である。もちろん、体重計にのせたら本当に「重い弓」「軽い弓」もあるだろうが、正しくは「強い弓」「弱い弓」だ。弓の張力は、かつては弓の分厚さで「六分《ぶ》の弓」（約1・8センチ）、「七分の弓」（約2・1センチ）、「寸弓」（約3センチ）などと表現した。しかし現在は並弓《なみゆみ》の場合、85センチ引っ張ったときの力を、キログラム単位で「20キロの弓」「15キロの弓」などという。そのため、「強い・弱い」ことを「重い・軽い」といってしまう混乱が生じたのだろう。

弓と矢の独特な数え方

弓具の数え方にも独特な言い方がある。弓は「張」

（「ちょう」）あるいは「はり」）、もしくは「本」でもよい。矢は「本」だが「筋《すじ》」「条《じょう》」も使われる。甲矢《はや》と乙矢《おとや》のひと揃いは「一手《ひとて》」、どちらか一本の矢を「一隻《いっせき》」、矢四本は「一乗《いちじょう》」という。また、箙《えびら》に盛った矢を「一《ひと》腰《こし》」と数える。ただし、「一腰」が何本の矢であるかに決まりはない。蟇目《ひきめ》の矢20本を「一束《いっそく》」、50本を「一《ひと》締《し》め」といい、弓と矢の揃いは「一具《いちぐ》」という。

指や拳を基準にした長さの単位

矢の長さは現在ではセンチメートル単位だが、かつては「束《つか／そく》」「伏《ふせ》」で計った。「束」は握り拳《こぶし》ひとつ分、「伏」は指1本分の幅である。ふつうの矢は12束前後であるが、長い矢のこととして「一三束三伏」という表現が『平家物語《へいけものがたり》』にみられる。

こういった語彙《ごい》は、日常生活で使われることはない。だからこそ、弓道愛好者がしっかりと、言葉を受け継いでいかなければならない。

「弦があがる」の語源は？

緑起の良い言葉を使って験担ぎ!?

　弦が切れることを「弦があがる」という。「切れる」ということばは縁起が悪いので、「物事が終わりになる」の意味の「あがる」を使うわけだ。

「終わり」の意味の「あがる」は、「稽古をあがる」「すごろくであがる」「雨があがる」でも使う、一般的な日本語である。また「あがる」の本来の意味は「上がる」なので、稽古の上達を願う験担《げんかつ》ぎになる。

「弦があがる」を「鶴が上がる」にたとえて、おめでたい意味を含ませたものだと考える人もいる。確かな根拠のない説であるが、そういった語呂《ごろ》合わせでことば遊びを楽しむのも、まあよいのではないだろうか。

執筆＝山田奨治

あがり弦が安産のお守りになる？

地域によってさまざまなバリエーションがある!?

執筆＝山田奨治

矢が中《あた》ると同時に中仕掛けのところで切れた弦（あがり弦）が、安産のお守りになるという俗信《ぞくしん》がある。いつからこういったことがいわれるようになったのか、起源はわからない。

俗信なのでとくにはっきりとした理由はないのだが、一瞬で自然にプツンと弦が切れることと、楽なお産のイメージが重なることから、このような俗信が生まれたのではないだろうか。

試合中に切れた弦でなければならない、矢は的の中心に中らなければならない、麻弦《あさづる》でないと効き目がない、戌《いぬ》の日に切れたものでなければならない、切れた瞬間に居合わせた人が「安産、安産」と言うなど、この俗信にはさまざまなバリエーションがあるようだ。近くの道場にベテランの先輩がいたら、そんな俗信を聞いたことがないか、尋ねてみてはどうだろうか。

Profile
著者プロフィール

森 俊男
Toshio MORI

筑波大学名誉教授

1949年東京都生まれ。東京教育大学体育学部卒業、同大学大学院修士課程修了。日本武道学会所属。著書に『弓道指導の理論と実際』（不昧堂出版）、『弓道上達BOOK』（成美堂出版）などがある。筑波大学弓道部師範。1977年からヨーロッパで弓道指導、ドイツ弓道連盟ゴールド賞受賞。ドイツ弓道連盟弓道師範。

佐藤 明
Akira SATO

東北大学全学教育非常勤講師

1952年宮城県生まれ。東京教育大学体育学部卒業、筑波大学大学院修士課程体育研究科コーチ学専攻（スポーツ力学）。日本武道学会所属。著書に「弓道指導の理論と実際」（共著　不昧堂出版）がある。弓道錬士六段。1975年から2015年までヨーロッパで弓道セミナー講師。ドイツ弓道連盟ゴールド賞受賞（2011）、同連盟40年貢献賞受賞（2016）、全学教育科目（弓道）で東北大学総長教育賞受賞（2009）

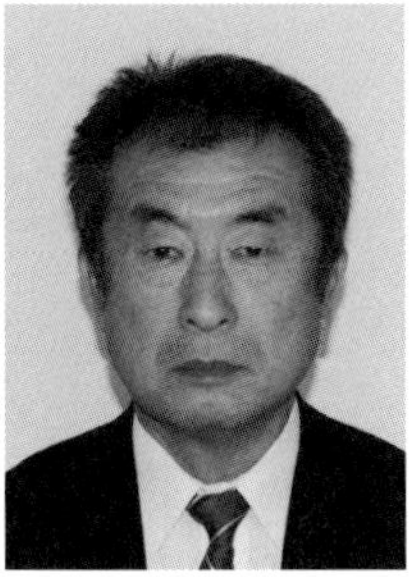

黒須 憲
Ken KUROSU

東北学院大学教養学部人間科学科准教授
1956年宮城県生まれ。筑波大学体育専門学群卒業、同大学院修士課程体育方法学専攻修了。日本武道学会、日本体育学会、日本スポーツ教育学会所属。著書に『武道文化の探求』（共著　不昧堂出版）がある。1979年からヨーロッパで弓道指導、ドイツ、イタリア、フィンランド、ハンガリー、オーストリア、スロベニアなどで弓道セミナー講師を務める。ドイツ弓道連盟シルバー賞受賞。東北学院大学工学部弓道部顧問。伊達印西派弓術研究会主宰。

松尾 牧則
Makinori MATSUO

筑波大学体育系准教授
1962年山口県生まれ。筑波大学大学院修士課程修了。日本武道学会理事、同弓道専門分科会代表、日本スポーツ運動学会所属。著書に『もっとうまくなる!弓道』（ナツメ社）、『はじめての弓道』（誠文堂新光社）、『弓道　その歴史と技法』（日本武道館）などがある。弓道錬士六段。筑波大学弓道部監督。ヨーロッパ等で弓道セミナー講師。ドイツ弓道連盟ブロンズ賞受賞。

山田 奨治
Shoji YAMADA

国際日本文化研究センター研究部教授
総合研究大学院大学文化科学研究科教授併任
1963年大阪府生まれ。筑波大学大学院修士課程修了。京都大学博士（工学）。日本武道学会、アジア学会所属。専門分野は情報学、文化交流史。著書に『東京ブギウギと鈴木大拙』（人文書院）、『日本の著作権はなぜこんなに厳しいのか』（人文書院）、『禅という名の日本丸』（弘文堂）、『日本文化の模倣と創造』（角川選書）などがある。弓道五段。

用語別索引

あ
アイヌ／アイヌの弓▶あいぬ／あいぬのゆみ　20, 24, 248, 250, 251
あがり弦／弦あがり▶あがりつる／つるあがり　164, 274, 279
麻弦▶あさづる　32, 33, 129, 134, 174, 256, 257, 258, 259, 260, 271, 279
梓弓▶あずさゆみ　23, 26, 34, 35, 41, 248
新張▶あらばり　44

い
石打▶いしうち　187, 199, 224, 225
板付▶いたつき　8, 80, 81, 84, 87, 94, 95, 96, 97, 99, 100, 101, 102, 109, 186, 205, 211, 220, 221, 226
一具弽▶いちぐゆがけ　66, 67, 69, 70, 71
一の腰▶いちのこし　8, 112, 113, 115, 130, 131, 190, 191
一文字（矢の形状）▶いちもんじ　51, 184, 185, 211, 220
一文字（矢摺籐）▶いちもんじ　150
射貫／射貫く▶いぬき／いぬく　48, 55, 56, 63, 65, 128
入木／入木弓▶いりき／いりきゆみ　140, 141, 142, 143, 156, 157, 173, 174

う
内竹▶うちだけ　30, 50, 58, 59, 83, 170, 171, 175, 184, 238, 239, 246, 247
靫／空穂▶うつぼ　37, 55
裏反り▶うらぞり　25, 45, 74, 76, 77, 132, 133, 134, 135, 136, 173, 174, 175, 180, 181, 182, 183
末矧▶うらはぎ　8, 106, 107, 204
末弭▶うらはず　7, 34, 137, 138, 139, 142, 144, 171, 232
漆▶うるし　18, 21, 24, 27, 28, 34, 36, 55, 58, 59, 62, 76, 172
上差矢▶うわざしや　38, 55, 56
上成節▶うわなりぶし　7, 157

え
江戸時代▶えどじだい　6, 23, 30, 31, 34, 35, 39, 42, 48, 61, 67, 68, 202, 242, 252, 271, 274
箙▶えびら　5, 29, 37, 46, 47, 55, 63, 66, 71, 277
遠的／遠的矢▶えんてき／えんてきや　95, 100, 187, 210, 228, 262, 263

お
緒▶お　8, 110, 112, 113, 114, 115, 118, 119, 120, 121, 126, 127, 131
大腰▶おおごし　7, 140
大的▶おおまと　72, 263
押手弽▶おしでがけ　51, 68
乙矢▶おとや　93, 202, 204, 205, 206, 277
尾羽根▶おばね　109, 187, 198, 199
折目弽▶おりめがけ　67

か
カーボン（矢）▶かーぼん　8, 32, 33, 80, 81, 83, 86, 93, 94, 95, 100, 101, 104, 109, 187, 188, 208, 209, 210, 211, 220,
カーボン（弓）▶かーぼん　135, 140, 156, 160, 175, 242, 243
弽解け▶かけほどけ　122, 125
笠懸▶かさがけ　38, 263
笠筈▶かさはず　52, 53
飾り弓▶かざりゆみ　24, 25

霞的▶かすみまと 262, 263
肩入れ▶かたいれ 166, 177, 178, 192
堅帽子▶かたぼうし 50, 68, 69, 70, 71, 112, 114, 124
鏑▶かぶら 38, 52, 56
鏑籐▶かぶらどう 7, 238, 239
鏑矢▶かぶらや 26, 27, 38, 39, 42, 56, 200
鎌倉時代▶かまくらじだい 3, 5, 6, 28, 29, 48, 60, 67
上輪▶かみわ 7, 154, 155, 156
空筈▶からはず 88, 147
雁股▶かりまた 5, 27, 29, 36, 38, 42, 54, 55, 56, 200
貫徹力▶かんてつりょく 48, 212, 213, 272

き

騎射▶きしゃ 66, 69, 76, 77, 263
木竹合成弓▶きたけごうせいゆみ 24, 27, 28, 48
木筈▶きはず 52
旧石器時代▶きゅうせっきじだい 18
弓力▶きゅうりょく 21, 23, 28, 108, 109, 159, 164, 165, 170, 176, 177, 178, 187, 210, 214, 215, 236, 242, 244, 257, 258
ぎり粉▶ぎりこ 110, 111, 116, 119, 120, 121, 131, 264, 265, 266
切詰／切詰籐▶きりつめ／きりつめどう 7, 112, 137, 138, 141, 146, 151, 170, 171, 174, 175, 194, 234, 238, 239, 247
近的／近的矢▶きんてき／きんてきや 72, 73, 95, 100, 231, 262

く

草鹿▶くさじし 38, 263
くすね▶ 63, 68, 71, 84, 95, 101, 120, 125, 133, 134, 148, 152, 153, 191, 258, 259, 260, 261, 271
口入れ▶くちいれ 146, 147, 148, 149, 151
グラスファイバー／グラス弓▶ぐらすふぁいばー／ぐらすきゅう 18, 32, 33, 135, 140, 194, 242, 243,247
繰り矢▶くりや 48
尋矢▶くりや 202, 218, 219
軍弓▶ぐんきゅう 58, 59, 65, 70

け

剣尻▶けんじり 36

こ

合成弓▶ごうせいゆみ 32, 129, 130, 134, 256, 257, 258, 259, 260
合成弦／合成繊維（弦）▶ごうせいづる／ごうせいせんい（つる） 24, 27, 28, 33, 48, 75, 76, 172
小反▶こぞり 7, 132, 133, 140, 144, 175, 232
小紐▶こひも 8, 112, 113, 115, 118, 119, 130, 131, 191
古墳時代▶こふんじだい 2, 23, 24, 25
小的／小的前▶こまと／こまとまえ 48, 52, 65, 72, 73, 262
小弓▶こゆみ 24, 60

さ

差し矢▶さしや 48, 50, 51, 56, 66, 67, 68, 69, 71
三枚打▶さんまいうち 58

し

鹿皮／鹿革▶しかがわ 32, 110, 111, 126, 127, 161, 163
重籐（籐）弓▶しげとうゆみ 28, 58, 59
下蝶▶したがけ 115, 117
芝弓▶しばゆみ 50
下成節▶しもなりぶし 7, 140, 157
下輪▶しもわ 7, 138, 154
ジャイロ効果▶じゃいろこうか 202, 203, 232, 233
射礼▶しゃれい／じゃらい 66, 72, 73, 76, 77
ジュラルミン／ジュラ矢▶じゅらるみん／じゅらや 8, 32, 33, 80, 81, 83, 86, 93, 94, 95, 100, 101, 104, 109, 187, 188, 208, 209, 210, 211, 221

狩猟▶しゅりょう 18, 22, 23, 24, 48, 58, 72, 73, 74, 198, 250, 254
定角▶じょうかく 54, 56
縄文時代▶じょうもんじだい 18, 19, 20, 21, 22, 23, 24, 25, 250
白木／白木弓▶しらき／しらきゆみ 21, 59, 62, 172
白弦▶しらづる 62, 63
白箆▶しらの 42, 220
新石器時代▶しんせっきじだい 48, 74
振動の節▶しんどうのふし 231, 244, 245
新弓▶しんきゅう 136, 166, 170, 174, 182, 183, 221, 239

す

水晶筈▶すいしょうはず 52
杉成（矢の形状）▶すぎなり 51, 99, 184, 185, 211, 220
杉成り（矢摺籐）▶すぎなり 150
スパイン▶すぱいん 80, 109, 185

せ

関板▶せきいた 7, 63, 137, 144, 154, 164, 170, 171, 175, 180, 232, 234, 238, 239, 246, 247
石鏃▶せきぞく 18, 19, 22, 23
戦国時代▶せんごくじだい 5, 28, 48, 74

そ

袖摺節▶そですりぶし 8, 186
征矢／征箭▶そや 5, 29, 36, 37, 52, 54, 55, 56, 59, 67, 69, 213

た

台革▶だいがわ 8, 118, 119, 131
鷹▶たか 32, 187, 198, 199, 202, 224, 225, 250
竹切れ▶たけぎれ 144, 170, 192, 238, 239
竹筈▶たけはず 52, 53
竹矢▶たけや 8, 32, 33, 51, 53, 80, 81, 83, 93, 95, 99, 101, 104, 184, 185, 188, 208, 209, 211, 220, 221
竹弓▶たけゆみ 7, 30, 32, 33, 134, 136, 140, 156, 171, 174, 180, 182, 214, 229, 236, 239, 242, 247, 252
矯め／矯め木▶ため／ためぎ 81, 104, 105, 141, 185, 188, 189, 192, 206
短弓▶たんきゅう 75, 76, 231, 255

ち

乳▶ち 8
中国／中国の弓▶ちゅうごく／ちゅうごくのゆみ 33, 40, 48, 73, 74, 76, 77, 226
中石器時代▶ちゅうせっきじだい 48, 74
長弓▶ちょうきゅう 74, 75, 76, 255
鳥舌▶ちょうぜつ 36
張力▶ちょうりょく 44, 134, 186, 212, 235, 236, 276

つ

継筈▶つぎはず 52, 84
槻弓▶つきゆみ 3, 26, 27, 248
角筈▶つのはず 52, 53, 86, 90
角見▶つのみ 26, 92, 93, 124, 142, 158, 167, 189, 241, 246
爪繰る▶つまぐる 192
ツユ▶つゆ 52, 53, 64, 65, 129
弦打ち▶つるうち 40, 41
弦切れ▶つるぎれ 53, 89, 221
弦通り／弦の通り▶つるどおり／つるのとおり 139, 142, 143, 173
弦巻▶つるまき 63
弦枕▶つるまくら 8, 64, 111, 115, 122, 123, 124, 125, 128, 129, 130, 131, 152
弦道▶つるみち 122, 124, 192
弦持▶つるもち 52, 206
弦輪▶つるわ 7, 18, 20, 63, 132, 133, 134, 136, 139, 147, 152, 154, 156, 157, 180

て	出入り▶でいり	133, 139, 142, 143, 156, 157
	出木／出木弓▶でき／できゆみ	140, 141, 142, 143, 154, 156, 157, 166, 173, 174
	鉄鏃▶てつぞく	25, 54, 250
	手羽根▶てばね	109, 187, 199
と	胴▶どう	7, 137, 140, 142, 144, 145, 172, 173
	堂射▶どうしゃ	51, 59, 65, 68
	籐べら▶とうべら	146, 147, 148, 149, 151
	道宝▶どうほう	149, 152, 153, 260
	堂前差し矢弽▶どうまえさしやゆがけ	50, 66, 67, 68, 69
	堂矢▶どうや	51
	堂弓▶どうゆみ	50
	通し矢▶とおしや	6, 30, 31, 48, 49, 50, 51, 52, 56, 59, 66, 67, 69, 129, 211, 271
	外掛羽▶とがけば	93, 109, 199, 204
	籐頭▶とがしら	149, 150, 229
	弩弓▶どきゅう	24, 25
	外竹▶とだけ	30, 58, 59, 83, 134, 137, 144, 149, 151, 170, 174, 238, 246, 247
	鞆▶とも	26
	鳥居▶とりい	141
	鳥打▶とりうち	7, 140, 145, 173
	取懸け▶とりかけ	52, 65, 88, 109, 111, 112, 113, 115, 123, 124, 130, 178, 230
な	中差矢／中差箭▶なかざしや	5, 29
	中仕掛け▶なかじかけ	7, 53, 63, 64, 65, 84, 90, 128, 129, 130, 133, 146, 147, 152, 153, 260, 261, 274, 279
	中関▶なかぜき	63, 64
	流れ矢▶ながれや	38, 55
	並弓▶なみゆみ	172, 186, 229, 236, 276
	奈良時代▶ならじだい	26, 34, 35, 66
	勢▶なり	30, 31
	成り▶なり	7, 137, 140, 142, 172, 175, 180
	南北朝時代▶なんぼくちょうじだい	5, 28, 29, 46
に	膠▶にかわ	28, 58, 75, 76, 77, 171, 174
	握り皮▶にぎりかわ	7, 146, 147, 148, 149, 151, 152, 159, 160, 161, 162, 180, 222, 236, 237, 239
	二重筈▶にじゅうはず	52
	二の腰▶にのこし	8, 112, 113, 130, 131
	鰾▶にべ	58, 59, 171, 174
	2枚頬摺▶にまいほおずり	92, 93, 189
ぬ	塗込籐▶ぬりごめとう	58, 59
	塗弦▶ぬりづる	62, 65
	塗弓▶ぬりゆみ	58, 59
ね	ねらい▶	92, 124, 146, 193, 222, 223, 238, 240, 241
の	箆じない▶のじない	122
	箆張り▶のばり	32, 80, 184, 185, 186, 187, 188, 206, 208, 209, 210, 211
	伸び弓▶のびゆみ	172, 186, 229, 236
	賭弓▶のりゆみ	60, 61, 72
は	翼▶はがい	198, 204
	矧ぎ糸▶はぎいと	81, 106, 107, 198
	羽高▶はこう	224

羽扱き▶はごき　52, 53
羽軸／羽根軸▶はじく／はねじく　80, 81, 109, 187, 198, 199, 204
走り羽▶はしりば　90, 92, 93, 189, 199, 204, 205
弭／弓弭▶はず／ゆはず　7, 18, 20, 21, 23, 24, 27, 34, 44, 60, 133, 136, 137, 138, 139, 142, 143, 144, 145, 154, 156, 157, 171, 180, 232, 250
筈こぼれ▶はずこぼれ　52, 53, 88, 89, 122, 123, 147
筈通り▶はずどおり　200
筈巻▶はずまき　8, 106
筈溝▶はずみぞ　52, 53, 81, 84, 88, 89, 90, 91, 109, 152
羽丈▶はだけ　51, 204, 221
弝（弓弝）の高さ▶は（きゅうは）のたかさ　7, 134, 135, 147, 152, 166, 234, 235
破魔矢／破魔弓▶はまや／はまゆみ　42, 43, 60
甲矢▶はや　93, 202, 204, 205, 206, 277
羽山▶はやま　215, 218, 221
腹革▶はらかわ　8, 115, 123, 124, 125, 190, 192
張り顔▶はりがお　50, 52, 132, 133, 139, 142, 144, 145, 173, 242, 243
張り込む／張り込み▶はりこむ／はりこみ　62, 63, 170, 175, 180, 182
半弓▶はんゆみ　60

ひ
火入れ▶ひいれ　104, 181, 220, 221
火色▶ひいろ　188
控▶ひかえ　8, 69, 111, 112, 114, 124, 131,
引き尺▶ひきじゃく　172, 228, 229, 230
引成▶ひきなり　142, 144, 145, 173, 242, 243
蟇目▶ひきめ　38, 39, 248, 277
額木▶ひたいぎ　7, 40, 239, 246, 247
捻りかけ▶ひねりかけ　52, 65
捻り革▶ひねりかわ　8, 119, 123, 126, 131
姫反▶ひめぞり　7, 132, 133, 140, 144, 175, 232

ふ
武器▶ぶき　5, 21, 22, 23, 27, 28, 29, 41, 46, 48, 57, 58, 60, 73, 74, 77, 254
複合弓▶ふくごうきゅう　58, 74, 76, 77
含み▶ふくみ　53, 88, 89, 129
節陰▶ふしかげ　36
節筈▶ふしはず　52
藤放し▶ふじばなし　44, 45, 63, 136, 180, 181
伏竹弓▶ふせだけゆみ　27, 58
二立羽▶ふたてば　200
筆粉▶ふでこ　110, 266, 267, 268, 269
プラスチック筈▶ぷらすちっくはず　86, 87, 89, 90

へ
平安時代▶へいあんじだい　3, 20, 24, 26, 27, 34, 40, 48, 60, 61, 66, 72, 242, 248

ほ
帽子▶ぼうし　8, 31, 50, 65, 67, 68, 69, 70, 71, 111, 112, 113, 114, 122, 123, 124, 125, 126, 130, 131, 190, 191, 192, 264
棒矢▶ぼうや　47, 202, 221
頬摺羽▶ほおずりば　92, 93, 109, 189, 199
星的▶ほしまと　262, 263
歩射▶ほしゃ　69, 77, 263

ま
蒔絵▶まきえ　3, 26, 27, 58, 59
巻藁矢▶まきわらや　95, 184, 202, 220, 221
麻ぐすね▶まぐすね　133, 134, 152, 260, 261
的前▶まとまえ　31, 66, 68, 69, 70, 72, 184, 202, 214
的矢▶まとや　51, 56, 95, 185, 187, 220, 221
的弽▶まとゆがけ　66, 69

	的弓▶まとゆみ	50, 59, 62
	真巻弓▶ままきゆみ	27
	魔除け／魔物退散▶まよけ／まものたいさん	26, 38, 39, 40, 41
	丸木弓▶まるきゆみ	18, 19, 20, 21, 24, 26, 27, 34, 58, 59, 230, 242, 255
み	三立羽▶みたてば	200
	三つ諜▶みつがけ	69, 114, 123
む	麦粒▶むぎつぼ	51, 185, 211, 218, 220
	無茎式／無茎鏃▶むけいしき／むけいぞく	19, 54
	村▶むら	180, 181, 182, 239, 252
	室町時代▶むろまちじだい	44, 59, 60, 72, 224
め	鳴弦▶めいげん	40, 41
	目付節▶めつけぶし	7, 140
も	本矧▶もとはぎ	8, 53, 106, 204, 218, 224
	本弭▶もとはず	7, 27, 44, 133, 136, 138, 139, 142, 143, 144, 145, 157
	諸諜▶もろがけ	66, 67
や	矢柄▶やがら	19, 29, 54, 250
	矢尺▶やじゃく	82, 109, 184, 208, 214
	鏃▶やじり	5, 18, 25, 27, 29, 36, 37, 38, 39, 52, 54, 55, 56, 213, 226, 227
	矢筋▶やすじ	240, 241
	矢摺籐▶やずりどう	7, 109, 146, 147, 149, 150, 222, 229, 238, 239, 241
	矢束▶やつか	82, 108, 124, 172, 179, 184, 185, 187, 229, 236, 237
	矢番え▶やつがえ	52, 65, 92, 109, 147, 152, 153, 222, 223, 273
	矢所／矢の着点▶やどころ／やのちゃくてん	90, 109, 145, 186, 188, 209, 222, 223, 259
	矢飛び▶やとび	82, 90, 98, 99, 109, 134, 142, 166, 167, 173, 184, 186, 187, 190, 212, 224, 230, 231, 232, 234, 258, 259, 272
	柳葉▶やなぎば	36, 55, 56
	胡禄▶やなぐい	26
	矢羽根▶やばね	32, 81, 92, 93, 187, 198, 200, 202, 204, 205, 207, 211, 224, 226, 227, 250
	流鏑馬▶やぶさめ	263
	弥生時代▶やよいじだい	22, 23, 24, 25
	柔帽子▶やわらかぼうし	31, 65, 67, 69, 70
ゆ	有茎式／有茎鏃▶ゆうけいしき／ゆうけいぞく	19, 54
	弓返り▶ゆがえり	26, 68, 142, 166, 232, 234, 271
	弓摺羽▶ゆずりば	92, 93, 109, 189, 199, 204
	弓弭▶ゆはず	→ 弭（はず）
	弓勢▶ゆみなり	30, 31
よ	楊弓▶ようきゅう	60, 61
	四立羽▶よたてば	200, 202, 203
	四つ諜▶よつがけ	31, 51, 68, 69, 114, 123
	余筈▶よはず	36, 50, 51, 52, 53
ら	螺鈿▶らでん	58
わ	鷲▶わし	32, 36, 187, 198, 199, 202
	腸繰▶わたくり	37, 54
	湾弓▶わんきゅう	24, 25

撮影協力　株式会社小山弓具
国際武道大学弓道部

編集　飯田真由美

編集協力　株式会社ブレインズ・ネットワーク

撮影　樽川智亜希
窪田正仁
松尾牧則

デザイン　山口義広

装画・本文書画・イラスト
岩沢明夫

本文図版　今村ともみ

校正　有限会社玄冬書林

写真提供……
宮内庁／春日大社／正倉院／大山祇神社／
東京国立博物館（Image:TNM Image Archives）／
高知市立市民図書館／土井ヶ浜遺跡・人類学ミュージアム／
PPS通信社／有限会社加藤弓具／中村匡希／東 崇仁

改訂版《かいていばん》　弓具《きゅうぐ》の雑学事典《ざつがくじてん》

2019年２月10日　第1刷発行
2023年10月20日　第2刷発行

編　者　日本武道学会・弓道専門分科会
著　者　森　俊男／佐藤　明／黒須　憲／松尾　牧則／山田　奨治
発行者　吉田　芳史
印刷所　株式会社文化カラー印刷
製本所　大口製本印刷株式会社
発行所　株式会社日本文芸社
〒100-0003
東京都千代田区一ツ橋1-1-1　パレスサイドビル8F
TEL03-5224-6460（代表）

ISBN978-4-537-21657-8
112190129-112231006Ⓝ02　(210059)
URL https://www.nihonbungeisha.co.jp/

本書は2011年にスキージャーナル社より刊行した「弓具の雑学事典」に加筆、修正を加え、
小社より「改訂版　弓具の雑学事典」として再刊行したものになります。